발해유적의
국가별 발굴 성과와
재해석

일러두기

• 이 책은 2017년도 동북아역사재단 기획연구 수행 결과물임(NAHF–2017–기획연구(공동)–1).

동북아역사재단
연구총서 108

발해유적의
국가별 발굴 성과와
재해석

김은국 편

동북아역사재단
NORTHEAST ASIAN HISTORY FOUNDATION

머리말

발해는 고구려 멸망 후 30년 뒤인 698년에 건국하여 926년 거란에 의해 멸망하기까지 존속한 고구려의 계승국이다. 발해는 현재의 중국 동북 지방과 러시아 연해주, 그리고 현재의 북한 지역 대부분을 차지하고 있었다. 발해의 남쪽에는 신라가 위치하고 있어 발해와 신라 당시부터 서로를 남국, 북국으로 칭하여 왔다. 『삼국사기』에 발해를 북국이라 기술하고 있는 것이 그 예다. 한국사에서 현재 신라와 발해의 시기를 남북국시대라 부르는 것은 바로 여기에서 기인하였다.

그러나 발해는 멸망 이후 2백여 년에 걸친 유민 부흥운동에도 불구하고 한국사에서 발해 계승국가를 이루지 못하였다. 발해 멸망 이후 발해가 영유하였던 지역은 거란의 요, 여진의 금과 청 등의 북방민족 국가의 보호 아래 놓이게 되었다. 청나라 이후 발해 영역은 20세기 서구 열강의 세력 각축 속에서 연해주는 러시아에, 중국 동북 지방은 중국의 관할로 재편되어 갔다. 현재 발해의 영역은 중국이 관할하는 중국의 동북 삼성 지역, 러시아가 관할하는 연해주 지역, 그리고 북한 지역 등 세 부분으로 나뉘어 이어져 오고 있다.

그 결과, 자국 중심의 역사 인식이 주류를 잇는 현대의 역사학에서 발해사는 중국, 러시아, 북한의 국가정체성과 역사 인식이 반영되어 서로 다른 다양한 해석으로 표출되고 있다.

이러한 자국 중심의 역사 인식 중 대표적인 것이 바로 중국의 동북공정식 발해사 인식이다. 동북공정식 해석으로 보면 발해는 중국 내 소수민족인 말갈족이 세운 지방정권이며, 당시 당나라가 국가로 인정하여 당나라의 조공과 책봉을 받아 발전하였다고 표현한다. 즉 중국 영토 내에 있는 과거의 역사와 민족은 모두 현재 중국의 역사와 중국 민족으로 규정할 수 있다는 것이다.

중국은 서로 다른 이민족과의 관계를 전통적인 중화사상과 화이론으로 재편성하여 하나의 중국 속에서 다루고자 하였다. 이것은 옛 소련이 1990년대 페레스트로이카, 글라주노프 등으로 상징하는 개방 정책 결과 옛 소련을 구성하던 소수민족 국가들이 독립을 하여 분리한 것과 대비된다. 중국은 소련식 개방 정책으로 소수민족의 독립을 추진한 것이 아니라 반대로 이민족들도 중국의 중심이 될 수 있다는 화이론적 중화주의를 활용하여 이민족의 역사마저 중국 중심으로 끌어들였던 것이다. 그 중심이 되었던 동북공정은 중국 동북 지방에서 존속해 온 한민족을 포함한 다양한 민족들에 대한 역사 이론적 결속이라 할 수 있다. 이 동북공정의 학술적 정책적 연구를 통해 중국은 동북 지방에 존재하여 온 고조선, 부여 이래 고구려와 발해의 역사까지 중국사의 일부로 파악할 수 있는 근거를 마련한 것이다. 이제 중국의 동북공정식 역사 해석은 다양한 형태의 결과물로 발표되어 뿌리 깊게 이어지는 전통적 중화론을 이론적으로 뒷받침하여 주고 있다. 그동안 우리 학계에서도 동북공정에 대한 대응이 다각도로 진행되어 왔다. 이를 통해 동북공정의 학술적 근거는 더 이상 유효하지 않다는 것이 밝혀진 지 오래다.

이러한 비판에도 불구하고 여전히 중국에서 동북공정식 역사 인식이 팽배한 것은 앞서 언급했듯이 중국이라는 현재의 영토와 구성원에 대한 관념 때문이다. 중국은 여전히 커다란 영역 안에 중국을 형성하는 소수민족들의 역사마저 중국의 역사로 해석하고 있다.

이 책을 기획하게 된 배경은 먼저 자국 중심의 역사 인식이 강조되면서 발해사에 대한 서술과 해석이 중국, 러시아, 남북한, 일본 등 인식 주체에 따라 차이가 나고 있다는 점이다. 따라서 이러한 차이를 극복하고 동아시아 발해사의 원형을 재구성할 수 있는 발해사와 발해유적의 공동 연구와 관리가 필요한 시점이 지금이라고 보았다.

또 하나는 최근 동아시아 각국에서 발해유적 발굴 보고서를 출간하고 있지만, 이들 발굴 보고서는 각국의 제한된 발해사 전공자들만이 참여하고 있어 해당 유적과 유물에 대한 공통된 결과가 결여되어 있다. 따라서 이에 대한 공통된 결과를 도출하기 위해서는 이들 보고서에 대한 우리의 재해석이 필요하다는 점이다.

발해유적은 현재 러시아, 중국, 북한의 관할 속에 있어 우리 학계의 견해가 포함될 여지가 적다. 특히 중국 학계는 동북공정식 해석을 중심으로 발해사의 고구려 계승성을 부정하고 말갈국가의 관점에서 보고 있다. 이 책의 발간 목적은 각 지역에 산재해 있는 발해유적을 우리의 시각으로 정리하고 해석하는 데 있다. 이를 통해 중국의 동북공정식 해석에 대한 반박 자료를 확보하고 발해유적을 공동의 문화유산으로 인식하여 공동 조사 연구를 추진하는 계기가 될 것이다.

또한 자국 중심의 발해유적 발굴보고서를 구체적으로 세부 분석할 수 있는 분석틀을 마련하고 나아가 동아시아의 발해사 연구와 발해유적 발굴 정비 등에 대해 눈높이식 대응을 선제적으로 할 수 있는 토대를 구축하게 될 것이다.

이 책은 동북아역사재단의 김은국 연구위원이 기획 총괄하였다. 김은국의 책임 집필하에 4인의 공동 연구원이 집필하였다. 각각의 글을 소개하면 다음과 같다. 먼저, 김은국은 〈한국의 발해유적 조사 성과에 대한 재해석〉에서 한국 학계의 발해유적 성과를 학위논문과 일반논저 분석을 통해 살펴보았으며, 파생되는 논점들은 공동연구자의 원고 속에서 세부적으로 다루었다. 필자는 먼저 한국 학자들이 러시아, 중국, 북한 등에 있는 발해유적을 직접 조사한다는 것이 상당히 어려운 것임을 전제로 소개하였다. 그러나 그러한 한계 속에서도 최근까지 발해사를 주제로 석사와 박사학위를 취득한 연구자들이 꾸준히 증가하고 있고, 특히 중국과 러시아에서 박사 과정을 밟고 있는 연구자들이 차츰 늘어가고 있는 것도 발해사 연구 환경의 외연을 넓혀간다는 점에서 매우 고무적이라고 강조하였다.

구난희는 〈일본의 발해 관련 발굴조사와 그 공과〉에서 일본의 발해 관련 유적의 발굴조사 성과를 정리하고 그것이 발해사 연구에 미친 공과를 검토하는 데 목적을 두었다. 일본 내 발해유적 발굴 성과 정리를 통해 발해와 일본의 교류 연구의 한 분야로 자리매김할 필요가 있다. 중국이 거의 독점하다시피 전개되고 있는 발해유적 발굴과 해석의 지형에 대한 새로운 출로를 마련해 줄 수 있는 연구 분야라는 의미도 함께 지니고 있다. 심화된 후속 연구를 통해 보강하여 갈 시기임을 강조하였다.

정석배는 〈러시아 연해주 지역의 발해유적 발굴조사 현황과 과제〉에서 러시아 학계의 현황을 분석하였다. 연해주는 현재 중국 동북 지방과 북한 내의 발해유적과 더불어 발해유적 조사와 연구에 중요한 위치를 차지하는 곳이다. 필자는 러시아 연해주 지역의 38개소 발해유적에서 발굴조사가 실시된 것으로 파악하였다. 또한 러시아 연해주 지역의 발해유적 발굴조사에서 가장 시급한 당면 과제를 제시하였다. 그것은 말갈문화 등의 유적에서 발해 시기의 것들을 구분해 내고, 이들이 발해 지방문화의 하나였음을 보다 체계적으로 논증하는 것이다. 필자는 이러한 작업을 위해서 연해주 유적들의 적극적인 발굴조사는 물론 관련자료 수집이 절대적으로 필요함을 강조하였다.

이병건은 〈북한의 발해유적 발굴 성과와 그 활용에 대한 해석〉에서 북한 학계의 발해유적 발굴 성과와 현황을 분석하였다. 북한 역시 현재 중국 동북지방과 연해주 내 발해유적과 더불어 발해유적 조사와 연구에서 중요한 위치를 차지하는 곳이다. 또 당시 발해 남쪽의 신라와 함께 한국사에서 남북국사의 구성원으로 이곳의 발해유적 발굴 성과의 활용은 남북국사의 잃어버린 고리를 이어 줄 수 있는 것이다. 필자는 그런 각도에서 북한의 발해유적 발굴 성과는 비록 연구 주제와 서술이 획일적이며 단순하지만, 발해의 고구려 계승 관계 전개 서술에 대한 일관성은 여전히 유효하다는 점을 확인하였다. 북한의 발해유적 발굴 성과의 분석과 활용은 또 조만간 이루어질 남북 학술교류의 준비로서 큰 의미를 가지고 있다고 강조하였다.

마지막으로 김진광은 〈중국의 발해유적 발굴 성과와 재해석〉에서 중국 학계가 2000년 이후 이룬 연구 성과의 주요 논지를 다루어 연구 현황, 유적 발굴 성과와 주요 논점, 유물 관련 연구 성과와 주요 논점 등으로 서술하였다. 다시 발해사 연구 현황에서는 분석 범위의 연도별 연구 현황, 고고학과 문헌학의 연구 현황, 연구 유형별 현황, 유적·유물의 주제별 연구 현황으로 대별하여 재해석하였다. 유적 관련 연구 성과와 주요 논점에서는 도성, 고분, 사찰, 취락 등으로 분류하여, 상경성·서고성·팔련성의 발굴 경과와 핵심 쟁점인 도성의 변천에 관한 논의를 우리 시각으로 재해석하였다. 이 분석을 통해 유적·유물에 대한 논지가 발해사 연구에 있어 실증적 도움이 될 것이라 본다.

이상과 같이 발해유적의 국가별 발굴 성과에 대한 재해석을 통해 무엇보다도 발해사 연구가 각국의 편협한 시각에서 벗어난 '국제화'를 추구할 수 있는 발판이 될 수 있다고 본다. 또한 이를 통해 각국에 산재한 발해유적을 국제적으로 공동 관리할 수 있을 것으로 기대한다. 발해유적을 해당 국가의 문화재가 아닌 공동의 문화유산으로 인식하여 공동 조사와 연구, 관리한다면 발해유적에 대한 보다 심층적인 접근이 가능해질 것이다.

이 책이 출간되기까지 기획 방향에 공감하고 흔쾌히 공동 연구에 참여해 준 집필진에게 거듭 감사말씀 드린다. 특히 전 세계적으로 코로나19가 대유행하고 있는 이 때 집필자들은 내외의 어수선한 상황 속에서도 꼼꼼한 윤문과 교정을 해주셨다. 마지막으로 다양한 성격의 글들을 마치 한 쾌처럼 다듬어 주신 출판 관계자에게 지면을 빌어 감사드린다.

2020년 5월
집필자를 대표하여 김은국

| 차례 |

한국의 발해유적 조사 성과에 대한 재해석

김은국 동북아역사재단 연구위원

* 이 글은 김은국, 2019, 「발해유적 조사 성과에 대한 한국 학계의 해석」, 『중앙사론』 50, 중앙사학연구소, 5~92쪽의 내용을 축약 보완한 것임.

1. 머리말

발해(698~926) 당시 영역과 역사는 현재 중국 동북부, 러시아 연해주, 북한에 걸쳐 존재하고 있다. 그러나 현재 발해사에 대한 해석은 자국 중심의 역사 인식이 강조되면서 역시 중국, 러시아, 남북한, 일본 등의 인식 주체에 따라 서술과 해석에서 차이가 나고 있다. 이 글은 한국의 발해유적 발굴과 연구 분석을 통해서 발해사를 있는 그대로의 역사로 재조명하는 데 있다. 이를 통해 발해사 연구에 대한 우리의 맞춤식 대응을 추진할 수 있는 기본 자료를 확보하고자 하는 것이다.[1]

이제 발해사 연구는 자국 중심의 역사 인식이 강조되면서 한국사만의 대상이 아니다. 이는 현재 발해유적 대부분이 중국 동북 지방, 러시아 연해주, 북한에 걸쳐 있으며 일본에도 유형무형의 관련 유적이 존재하고 있기 때문이다. 현재 발해인들이 직접 기술한 문헌 기록은 전하지 않고 있다. 이것은 926년 거란의 기습공략을 받고 발해의 왕위 계승이 단절됨으로써 야기된 것이다. 그리고 장기적으로 지속한 발해 부흥의 노력도 결실을 맺지 못했기 때문이다.[2] 발해의 영역은 한국사의 어떤 국가도 계승하지 못하였다. 또한 발해 멸망 후 발해의 역사 영역은 거란의 요나라, 여진의 금나라, 몽골의 원나라, 중원의 명나라, 그리고 여진의 청나라 판도가 되어 버렸다.

한국에서는 발해가 신라와 함께 남북국사(南北國史)로 강조되어 온 지

---

1 이러한 작업의 일환으로 최근 동북아역사재단에서 출간한 발해 교양서가 참조된다. 김은국 외, 2019, 『해동성국, 고구려를 품은 발해』, 동북아역사재단 교양총서 5.
2 발해 멸망의 원인에 대해서는 김은국, 2019, 「발해 유민 연구 동향」, 『새롭게 본 발해 유민사』, 동북아역사재단 참조.

오래다.3 그러나 막상 발해유적과 유물을 직접 대할 수 있었던 시기는 최근에 와서라고 할 수 있다. 게다가 한국이 직접 발굴할 수 있는 발해유적은 현재로서는 연해주 한 곳 정도다. 중국에서는 아직 그런 환경이 조성되지 못하고 있다. 최근 중국에서 출간되는 발해유적 발굴보고서는 해당 유적과 유물에 대해 중국 중심으로 제한되어 있기 때문에 이에 대한 학술적 추가 연구가 필요하다.

필자는 문헌의 재해석과 발해유적 발굴 성과를 통해 동아시아 발해사와 발해유적에 대한 다양한 해석 차이를 좁혀가기 위해 이 과제를 설정하였다. 그중에서도 한국에서 발해유적과 유물을 어떻게 접하였고 해석하였는가를 파악하는 것이 이 과제의 초점이다. 20세기 이후 시작된 발해 시기 유적에 대한 본격적인 고고학적 조사는 그들의 정치·경제·문화 등 사회 전반적인 모습들을 조금씩 드러내 주었다. 특히, 주요 도성이나 고분군에 대한 조사 및 보고서 발간은 발해 고고학 자료를 더욱 풍성하게 해주었다. 발해는 비록 소략한 문헌으로 다른 왕조에 비해 연구가 덜 되었고, 고고학적으로도 현재 대한민국의 영역 밖이기 때문에 직접적인 연구는 어려운 실정이었다. 하지만 최근 고고학적 자료의 증가와 연해주 지역의 발굴 참여를 계기로 그 이해의 폭이 넓어지게 되었다.4

중국의 동북공정(東北工程)식 발해 역사관을 극복하는 방법으로 이제는 발해의 고고학적 발굴 성과와 해석의 비중이 커지고 있다. 이를 통하여 발해의 정체성과 고구려 계승성을 고찰해 볼 수 있게 되었다.

---

3 남북국사의 강조는 발해가 한국사의 당당한 주체임을 반영하는 것이다. 이러한 시각은 또한 발해와 신라 당대의 인식이기도 하다. 여기에 대해서는 김은국, 2019, 「고려~조선 전기 발해사 계승인식」, 『한국고대사 계승 인식 I』, 동북아역사재단, 42~44쪽 참조

4 연해주에서의 한국 학계의 발굴 성과에 대해서는 김은국 외, 2017, 『동아시아의 문화 허브, 발해 염주성 이야기』, 청아출판사 참조.

이 글에서는 한국에서 발해유적 발굴과 해석을 어떻게 진행하여 가는가를 다루겠다. 중국, 러시아, 북한, 일본에서 진행한 발해유적 발굴과 해석은 다른 연구자들이 개별 수행하였다.5

발해사의 경우는 고구려사 연구의 환경과는 조금 다르다. 발해유적의 경우에는 주지하는 대로 러시아, 중국, 북한 내에 있다. 따라서 한국 학자들은 러시아, 중국, 북한 등에 있는 발해유적을 직접 조사한다는 것이 얼마나 어려운 것인가를 잘 알고 있다. 그러한 한계 속에서도 최근까지 발해사를 주제로 석사와 박사학위를 취득한 연구자들이 꾸준히 증가하고 있음은 고무적이다. 게다가 중국, 러시아, 북한 등의 발굴 성과들을 대하면서 문헌의 한계를 극복해 가는 과정에 있다. 이는 발해유적의 현장 조사와 발굴 성과 결과를 참고할 수 있는 단계로 진입하였음을 말해주는 것이다.6

비록 한국에서의 발해사 연구 인력은 고구려사 등에 비해 적지만 심도 있는 분석과 해석을 거듭하면서 한국의 발해사 연구 수준을 경쟁력 있게 배가시켜 나가고 있다. 이 글에서는 한국에서 발표된 발해 관련 학위논문들을 먼저 다루고, 뒤이어 일반논문류를 살펴보겠다.

2. 학위논문류를 통해 본 발굴 성과 해석

발해 연구 기본 틀을 완성하여 본격적인 연구자로서의 역량을 갖춘 박사논문은 그 수가 매우 한정되어 있다. 게다가 한국 학계의 발해사 박사논문은 문헌 중심의 한계가 크다. 학위논문 중 한국 발해사 학계에서

---

5 이 책 2, 3, 4, 5장 참조.
6 발해사 연구의 최근 추이에 대해서는 김은국, 2016, 「최근 10년간 발해사 연구 성과와 방향」, 『동북아역사논총』 53 참조.

그 실마리를 연 것은 바로 송기호의 글이다.[7] 송기호는 다인장을 가족장으로 보는 기존 중국 학계의 설을 부정하고 순장제로 파악하였다. 이 글은 이후 많은 반향을 일으켜 한국 학계에서는 발해 고고학의 첫 연구 성과로 꼽을 수 있다.[8] 송기호는 이후의 글에서도 이 다인장을 해석하는 관점을 바탕으로 발해 육정산 고분군의 성격을 건국 집단과 연계하여 파악하였다.[9]

이러한 기반 위에서 2000년도까지는 발해 사찰건축과 발해 이불병좌상 연구를 주제로 한 학위논문이 뒤이어 발표되었다.[10] 발표된 학위논문들을 보면 1980년대 이후 20년간 한국 발해사 연구에서 고고학적 해석의 첫 시도와 접목이 이루어졌다고 평가할 수 있다.[11] 이후 송기호는 발해 고분에 문제를 제기하여 한국의 발해 고고학 성과를 계속하여 이어간다.[12]

한편 최근까지 발해사를 주제로 박사학위를 취득한 연구자와 그 학

7 송기호, 1984, 「발해의 「多人葬」에 대한 연구」, 서울대학교 대학원 석사. 이 글은 송기호, 1984, 「발해의 「多人葬」에 대한 연구」, 『韓國史論』 11, 3~94쪽에 수록되었다.

8 김태순, 1997, 「발해무덤의 유형 및 다인장(多人葬) 문제에 관하여」, 『先史와 古代』 9.

9 송기호, 2011, 「육정산 고분군과 건국집단」, 『발해 사회문화사 연구』, 서울대학교 출판문화원, (원제: 1998, 「육정산 고분군의 성격과 발해 건국집단」, 『汕耘史學』 8), 32~33쪽을 참조.

10 이병건, 2001, 「발해 24개돌 유적에 관한 건축적 연구」, 건국대학교 대학원 건축공학과 박사; 임석규, 1995, 「渤海 半拉城 出土 二佛並坐像의 硏究」, 동국대학교 대학원 미술사학과 석사; 이병건, 1992, 「발해시대 사찰건축 연구」, 건국대학교 대학원 건축공학과 석사.

11 2000년 이전 까지 관련 논문은 다음과 같다. 宋基豪, 1984, 「발해의 「多人葬」에 대한 연구」, 『韓國史論』 11.; 임석규, 1995, 「渤海 半拉城 出土 二佛並坐像의 硏究」, 『佛教美術研究』 2,; 김태순, 1997; 한규철, 1997, 「발해국의 고구려 계승성: 고분과 주거문화를 중심으로」, 『先史와 古代』 9 등으로 역시 석사학위 취득자들 중심으로 발해유적과 문화에 대한 고고학적 해석이 진행되었다.

12 송기호, 2000, 「史實과 前提: 발해 고분 연구의 경우」, 『韓國文化』 25, 89~105쪽. 또 최근 간행한 송기호, 2019, 『한국 온돌의 역사: 최초의 온돌 통사』, 서울대학교 출판문화원은 이번 주제와 관련하여 시사하는 바가 크다.

위논문을 살펴보겠다.13 한국의 발해 사학계에서 박사논문 취득자와 그 단행본 출간 상황을 보면 대부분이 문헌을 중심으로 한 연구들인 가운데 건축, 복식 등 문헌 이외의 분야에서 연구자가 배출된 것이 고무적이었다. 이는 결국 발해유적의 현장 조사와 발굴 성과 결과를 참고할 수 있는 단계로 진입하였음을 말해주는 것이다. 안타깝게도 이러한 발해사 연구의 외연 확장이 지금은 뜸한 상태다. 그런 환경에서도 현재 중국과 러시아에서 유학 중인 박사과정 연구자들이 차츰 늘어가고 있는 것은 발해 사학계에 매우 중요한 계기가 될 것이다. 현재 유학 중으로 곧 박사학위 취득 예정인 연구자로는 중국 길림대학의 김은옥14과 러시아 노

---

13 최근까지 발해사 주제로 박사 학위논문을 들면 다음과 같다(학위논문을 단행본으로 출간한 경우 병기함). 스토야킨 막심, 2016, 『아무르-연해주 지역의 중세시대 성곽 연구』, 고려대학교 대학원; 나영남, 2013, 『契丹의 異民族 支配政策과 渤海人의 存在樣態』, 한국외국어대학교 대학원; 민성욱, 2012, 『韓國史에서 靺鞨 認識에 관한 硏究』, 국제뇌교육종합대학원대학교; 권은주, 2012, 『渤海 前期 北方民族 關係史』, 경북대학교 대학원; 김진광, 2007, 『발해 문왕대의 지배체제 연구』, 한국학중앙연구원 대학원(2012, 『발해 문왕대의 지배체제 연구』, 박문사); 김동우, 2006, 『渤海 地方 統治 體制 硏究: 渤海 首領을 中心으로』, 고려대학교 대학원; 김은국, 2005, 『渤海 對外 關係의 展開와 性格: 唐, 新羅, 契丹과의 관계를 중심으로』, 중앙대학교 대학원; 李孝珩, 2004, 『渤海 遺民史硏究-高麗와의 관계를 중심으로』, 부산대학교 대학원(2007, 『발해 유민사 연구』, 혜안); 全炫室, 2004, 『對外關係를 中心으로 본 渤海 男子 服飾 硏究』, 가톨릭대학교 대학원; 李東輝, 2004, 『발해의 종족구성과 신라의 발해관』 부산대학교 대학원; 具蘭熹, 2003, 『國際理解 增進을 위한 渤海·日本 交流史 學習硏究』 한국교원대학교 대학원; 金鍾福, 2002, 『渤海 政治勢力의 推移 硏究』, 성균관대학교 대학원(2009, 『발해정치외교사』, 일지사); 尹載云, 2002, 『南北國時代 貿易硏究』, 고려대학교 대학원(2006, 『한국 고대무역사 연구』, 경인문화사); 朴眞淑, 2001, 『渤海의 對日本外交 硏究』, 충남대학교 대학원; 이병건, 2001, 『발해 24개돌 유적에 관한 건축적 연구』, 건국대학교 대학원; 林相先, 1998, 『渤海의 支配勢力 硏究』, 한국정신문화연구원 한국학대학원(1999, 『발해의 지배세력 연구』, 신서원); 宋基豪, 1994, 『渤海의 歷史的 展開 過程과 國家 位相』, 서울대학교 대학원(1995, 『渤海政治史硏究』, 一潮閣); 韓圭哲, 1991, 『渤海의 對外關係 硏究- 新羅와의 관계를ⓒ 중심으로』, 고려대학교 대학원(1994, 『渤海의 對外關係史』, 신서원).

14 金銀玉, 2011, 「寧安虹鱒漁場渤海墓葬硏究」, 吉林大學文學院 碩士; 김은옥, 2013, 「발해 상경성의 발굴 및 고고연구 현황」, 『고구려발해연구』 45.

보시비르스크의 박규진[15] 등을 들 수 있다.

김은옥은 이미 해당 대학에서 홍준어장(虹鱒漁場)으로 석사학위를 취득한 이후,[16] 현재 발해 상경성에 대한 종합적 연구를 진행하고 있다.

최근 한국 학계의 발해사 연구에서 배출되는 발해유적 분석과 해석 등의 특징은 이러한 연구 환경에서 비롯되었다고 할 수 있다. 그리고 그 연구의 맥은 석사논문을 통해서 배출되고 있다. 따라서 이들 석사과정의 연구자들에게 지속적으로 연구를 수행할 수 있는 지원이 가능하다면, 발해 고고학 성과를 분석하고 이해하는 데 큰 자산이 될 것이다.

이 중에 일부는 학회지 논문 등으로 이미 발표되었고 연구자의 연구 역량을 높여주면서 박사과정 혹은 국외 유학 절차를 밟아 연구의 폭과 외연을 확장하고 있다.[17] 이병건은 박사논문 이후,[18] 발해 건축 분야에서 현재 독보적인 전문가가 되어 있다.

이후 임석규도 발해 불상 연구를 확장해 간다.[19] 이는 강희정의 발해 불교 조각 연구로 확대되어 갔다.[20] 불교 관련 연구자들의 논고를 종합한 최성은·이송란·임석규·양은경·이우섭의 공저는 현재까지 한국 학계의 불교 관련 연구의 성과를 가늠할 수 있는 것이다.[21] 이병건도 발해

---

15 박규진, 2010, 「渤海 石築墓 硏究」, 고려대학교 대학원 석사; 박규진, 2011, 「발해 석실분의 형식과 구조에 대한 연구」, 『고구려발해연구』 39.

16 金銀玉, 2011, 석사학위논문 참조.

17 위 석사논문이 학술지에 발표된 것을 중심으로 다시 정리하면 다음과 같다. 송기호, 1984, 「발해의 「多人葬」에 대한 연구」, 서울대학교 대학원 석사(1984, 「발해의 「多人葬」에 대한 연구」, 『韓國史論』 11); 임석규, 1995, 「渤海 半拉城 出土 二佛竝坐像의 硏究」, 동국대학교 대학원 석사(1995, 「渤海 半拉城 出土 二佛竝坐像의 硏究」, 『佛敎美術硏究』 2, 1995).

18 이병건, 2001, 박사학위 논문 참조. 그의 석사논문도 「발해시대 사찰건축 연구」, 건국대학교 대학원, 1992에 그 기반을 둔다.

19 임석규, 2005, 「渤海 塑造佛像의 性格과 製作技法에 관한 연구」, 『東北亞歷史論叢』 7.

20 강희정, 2003, 「발해 후기의 불교조각과 신앙」, 『東岳美術史學』 4.

21 최성은 외, 2016, 『발해의 불교유물과 유적』, 학연문화사.

건축 연구를 지속적으로 전개하여 갔다.[22] 특히 그의 편저『발해 건축의 이해』는 발해 건축사 연구를 체계적으로 정리하였다.[23]

　이후 한정인도 발해 정효공주묘(貞孝公主墓)를 주제로 학위논문을 제출하였다.[24] 기존에 발표된 학위논문을 학술지에 발표한 글로 한정인 외에도 여러 편을 들 수 있다. 우선 박규진의 석축묘 연구를 들 수 있다.[25] 또 최진호의 수막새 기와 연구와 연구,[26] 스토야킨 막심의 발해 성곽 연구가 있다.[27] 이우섭은 와당 연구를,[28] 정동귀는 발해 평기와 연구를 이어갔다.[29]

　이상과 같이 석사논문의 학회지 발표 등은 이후 연구의 수준을 높이

22　이병건, 2003a,「발해 강동24개돌 유적의 추정 복원안 연구」,『白山學報』65; 이병건, 2003b,「유적을 통해 본 발해 건축의 독자성 연구」,『白山學報』67; 이병건, 2007b,「발해 도성과 궁전 유적의 건축 형식 연구」,『白山學報』78; 이병건, 2007a, 「渤海 建築遺蹟에 關한 南韓의 研究成果」,『東北亞歷史論叢』16; 이병건, 2009,「화전 소밀성과 화룡 서고성의 건축형식 비교연구」,『고구려발해연구』34 등.

23　이병건 편저, 2003,『발해 건축의 이해』, 백산자료원은 그의 연구 중간 점검이기도 하였다.

24　한정인, 2010,「渤海 貞孝公主墓 研究」, 숙명여자대학교 대학원 석사; 한정인, 2010, 「渤海와 唐의 묘제 비교: 貞孝公主墓를 중심으로」,『고구려발해연구』36.

25　박규진, 2010,「渤海 石築墓 研究」, 고려대학교 대학원 석사; 박규진, 2011, 153~196쪽.

26　최진호, 2012,「발해 수막새 기와의 특징과 성격 연구」, 단국대학교 대학원 석사. 이 글은 최진호, 2012a,「渤海 수막새를 통해 본 渤海文化의 性格」,『先史와 古代』36; 최진호, 2012b,「渤海 수막새의 類型과 性格」,『한국기와학회 연구발표회』11 등으로 발표했다.

27　스토야킨 막심, 2012,「渤海城郭 研究」, 고려대학교 대학원 석사. 이 글은 스토야킨 막심, 2012,「발해성곽의 구조와 형식에 대한 연구」,『고구려발해연구』42로 발표되었다.

28　이우섭, 2013,「渤海 蓮花文瓦當 研究」, 고려대학교 대학원 석사. 이글은 이우섭, 2016,「발해기와의 종류와 특징」,『고구려발해연구』54로 발표되었다.

29　정동귀, 2015,「발해 평기와 연구」, 한국전통문화대학교 대학원 석사. 이 글은 정석배·정동귀,「연해주지역 발해 평기와 일고찰」,『고구려발해연구』50과 정동귀, 2015,「발해 암막새에 대한 고찰」,『고구려발해연구』52 등으로 발표되었다.

는 준비 단계였다. 그중 스토야킨 막심의 연구는 주목할만 한데, 그는 아무르 지역의 성곽 연구,[30] 연해주 말갈 성곽,[31] 연해주 발해 성곽 등의[32] 연구를 기반으로 연구 활동을 이어가 박사논문을 완성하였다.[33]

비록 학회지에 게재되지는 않았지만 발해유적과 고고학을 기반으로 한 석사학위 논문들도 주목되는데 대표적으로 이민영의 발해 철촉 연구를 들 수 있다.[34] 또한 발해 구들 연구로 석사논문을 취득한 김영현은[35] 크라스키노 발해성 공동발굴 단원으로 임하면서 크라스키노성 출토 유물 중 구들을 조사하였다.

다음으로 정동귀의 발해 평기와 연구를 들 수 있다.[36] 그는 발해유적에서도 평기와가 가장 많이 출토되는 유물 중 하나지만 그동안 이 부분의 연구는 거의 없던 상황임을 전제로 하였다. 발해 평기와는 동북쪽으로 러시아 연해주 중남부, 북쪽으로 송화강 상류, 서북쪽으로 지금의 길림성 화전시, 남쪽으로 북한 함경남도까지 넓은 범위에 걸쳐 현재까지 모두 158개 유적에서 확인되었다.

다음으로 임누리의 발해 토기 연구는[37] 발해 토기 부분의 연구에서 중요한 위치를 차지한다. 임누리는 이후 『발해 토기 자료집』을 집필하여 이 부분의 연구 자료를 학계에 제공하였다.[38] 그는 발해가 존속한 기

---

30 스토야킨 막심, 2014, 「러시아 아무르 지역 중세시대 성곽의 현황과 특징」, 『고구려발해연구』 48.

31 스토야킨 막심, 2016, 「연해주 말갈성곽에 대한 연구」, 『한국고대사탐구』 24.

32 스토야킨 막심, 2017, 「연해주 발해성곽의 구조와 성격」, 『중앙고고연구』 22.

33 스토야킨 막심, 2016, 박사학위논문 참조.

34 이민영, 2017, 「渤海 鐵鏃 硏究」, 한국전통문화대학교 대학원 석사.

35 김영현, 2017, 「발해 구들 연구」, 한국전통문화대학교 대학원 석사.

36 정동귀, 2015, 석사학위논문 참조.

37 임누리, 2014, 「渤海 土器 硏究」, 고려대학교 대학원 석사.

38 국립문화재연구소 고고연구실 편, 2014, 『발해 토기 자료집』, 국립문화재연구소 고고연구실.

간 동안 발해인들이 제작·사용한 토기를 발해국의 건국을 기점으로 고구려, 말갈 토기와 구분하여 발해 영역이라는 보다 넓은 시각 안에서 토기에 대한 전반을 다루었다. 이와 함께 고영민 역시 크라스키노 발해성 발굴단원으로 임하였는데 그 역시 크라스키노 발해성에서 출토된 토기를 중심으로 연구를 하였다.[39]

다음으로 이우섭의 연화문 와당 연구는[40] 해당 연구 분야에서 우리의 시각이 종합적으로 반영된 연구다. 발해 연화문 와당 연구는 지금까지 심도 있는 고찰이 이루어지지 않은 채 문양을 나열하는 연구가 대부분이었다. 그는 이러한 문제점을 인식하고 러시아 연해주에서 실견한 유물들과 보고서에 수록된 발해 연화문 와당 440점을 대상으로 자방부의 구성과 간식문의 형태를 교차 분석하여 새로운 형식분류안 확립을 시도하였다.

스토야킨 막심의 발해성곽 연구도 주목되는데,[41] 그는 발해 성곽에 대한 체계적인 연구를 시작했다. 발해관련 문헌에는 발해 성곽에 대한 정보가 거의 없고, 그 동안 위 세 지역에 위치한 모든 발해 성곽을 대상으로 한 연구는 없었다. 이 글은 현재까지 알려진 모든 발해 성곽을 분석한 후 발해 성곽의 특징과 지역성 등을 알아보고 발해의 건축 전통을 살펴봄으로써 발해 문화의 한 부분을 복원하였다.

또 최진호의 수막새 기와 연구를 보면,[42] 이 분야의 독보적인 연구 환경을 만들어 놓았다고 할 수 있다. 발해 고고학연구는 1990년대 고고학적 자료가 확보되면서 본격적으로 시작되었는데, 이 중 수막새는 당시

39 고영민, 2012, 「러시아 연해주 크라스키노성지 출토 발해 토기 연구」, 부경대학교 대학원 석사.
40 이우섭, 2013, 석사학위논문 참조.
41 스토야킨 막심, 2012, 석사학위논문 참조.
42 최진호, 2012, 석사학위논문 참조.

의 발해문화를 파악할 수 있는 유물이기에 주목하여 연구하였다.

이준설의 발해 불상 연구도 주목되는데,[43] 상경, 중경, 동경 등 수도권에 집중되어 있었던 발해 불교는 지배층 중심의 왕실과 밀접한 관련을 맺고 있음을 재확인하였다. 이를 통해서 발해의 불상에서 고구려적 요소와 발해 불교의 특징적 요소를 다수 파악할 수 있게 되었다. 박규진의 석축묘 연구도[44] 크라스키노 발해성 발굴에 참여하면서 성 주변의 발해 석축묘에 주목한 글이다. 이와 같이 고고학적으로 현재 대한민국의 영역 밖이라서 직접적인 연구는 어려운 실정이지만 최근 고고학적 자료의 증가와 연해주 지역의 발굴 참여를 계기로 발해 고고학에 대한 이해의 폭이 넓어지고 있다.

이 밖에도 현재 블라디보스토크 아르세니예프 박물관 연구사인 야쿠포프 막심의 토기 연구를 들 수 있다.[45] 최근 20여 년간 러시아 연해주 지역의 발해유적 연구가 상당히 진척되었다. 그러나 대부분의 연구는 발굴 조사에 집중되어 있으며, 출토된 유물에 대한 종합적인 분석은 드물다. 이러한 한계 속에서 그는 러시아 연해주 지역에서 발굴 조사된 12개의 유적에서 출토된 토기를 분석하였다.

한정인의 정효공주묘 연구는[46] 종교가 장의예술(葬儀藝術)에서 중요한 역할을 해 왔다는 것과 고대 한국 무덤의 경우, 종교는 주로 벽화를 통해 상징화되어 나타난다는 것에 주목하였다. 그는 종교의 이러한 상징이 무덤 구조 자체에서 표현되는 경우도 있음을 전제한다. 이 논문의 대상인 발해 정효공주묘는 불교식 건축물인 탑(塔)으로 축조된 무덤이다. 기존의 발해 전통 무덤인 석실봉토묘(石室封土墓)와는 전혀 다른 구조이

43 이준설, 2010, 「발해불상에 관한 일고찰」, 경성대학교 대학원 석사.

44 박규진, 2010, 석사학위논문 참조.

45 야쿠포프 막심, 2009, 「러시아 沿海州 地域 渤海土器 研究」, 고려대학교 대학원 석사.

46 한정인, 2010, 석사학위논문 참조.

므로 주변국으로부터 수용된 묘제일 가능성이 높다고 보았다.

그리고 발해의 특수 문자가 새겨진 인각와를 분석한 장호중의 연구와[47] 발해의 노시설(爐施設)을 한국의 다른 시기와 함께 다룬 김동훈의 논문도 주목된다.[48]

또 앞서 소개한 이병건의 박사논문은[49] 한국의 발해 고고학 분야는 물론 건축 분야에서도 독보적인 위상을 정립하였다. 특히 24개돌유적을 통해 발해 문화의 특징 요소와 함께 동아시아 속의 발해 건축 문화를 정립하였다. 또한 발해 건축 연구 동향 및 유적 현황을 남·북한, 중국, 일본, 러시아 등과 비교 검토하여 발해 건축 유적 현황을 궁전 건축, 공공 건축, 정원 건축, 사찰 건축, 살림집, 24개돌유적 등으로 구분하여 각각의 특징을 정리하였다.

여기에서 이상과 같은 학위논문이 지속적으로 배출된 배경에는 1990년대 한국 내 발해 고고학의 단초를 연 글들이 조성한 선구적인 환경이 있었다고 할 수 있다. 송기호, 이병건, 임석규 등의 글이 그것이다.[50] 다음으로는 일반연구류를 통해서 한국 학계의 발해유적 관련 발굴 성과와 해석을 살펴보겠다.

---

47 장오중, 2005, 「渤海 印刻瓦에 관한 研究」, 원광대학교 동양학대학원 석사.

48 김동훈, 2004, 「韓國 터널式 爐施設에 관한 試論: 鐵器時代와 三國時代를 中心으로」, 성균관대학교 일반대학원 석사.

49 이병건, 2001, 박사학위논문 참조.

50 송기호, 1984, 석사학위논문; 이병건, 1992, 석사학위논문; 임석규, 1995, 석사학위논문 참조.

3. 일반논문류를 통해 본 발굴 성과 해석

한국의 발해사 연구자들의 고고학적 해석 역량은 앞에서 소개한 바와 같이 학위논문에서의 발해 고고 정보 활용을 통해 확대되었다. 한국 발해 사학계에서 그 단초를 연 학위논문은 송기호의 1984년 논문이다.[51] 그는 기존 중국 학계에서 다인장을 가족장으로 보는 설을 부정하고 순장제로 파악하였다. 이 글은 김태순에게도 영향을 줄 정도로,[52] 한국 학계에서는 발해 고고학의 첫 연구 성과로 꼽을 수 있다. 송기호는 이후 글에서도 이 다인장에 대한 관점을 바탕으로 발해 육정산 고분군의 성격을 건국집단과 연계하여 파악하였다.[53]

이러한 기반 위에서 2000년도까지는 발해 사찰 건축과 발해 이불병좌상 연구를 주제로 한 학위논문이 계속 발표되었다.[54] 이상과 같이 학위논문을 통해서 보면 1980년대 이후 20년간 한국 발해사 연구에서 고고학적 해석의 첫 시도와 접목이라는 측면에 큰 평가를 내리고자 한다.

우선 스토야킨 막심의 연해주 발해 성곽 연구다.[55] 그는 발해의 동북 변경인 연해주에 위치한 발해 성곽의 분포에 대해 살펴보고 연해주 발해 성곽은 다른 지역의 발해 성곽과 전반적으로 유사하지만 규모, 형태, 축성에서 지역성이 나타남을 확인하였다. 다음으로는 김동우의 발해 도성 관련 논문이다.[56] 발해는 건국 이후 영역을 확장하면서 4차례나 천도를 하였으며, 도읍한 중경, 상경, 동경과 더불어 중국, 신라와 교류하는

51　송기호, 1984, 석사학위논문; 송기호, 1984, 3~94쪽.
52　김태순, 1997 참조.
53　송기호, 2011, 32~33쪽 참조.
54　이병건, 2001, 박사학위논문; 임석규, 1995, 석사학위논문; 이병건, 1992, 석사학위논문.
55　스토야킨 막심, 2017, 25~66쪽.
56　김동우, 2017, 「발해 도성과 지방통치」, 『고구려발해연구』 58, 211~234쪽.

중심지였던 서경과 남경에 5경을 설치하였다. 5경은 무왕(武王) 시기부터 중요하게 여긴 거점 지역에 설치된 것이다. 김동우는 그 시기를 중경 도읍 시기부터 시작되어 740년대가 하한이라 생각하였다.

또 김은국은 발해 염주성의 최근 발굴 성과를 분석하였다.[57] 염주(鹽州) 발해성은 문헌으로 확인되는 러시아 내 발해성 중 가장 온전한 유적이다. 염주는 발해가 설치한 62개 주(州) 중 하나로 동해를 통해 신라와 일본과 교류하였던 곳이고 발해의 내륙 곳곳을 거쳐 당, 서역 등과 통하는 교두보였다. 1990년대 이후 최근까지의 염주성 공동 발굴 성과를 시기별로 나누어 정리하였다.

다음으로 윤재운은 팔련성의 구성 요소와 기와 생산 체계를 다루었다.[58] 팔련성의 축조 시기는 서고성과의 구조적 유사성을 근거로, 740년 전후에 건설된 것으로 판단한다. 또 발해 기와는 건축 구조물의 사용처에 따라 출토되는 다양한 기와 중 팔련성 궁전지에서 보이는 녹유기와는 발해유적 가운데 채도와(彩陶瓦)와 함께 건축물의 등급을 나타내는 것이라 하였다. 또 현재까지 발견된 도성 관련 가마터는 상경성과 동경성 부근에서만 발견되는 것으로 보아, 상경과 중경·동경 지역의 두 곳에 가마가 설치되어 건축물에 제공되는 기와가 제작·유통된 것으로 생각하였다. 또 정석배는 유물로 본 발해와 중앙아시아와의 관계를 다루었다.[59] 발해에는 문헌 기록에 보이지 않는 대외 교역-교통로들도 있었을 것인데 그 대표적인 것이 지금의 중앙아시아 지역까지 연결하는 담비길이다. 아르세니예브까강 유역 발견 소그드 은화, 니꼴라예브까Ⅱ성

57 김은국, 2017, 「渤海 鹽州城의 최근 발굴 성과와 분석」, 『고구려발해연구』 58, 95~121쪽.

58 윤재운, 2017, 「팔련성의 구성 요소와 기와 생산 체계」, 『고구려발해연구』 58, 159~178쪽.

59 정석배, 2017, 「유물로 본 발해와 중부」, 『고구려발해연구』 57, 59~91쪽.

발견 청동거울, 토대자촌 부근 출토 사리함 유리병, 토대자사지 출토 서아시아 신장상, 아브리꼬스 절터 출토 경교 십자가, 유즈노-우수리스크 성터 및 아르세니예브까강 유역 발견 '룬 문자' 강돌, 끄라스끼노성 출토 쌍봉낙타 뼈와 청동 쌍봉낙타상, 화병모양 거란 토기, 고누판, 니꼴라예브까I성 출토 철제 바르간, 꼭샤로브까1성 발견 원무 토기편, 꼭샤로브까-8 유적 출토 동심능형격자문 '위구르' 토기, 상경성 2호 궁전 출토 사슴무늬 대형 화병모양 거란 토기 등을 중심으로 발해와 중부-중앙아시아 지역 간의 문화교류 문제를 살펴보았다.

이병건은 보고서를 통해서 남북국, 곧 신라와 발해의 건축 기술의 동질성을 정리하였다.[60] 그는 지금까지 취해 온 접근 방식이 특정 주변 국가(민족)와의 관계에만 몰입되어 발해 건축의 정체성을 올바로 설정하지 못하였음을 밝히고자 했다. 이에 공식적인 왕래가 별로 없었던 신라와의 건축 방면 동질성을 주제로 몇 가지 단서들을 제시하였다. 그리하여 당시 그 주변국이었던 당과 발해를 탄생시킨 고구려와의 상관성에만 몰입되는 이해에서 벗어나 신라와의 동질성을 부각시킨 것이다.

구난희 역시 발해 동경 지역을 고고학적 성과와 연계하여 정리하였다.[61] 이 글은 발해 동경이 위치했던 훈춘(琿春) 일대의 역사적 연원을 다룸으로써 동경 지역의 역사적 위상과 현재적 의미를 검토하였다. 옥저(沃沮)와 고구려 책성(柵城)은 서북방 진출의 교두보이자 중원왕조와의 위기에 대응할 수 있는 방어적 보루 거점 역할을 담당하였다. 발해 시기에 접어들면서 선대의 기반 위에 동경 지역은 연해주로 향하는 연계망을 확장시키고 광대한 영역을 확보하는 전초기지로 그 역할을 전환하

---

60 이병건, 2017, 「발굴보고서로 탐구해 본 신라와 발해의 건축 기술 동질성」, 『고구려발해연구』 58, 179~207쪽.
61 구난희, 2017, 「渤海 東京 地域의 歷史的 淵源과 地域性」, 『고구려발해연구』 58, 125~158쪽.

였다고 보았다.

이와 함께 남호현·정윤희는 발해의 교통·관방 체계 복원을 위한 예비 작업에 주목하였다.[62] 교통·관방 체계는 외교 및 무역로뿐만 아니라 조세 시스템 등과 연계하여 해석할 수 있기 때문에 지방통치제도나 주변 정치체와의 근린관계 복원을 위해서는 반드시 선결되어야 하는 연구 주제다. 발해의 교통·관방 체계는 고구려의 그것을 바탕으로 조직되었을 것으로 막연하게 추정되어 왔지만 관방 유적들의 구체적인 기능과 교통로의 실제 노정(路程) 정황에 대한 접근은 이루어지지 못했다. 기존 연구들이 문헌 기록에 의존하여 유적 기능을 해석하거나 유적 분포도 작성을 통해 교통로를 가늠해 보는 정도의 수준에서 이루어졌기 때문이다. 이러한 문제는 발해의 영토가 광대하여 연구 주제별로 적정한 해상도를 가지는 분석 단위를 설정하기 어렵고 유적 기능이나 노정을 구체적으로 검토하기 위한 방법론의 개발이 부재했던 부분에서 야기된 것이다. 필자들은 발해의 교통·관방 체계 복원을 위해서는 경관고고학적인 관점에서 논의를 진행시킬 필요가 있다고 판단하고 계량지리학 분야에서 활용되고 있는 GIS를 이용해 연해주 지역의 관방 유적에 대한 가시권 분석을 실시하였다. 향후, 발굴 및 지표 조사 등을 통해 지속적으로 연구 결과가 검증되고 분석 방법을 개선시킨다면 중세 연해주 지역의 교통·관방 체계를 복원하는 연구에 큰 기여를 할 수 있을 것이다.

이와 함께 그간의 발해사 연구를 종합한 글도 주목할 수 있다.[63] 최근 10년간의 발해사 연구는 동북아역사재단과의 연계 속에서 정리되어 왔다. 현재 국내 발해사 연구 인력과 대상 유적은 매우 제한적이다. 게다가 문헌의 한계 등으로 인해 발해사 후속 세대 양성이 타 분야 연구

---

62 남호현·정윤희, 2017, 「발해의 교통·관방 체계 복원을 위한 예비 작업」, 『한국상고사학보』 96, 5~41쪽.
63 김은국, 2016, 95~116쪽.

에 비해서 활발하지 못한 상황이다. 이러한 상황에서 재단의 조사와 연구 추진이 발해 사학계와의 중요한 연결 고리를 맺을 수 있었으며 인력 확충에도 활력을 주었다. 이러한 재단의 활동은 향후 발해사 연구와 조사에서 지금보다 더 다양하고 적극적인 중심 역할을 할 수 있을 것으로 기대한다.

이우섭의 「발해 기와의 종류와 특징」 역시 한국 학계의 발굴 성과와 해석에서 좋은 지침이 된다.[64] 그는 발해 기와의 전반적인 양상을 파악하고 그 특징들을 고찰하고자 했다. 지금까지 발해 기와에 대한 연구는 과거 일본, 중국, 북한, 러시아 학자들에 의해 이루어졌으며, 한정된 단위 유적만을 대상으로 한 단편적인 모습만이 부각된 것이 사실이다.

아울러 발해 기와 연구는 고구려 기와 연구와 마찬가지로 백제나 신라 기와 연구를 위한 보조적인 수단으로 이용되는 경우가 대부분이었고 심층적인 연구는 이루어지지 않았다. 하지만, 러시아 개방 이후 한·러 공동 발굴 조사를 통해 실물자료를 직접 연구할 수 있는 조건이 조성되었고, 과거 러시아 학자들이 조사했던 연해주 발해유적들에 대한 1차 자료들을 확보할 수 있게 됨에 따라 이전에 비해서는 보다 다양한 연구 성과들이 도출되었다. 필자는 러시아 연해주 지역에서 실견할 수 있는 유물들에 대한 더욱 치밀하고 구체적인 조사 연구와 국적이 다른 학자들 간의 상호 교류를 통해 해결해 갈 것을 강조했다.

스토야킨 막심의 말갈 성곽 연구도 고고학 자료에 입각한 재해석 결과물이다.[65] 그의 연구는 러시아 연해주에 위치한 말갈 성곽의 분포에 대해 살펴보고, 고고학적 검토를 통해 말갈 성곽의 구조와 성격을 파악하기 위한 목적을 바탕으로 한다. 스토야킨 막심은 해당 지역을 수계에

---

64 이우섭, 2016, 185~233쪽.
65 스토야킨 막심, 2016, 283~327쪽.

따라 몇 개의 유역으로 나누어 각 유역별 성곽 유적 현황을 정리하고 평지성과 산성으로 구분하여 각 유형의 규모, 건축 재료, 평면 형태, 방어 시설, 내부 구조 등을 살펴본 후 성곽의 기능과 특징을 검토하였다. 이를 통해 연해주 지역 말갈 성곽의 성격, 특징, 기원과 축성 전통의 발달과 관련된 문제를 살펴보았다.

이병건은 연변 지역의 평지성을 다루면서 발해 시기의 성곽 시설을 다루었다.[66] 그는 연변 지구 내에서 축성 기법이나 출토 유물이 요금 시기로 특정된 평지성의 유적 조사를 통해 첫째, 성의 입지 및 평면 형태 그리고 규모는 어떠하였는지, 둘째, 축성 재료와 방법은 어떠하였는지, 셋째, 성곽 시설은 어떠한 것이 있었으며, 그 조영 방법은 어떠하였는지를 건축적 관점에서 탐색해 보았다.

다음으로 정석배는 러시아 학자 볼딘과 함께 발해 가마를 분석하였다.[67] 발해에서 흙을 이용하여 토기, 기와, 벽돌, 자기 등을 생산하였던 가마터는 11개 유적이 확인된다. 발굴된 가마의 수는 20기이며 그 중 19기에 대해서는 조사 내용이 알려져 있다. 가마의 종류는 벽돌 가마, 벽돌 기와 가마, 기와 가마, 토기 가마, 자기 가마가 확인되며, 기와 가마에서는 토기도 소성하였다. 이 글에서는 아직 발굴이 되지 못한 순수 벽돌 가마를 제외한 다른 종류 가마들의 모든 조사 내용을 자세하게 소개하였고, 발해 가마의 특징을 살펴보았으며, 마지막으로 발해 가마의 기원 문제를 검토하였다.

또 윤재운은 발해 교통로의 상징인 역참제를 통해 발해의 국내 교통로의 실상을 다루었다.[68] 발해는 5도(道)로 대표되는 기간도로망을 역참

66 李秉建, 2016, 「연변지구 내 추정 요금시기 평지성의 조영과 성곽시설 고찰」, 『고구려발해연구』 56, 107~146쪽.
67 정석배·볼딘, 2015, 「발해의 가마(요(窯))에 대한 일고찰」, 『先史와 古代』 43, 169~212쪽.

을 통해 운영하였다. 윤재운은 역참을 크게 마참과 수참·구참으로 나누어 실체를 확인하였다. 또 발해 역참로의 기능은 첫째 군령(軍令)의 전달, 둘째 공문서의 전달, 셋째 관리와 사신의 호송 역할이었다고 정리하였다.

구난희 역시 발해 5경제를 주변 시기를 대비하여 그 특징을 솎아내었다.[69] 5경제가 발해, 요, 금에서 이루어진 독특한 다경제(多京制) 방식이라는 데 주목하고 이들 왕조의 5경제가 어떻게 계승, 변용되었는지를 다루었다. 발해의 경우 사료 부족으로 5경제의 형성 과정에 대한 세부적인 사실을 알 수가 없어 다양한 해석이 전개되는 가운데 이 연구에서는 세 왕조의 5경제 형성 과정과 구조로부터 발해의 형성 과정을 역으로 추론해 보고자 했다.

한편 김은국은 염주성의 고누와 고누판을 재조명하여 동아시아의 고누길을 제시하였다.[70] 이 글은 발해 유물 중 고누판 및 고누알을 통해 동아시아 교류상을 확인하고 나아가 발해의 '고누길'(Gonu-road) 상정을 위한 접근이다. 우선 몽골의 거란 도성인 '친톨고이'(Chintolgoi) 유적과 러시아 연해주에 위치한 발해 '염주(鹽州, Kraskino)' 성 발굴 비교를 통해 발해 유민이 연계가 되어 발해 문화의 파급을 상정할 수 있었다. 염주성 출토 고누판은 역시 한국의 전통적인 '참고누판'으로 그 분포는 제주도에서부터 개성 만월대, 그리고 황해남도를 거쳐, 두만강 건너에 위치한 발해 염주성(크라스키노성)에까지 이른 것을 확인하였다. 발해 염주성의 고누판은 한국의 유물로는 현재 신라의 고누판과 더불어 시기가 가장 올라가는 것이다. 최근의 발굴 성과를 통해 이러한 고누판은 제주도

68 윤재운, 2015, 「발해의 역참제와 교통로」, 『고구려발해연구』 53, 159~185쪽.
69 구난희, 2015, 「渤海, 遼, 金의 五京制와 上京」, 『先史와 古代』 45, 83~114쪽.
70 김은국, 2014, 「한·몽 渤海 유적과 '고누 길'(Gonu-road)」, 『역사민속학』 46, 7~39쪽.

의 '항파두리' 유적에서도 출토되었는데 그 편년은 13세기경이다. 이외에도 현재 중원 지역과 몽골국 내에서 다수 출토되었으며 특히 몽골국의 거란 도성인 '하르-발가스'성의 고누판은 중원의 것과 더불어 10세기 이후의 편년을 나타낸다.

이러한 분석 결과를 토대로 고누와 고누판의 성격을 반영한 '고누길'(Gonu-road) 설정을 제시하고자 하였다. 이러한 '고누길'의 설정은 이른바 '남북국사'의 새로운 연구 주제로 자리매김할 수 있을 것이다.

윤재운은 발해 도성의 의례 공간을 통해 왕권의 위상을 재조명하였다.[71] 발해는 천손(天孫)의식을 가진 동북아시아의 패자(覇者)로서 천하에 그 위엄을 드러낼 수 있는 도성을 만들고자 하였다. 때문에 고구려의 도성과 수당의 도성을 연구하고, 또한 일본의 도성도 참고하여 도성 계획을 수립하였다. 발해가 상경성의 전체 구도와 구획에서 수당의 장안성을 참고한 것은 황제국의 위상을 보여주기 위한 것이었고, 궁전의 배치를 고구려의 안학궁 궁전과 같이 한 것은 천손으로서 고구려 계승 의식을 보여주기 위한 것이라고 보았다.

김은국은 또 환동해 교류를 통해 연해주가 발해사에서 차지하는 위상을 살펴보았다.[72] 발해 시기 해륙교류사(海陸交流史)에서 동해안과 연해주가 차지하는 위상이 얼마나 컸는지를 살펴본 것이다. 이를 위해 발해유적 중에서도 현재 우리나라와 동북아역사재단이 지속적으로 진행하고 있는 크라스키노 염주 발해성의 발굴을 통해 접근해 보았다. 그 결과 크라스키노 염주성의 위상을 확인할 수 있었다. 이러한 환동해 교류사 접근은 선사 이래 장구하게 이어온 역사 시대의 다양한 교류 실타래를 풀어 줄 실마리다. 나아가 우리의 자생적인 백두대간 종주적(白頭大幹

---

71 윤재운, 2013, 「발해 도성의 의례공간과 왕권의 위상」, 『韓國古代史研究』 71, 137~168쪽.
72 김은국, 2013, 「발해의 환동해 교류와 연해주」, 『白山學報』 97, 203~236쪽.

縱走的) 인식을 계승할 수 있는 계기가 되었다.

최진호는 발해 수막새를 통해 발해 문화 성격을 논하였다.[73] 수막새는 목조건물의 처마를 비나 눈으로부터 보호하기 위한 실용적인 의도와 함께 건축물을 장식하는 의장성이 가미되어 제작되었다. 때문에 고대의 수막새는 당시 문화의 성격을 파악할 수 있는 대표적인 고고유물로써 주목되어 왔다. 이 글에서는 최근 발해유적 발굴을 통해 보고된 발해 수막새를 중심으로 발해 문화의 실체를 일부분 파악해 보고자 하였다. 또한 최진호는 발해 수막새의 고고학적 특징에 대한 분석 결과를 통해 발해 문화의 성립 과정을 살펴보았다. 분석 결과 발해 수막새의 형태적·기술적 유형과 제작 기법상의 특징을 가지고 있음을 파악할 수 있었다.

백종오는 발해 기와의 연구사를 통해 발해 기와 연구의 성격을 검토하였다.[74] 특히 현재까지 이루어진 발해 기와의 연구사를 남한과 북한, 일본, 중국과 러시아 등으로 나누어 살펴보았다. 그 결과 해석 방법은 정치적 관점에 다분히 영향을 받게 되었고 일부 국가의 경우 학문적 객관성과 진정성이 결여되어 잘못된 역사 인식을 주도하기도 하였다. 따라서 통합적이고 포괄적인 연구 태도를 공유하고 유기적인 연구 협력과 정책의 일관성의 확보 등이 필요한 시점이라고 강조하였다.

김진광은 발해 도성 구조와 형성을 발해의 천하 관념과 연결하였다.[75] 그는 상경성 조영은 치밀한 계획에 의한 문왕 치세 당시 국가의 운영 원리가 반영되었음을 보여준다고 하였다. 따라서 상경성의 조영 원리는 상경성이 지니는 위상과 구체적인 의미를 보여주는 것이라고 보고 발해국 전체로 천하관(天下觀)이 확대되어 갔음을 파악하였다.

---

73 최진호, 2012a, 63~105쪽.
74 백종오, 2012, 「渤海 기와의 研究史的 檢討」, 『白山學報』 92, 167~195쪽.
75 김진광, 2012, 「발해 도성의 구조와 형성과정에 대한 고찰」, 『문화재』 Vol.45 No.2.

스토야킨 막심은 발해 성곽을 다루었다.[76] 러시아, 중국, 북한에 위치한 총 178기의 발해 성곽에 대해 종합적인 분석을 하였다. 분석 결과를 바탕으로 성곽의 입지, 평면 형태, 규모, 기능, 체성의 구조와 축조 방법 등을 기준으로 발해 성곽을 5개의 유형으로 분류하였고, 이는 성곽의 기능적 차이를 반영하는 것으로 이해되었다. 대체로 도성, 부, 주, 현의 소재지나 방어 시설 등에 대치되는 것으로 추정하였다.

이병건도 건축학 관점에서 한국에서의 발해유적 연구 동향을 정리하였다.[77] 그는 건축적 관점에서 발해유적에 대한 한국의 연구 동향을 관련 학위논문, 학술지논문, 단행본, 발굴조사보고서, 도록집을 대상으로 살펴보았고, 연구된 논문을 주제별로 분류하여 그 결과를 평가해 보았다. 이를 통해 어떠한 주제에 어떠한 점이 부족한지, 연구가 진행되지 못한 분야가 무엇인지를 살펴봄으로써 앞으로 연구해야 할 방향을 제시하였다.

아울러 김경표의 발해 건축 문화의 위상을 다룬 논문도 주목된다.[78] 김경표는 발해 건축의 유형을 살펴보고, 그 성향을 해석한 후, 발해 건축의 위상을 파악하였다. 발해 건축의 계통사적 위상은 고구려 건축을 근간으로 하여 당의 요소를 받아들였으며 발해 독자적인 발해 건축으로 승화시켜, 고려, 요, 금에 영향을 끼친 것으로 사료된다. 발해 건축 문화의 위상은 고구려 건축 문화가 고대 동북아 건축 문화를 이룩한 것임에 비해 발해는 이를 이어받아 중고대 동북아 건축 문화로 승화시킨 것이라고 보았다.

---

76 스토야킨 막심, 2012 참조.
77 이병건, 2011a, 「건축적 관점에서 본 발해유적에 대한 한국의 연구동향」, 『고구려발해연구』 41.
78 김경표, 2011, 「발해건축문화의 위상」, 『建設技術論文集』 Vol.30 No.2.

박규진은 발해 석실분의 형식과 구조를 소개하였다.[79] 발해 석실분의 구조적 분석을 통해 그 특징과 지역성 등을 알아보고, 석실분이 지니는 발해 고분의 대표성을 확인하는 것이었다.

연해주에 대한 발굴과 조사 정보가 확보됨에 따라 정석배는 발해 유적의 연해주 지역 분포와 영역 문제를 다루었다.[80] 그는 발해의 동북지역 경계에 대해 한국과 중국의 학자들은 서로 큰 차이를 보인다고 전제하였다. 그리고 발해 시기 유적의 분포와 러시아 발해 학계의 여러 의견들을 종합하고, 또한 새로운 고고학 자료들을 참고한다면, 발해 동북지역의 영역은 그 경계가 한까 호 북단-마리야노브까-오끄라인까-올가를 잇는 선 혹은 비낀-오호뜨니치-꾸즈네쪼보를 잇는 선 이 둘 중의 하나일 가능성이 높을 것이라고 보았다.

임상선 역시 중경 서고성 관련 문제 제기를 하였다.[81] 발해의 초기 왕도였던 현주(顯州)와 중경의 치소로 비정되는 서고성(西古城)의 관계를 문헌과 고고학적 성과를 중심으로 정리하였다. 구국(舊國)에서 현주로의 천도는 늘어난 영토의 효율적인 통치와 국력의 상승에 따라 천보(天寶) 중에 이루어진 것으로 보았다. 이외에도 발해 5경을 중심으로 교통로의 기능을 다룬 글도 참조된다.[82]

한정인은 정효공주묘를 중심으로 발해와 당의 묘제를 비교하였다.[83] 정효공주묘의 구조는 무덤 건축의 특이성 뿐 아니라 탑을 왕실 성원의 무덤으로 사용하고자 하였던 발해 왕실의 의도 또한 드러낸다는 점에

79 박규진, 2011, 153~196쪽.
80 정석배, 2011, 「연해주 발해 시기의 유적 분포와 발해의 동북 지역 영역 문제」, 『고구려발해연구』 40, 109~157쪽.
81 임상선, 2010, 「발해의 왕도 顯州와 中京치소 西古城의 관계」, 『고구려발해연구』 37, 169~186쪽.
82 윤재운, 2011, 「발해의 5京과 교통로의 기능」, 『韓國古代史研究』 63, 191~226쪽.
83 한정인, 2010, 231~259쪽.

서 중요하다고 보았다. 붓다의 공간인 탑을 왕실 묘제로 사용한 것은 묘주(墓主)뿐 아니라 발해왕실 자체가 숭배의 대상임을 시각화하고자 한 왕즉불(王卽佛) 사상 때문인 것으로 여겨진다고 하였다.

송기호는 용해 구역 고분 발굴에서 드러난 발해국의 성격을 다루었다.[84] 중국 학자들은 용두산고분군 용해 구역에서 발해 왕실과 관련된 무덤들을 발굴하여 최근에 간단히 보고했다. 아직 정식보고서가 나오지 않아서 전모를 파악하기 힘들지만, 보고된 내용만으로도 발해국의 속성에 대한 중요한 사실을 이끌어낼 수 있다고 파악하였다. 결론적으로 발해는 고구려 유민들이 주축이 되어 운영했던 나라이고, 대외적으로는 왕국이지만 내부적으로는 황제국을 지향했던 독립 국가였음을 이번 발굴 자료를 통해 다시 한 번 확인하였다.

이종수은 서고성 발굴 현황과 의의를 다루었다.[85] 서고성은 2000~2005년까지 5년에 걸쳐 계획적인 발굴 조사가 이루어졌다. 조사는 외성 남문지와 성벽 일부 구간, 내성 격벽 문지, 1~5호 건물지, 회랑, 부속 건물, 우물 등에 대해 실시되었다. 최근 5년간의 조사 내용을 정리한 발굴보고서가 간행되자 서고성은 학계에서 새로운 주목을 받게 되었다.

서고성은 비록 천보 연간(天寶年間, 742~755년)의 짧은 기간 동안 도성으로 사용되었으나, 내성 건축이 정밀하고 합리적으로 구획 배치되어 있으며 배수 시설, 연도 시설 등의 부속 시설도 잘 갖추어져 있다는 점 등은 당시 발해에 이미 동북아의 보편적인 도성 건축 관념이 도입되었음을 알게 해준다. 이로써 발해는 주변의 변방국에서 국제적인 국가로 편입되어 해동성국이라 불릴 수 있는 기틀을 마련하고 있다는 점에서 그 의의를 찾을 수 있다고 분석하였다.

84　송기호, 2010, 「용해 구역 고분 발굴에서 드러난 발해국의 성격」, 『고구려발해연구』 38.
85　이종수, 2009, 「渤海西古城發掘現況과 그 意義」, 『고구려발해연구』 34.

4. 맺음말

발해는 698년 건국되어 약 228년간 북한 지역과 중국 동북 지방, 러시아 연해주 지역에 이르는 광범위한 영토를 점유하고 있었다. 하지만 남아있는 문헌자료가 빈약한 데다 정치사회적 상황으로 인해 발해 전반에 대한 고고학적 연구는 매우 어려운 상황이라고 할 수 있다. 발해는 그들 스스로의 기록을 남기지 못한 까닭에 그 문화상이 제대로 알려져 있지 않았다. 20세기 이후 시작된 발해시기 유적에 대한 본격적인 고고학적 조사는 그들의 정치·경제·문화 등 사회 전반적인 모습들을 조금씩 드러내 주었으며 특히, 주요 도성이나 고분군에 대한 조사 및 보고서의 간행은 발해 고고학의 자료를 더욱 풍성하게 해주었다. 발해는 매우 소략한 문헌으로 다른 왕조에 비해 연구가 덜 되었고, 고고학적으로도 현재 대한민국의 영역 밖이라서 직접적인 연구가 어려운 실정이었다. 하지만 최근 고고학적 자료의 증가와 러시아 연해주 지역의 발굴 참여를 계기로 그 이해의 폭이 넓어지고 있다.

중국의 잘못된 역사관을 극복하는 방법으로 이제는 발해의 고고학적 발굴 성과와 해석을 들 수 있다. 이를 통하여 발해의 정체성과 고구려 계승성을 고찰해 볼 수 있게 되었다. 발해 고고학을 통해서 규명할 수 있는 것은 중국의 동북공정에 대한 반박이다. 동북공정은 국가가 주도하고 있다는 점에서 더 큰 문제가 있으며, 자국의 현재와 미래의 이익을 위해 타국의 역사까지 자기의 역사로 둔갑시키는 왜곡된 이데올로기는 이미 학문의 경계를 넘어 섰다고 생각한다. 이러한 시각에 초점을 두고 이 글을 진행하였다.

한국 발해사 연구에서의 가장 큰 문제는 후속 연구 인력 양성이라 할 수 있다. 주지하듯이 발해사는 문헌 기록이 한정되어 있으며, 그 기록조차 발해인이 중심이 되어 서술한 것이 아니다. 지금까지 발해사 복원이 이루어지지 못한 것은 바로 이와 같은 한계에 큰 원인이 있을 것이다.

발해사의 경우는 고구려사 연구의 환경과는 크게 다르다. 발해유적은 주지하듯이 러시아, 중국, 북한 내에 퍼져 있다. 발해유적 이전에 이를 관리하는 국가의 문화재인 것이다. 따라서 한국 학자들은 러시아, 중국, 북한 등에 있는 발해유적을 직접 조사한다는 것이 얼마나 어려운 것인가를 잘 알고 있다. 그러한 한계 속에서도 최근까지 발해사를 주제로 석사와 박사학위를 취득한 연구자들이 꾸준히 증가하고 있다. 게다가 중국, 러시아, 북한 등의 발굴 성과들을 통해 문헌자료의 한계를 극복해 가는 과정에 있다. 이는 발해유적의 현장 조사와 발굴 성과 결과를 참고할 수 있는 단계로 진입하였음을 말해주는 것이다. 또 중국과 러시아에서 박사과정을 밟고 있는 연구자들이 차츰 늘어가고 있는 것도 발해사 연구 환경의 외연을 넓혀간다는 점에서 매우 고무적이다.

비록 연구 인력은 고구려사 등의 경우보다도 적지만, 심도 있는 분석과 해석의 연구를 거듭하면서 한국의 발해사 연구 수준을 경쟁력 있게 배가시켜 나가고 있음을 확인하였다. 이제 한국의 발해사 연구자들이 중국, 북한 등의 학자들과도 공동 발굴 조사를 할 수 있는 날이 오기를 기대한다.

천여 년 전까지 발해는 동아시아의 문물 교류의 허브였다. 해동성국으로 칭송되었던 발해였으나, 지금은 현재의 지리적인 국가 영역의 구분 아래, 발해유적의 접근이 제한적이 되었다. 이번 기획연구가 발해유적에 대한 포괄적인 조사로 이어질 수 있는 단초로 작용할 수 있기를 기대한다.

| 참고문헌 |

〈단행본〉

국립문화재연구소 고고연구실 편, 2014, 『발해 토기 자료집』, 국립문화재연구소 고고연구실.

김은국 외, 2017, 『동아시아의 문화허브, 발해 염주성 이야기』, 청아출판사.

_____, 2019, 『해동성국, 고구려를 품은 발해』, 동북아역사재단.

金鍾福, 2009, 『발해정치외교사』, 일지사.

김진광, 2012, 『발해 문왕대의 지배체제 연구』, 박문사.

송기호, 1995, 『渤海政治史硏究』, 一潮閣.

_____, 2011, 『발해 사회문화사 연구』, 서울대학교 출판문화원.

_____, 2019, 『한국 온돌의 역사: 최초의 온돌통사』, 서울대학교 출판문화원.

尹載云, 2006, 『한국 고대무역사 연구』, 경인문화사.

이병건 편저, 2003, 『발해 건축의 이해』, 백산자료원.

李孝珩, 2007, 『발해 유민사 연구』, 혜안.

林相先, 1999, 『발해의 지배세력 연구』, 신서원.

최성은 외, 2016, 『발해의 불교유물과 유적』, 학연문화사.

韓圭哲, 1994, 『渤海의 對外關係史』, 신서원.

〈박사논문〉

具蘭憙, 2003, 『國際理解 增進을 위한 渤海·日本 交流史 學習硏究』, 한국교원대학교 대학원 박사.

권은주, 2012, 『渤海 前期 北方民族 關係史』, 경북대학교 대학원 박사.

김동우, 2006, 『渤海 地方 統治 體制 硏究: 渤海 首領을 中心으로』 고려대학교 대학원 박사.

김은국, 2005, 『渤海 對外關係의 展開와 性格: 唐, 新羅, 契丹과의 관계를 중심으로』, 중앙대 대학원 박사.

金鍾福, 2002, 『渤海 政治勢力의 推移 研究』, 성균관대학교 대학원 박사.

김진광, 2007, 『발해 문왕대의 지배체제 연구』, 한국학중앙연구원 대학원 박사.

나영남, 2013, 『契丹의 異民族 支配政策과 渤海人의 存在樣態』, 한국외국어대학
교 대학원 박사.

민성욱, 2012, 『韓國史에서 靺鞨 認識에 관한 研究』, 국제뇌교육종합대학원 대학
교 박사.

朴眞淑, 2001, 『渤海의 對日本外交 研究』, 충남대학교 대학원 박사.

宋基豪, 1994, 『渤海의 歷史的 展開 過程과 國家 位相』, 서울대학교 대학원 박사.

스토야킨 막심, 2016, 『아무르-연해주 지역의 중세시대 성곽 연구』, 고려대학교
대학원 박사.

尹載云, 2002, 『南北國時代 貿易研究』, 고려대학교 대학원 박사.

李東輝, 2004, 『발해의 종족구성과 신라의 발해관』, 부산대학교 대학원 박사.

이병건, 2001, 『발해 24개돌 유적에 관한 건축적 연구』, 건국대 대학원 박사.

이순자, 2007, 『일제강점기 고적조사사업 연구』, 숙명여자대학교 대학원 박사.

李孝珩, 2004, 『渤海 遺民史研究-高麗와의 관계를 중심으로』, 부산대학교 대학원
박사.

林相先, 1998, 『渤海의 支配勢力 研究』, 한국정신문화연구원 한국학대학원 박사.

全炫室, 2004, 『對外關係를 중심으로 본 渤海 男子 服飾 研究』, 가톨릭대학교 대
학원 박사.

韓圭哲, 1991, 『渤海의 對外關係 研究- 新羅와의 관계를 중심으로』, 고려대학교
대학원 박사.

〈석사논문〉

고영민, 2012, 「러시아 연해주 크라스키노성지 출토 발해 토기 연구」, 부경대학교
대학원 석사.

김동훈, 2004, 「韓國 터널式 爐施設에 관한 試論: 鐵器時代와 三國時代를 中心으
로」, 성균관대학교 일반대학원 석사.

김영현, 2017, 「발해 구들 연구」, 한국전통문화대학교 대학원 석사.

金銀玉, 2011, 「寧安虹漁場渤海墓葬研究」, 吉林大學文學院 碩士.

박규진, 2010, 「渤海 石築墓 硏究」, 고려대학교 대학원 석사.

송기호, 1984, 「발해의 「多人葬」에 대한 연구」, 서울대학교 대학원 석사.

스토야킨 막심, 2012, 「渤海城郭 硏究」, 高麗大學校 大學院 석사.

야쿠포프 막심, 2009, 「러시아 沿海州 地域 渤海土器 硏究」, 고려대학교 대학원 석사.

이민영, 2017, 「渤海 鐵鏃 硏究」, 한국전통문화대학교 대학원 석사.

이병건, 1992, 「발해시대 사찰건축 연구」, 건국대학교 대학원 석사.

이우섭, 2013, 「渤海 蓮花文瓦當 硏究」, 고려대학교 대학원 석사

이준설, 2010, 「발해불상에 관한 일고찰」, 경성대학교 대학원 석사.

이지희, 2013, 「統一新羅時代 鉛釉陶器 硏究」, 충북대학교 대학원 석사.

임누리, 2014, 「渤海 土器 硏究」, 고려대학교 대학원 석사.

임석규, 1995, 「渤海 半拉城 出土 二佛竝坐像의 硏究」, 동국대학교 대학원 석사.

장오중, 2005, 「渤海 印刻瓦에 관한 硏究」, 원광대학교 동양학대학원 석사.

정동귀, 2015, 「발해 평기와 연구」, 한국전통문화대학교 대학원 석사.

최진호, 2012, 「발해 수막새 기와의 특징과 성격 연구」, 단국대학교 대학원 석사.

한정인, 2010, 「渤海 貞孝公主墓 硏究」, 숙명여자대학교 대학원 석사.

〈일반논문〉

강희정, 2003, 「발해 후기의 불교조각과 신앙」, 『東岳美術史學』 4.

구난희, 2013, 「渤海와 日本의 交流 航路 變化에 관한 연구」, 『歷史敎育』 126.

_____, 2014, 「渤海의 水路 體系에 관한 試論的 考察」, 『고구려발해연구』 49.

_____, 2015, 「渤海, 遼, 金의 五京制와 上京」, 『先史와 古代』 45.

_____, 2017, 「渤海 東京 地域의 歷史的 淵源과 地域性」, 『고구려발해연구』 58.

국립문화재연구소 고고연구실 편, 2014, 『발해 토기 자료집』, 국립문화재연구소 고고연구실.

권은주, 2016, 「발해사 연구, 금석문과 만나다」, 『복현사림』 34.

김경표, 2011, 「발해건축문화의 위상」, 『建設技術論文集』 Vol.30 No.2.

김동우, 2017, 「발해 도성과 지방통치」, 『고구려발해연구』 58.

김민지, 2007, 「함경북도 화대군 금성리 발해 벽화 고분의 복식」, 『服飾』 v.57. No.9.

김민지·이순원, 2000, 「석국묘 출토 발해 삼채 여용의 복식 연구」, 『服飾』 Vol. 50 No.3.

김은국, 2013, 「발해의 환동해 교류와 연해주」, 『白山學報』 57.

_____, 2014, 「한·몽 渤海유적과 '고누 길'(Gonu-road)」, 『역사민속학』 46.

_____, 2015, 「渤海 鹽州城 발굴의 전개와 방향」, 『중앙사론』 42.

_____, 2016, 「최근 10년간 발해사 연구 성과와 방향」, 『동북아역사논총』 53.

_____, 2017, 「渤海 鹽州城의 최근 발굴 성과와 분석」, 『고구려발해연구』 58.

_____, 2019, 「발해 유민 연구 동향」, 『새롭게 본 발해유민사』, 동북아역사재단 참조.

_____, 2019, 「고려~조선 전기 발해사 계승인식」, 『한국고대사 계승인식 I 』, 동북아역사재단 참조.

김은옥, 2013, 「발해 상경성의 발굴 및 고고연구 현황」, 『고구려발해연구』 45.

김진광 2010, 「서고성의 궁전배치를 통해 본 발해 도성제의 변화」, 『고구려발해연구』 38.

_____, 2012, 「발해 도성의 구조와 형성과정에 대한 고찰」, 『문화재』 Vol. 45 No.2.

김태순, 1997, 「발해무덤의 유형 및 다인장 문제에 관하여」, 『先史와 古代』 9.

김희찬, 2010a, 「발해 연화문 와당의 문양 변화와 시기적 변천」, 『白山學報』 87.

_____, 2010b, 「발해 인동문계 와당의 계통과 고구려 연관성 검토」, 『동아시아고대학』 21.

_____, 2010c, 「발해 연화문 와당의 고구려 계승성 검토」, 『고구려발해연구』 36.

남호현·정윤희, 2017, 「발해의 교통·관방체계 복원을 위한 예비작업」, 『한국상고사학보』, 한국상고사학회 96.

박규진, 2011, 「발해 석실분의 형식과 구조에 대한 연구」, 『고구려발해연구』 39.

백종오, 2012, 「渤海 기와의 研究史的 檢討」, 『白山學報』 92.

_____, 2015, 「渤海 기와 研究의 推移와 몇 가지 斷想」, 『고구려발해연구』 52.

宋基豪, 1984, 「발해의 「多人葬」에 대한 연구」, 『韓國史論』 41.

_____, 2000, 「史實과 前提: 발해 고분 연구의 경우」, 『韓國文化』 25.

_____, 2010, 「용해 구역 고분 발굴에서 드러난 발해국의 성격」, 『고구려발해연구』 38.

_____, 2012, 「발해건축사 연구 동향과 콕샤로프카1 성터 건물지의 성격」, 『건축역사연구』 21의1.

스토야킨 막심, 2012, 「발해성곽의 구조와 형식에 대한 연구」, 『고구려발해연구』 42.

_____, 2014, 「러시아 아무르지역 중세시대 성곽의 현황과 특징」, 『고구려발해연구』 48.

_____, 2016, 「연해주 말갈성곽에 대한 연구」, 『한국고대사탐구』 24.

_____, 2017, 「연해주 발해성곽의 구조와 성격」, 『중앙고고연구』 22.

신미아, 2013, 「발해 상경성의 세계유산 등재 전망 및 제언」, 『고구려발해연구』 45.

양은경, 2010, 「渤海 上京城 佛教寺院址의 建立年代와 佛像 奉安의 復原」, 『東北亞歷史論叢』 27.

양정석, 2010, 「渤海 宮闕構造의 系譜에 대한 檢討: 上京城과 西古城의 宮殿址를 중심으로」, 『역사와 담론』 56.

윤재운, 2011, 「발해의 5京과 교통로의 기능」, 『韓國古代史研究』 63.

_____, 2013, 「발해 도성의 의례공간과 왕권의 위상」, 『韓國古代史研究』 71.

_____, 2015, 「발해의 역참제와 교통로」, 『고구려발해연구』 53.

_____, 2017, 「팔련성의 구성 요소와 기와 생산체계」, 『고구려발해연구』 58.

이병건, 2003a, 「발해 강동24개돌유적의 추정 복원안 연구」, 『白山學報』 65.

_____, 2003b, 「유적을 통해 본 발해건축의 독자성 연구」, 『白山學報』 67.

_____, 2007a, 「渤海 建築遺蹟에 關한 南韓의 研究成果」, 『東北亞歷史論叢』 16.

_____, 2007b, 「발해 도성과 궁전유적의 건축형식 연구」, 『白山學報』 78.

_____, 2009, 「화전 소밀성과 화룡 서고성의 건축형식 비교연구」, 『고구려발해연구』 34.

_____, 2010, 「발해 영광탑과 한강이남 전탑의 건축형식 비교연구」, 『고구려발해연구』 38.

_____, 2011a,「건축적 관점에서 본 발해유적에 대한 한국의 연구동향」,『고구려발해연구』41.

_____, 2011b,「중국의 발해유적 현황과 한국의 발해건축 연구」,『한국건축역사학회 학술발표대회논문집』11.

_____, 2012,「중국의 발해유적 정비와 그에 따른 문제점」,『한국건축역사학회 학술발표대회논문집』.

_____, 2013,「渤海 上京城의 建築 造營과 形式」,『고구려발해연구』45.

_____, 2014,「渤海 上京城 周邊 平地城 遺跡의 建築的 檢討」,『고구려발해연구』49.

_____, 2015,「건축적 관점에서 본 발해유적에 대한 북한의 연구동향」,『白山學報』101.

_____, 2016,「연변지구 내 추정 요금시기 평지성의 조영과 성곽시설 고찰」,『고구려발해연구』56.

_____, 2017,「발굴보고서로 탐구해 본 신라와 발해의 건축기술 동질성」,『고구려발해연구』58.

이송란, 2010,「발해 상경성 출토 사리구의 구성과 특징」,『東北亞歷史論叢』27.

이우섭, 2016,「발해기와의 종류와 특징」,『고구려발해연구』54.

이종수, 2009,「渤海西古城發掘現況과 그 意義」,『고구려발해연구』34.

이효형, 2015,「발해 유민사 관련 고고학 자료의 검토」,『고구려발해연구』52.

임상선, 2010,「발해의 왕도 顯州와 中京치소 西古城의 관계」,『고구려발해연구』37.

임석규, 1995,「渤海半拉城 出土 二佛竝坐像의 硏究」,『佛敎美術硏究』2.

_____, 2005,「渤海 塑造佛像의 性格과 製作技法에 관한 연구」,『東北亞歷史論叢』7.

전현실·강순제, 2011,「龍海 발해 왕실고분 출토 유물에 관한 고찰」,『服飾』Vol.61 No.10.

정동귀, 2015,「발해 암막새에 대한 고찰」,『고구려발해연구』52.

정석배, 2008,「한·러 공동 발해유적 발굴조사의 성과와 과제」,『고구려발해학회』32.

＿＿＿, 2010,「꼰스딴찌노브까1 주거유적 쪽구들 연구」,『고구려발해연구』38.

＿＿＿, 2011,「연해주 발해시기의 유적 분포와 발해의 동북지역 영역문제」,『고구려발해연구』40.

＿＿＿, 2013a,「발해 상경성의 도시계획」,『고구려발해연구』45.

＿＿＿, 2013b,「발해 마을유적 소고」,『고구려발해연구』47.

＿＿＿, 2017,「유물로 본 발해와 중부」,『고구려발해연구』57.

정석배·볼딘, 2015,「발해의 가마(요(窯))에 대한 일고찰」,『先史와 古代』43.

정석배·정동귀, 2014,「연해주지역 발해 평기와 일고찰」,『고구려발해연구』50.

최성은, 2010,「발해 상경성의 불상」,『東北亞歷史論叢』27.

최진호, 2012a,「渤海 수막새를 통해 본 渤海文化의 性格」,『先史와 古代』36.

＿＿＿, 2012b,「渤海 수막새의 類型과 性格」,『한국기와학회 연구발표회』11.

한규철, 1997,「발해국의 고구려 계승성: 고분과 주거문화를 중심으로」,『先史와 古代』9.

한정인, 2010,「渤海와 唐의 묘제 비교:貞孝公主墓를 중심으로」,『고구려발해연구』36.

일본의 발해 관련 발굴조사와 그 공과

구난희 한국학중앙연구원 인문학부 교수

1. 머리말

이 연구는 일본의 발해 관련 유적의 발굴조사 성과를 정리하고 그것이 발해사 연구에 미친 공과를 검토하는 데 목적을 두었다. 그 대상을 일본 학계가 주도한 발해 관련 유적 발굴조사에 초점을 맞추다 보니 두개의 동떨어진 시기, 그리고 서로 다른 연구 대상에 대한 성과를 병행하는 형식으로 구성되어 일정한 방법론으로 입론을 형성하기에는 무리가 있었음을 먼저 밝혀둔다.

전반부는 20세기 초반부터 1945년 패전까지 이른바 일본 제국주의의 대륙 침략 일환으로 발해의 옛 땅에서 전개하였던 발굴조사 성과를 다루었고, 후반부는 일본 내 발해 관련 유적과 유물의 발굴조사 현황을 대상으로 하였다.

제국주의 침략기의 발굴 성과에 대해서는 이미 많은 논고에서 그 성과를 전거로 삼고 있지만 개별 논고를 연구의 필요에 따라 취사선택하여 활용하는 방식이어서 전반적인 동향을 파악하는 데는 무관심했다. 이에 이 글은 발굴조사의 흐름과 그 영향을 파악하고자 했고, 이를 위해 개인 혹은 기관의 현장 조사 경험이 어떤 연구 성과로 정리되고 활용되었는지를 관련지어 파악하였다.

다음으로 『동경성(東京城)』, 『간도성고적조사보고(間島省古蹟調査報告)』는 물론이고 학계에서 그다지 주목하지 않았던 『반납성: 발해의 유적조사(半拉城: 渤海の遺蹟調査)』를 통해 상경성, 서고성, 팔련성 등 주요 유적의 발굴조사 성과를 논점별로 정리하고 그것들이 발해사 연구에 차지하고 있는 위치와 의미를 살폈다.

기존 연구에서 시기별로 구분하여 특성을 다룬 것과 달리, 이 연구에서는 시기별 연구가 어떤 맥락에서 지속되었는가를 살핌으로써 현재까지 이어지는 영향과 의미, 더 나아가 새로운 연구 시좌를 모색하고자 했다.

후반부에서는 일본 내 발굴조사 과정에서 확인된 발해 관련 유적에 관해 검토하였다. 일본 학계의 문헌 유통 구조상 관련 자료나 성과를 입수하는 것이 용이하지 않아 가능한 부분에 한해 제한적으로 검토할 수밖에 없었다. 고고발굴 조사보고서나 관련 자료가 확인되는 유적을 대상으로 세부 상황을 소개하는 데 중점을 두었다. 다만 필자는 최근에 이와 관련된 논저를 발간한 바 있어[1] 이 연구에서는 그 책의 성과를 토대로 하되, 되도록 중복되는 부분은 생략하고 미처 다루지 못한 부분을 중심으로 보완하였다.

2. 대륙 침략기의 발굴조사

대륙 침략기의 일본의 발굴조사를 이해하기 위해 근대 일본에서의 발해 연구 동향을 통해 발해에 대한 관심의 향방과 연구 동력의 배경을 다루는 것으로 시작하겠다.

1) 근대 일본의 발해 연구 동향

발해가 일본 문헌에 나타나기 시작한 것은 1884년 7월 일본 외무성에서 발간한 『외교지고(外交志稿)』부터였다. 이 책은 1877년 당시 외무대서기관기록국장(外務大書記官記錄局長)이었던 와타나베 히로모토(渡邊洪

1　구난희, 2017, 『발해와 일본의 교류』, 한국학중앙연구원.

基)가 외무경 데라지마 무네노리(外務卿 寺島宗則)와 외무대보 사메지마 나오노부(外務大輔 鮫島尙信)에게 일본외교사 편찬을 주장하여 발간된 것으로 발간 취지에 걸맞게 발해 서술은 일본과의 교류 사실에 한정하고 있다. 발해는 권3(交聘3)과 권14(漂流3)에서 다루어지고 있는데2 사절의 교류 회수나 시기 등 양국의 왕래와 관련된 세부적 사실을 비교적 상세하게 서술하고 있다. 다만 교빙 부분에서는 조선(朝鮮), 한토(漢土)와 나란히 발해(渤海)를 별도의 장으로 편성하였고, 표류 부분에서는 숙신발해만주 및 러시아 동부(肅愼渤海滿洲及露國東部)라는 장에 포함하여 다루고 있어 한국사가 아닌 별도의 지역사로 인식하는 가운데 만주와 러시아 동부의 지역사로 보려는 초기 인식을 드러내고 있다. 일본의 외교적 영역을 확대할 수 있는 사적 연원을 추구한다는 점에서는 당연한 조치이나 그렇다고 적극적으로 만주사의 일부로 이해한 것은 아니다.3

역사 분야에서 발해를 주목한 것은 1892년 하야시 다이스케(林泰輔)의 『조선사(朝鮮史)』이다.4 『외교지고』와는 달리 한국사의 일부로 여겼다. 발해는 2권 제3편의 11장에서 독립된 장으로 다루어진다. 여기에서는 발해가 일본에 예를 갖추어 양국의 관계가 지속되고 있음을 서술하면서 "방물(方物)을 바쳤다"라고 언급하고 있다. 비록 상하적 관점에서 양국의 관계를 명시하지는 않았지만 방물이라는 애매한 용어를 사용함으로써 후속 연구에서 발해를 조공국으로 인식하게 하는 단서를 제공하고 있다.5

---

2 이 책은 크게 交聘, 戰爭, 漂流, 歸化移住, 贈酬, 貿易의 5개 영역으로 구성되어 있다.

3 外務省記錄局 編 1884, 『外交志稿』, 外務省.

4 발해는 2권 제3편의 11장에서 독립된 장으로 서술되었다.

5 1912년 하야시 다이스케는 『朝鮮通史』를 집필하였는데 여기서 발해의 위상은 낮아진다. 발해는 별도의 장을 이루지 않고 제2장 제3절 '신라의 통일 및 쇠망'이라는 단원에서 한 단락의 지면에서 언급될 따름이다(林泰輔, 1912, 『朝鮮通史』, 富山房, 45~46쪽).

다음해인 1893년 12월에는 요시다 도고(吉田東伍)에 의해 『일한고사단(日韓古史斷)』이 간행되었다. 이 책은 크게 5개로 시대를 구획하였는데 이 중 발해는 제5편 근상고하기(近上古下紀)에 포함되어 있다. 근상고하기는 다시 6장으로 나뉘는데 발해는 제5장 고(구)려 단원 내에서 멸망 후사로 언급된다.6 이와는 달리 일본과의 교류에 대해서는 근상고하기 제2장 축자(筑紫) 부분 중 발해 내조의 항로(渤海來朝の航路)라는 소단원에서 언급되고 있다.

단원 편제로 보면 이 시기까지는 발해를 고구려를 계승한 국가로 간주하고 일본과의 교류가 이루어지고 있었다는 사실에 초점을 두는 정도에서 다루어졌다. 이로 보아 1890년대까지만 하더라도 일본에서 발해사는 고구려와 연계되어 이해되고 한국사의 일부로 간주되고 있었다.

그러나 1900년대에 접어들면서 일본의 발해사 인식은 크게 달라진다. 1906년 나카 미치요(那珂通世)는 『옛 만주(古の滿洲)』에서 발해를 다루었는데7 이는 곧 발해를 한국사가 아닌 만주사로 취급하고 있음을 드러내고 있다. 내용 구성을 보면 더욱 분명한 의도가 확인되는데 발해는 숙신(肅愼)-말갈(靺鞨)-발해(渤海)-요(遼)-금(金)-청(淸)으로 연결되는 계보 속에서 파악되고 있다.

하지만 이와는 다른 입장을 견지한 경우도 있다. 대표적 인물인 이나바 이와키치(稻葉岩吉)는 신라의 삼국 통일로 만선일가(滿鮮一家)에 분열이 일어났다고 주장하며 만선을 하나의 선상에 놓고, 조선에서 대륙으로의 진출이라는 인식을 가지고 있었다. 자연히 관심의 종착은 청(淸)이었다.8

6　그렇다고 발해를 고구려 계승국으로 인식하였다고 단언하기는 어렵다. 발해의 종족 구성에 대해서는 7개 부족으로 구성된 말갈족과 토인으로 구성되어 있다고 서술하면서 고구려 유민에 주목하지 않고 있기 때문이다.
7　那珂通世, 1906, 「古の滿洲」, 『地學雜誌』 205·206.

『조선사』 이후 일본을 종주국으로 발해를 속국으로 여기는 인식은
더욱 강화되었다.9 이는 1905년 러·일 전쟁 이후 포츠머스 조약 체결로
남만주철도주식회사(南滿洲鐵道株式會社, 이하 만철)가 창설되고 본격적인 만
주 침략이 시작되면서 발해는 이를 뒷받침하는 역사 이데올로기의 도
구로 이용되었던 사실과 관련 있다.

발해의 정치화에 앞장 선 것은 만철(滿鐵) 조사부(調査府)이다. 이는
1907년 3월에 개시되었는데, 이 과정에는 시라토리 구라키치(白鳥庫吉)
의 역할이 컸다. 그는 구미 시찰을 하면서 유럽이 침략의 사전 작업으로
아시아 역사 연구를 수행해 왔음을 알게 되면서 만주 침략을 위해 이
지역의 역사 편찬이 필요함을 통감하였고 이에 만철주식회사(滿鐵株式會
社) 사장이었던 고토 신페이(後藤新平)에게 서신(滿洲歷史編纂の急務)을 보내
만주 연구를 독려하였다. 결국 고토 신페이는 시라토리 구라키치의 제
안을 받아들이고 '문장적무비론(文裝的武備論)'을 전면에 내세우면서10 만
철 동경 지사 내에서 만주의 역사 조사를 행하기로 하였다. 문장적무비
론이란 문사적(文事的) 시설로서 타국의 침략을 준비하고, 일단 완급을
조정해야 무단적 행동을 북돋을 수 있다는 것을 요체로 한다. 여기서 말
하는 문사적 시설의 가장 중요한 부분이 바로 침략을 정당화하는 이데
올로기적 역사 인식이라 해도 과언이 아니다.

실질적으로 연구는 1908년 1월부터 시작되었다. 연구에는 이나바
이와키치, 쓰다 소우키치(津田左右吉), 이케우치 히로시(池內宏), 마쓰이 히

---

8 실제 그의 회고록을 보아도 청에 대한 관심과 조사가 주를 이루었음을 확인할 수 있
   다.(稻葉岩吉, 1937, 「予が滿鮮史硏究過程」, 『稻葉博士還曆記念 滿鮮史論叢』, 刀江書
   院, 14~21쪽.)
9 이 나라는 대조영의 아들인 대무예 시기부터 시작하여 일본으로 사자를 보냈다(寄
   越). 聖武天皇 神龜4년으로 불리는 시기였다. 그로부터 대대로 일본에 조공을 보냈다.
   백년 이상 조공이 계속되었다(那珂通世, 1906, 31쪽).
10 狩野聖子, 2000, 「近代日本の渤海史硏究の歷史」, 『上越社會硏究』15, 69쪽.

토시(松井等), 야나이 와타리(箭內亘) 등 당시로서는 소장학파인 연구자들이 대거 투입되었다. 이들 가운데 북방 민족 사료의 수집은 이케우치 히로시가 담당하였다. 후에 그는 미개척 분야인 만선사학을 개척하고 이를 도쿄대학에서 강의한 최초의 연구자로 칭송되고 있다.

이들의 연구 주제는 대개 발해의 강역이나 건국자 등에 관한 것이었으나,11 일본과의 교류에 대한 관심도 지속되었다. 1907년 나이토 코난(內藤湖南)은12 오사카 아사히 신문사 히에이산 강연회(大阪朝日新聞社叡山講演會)에서 「일본만주교통약설(日本滿洲交通略説)」이라는 제목의 강연을 행하였는데 여기서 그는 일본과 발해의 우호 관계를 주장했다.13

19세기말까지만 하더라도 일본은 발해를 고구려 계승국으로서 한국사의 한 영역으로 인식하고 있으나, 남만주철도주식회사의 조사부 성립 전후 시기부터 발해를 만주사의 한 영역으로 이해하려는 경향이 나타나기 시작한 것을 알 수 있다.14 이와 같은 일련의 흐름은 만주 지역과 일본과의 오랜 우호를 강조함으로써 만주 진출을 정당화하는 근거를 마련하는 데 있었음은 말할 것도 없다.

1912년에 발표된 하야시 다이스케의 『조선통사(朝鮮通史)』에서는 발해와 일본의 우호적인 외교 관계가 구축되고 있음을 서술하여 여전히 한국사의 일부로 포함하였으나 별도의 장으로 할애했던 종전의 서술보다는 다소 후퇴한 모습을 보이고 있다.15 발해사에 대한 달라진 일반 인

---

11 松井等, 1912, 「渤海國の疆域」, 『滿洲歷史地理』 第1卷; 池內宏, 1914, 「渤海の建國者について」, 『東洋學報』 5-1(『滿鮮史研究』(中世1), 1933에 수록).

12 대조영의 책봉사신으로 발해에 방문했던 최흔이 새긴 鴻臚井의 碑를 일본군이 발견했을 당시 이를 조사했던 인물이기도 하다. (酒寄雅志, 2001, 「『唐碑亭』, すなわち『鴻臚井の碑』をめぐって」(『渤海と古代の日本』, 校倉書房, 391쪽).

13 小池信美 編, 1907, 『叡山講演輯』, 大阪朝日新聞社(內藤虎次郎, 1936, 『東洋文化史研究』, 弘文堂에 수록).

14 이러한 시기별 연구 경향에 대해서는 가노 세이코(狩野聖子)의 글에서도 지적된 바 있다(狩野聖子, 2000 참조).

식을 의식한 유보적 조치가 아닐까 여겨진다.

이후 일본에서의 발해사 연구는 다소 소강상태를 맞이하게 된다. 당시 만철의 조사부는 1914년에 패쇄되고 도쿄제국대학문학부로 이양되는데, 이 당시 문학부의 관심은 명청 시대의 사회경제사에 있었고 이에 따라 발해사 연구는 침체되었던 것이다.

그런 가운데에서도 만주 일대에서는 유적 답사와 고고조사가 계속되었고 1930년대 만주국의 건설과 그에 따른 새로운 연구 붐으로 이어진다. 이 시기 일본의 조사 현황에 대해서는 양시은이 정리하였는데, 고구려 유적의 조사 현황과 함께 발해유적의 조사 현황을 시간의 흐름에 따라 그것을 추진한 주요 인물의 행적을 중심으로 다루고 있다.[16] 이 글에서는 그의 연구에서 누락하거나 다른 견해를 갖는 부분을 보완하면서 도성 중심으로 유적별 발굴조사 현황을 주요 논점으로 다루기로 하겠다.

2) 주요 도성별 발굴조사 현황

(1) 상경성 조사

상경성을 조사했던 일본인으로 확인되는 최초의 인물은 만선철도조사부의 창설을 이끈 시라토리 구라키치였다. 그는 만주와 조선의 지리와 역사 연구를 본격적으로 추진하기 위해 1910년 7월부터 9월에 이르는 3개월간 만주 일대를 답사하였다. 당초 그의 조사 작업은 하얼빈 아청(阿城) 일대를 중심으로 진행된 것이었으며, 상경성 일대의 일정은 부

---

15 1892년의『朝鮮史』와는 달리 독자적인 단원명은 명기하지 않고, 신라의 통일 및 쇠망이라는 단원 중에 10행 정도 서술되고 있다.

16 양시은, 2010,「일제강점기 고구려 발해 유적조사와 그 의미: 서울대학교 박물관 소장품을 중심으로」,『고구려발해연구』38.

수적으로 포함되었던 것 같다. 당시의 행적은 『사학잡지(史學雜志)』 20권-10호에 수록되어 있으며 결과는 『만주역사지리(滿洲歷史地理)』를 통해 확인된다.

연도	유적명	조사자	참고사항
1910	상경성 답사	시라토리 구리키치	
1926	상경성 답사	도리야마 기이치	성자산산성도 포함
1927	상경성 답사	도리이 류조	
1933~1934	상경성 발굴조사	동아고고학회	*1931년 러시아 포노소프가 조사
1942	토대사지, 백묘사지 발굴조사	도리야마 기이치	

1926년 도리야마 기이치(鳥山喜一)의 조사는 (다음 절에서 언급할) 직전 서고성과 팔련성을 비롯한 간도 일대의 유적 조사의 연장선에서 이루어진 것이라 할 수 있다. 당시 그는 상경성에서 성벽과 궁전지를 조사하면서 서고성과 팔련성에서 수습한 기와나 벽돌과 동일한 계통임을 확인하고 발해 궁전지임을 확인하였다. 이 때의 성과는 1929년 「발해 상경용천부에 관하여(渤海の上京龍泉府に就いて)」로 발표된다.[17]

1933년과 1934년에 이루어진 상경성 발굴은 동아고고학회(東亞考古學會)의 주도로 역점을 기울인 유적 조사 사업이었다.[18] 외성 남문과 외

---

17 양시은은 1926년 답사 성과를 발표한 뒤 이를 수정하여 1929년에 소책자로 발간했을 것이라 추정하였으나(양시은, 2010, 주32), 필자가 조사해 본 결과 1935년 자신의 논문집에 수록한 것으로 확인된다(鳥山喜一, 1935, 「渤海の上京龍泉府に就いて」, 『滿鮮文化史觀』, 力江書院). 수록된 해당 논문의 말미에 1928년 12월 8일 교토사학연구회(京都史學研究會) 대회에서 강연한 내용을 수정 보완하였음을 밝히고 있어 1926년 답사 성과를 발표한 것은 사실과 부합한다.

18 동아고고학회는 외무성이 의화단사건의 배상금을 기금으로 추진하였던 중국을 대상으로 한 문화사업(원명 대지문화사업(對支文化事業)) 지원의 일환으로 1926년에 창립되었다. 도쿄대학교 고고학연구실이 주축이 되었고 중국 베이징대학고고학회를 주축으로 한 동방고고학협회와 파트너십을 이루었다. 본격적인 활동은 1927년

성 성벽으로부터 6개의 궁전지, 4개의 사찰지와 금원지에 이르는 광범위한 지역을 짧은 기간 내 발굴조사함으로써 상경성 전체의 모습을 세상에 알린 중요한 계기였다. 그 성과는 1939년『동경성 발해국 상경용천부지 발굴조사』로 발표되었다. 하지만 이러한 성과가 가능하게 하였던 것은 1931년 러시아인 포노소프(V.V.Ponosov)에 의한 발굴조사 작업의 공이 컸다.[19] 그의 발굴 성과는 이 보고서에 함께 포함되어 있다. 한편 도리야마 기이치는 이 보고서와는 별도로 경성제국대학만몽문화연구회의 명의로『북만의 2대 고도지(北滿の二大古都址)』를 통해 소개하고 있다. 그의 1942년 성과는 이듬해『동경성사지조사략보고(東京城寺址調査略報告)』로 발표되었다.[20]

(2) 서고성 조사

서고성에 대한 본격 조사는 1924~1925년에 도리야마 기이치에 의해 시작되었다. 당시 그는 제국학사원(帝國學士院)의[21] 연구 지원을 받았다. 그는 함경북도와 간도 일대를 조사하였으며 이 때 서고성과 팔련성을 조

부터 시작되어 1940년까지 지속되었다. 關東州 貔子窩 石器時代遺跡 조사를 시작으로 牧羊城, 南山裡, 營城子, 赤峰紅山後 등 중국 만주 일대 비중있는 유적들을 조사하였다. 동아고고학회가 발표한 발굴조사보고서는 영문 요약문이 포함되어 있다. 자신들의 고고성과를 세계에 과시하기 위한 취지로 해석된다. 하지만 전쟁이 심화되면서 1940년 河北省의 郁鄲趙王城 調査를 끝으로 중국에서의 조사는 더 이상 진행되지 않았지만 제2차 세계대전 후에는 이 단체가 對馬 조사를 행하기도 했다(坂詰秀一, 1994, 「日本考古學史拾遺: 東亞考古學會·東方考古學協會と日本古代文化學會」, 『立正大學文學部論叢』 99).

19 강인욱, 2014, 「V.V.포노소프의 발해 상경성 발굴과 동아고고학회」, 『고구려발해연구』 48.
20 鳥山喜一, 1943, 「東京城寺址調査略報告」, 『東京城 滿洲古蹟古物名勝天然記念物保存協會誌』.
21 제국학사원(帝國學士院)은 일본의 학술발전을 목적으로 설립된 문부대신 관리하의 기관이다. 1947년에 일본학사원으로 개칭되었다.

연도	유적명	조사자	참고사항
1924~1925	서고성 조사	도리야마 기이치	하남둔고성 조사
1937	서고성 발굴 및 지표조사	도리야마 기이치 후지타 료사쿠	
1941	서고성 답사	도리야마 기이치	
1942	서고성 주변 조사	사이토 진베에	
1943	서고성 발굴조사	도리야마 기이치 미야케 슌조	4월16일부터 40일간
1945	서고성 발굴조사	도리야마 기이치	

사하면서 발해와의 관련성에 주목하였다. 이 때의 조사 경험으로 앞서 언급했듯이 상경성 수습 유물을 판단하였다.

1937년의 발굴 결과는 『간도성고적조사보고(間島省古蹟調査報告)』의 일부 내용으로 발표되었다. 이후 1937년의 조사 결과를 바탕으로 1942 년과 1943년 그리고 1945년에도 조사를 실시하였는데 이에 대한 자세한 보고서는 나오지 않았다. 다만 1942년 사이토 진베에(齋藤甚兵衛)의 조사는 1942년에 『간도의 사적(間島の事蹟)』으로 발표되어 후에 몇 차례 개고되었고[22] 1944년 「발해중경고(渤海中京考)」[23] 1968년 『발해사상의 제문제(渤海史上の諸問題)』를 통해 발표하였다.[24]

(3) 팔련성 조사

팔련성은 도리야마 기이치가 처음 조사한 것으로 확인된다. 그는 1924~1925년에 걸쳐 간도 지방 일대를 조사하면서 팔련성도 조사하

---

22 齋藤優, 1950, 「間島省海蘭平野の渤海遺跡」, 『考古學雜誌』 40-1; 齋藤優, 1978, 「海蘭平野の渤海遺蹟」, 『牛拉城と他の事蹟』, 眞陽社. 참고로 齋藤優는 齋藤甚兵衛와 같은 인물이다. 후자가 보고서에 적힌 호적상의 이름이므로 이것으로 표기한다.

23 鳥山喜一, 1944, 「渤海中京考」, 『考古學雜誌』 34-1.

24 鳥山喜一, 1968, 『渤海史上の諸問題』, 風間書房.

연도	유적명	조사자	참고사항
1924~1925	팔련성 조사	도리야마 기이치	간도지방 조사
1937	팔련성 발굴 및 지표조사	도리야마 기이치 후지타 료사쿠	성자산산성도 포함
1942	팔련성 일대 발굴조사	사이토 마사루(3월)	만주국 건국 10주년 기념사업으로 추진(3월 11일~)
		고마이 가즈치카 시마다 마사오(7월) 미야케 슌조	

였다. 이후 1937년에 자세한 조사를 행하고 그 결과를 『간도성고적조사보고』로 발표하였다.[25]

이후 1941년 사이토 진베에가 조사하였다. 그는 『발해소사(渤海小史)』를 통해 반납성(半拉城, 八連城)이 동경용원부로 비정되고 있음을 알고 있었고 1941년 9월초 혼춘현공서(琿春縣公署)에서 빌린 혼춘현지초고(琿春縣志草稿)를 보고 팔련성의 소재를 확인하였다. 9월 17일 군의 허가를 받고 개인적으로 팔련성 일대를 조사하였으며 11월에는 동경성 조사 보고도 입수하여 열람하였다. 이에 그는 1942년 2월 팔련성의 보존 대책이 시급하다고 보고하였고 그것이 계기가 되어 1942년 만주국 건국 10주년 기념사업으로 혼춘현의 위촉을 받아 조사를 실시하게 된다.[26] 1942년 3월 11일부터 4월 20일까지 조사가 이루어졌고 그 결과는 1942년 11월에 『반납성-발해의 유적조사(半拉城-渤海の遺跡調査)』로 발표되었다.

1942년 7월에는 고마이 가즈치카(駒井和愛)가 시마다 마사오(島田正郞), 미야케 슌조(三宅俊成) 등과 함께 팔련성의 궁전 남문지 등에 대한 발굴조사를 실시하였다. 그는 동경용원부가 고구려의 책성이 있었다고 하

---

25 鳥山喜一·藤田亮策, 1942, 『間島省古蹟調查報告:滿洲國古蹟古物調查報告 第三編』, 滿洲帝國民生部.
26 齋藤甚兵衛, 1942, 『半拉城 -渤海の遺蹟調查-』, 琿春縣公署, 5~6쪽.

여 책성부(柵城府)라고 불리고 있는 점을 주목하고 그것을 밝히고자 하였으나 책성의 흔적은 확인하지 못하였다.27 이 결과는 「발해동경용원부궁성지고(渤海東京龍原府宮城址考)」에 있다.28

주요 도성을 중심으로 정리하였으나 이 시기 고고연구에서 간과해서는 안 될 또 하나의 인물은 조선총독부 학무국 고적조사과에 촉탁 임명된 도리이 류조(鳥居龍藏)이다. 그는 1911~1912년 함경도와 두만강 일대를 조사하면서 부거(富居) 일대의 고분을 조사했고 1919년에는 러시아 우스리스크 일대를 조사했다. 그는 자신이 본 유적을 동경용원부로 여기고 있었다(이에 대해서는 후술하겠다).

3) 주요 조사보고서의 특징과 의미

(1) 만주국 성립 이전의 조사보고

발해유적 조사에 따른 결과물로 손꼽을 수 있는 초기 저작은 1913년 『만주역사지리』가 아닐까 한다. 이는 총 2권이 편찬되었는데, 당시 『조선역사지리』도 함께 편찬되었다. 이 작업은 모두 시라토리 구라키치가 이끈 만선역사지리조사부의 7년간의 성과를 담은 것이다.

시라토리 구라키치의 서문은 당시를 회고하는 가운데 일련의 조사 배경과 취지를 밝히고 있다. 그는 '만한(滿韓) 경영에 관한 실재적인 필요'와 '학술적 입장(見地)'이라고 밝히고 있지만 동시에 일본과 한반도는 고대부터 밀접한 관계가 있으며 그 관계의 기본 배경이 만주에서 유래한다고 보면서 일본이 학술적으로 이 지역에 대한 공헌을 해야 한다고 강조하였다. 특히 학술적 공헌의 한 축으로 '서양의 연구가 미치지 않

27　양시은, 2010, 172쪽.
28　駒井和愛, 1960,「渤海東京龍原府宮城址考」,『慶祝董作賓先生六十五歲論文集』.

은' 지역임을 강조하고 있어 이전 그의 만철조사부 설립 당시의 입장을 감안해 보면 서구의 식민지적 침략에 앞서 일본이 이 지역을 장악하고 있다는 사실에 대한 자부심과 긍지를 노골적으로 드러내고 있다.[29] 말할 것도 없이 당시 발해유적 조사는 일제의 만주 진출의 역사적 명분쌓기의 주요 부분이었다.

'발해국의 강역(渤海國の疆域)'이라는 제하의 발해 부분은 마쓰이 이토시(松井等)가 집필하였다. 그는 발해사 전반에 걸쳐 서술하였는데 주요 관심은 발해의 5경과 그 경계를 비정하는 데 있었음을 알 수 있다. 이는 문헌 고증을 바탕으로 하면서 당시의 조사 성과를 포함한 논저였다. 그 주요 논점은 ① 대조영은 고구려인이라는 것, ② 동모산에 도읍하여 중경을 설치하였고 그 위치는 휘발하 하류이며, ③ 동경은 혼춘 부근, ④ 남해부는 경성(415쪽), ⑤ 압록부는 임강현(416쪽) 등을 주장하였다. 이 밖에도 그는 흥개호는 홀한해이며, 홀한하는 호이합라고 구분하기도 했으며 개주와 해주를 각각 동경용원부와 남경남해부로 비정하면서 봉황성과 해성으로 언급한 『요사』의 오류를 짚기도 한다.[30] 말미에는 〈발해시대 만주도〉라는 제하의 지도를 통해 발해 지방행정 및 말갈제부의 위치를 명시하였다.

2년 후인 1915년에는 도쿄제국대학문학부의 이름으로[31] 『만선지리역사연구보고(滿鮮地理歷史研究報告)』가 발표되었다. 만철조사부가 패쇄되고 그 연구가 도쿄제국대학문학부에 이양되면서 나온 것인데 이 또한 유적 현장 조사의 성과보다는 문헌 중심의 조사 성과를 더하는 성격을 띠고 있다. 여기서 발해는 쓰다 소키치가 담당하였고 '발해고(渤海考)'

---

29 白鳥庫吉, 1912, 「序(文)」, 南滿洲鐵道株式會社, 『滿洲歷史地理』 第1卷, 丸善株式會社.
30 南滿洲鐵道株式會社, 1912, 407~412쪽.
31 이 역시 사실상 시라토리 구라키치가 주도하였다.

60 발해유적의 국가별 발굴 성과와 재해석

라는 제목으로 서술하였다. 그의 주요 논점은 ① 대조영은 속말말갈이며 걸걸중상(乞乞仲象)과 동일인물로 보는 이케우치 히로시의 견해를 수용[32], ② 대조영의 봉작호를 근거로 동모산을 홀한하 일대로 비정, ③ 현주는 중경, 돈화부근으로 비정, ④ 서경은 임강, ⑤ 5경 15부 62주는 문왕 때 형성[33] 등으로 요약된다.

도리야마 기이치도 1915년 별도로 『발해사고(渤海史考)』를 집필하였는데 이 또한 문헌사 중심의 연구로 발해사 전반에 걸친 개설적 내용을 담고 있다.[34] 발해의 조상은 고구려 계통이나 발해국 백성은 말갈인이라고 주장하였으며 『옛 만주(古の滿洲)』에서 나카 미치요가 제기한 동경 블라디보스토크설이나 마쓰이 히토시의 경성설(慶城說)에 대해 고고학적 성과를 무시하고 문헌만을 추종한다고 비판하면서 동시에 조사 성과를 좇는 도리이 류조도 반박하였다. 그는 동경용원부를 혼춘으로 보는 『만주역사지리』의 입장을 강조하였는데[35] 문헌과 조사 성과를 연계하는 방법론에 대한 자신감을 견지한 것으로 해석된다. 이 밖에 그가 다룬 주요 논점은 ① 대조영은 고구려 계통이나 발해국 백성은 말갈이라는 절충적 견해, ② 현주는 구국이자 중경이라고 보고 소밀성으로 비정, ③ 남경남해부는 종성, ④ 동경용원부는 혼춘, ⑤ 서경은 임강 등이다.

이상과 같이 1910년대의 발해사 연구는 시라토리 구라키치의 진두로 활발하게 전개되었다. 이 시기 연구는 고고학이 아닌 문헌학 연구를

---

32 池內宏, 1914.

33 이 책은 물길고(勿吉考), 실위고(室韋考), 안동도호부고(安東都護府考), 발해고(渤海考), 거란발흥사(契丹勃興史), 거란가돈성고(契丹可敦城考)로 구성되어 있다. 발해고는 106~136쪽을 할애하고 있다(東京帝國大學文科大學 編, 1915, 『滿鮮地理歷史硏究報告』, 東京帝國大學文科大學).

34 鳥山喜一, 1915, 『渤海史考 奉公叢書第三編』, 奉公會(鳥山喜一, 1980, 『渤海史考』, 原書房, 267~276.

35 鳥山喜一, 1980, 273~275쪽.

중심으로 한 것이었지만 상경이 동경성이라는 것은 일정한 정론으로 자리잡히게 된다. 하지만 그 밖의 도성지에 대해서는 이견이 병존한다. 상경의 경우 반론의 여지가 없을 정도로 유적의 규모나 유물의 현황이 확보되었던 반면, 나머지 지역은 고고발굴조사가 이루어지지 않은 상황이므로 이설이 불가피하였던 것이라 하겠다.[36]

그러나 초반의 활발한 연구에도 불구하고 1914년 만철의 조사부가 패쇄되고 도쿄제국대학문학부로 이양되면서 발해사 연구는 다소 침체되었다. 당시 문학부의 관심은 명청 시대의 사회경제사에 있었던 탓이다.

하지만 이 시기의 공백은 도리이 류조나 도리야마 기이치에 의해 메워지고 있었다. 도리이 류조는 1922년『북만주 및 동부 시베리아 조사보고 北滿洲及び東部西伯利亞調査報告(朝鮮總督府故跡調査特別報告 第2冊)』를 통해 1919년의 조사 내용을 정리하였다. 이 책에서 그는 동경용원부를 부거리로 비정했던 이전의 입장을[37] 철회하고, 우스리스크의 2개 토성에 주목하여 이 곳을 동경으로 비정하였다. 그리고 이 곳이 수분하 하구의 아무르만으로부터 일본으로 향한 주요 지점이라고 생각하였다.[38]

한편 도리야마 기이치도 함경북도 및 간도 지역을 답사하면서 서고성과 팔련성(반납성) 및 상경성도 답사하였는데 당시에 발표했던 자료는 확인되지 않고 후에『발해사상의 제문제(渤海史上の諸問題)』에 수록되어 있다.[39] 특히 상경성 답사 때는 하얼빈시특별행정구박물관 소속이었던

---

36 田村晃一, 2004,『渤海都城の考古學的研究-平成14·15年度科學研究費補助金(基礎研究(C) 研究成果報告書 』, 15쪽.

37 鳥居龍藏, 1912,「咸鏡南北道及び東間島旅行談」,『東洋時報』168·169·170; 鳥居龍藏, 1976,『鳥居龍藏全集 第8卷』, 朝日新聞社.

38 鳥居龍藏, 1922,『北滿洲及び東部西伯利亞調査報告(朝鮮總督府故跡調査特別報告 第2冊); 1976,『鳥居龍藏全集. 第8卷.』朝日新聞社. 도리이 류조 지음·최석영 역주, 2007,『인류학자와 일본의 식민지 통치: 도리이 류조의 시베리아·북만주·사할린 조사 일기』, 서경문화사, 329~338쪽.

39 鳥山喜一, 1968,「渤海文化の跡を求めて」,『渤海史上の諸問題』, 風間書房.

포노소프와 동행하여 연화문와당과 문자, 점토불상 조각 등을 발견하면서 이 곳이 상경성 유적이라는 것을 확신하게 된다.[40]

1927년 도리이 류조도 상경성을 답사하였고 그에 관한 내용이 1928년 『만몽의 탐사(滿蒙の探査)』에 소개된다. 녹유와를 비롯하여 수습한 기와가 자신이 본 연해주 니콜리스크(우수리스크)성의 것과 매우 유사하다고 지적하였으며 성벽은 토축 위에 현무암 조각을 올려 두어 석성과 같은 느낌이 있다고 언급하고 있다.[41] 하지만 그의 조사는 단 이틀(9월 9일부터 10일)간에 이루어진 것으로서 보고서와 같은 수준에서 다룰만한 것은 아니다.

(2) 『동경성(東京城)』 보고서와 그 영향

일제에 의한 발해유적 발굴 조사의 가장 대표적인 업적은 1933년부터 2차례 실시한 상경성 발굴이라는 데는 이견이 없을 것이다. 동아고고학회의 발굴은 하라다 요시토(原田淑人)의 주도하에 1933년 6월과 1934년 5~6월 두 차례 진행되었고 그 결과는 1939년 『동경성』이라는 제하의 보고서로 출간되었다.[42] 이 발굴이 일정한 성과를 거둔 데는 1926년 동아고고학회의 설립, 1932년 만주국 건국 등 사회적 지원이 뒷받침되었지만 보다 더 중요한 배경은 1931년 9월 포노소프 일행이 진행한 동성특구문화발전연구소 고민족분과의[43] 사전 조사가 아닐까 한다. 이에 비록 일본에 의한 조사는 아니었지만 간략히 살펴볼 필요

---

40 趙虹光, 1988, 「渤海上京龍泉府城址調査發掘工作的回顧」, 『北方文物』, 1988-2, 26쪽.

41 鳥居龍藏, 1928, 『滿蒙の探査』, 萬里閣書房, 126쪽.

42 東亞考古學會, 1939, 『東京城 渤海國上京龍泉府址の發掘調査』, 東方考古學叢刊 甲種第5冊. 이 책은 김진광이 번역하였다.(하라타 요시토 저·김진광 역, 2014, 『동경성 동경성발굴보고』, 박문사).

43 원명은 Институт Изучения Особого Района Восточных Провинции 산하의 Палео-этнология이다

가 있다.

포노소프일행은 당시 12일 동안 제1·2·3호 궁전지와 금원 지역을 조사하였고 다량의 유물도 수습하였다. 일본에서 발표된 문헌에서는 포노소프 일행의 발굴조사에 대해 "유물 수습과 단기간의 트렌치 발굴만"이라는 수식으로 평가하거나 아예 전사로서 언급조차 없지만[44] 최근에는 이에 대한 의문이 제기되기도 한다.[45] 특히 강인욱은 『영안현지(寧安縣志)』 등의 문헌을 참고하여 치밀하게 조사되었으며 동아고고학회가 의도적으로 이들의 업적을 축소하고 배제하였음을 지적하였다.[46] 동아고고학회의 보고서 말미에 부록으로 첨부된 러시아어 보고서를 조금만 주의깊게 보더라도 이러한 정황이 파악된다. 일례로 일본이 첨부한 보고서에는 자금성(紫禁城)이라 칭한 궁성의 평면도 도면 1매만이 수록되어 있지만 본문 전체에는 여러 평면도가 언급되고 있다. 확인 가능한 평면도가 15번까지 등장하므로[47] 적어도 이 이상의 평면도를 작성하였음을 알 수 있다. 또한 보고서의 제목은 '동경성 탐사를 위한 예비보고서(Предварительное сообщение о разведке развлин Дунцзин-Чэна)'로 되어 있으며 말미에서 "올해 예정되었던 제2차 발굴조사는 이루어지지 못했다. (중략) 재정적인 어려움이 해결된다면 이 곳에서 '만주의 폼페이(Маньчжурскои Помлеи)' 창조의 꿈을 꿀 수 있을지도 모르겠다"라고 언급하고 있어[48] 상경성에 대한 중장기 발굴 계획을 도모하고 있었음을

44　早乙女雅博, 1993,「渤海の都城--東京城の調査」,『年報都市史研究』13; 酒寄雅志, 2010,「東亞考古學會の東京城調査」, 菊池俊彦 編,『北東アジアの歴史と文化』, 北海道大學出版會.

45　다무라 고이치(田村晃一)는 보고서의 내용을 언급하면서 '성내 여러 곳에 트렌치 조사를 실시하였다는 것도 알수 있다. 그러나 도면이 내성 단면도 1매만이 있고 러시아어에 대한 안내가 없어 내용을 확실하게 알 수 없다는 문제점이 있다'라고 하여 이러한 처리에 대한 불만과 의혹을 드러내고 있다(田村晃一, 2004, 16쪽).

46　강인욱, 앞의 글. 95~98쪽.

47　東亞考古學會, 1939, 별지 6쪽.

짐작할 수 있다. 하지만 1932년 만주국이 성립되면서 하얼빈 소속의 연구소는 신징(新京, 지금의 창춘長春) 대륙과학원에 통합되었고 포노소프는 발해 연구에서 배제되었다. 상경성 발굴은 동아고고학회가 담당하게 되었다. 그럼에도 부록에 포노소프의 보고서를 포함한 것은 이들의 성과를 간취한 데 대한 일말의 양심 때문이었는지도 모른다.

그러면 1937년 『동경성』을 중심으로 동아고고학회의 발굴 현황과 의미를 살펴보겠다.

1) 조사 기간: 총 2회 (1933년 6월 6일~25일, 1934년 5월 20일~6월 19일)

2) 조사 인력

제1차 原田淑人, 村田治郎, 水野淸一, 駒井和愛, 羽館易, 片野彌一郎, 黑田一(고고발굴팀)[49]/ 池內宏, 鳥山喜一, 外山軍治, 金毓黻, 金九經(역사반) / 島村孝三郎(간사)

제2차 原田淑人, 村田治郎, 水野淸一, 駒井和愛, 失島恭介, 三上次男 / 窪田幸康(사진사) / 島村孝三郎(간사)

3) 조사 대상 및 방법

제1궁전지(오봉루를 궁전지로 착각, 평면 실측 작업만 실시)

제2궁전지(궁전지 및 회랑지 실측, 평면의 기단 일부와 좌측 회랑 일부)

제3궁전지(궁전지 실측, 일부 트렌치 작업, 평면도 작성)

제4궁전지(궁전지 실측, 기단 주춧돌 검출 작업 초석 배열)

제5궁전지 및 서전지(궁전 기단 상면 작업, 실측, 문틀 시설 실측, 동측 도랑지 실측, 온돌 유지 실측)

제6궁전지(궁전지 실측, 기단 상면 주춧돌 검출 작업)

---

48 東亞考古學會, 1939, 별지 10쪽.

49 보고서에 이렇게 명시하지는 않았으나 아래의 역사반과 일정한 역할 분담이 있었을 것으로 여겨진다.

금원지(금원지 실측, 북측 중앙 건물과 서쪽과 동쪽 가산 정자 유지 실측)

제1절터(남대표 및 유물 실측, 석등 실측)

제2절터(금당과 문지 실측)

제3절터와 제4절터 (금당)

외성(동벽 북부, 북문지, 중앙대로)/외성 동벽 단면도, 외성 북문지 실측

내성 남문, 내성 북문(외성 북문과 함께 진행) / 내성 남문지 실측, 북문지 실측

삼령둔고분(실측)

조사 인력의 구성에서 중국의 진위푸(金毓黻)가 참여하였다는 것은 매우 이채롭다. 강인욱은 이를 두고 고의적으로 포노소프를 배제하고 진위푸를 참여시킨 것으로 지적하기도 했다. 만주국 건설과 함께 일본과 이 지역의 오랜 협력의 역사 명분을 생산하는 과정이었음을 감안해 보면 포노소프의 손을 놓고 중국 학계와 제휴했던 것은 어쩌면 당연한 수순이었을 것이다.

짧은 기간 내에 상경성 전체에 대한 작업을 추진함으로써 상경성 조사에 큰 획을 그었다고 평가할만하다. 내성과 외성의 실재, 내성의 외성 내 위치, 내성을 다시 궁성과 황성으로 구분하는 등 상경성 전체의 구조와 규모를 파악하게 되었으며 주작대로를 비롯하여 외성 내 종횡으로 도로가 형성되어 있다는 것도 파악하였다.

하지만 대부분이 실측에 그쳤고 일부 작업을 실행한 경우에도 초석 검출과 배열에 한정되었다. 초석 간의 거리조차 실측하지 않아 각 건물의 규모도 확인하지 않은 것은 이 조사의 한계를 드러내고 있다. 하지만 이 조사가 발해 연구에 미친 영향력도 간과할 수는 없다. 비록 동아고고학회가 더 이상 발해유적을 대대적으로 조사하지는 않았지만 만주국 문교부에 의해 1937년 발해 도성에 대한 새로운 조사가 실시된 것은 바로 이에 따른 후속 조치라 할 수 있다. 상경성의 사찰지에 대한 도

리야마 기이치의 후속 작업,[50] 도리야마 기이치와 후지타 료사쿠에 의한 훈춘, 연길(延吉) 일대의 조사 등이 그러하다.

(3) 『간도성고적조사보고』보고서와 성과

1942년에 간행된 『간도성고적조사보고』는 1937년 도리야마 기이치와 후지타 료사쿠의 조사 결과를 담은 보고서로 만주국민생부(滿洲國民生部)의 총서 중 하나다.[51] 서문에서 이 조사는 만주국 문교부의 요청에 의해 실시한 것이라 밝히고 있다.[52] 여기에는 서고성과 팔련성을 비롯하여 길림(吉林), 연길, 훈춘 일대의 고성 유적을 조사한 내용을 담고 있다.

1) 조사 기간:

　1937년 4월 10일부터 4월 13일(서고성)

　4월 16일부터 4월 22일(팔련성 및 일대 유적 조사)

2) 조사 인력: 鳥山喜一, 藤田亮策 (기타 인력 확인 안됨)

3) 조사 대상

　연길가 북쪽 토성(북대고성), 성자산산성, 동흥촌토성, 수남토성 및 수남고분 등

　동고성, 서고성, 반납성 및 일대 사찰지

　고력성자토성(비우성), 탑자구탑지(마적달탑지), 용정역 북쪽 토성(미상)

4) 서고성의 조사 방법

　서고성 전체 평면 실측, 제1궁전지, 제2궁전지, 제3궁전지 확인

　중앙궁전지 실측, 제2궁전지 초석 추출 및 배열

5) 팔련성의 조사 방법

50　鳥山喜一, 1943 참조.

51　鳥山喜一·藤田亮策, 1942 참조. (이 책의 표지에는 康德 8年, 즉 1941년으로 적시하였으나 서적의 발행은 康德 9년(1942)에 이루어졌으므로 이에 따랐다.)

52　鳥山喜一·藤田亮策, 1942, 「緒言」 참조.

팔련성 전체 평면 실측, 내성과 외성 확인, 제2궁전지 초석 추출 및 배열 서고성과 팔련성에 대해 직접 발굴조사를 시도하고 평면도를 남긴 것은 중요한 성과였다. 하지만 짧은 기간의 한정된 인력으로 인해 이 조사 또한 평면 실측과 일부 초석 배열에 그치고 말았다.

(4) 『반납성: 발해의 유적조사(半拉城: 渤海の遺蹟調査)』
보고서와 성과
같은 시기인 1942년에 나온 『반납성: 발해의 유적조사』는 훈춘에 주둔하고 있던 일본 육군 군인 사이토 진베에(齋藤甚兵衛)가 그해 조사한 성과를 발표한 것이다.[53]

1) 조사 기간: 1942년 3월 11일~4월 20일
   *3월 11일~15일 준비 작업, 15일~3월 말 측량, 16일~4월 20일 조사
2) 조사 인력: 사이토 진베에, 측량원, 인부 및 훈련생
3) 조사 대상
   반납성 전체의 실측도를 작성
   반납성(내성)
   궁성지 (1~8전지로 구분하여 실측)
   외성지 및 폐사지: 제1사찰지 초석 확인, 제2사찰지에서 이불병좌상 발견,

제3절 조사의 경과에서 언급하고 있듯이 이 조사는 사이토 진베에 개인의 관심과 열망, 그리고 만주 주둔군의 사명감이 결합되어 시행된 것이라 해도 과언이 아니다. 한정된 경비로 측량 기사는 15일만 작업을 하였고 발굴도 인부를 이용한 것은 11일(16~27일)뿐이며 20일의 작업은

---

53 齋藤甚兵衛, 1942 참조.

인근 학교 훈련생의 노동력으로 감당하는 등 한마디로 학술적인 지원 없이 이루어진 조사였다.

이로 인해 그는 팔련성을 상경성과 유사한 규모와 구조를 파악하는 대범한 착오를 일으키고 말았다. 그는 반납성을 내성으로 보고 그 밖으로 대규모의 유적이 분포하고 있고 그 밖에 보고서 내에 수록된 폐사지를 포함한 외성이 존재한다고 확신하였다. 일례로 말미에 수록한 반납성터 부근 실측 평면도(半拉城跡附近實測平面圖)에 반납성과 자신이 조사한 사찰지 3곳을 표시한 위에 자신이 생각하는 외성의 규모를 상상선으로 표시하고 있다. 고고학적 전문 지식이 없는 가운데 과도한 열의만을 가지고 동경용원부를 상상한 오점을 남기고만 것이다. 이것이 사이토 진베에 1인의 견해에 그쳤는지 당대의 다른 학자에게도 영향을 미쳤는지는 아직 파악하지 못했다. 향후 당대의 성과와 함께 검토해 볼만하다. 하지만 팔련성 궁전지를 측량하고 그것을 실측도로 남긴 것은 의미가 있는 작업이라고 평가할 만하다.

이상으로 대륙 침략기 일본에 의해 시행된 주요 발굴 경위와 보고서의 성과를 개략적으로 살펴보았다. 짧은 기간 내 만주국의 부흥이라는 정치적 야심과 결합하여 진행된 여러 조사는 많은 한계와 안타까움을 낳고 말았지만 그것이 현재 발해 학계에 제공하는 일정한 성과에도 주목할 필요가 있다.

실제로 2000년대에 발간된 중국 측의 발해 도성 발굴 보고서에도 여전히 이 시기 일본이 작성한 도면이 앞 면에 제시되고 있는 것은54 주목

54　최근 보고서에서 인용되고 있는 도면 현황을 정리하면 아래와 같다.

도판명	현 수록처	원자료 출처
渤海上京龍泉府全圖	『渤海上京城: 1998-2007年度考古考發掘調査報告(2009)』, 9쪽	東亞考古學會, 東京城(1939), 지도2
西古城二號宮殿趾礎石略測圖	『西古城: 2000-2005年度渤海国中京显德府故址田野考古报告(2007)』, 9쪽	鳥山喜一・藤田亮策 1942년 『間島省古蹟調査報告』(1942), 도26

할 만한 지점이다. 발해유적의 본격적인 조사와 관심이 일본의 대륙 침략의 역사적 명분을 제고하기 위한 목적에서 추진되고 급조되었다는 사실은 안타깝지만, 멸실되고 변개되어 가는 발해유적의 초기 모습을 기록하였다는 점은 학계에 귀중한 자원을 남겼다고 봐야 할 것이다.

3. 일본 내 발해 관련 유적 발굴조사

1) 전후(戰後) 발해사 연구의 새로운 움직임

전전(戰前)에 중국 동북지방을 무대로 진행되었던 일본의 발굴조사는 패전과 함께 중단되었다. 일본에서의 발해사 연구는 다소 축소되기 하였으나[55] 전(前) 시기의 발굴 성과와 문헌을 아우르는 연구로 이어졌다.

이 시기의 연구 경향은 특정하게 분류하여 지칭할 수 없을 정도로 다양했는데, 크게 3가지로 나누어 볼 수 있다.

첫 번째는 이전 시기의 성과와 관점을 지속하는 입장이다. 대표적 인물은 도리야마 기이치로, 그는 그간에 수행해왔던 성과를 망라하여 『발

西古城二號宮殿趾 平面圖之二	『西古城: 2000-2005年度渤海国中京显德府故址田野考古报告(2007)』, 8쪽	鳥山喜一, 「渤海中京考」(1944)
西古城二號宮殿趾 平面圖之三	위의 책, 9쪽	鳥山喜一, 『渤海史上の諸問題』(1968)
琿春半拉城子土城 平面實測圖	『八連城: 2004-2009年度渤海國東京故址田野考古報告(2014)』, 7쪽, 도2	鳥山喜一·藤田亮策 1942년 『間島省古蹟調査報告』(1942), 도41
半拉城址附近實測 平面圖	위의 책, 8쪽, 도3	齋藤甚兵衛 『半拉城 -渤海の遺蹟調査-』(1942)
東京龍原府實測圖	위의 책, 9쪽, 도4	駒井和愛 「渤海東京龍原府宮城址考」(1960)

55 연구의 축소는 일본의 만주 침략 발판이 상실되었기 때문이라고 지적하면서 오히려 이러한 현실적 한계가 일본으로 하여금 발해사를 객관적으로 고찰할 수 있도록 한 계기가 되었다고 평가하기도 한다. (한규철, 1999, 「발해사 연구의 현황과 과제」, 고구려 연구회, 『발해건국 1300주년』, 학연문화사, 25쪽).

해사상의 제문제』로 정리하였다.[56] 두 번째는 발해·일본 교류에서 나타
난 구체적인 양상에 주목한 연구가 시작되었다.[57] 이들 연구의 관심대상
은 법규, 국교 의식 등 여러 분야에 닿았다. 발해를 일본 조공국으로 보
는 시각은 조금 후퇴하였으나, 여전히 양국 교류를 발해가 일본의 외교
의례에 적응해 나가는 일방적 과정으로만 이해하는 한계를 보이고 있다.

마지막으로 니시지마 사다오(西嶋定生), 이시모다 쇼(石母田正) 등에 의
해 일본 역사 학계의 주요 관심으로 부상한 동아시아론적 관점에서[58]
양국 교류를 이해하려는 경향이 등장했다. 직접적으로 발해사 연구에서
는 사절·상인·승려의 동아시아 차원의 행적을 다루면서 발해사의 역할
을 규명하고자 하는 것으로 나타났다.

1980년대 이후 일본에서의 발해사 연구는 더욱 다양한 소재로 확장
되어 왔다. 첫 번째로 '발해와 신라의 대립, 발해와 일본의 우호'라는 해
석을 유지하거나[59] 비판하는 연구다.[60] 두 번째는 동아시아라는 틀 속에
서 일본의 소중화 의식을 뒷받침하려는 연구다.[61] 개별 연구에 따라 입

56 鳥山喜一 著·船木勝馬 編, 1968.

57 松好貞夫, 1968, 「渤海との交渉についての一考察」, 『流通経済論集』 3-3;
    鈴木靖民, 1969, 「日本と渤海の外交」, 『セミナー日朝關係史 1』, 櫻楓社;
    新妻利久, 1969, 『渤海國史及び日本との國交史の研究』, 東京電機大學出版局:
    ――――, 1951, 「渤海國使に對する海路法規の研究」, 『國史學』 56;
    石井正敏, 1970, 「大宰府の外交面における機能―奈良時代について―」, 『法政史學』 22.

58 西嶋定生, 1966, 「6-8世紀の東アジア」, 『岩波講座 日本歴史 古代2』, 岩波書店; 石母
    田正, 1971, 『日本の古代國家』, 岩波書店.

59 李成市, 1991, 「八世紀新羅·渤海關係の一視角―新唐書新羅伝長人記事の再檢討―」,
    『國學院雜誌』 92-4.

60 上田正昭, 中西進·安田喜憲 編, 1992, 「古代日本と渤海」, 『謎の王國·渤海』, 角川書店;
    浜田耕策, 1998, 「大欽茂(文王)時代―渤海의 歴史的 性格―」, 『高句麗研究』 6; 古畑
    徹, 1998, 「後期新羅·渤海の統合意識と境域觀」, 『朝鮮史研究會論文集』 36.

61 鬼頭淸明, 1992, 「王畿論-中國·朝鮮·日本」, 『アジアのなかの日本史 III』, 東京大學出
    版會; 酒寄雅志, 1993, 「華夷思想の諸相」, 『アジアのなかの日本史 V』, 東京大學校出
    版會; 越智重明, 1995, 「華夷思想の形成と展開」, 『比較文化年報』 3.

장의 미세한 차이는 있으나 발해가 일본의 요구에 순응하였다는 정도의 인식을 전제하고 있다. 방문 기한 제한 문제, 도착지 논쟁, 연해 국사의 국서 개봉권 등이 주요 소재로 다루어진다. 다른 한 편으로는 '환일본해(環日本海)' 지역 고대 문화 교류라는 차원에서 이루어지고 있는 지역사 연구의 연장선에서 발해를 다루는 경향이 두드러지고 있다.

일본 내 발해 관련 유적의 발굴은 이러한 제반의 발해사 연구 지형 위에 때때로 지역 개발에 따른 우연이 결합되어 진행되었다.

앞장과 달리 일본 내 유적 상황은 관련 정보를 입수하는 데 어려움이 있어 유적의 비중에 따라 취사선택하여 체계적으로 구성하지 못하고 그동안 필자가 틈나는 대로 조사하고 수집한 자료를 중심으로 정리하였음을 먼저 밝혀 둔다. 한국 학계에 그다지 관련 정보가 소개된 바가 없어[62] 필요한 경우 구체적인 자료를 함께 수록하고자 한다.

발해사의 도착지는 위로는 데와(出羽) 지역에서 아래로는 쓰시마(對馬)까지 다양한 분포를 보이지만 크게 보아 데와, 호쿠리쿠(北陸), 산인(山陰)으로 구분할 수 있다. 이들의 도착은 시기별로 특성을 보이는 데 이를 도식화하면 〈그림 1〉과 같다.

8세기에는 데와와 호쿠리쿠, 9세기에는 호쿠리쿠 이서(以西) 지역에 도착하고 있는 경향을 확인할 수 있다.

현재까지 발굴된 발해 관련 유적은 그 성격상 항만 관련 유적과 편처(便處) 관련 유적으로 대별할 수 있다. 물론 양자가 결합된 경우도 있겠

---

62 한국에서 일본 내 발해 관련 자료를 소개한 초기 연구로는 다음이 있다.(小嶋芳孝, 1998, 「일본 국내의 발해 관련 자료」, 『고구려연구』 6; 윤재운, 2010, 「일본 소재 발해유적·유물의 종합적 검토」, 『한국사학보』 41.) 이들 연구는 일본 내 발굴 유적, 유물뿐만 아니라 제국주의 시절 반입한 유물도 포함하여 다루고 있어 전체적인 현황을 이해하는 데 도움을 주지만 텍스트로 구성되어 이해에 제한이 있다. 최근 필자도 일본 내 발해 관련 유적과 유물을 정리한 바 있어 여기서는 기 서술된 내용 중 구체적인 고고학적 성과를 확인할 수 있는 것을 중심으로 심화 보완하였다.

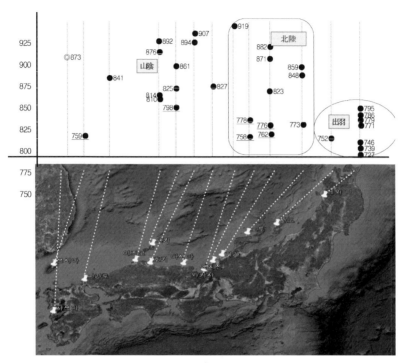

〈그림 1〉 발해사 도착지 분포 (구난희, 2013, 161쪽 수정 보완)

지만 추정에 기댈 뿐 현재의 발굴 성과로는 양자가 결합된 성격의 유적
이 확인되는 경우는 없다. 이 밖에도 나가야왕 저택(長屋王私邸)이나 다무
라다이(田村齋) 등과 같이 발해사의 행적과 관련된 유적도 발굴되었지만
건물의 명성에 비해 발해를 이해하기 위해 특별히 주목할 지점이 있는
것은 아니므로 생략하였다.

2) 항만 관련 유적

항만 유적과 관련하여 사료상에 가장 명확히 언급되고 있는 곳은 후

쿠우라(福浦港)이다. 사료상에 이 곳이 등장하는 것은 771년 일만복의 송사 다케후 도리모리(武生鳥守)가 도착한 것으로 언급되는 예와 883년 발해사의 귀국 선박의 제작을 위해 대목을 함부로 베지 못하게 한 예가 있다. 특히 후자의 기사를 통해 이 곳이 주요 출발항이었음을 확인할 수 있다. 당시는 후쿠라진(福良津)이었으나 에도 시대에 이 일대를 후쿠우라(福浦)라 부르면서 현재에 이르게 된다. 하지만 이 일대는 발굴조사가 이루어지지 않았다. 1899년 대화재로 마을 대부분이 전소되면서 일대가 재조성되었기 때문에 8~9세기의 지층은 확인할 길이 없기 때문이다. 이하 발굴조사가 이루어진 유적을 대상으로 하겠다.

(1) 사도(佐渡)의 반바(馬場)유적

데와 지역을 향한 중간 귀착지로 추정되는 유적으로 사도(佐渡) 섬의 기타카타베(北片邊) 모래사장에서 발굴된 반바유적이 있다. 이 유적은 1982년에 발굴조사가 이루어졌으며 이동식 아궁이(可搬式竈), 청동제 띠장식(帶金具), 말뼈와 말이빨 등 주로 제사와 관련된 유물이 다수 출토되었다고 확인된다.[63]

이러한 제사 유물을 발해사와 관련된 유적으로 추정하는 근거는 752년 일본을 방문한 발해사 모시몽(慕施夢) 일행이 이 곳 사도섬에 도착하였다는 『속일본기(續日本紀)』 기록이다.[64]

하지만 사도섬의 기타카타베에 있다는 것 외에는 구체적인 사실을 얻기는 어렵다. 좀 더 검토가 필요하다.

---

63   本間嘉晴 外, 1983, 『馬場遺跡』, 相川町敎育委員會.
64   『續日本紀』卷18 天平勝寶4年 9月 丁卯條.

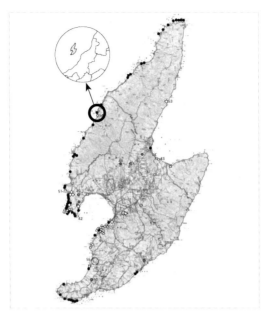

〈그림 2〉 반바유적의 위치(佐渡市教育委員會, 2008, 3쪽, 54번)

(2) 하쿠이(羽咋)의 지케(寺家)유적

다음으로 호쿠리쿠 지역은 발해와 일본이 교류하던 전 시기에 걸쳐 고르게 도착지로 활용되었으며 현 발해 관련 항만시설로 추정할 만한 유적이 많이 분포하고 있다.

노토반도(能登半島)는 이시카와(石川) 현 하쿠이(羽咋) 시지케(寺家)정과 야나이다(柳田)정 일대의 해안사구에 위치하고 있다. 지케유적은 1978년 노토해안도로(能登海浜道) 건설 과정에서 발견되어 발굴이 착수된 이래 2008년에 이르기까지 모두 19차에 걸친 대규모 발굴조사가 이루어졌다. 〈그림 3〉에서 보듯 현재는 모든 유적이 수습되고 해안도로가 그 위를 지나가고 있다. 2010년에 그간의 발굴 성과를 망라한 『지케유적-발굴조사보고서 총괄편(寺家遺跡 發掘調査報告書 總括編)』이 출간되었다.[65]

〈그림 3〉 지케유적 일대의 항공사진(大林太良 編, 1985, 권두 화보) 및 지케유적의 유적 분포도(羽咋市敎育委員會, 2010, 35~36쪽)

　　지케유적은 제사 지구, 쓰나다(砂田) 지구, 오다(太田) 지구로 대별되는데 7~9세기에 이르는 여러 토층과 그에 따른 다양한 건물군과 유물이 확인되었다.[65] 사진의 좌측 표시분과 우측 지도 표시 부분이 지케유적이며 사진의 오른쪽 우측의 표시분은 게타(氣多) 신사이다.

　　제사 지구는 7~9세기에 이르는 토층이 확인되었는데 특히 8세기 층에서 제사 유구가 넓게 확인되었다. 이 시기 건물군과 유물이 집종되는 현상은 쓰나다 지구에서도 유사하다. 8세기 건물유구로 수혈 건물 29동과 굴립주 건물 17동이 확인되며 9세기에는 한층 건물이 대형화되고 있다. 오다 지구는 야요이 시대부터 12세기에 이르는 비교적 긴 기간의 토층이 확인되는 가운데 8~9세기 토층에서 묵서토기가 발견되고 있어이 시기 매우 중요한 지역이었음을 또 한 번 확인할 수 있다.

　　이처럼 지케유적에서는 8~9세기에 제사 관련 유구와 유물이 다수발견되고 제사 유구를 분석한 결과 신찬(神饌)과 소토(燒土) 행위가 주요

65　이에 관한 구체적인 내용은 졸고에서 다루었다.(구난희, 1970, 170~174쪽.)

과정이었음이 확인된다. 이는 곧 국가 차원의 제사가 이루어진 유적임을 말해준다.

지케유적으로부터 북쪽으로 약 1km 정도 떨어진 숲가에 있는 게타 신사는 지케유적이 국가 차원의 주요 유적이라는 사실을 뒷받침해주는 또 하나의 근거다. 게타 신사는 12세기에 노토국의 일궁으로 지정되었는데 이곳이 이전 시대부터 주요 신사로서 주목되었음을 확인할 수 있다. 발굴보고서에서는 이 지역이 전국에 몇 안되는 고대 신지신앙(神祇信仰)과 관련된 제사 유적이며 궁사관(宮司舘)의 양상을 확인할 수 있는 중요한 유적이라는 평가를 내리지만 정작 왜 이 지역에 이러한 유적이 존재하는가에 대해서 적극적으로 발해와 관련지어 언급하지 않았다. 다만 지케유적의 성과가 알려지면서 이 일대가 발해와 관련한 주요 유적이라는 사실은 학술논저 뿐만 아니라 일반서적에서도 기술되고 있다.[66]

(3) 가나자와(金澤) 지역의 항만유적

가나자와는 이시카와현의 현청 소재지로 동해와 맞닿아 있는 해안도시다. 현재까지 발해 관련 항만유적을 가장 많이 보유하고 있다.

이 곳은 오노가와(大野川)와 사이가와(犀川)가 시가지를 지나 동해로 흘러들고 있어 해상교통과 수로 교통을 동시에 이용할 수 있다는 지형상의 이점으로 항만유적이 특히 발달되었다. 현재는 관련 유적지가 모두 육지에 위치하고 있지만 해안 지역에 오랜 기간에 걸쳐 사구가 발달해 오고 있는데 〈그림 4〉에 표시한 이전 해안선을 고려한다면 유적의 조건은 현재보다 훨씬 항만 시설로 유리하였다는 것을 알 수 있다.

각 유적별 위치나 주요 발굴 현황을 정리하면 〈그림 4〉, 〈표 1〉과 같다. 지도 속의 번호가 해당 유적지 번호다.

66　小嶋芳孝, 1998, 257쪽; 大林太良 編, 1985, 『海をこえての交流』, 中央公論社.

〈그림 4〉 가나자와 일대의 유적 분포 항공사진(출처: 구글어스)

1980년대부터 발굴이 시작되어 2010년까지 진행되었고 현재는 모든 유적이 수습되고 주택이 들어서 과거의 모습을 상상하기는 어렵다.

발굴 당시 조사부장으로 이 지역 대부분의 유적발굴을 주도했던 고지마 요시타카(小嶋芳孝)에 따르면 8세기에는 사이가와 일대에 형성되었던 시설이 823년 가가(加賀)국의 독립으로 국진이 새롭게 형성되면서 오노가와 일대로 항만시설이 옮겨 갔을 것으로 추정된다.[67]

우네다지추(畝田寺中) 유적은 10여 년 동안 발굴이 진행되었고 75동의 건물 유구가 확인되었다. 〈그림 5〉의 도면에서 볼 수 있듯 중앙에 자연 하천이 흘러가고 그 양측에 건물이 형성되어 있어 운하유적으로 추정된다. 하천이나 도랑을 끼고 건물을 조성한 것은 이 지역 건물유적의 공

---

67 小嶋芳孝, 2008, 「加賀(金澤市)における渤海使來着地の考古學的檢討」, 『石川考古學研究會會誌』第51號 別冊, 55쪽. 참고로 가가국(加賀國)은 에치젠국(越前國)의 가가군(加賀郡)이었으나 823년에 같은 소속의 에누마군(江沼郡)과 함께 가가국(加賀國)으로 분리되었다.

〈표 1〉 가나가와 일대 유적의 주요 발굴 현황

	유적명		조사자	주요 유물
1	가나이와 혼마치	犀川 동쪽 자연제방	8세기 대형 건물 9세기 소하천을 따라 건물, 창고군 형성 가가군 역소로 추정 제사 유구	
2	우네다지추 (1999~)	金石本町 동 1km	8~9세기 75동의 건물 유구 건물군 사이 자연 하천 운하유적 건물로 추정	목간(天平二年) 묵서토기(津司, 語-語)
3	우네다 나베타 (1999~	畝田寺中 동 1km	8세기 여러 건물 산재 9세기 건물 대형화 동쪽에 (인공?)도랑 형성 누각 건물 우물과 제사폐기 토항	꽃무늬 띠금장식
4	도미즈 C	大野川 하구	대부분 9세기 건물 남북으로 도랑 형성	묵서토기(津, 流民) 동물모양 벼루
5	도미즈오니시	戸水 C 남 1.5km	8~9세기 건물 9세기 건물군	와탑 묵서토기 (中家, 宿家, 大市)

통된 특징이다. 여기서 일일이 도면을 소개하지 않은 가나이와혼마치(金石本町) 유적이나 도미즈(戸水) C 유적 역시 소하천을 따라 건물군이 형성되어 있다.

　도랑 유구에서 폐기된 것으로 추정되는 묵서토기가 다량 수습되었다. 이 중 '덴표(天平)2년(730)'은 첫 방문 발해사인 고제덕 일행의 귀국길을 동행했던 히케타 무시마로(引田虫麻呂) 일행이 다시 일본으로 돌아온 해이므로 이들의 귀착지가 이 곳이었을 가능성을 상정해 볼 수 있다. '어(語)-어(語)', '어성인(語成人)'은 제사와 관련된 주술어나 접신을 의미하는 것으로 볼 수도 있지만 발해인과 일본인들 간의 대화가 통하기를 원하거나 이를 기념하는 기록일지도 모른다.

　우네다 나베타(畝田ナベた) 역시 도랑가에 형성되었다. 도랑 중앙부 점선으로 표시한 구역은 동쪽으로 정연하게 굴곡져 있고 문지로 추정되는 유구가 확인되어 도랑은 인공 조성된 것으로 추정된다. 뿐만 아니라

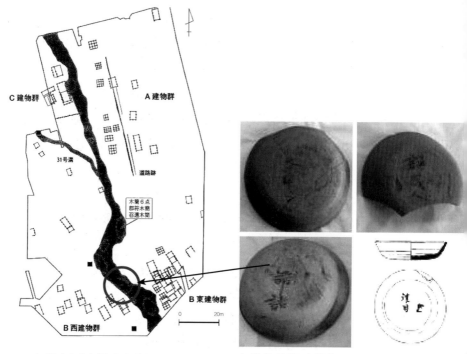

〈그림 5〉 우네다지추 유적 평면도(小嶋芳孝, 2008, 51쪽) 〈그림 6〉 묵서토기 사진(필자 촬영, 좌로부터 '天平二年', '語成人', '語-語') 및 도면(石川県埋蔵文化財センター, 2000, 26쪽)

도면의 원으로 표시된 유구는 누각 건물로 추정되는 곳으로 발해사신 방문 시 연회장소로 이용되었을 법하다. 또한, 이곳에서 발견된 꽃무늬 띠금장식은 일본에서 발견되지 않는 양식과 기법으로 제작된 대륙계 유물이며, 발견 장소로 보아 제사 의례 후 하천에 폐기되었을 가능성이 있어 발해사신과 관련이 있다고 추정된다.

도미즈오니시(戸水大西) 유적은 8~9세기에 이르는 여러 시기의 건물 유구가 복합된 곳이다. 모든 시기 건물은 도랑과 함께 조성되는데 8세기 와 9세기 전반에는 건물을 둘러싼 도랑이 있는 반면, 9세기 후반에는 건물의 남쪽에 동서로 확인되고 있다. 이로 보아 건물 형성 시 인위적으로 도랑을 구축하여 이 시설을 보호하려 했던 것임을 알 수 있다.

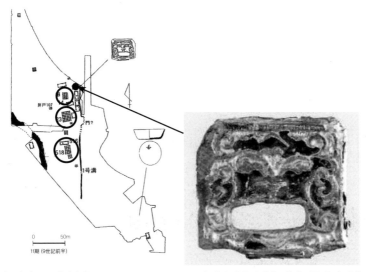

〈그림 7〉 꽃무늬띠장식(石川県埋蔵文化財センター 제공) 및 우네다 나베타 9세기 건물 유적 평면도, (小嶋芳孝, 2008, 58쪽)

　이 유적에서도 와탑(瓦塔)을 비롯하여 다종 다량의 제사도구 등 유물이 발견되었다. 특히 주목해 볼만한 유물로는 9세기 전반의 방형 구역 안에서 '숙가(宿家)'가 씌어진 묵서토기와 9세기 후반 유구에서는 '대시(大市)'가 적힌 묵서토기이다. 숙가는 사절이 머물렀던 숙박 시설이나 그 관계자, '대시'는 사절단과 교역이 이루어졌을 가능성을 시사해 주는 것이기 때문이다. 9세기 후반에 이르면 지방 국사가 사절과 사적으로 교역하는 것을 금지하는 조칙이 내려지기도 하고[68] 시전상인과 사절과의 사적 교역을 허가하기도 하는 등[69] 관련 조치들이 반복되는 것을 보면 이 일대에 사적 교역이 허용되는 공적 장소를 두었을 가능성을 시사한다.

　가나자와 일대의 전반적인 유적 현황을 통해 보면 9세기에 접어들어

68　구난희, 2017, 191쪽.(『類聚三代格』 卷19 禁制事)

69　구난희, 2017, 200쪽.

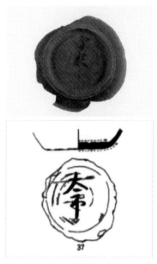

〈그림 8〉宿家 묵서토기 사진(石川県埋蔵文化財センター 소장) 및 大市 묵서토기 도면(小嶋芳孝, 2008, 56쪽.)

건물의 규모가 대형화되고 이를 관리하기 위한 인위적 도랑 등의 보호시설도 보완되고 있었음을 알 수 있다. 가가(加賀)가 군(郡)에서 국(國)으로 승격된 일본 내 정치 정황도 어느 정도 영향을 미쳤겠지만 발해와 일본 간의 교류가 9세기에 접어들어 정례화되고 형식이 갖추어지면서 발해사신을 맞이하는 공간이 정비되었음을 보여주는 고고학적 단서로 이해할 만하다.

이 밖에도 9세기 이래 발해사는 에치젠(越前)이나 와카사(若狹, 敦賀 일대), 다지마(但馬), 호키(伯耆), 오키(隱崎), 이즈모(出雲) 등의 산인 지방에도 도착하였다. 다른 사료나 현재의 상황을 보면 쓰루가(敦賀)의 미쿠니미나토(三國湊), 시마네(島根)의 사카이미나토(境港)나 시치류우라(七流浦), 이즈모(出雲)의 우류우라(宇龍浦) 등도 항만으로 이용되었을 가능성이 높으나 유적은 확인되지 않았다. 호쿠리쿠(北陸) 지방과 마찬가지로 사구가 형성되는 가운데 해당 지역이 주택가로 전환되었기 때문이다. 만약 도로 공사나 대대적인 도시 배수 공사 등이 진행된다면 발해의 역사적 행보를 넓힐 좋은 행운이 잡힐 지도 모를 일이다.

3) 편처(便處) 관련 유적

편처와 관련된 유적은 항만 유적에 비해 매우 소략하다. 유적의 규모 면에서 보더라도 그것을 확인하기가 쉽지 않기 때문에 항만 유적으로 확인된 유적의 일부에 포함되어 있을 가능성도 배제하기는 어렵다.

이런 가운데 다행스럽게도 아키타성(秋田城) 일대는 발해사를 위한 편처 시설이 있었음을 추정할 수 있는 흥미로운 유적과 유물이 발견되었다.

(1) 아키타성(秋田城) 일대

아키타성은 아키타시(秋田市) 북서부 다카시미즈(高淸水) 구릉 일대에 위치하고 있다.

약 90ha에 달하는 아키타성 유적은 1939년에 국가 사적(史跡)으로 지정되었다. 구조상 외곽을 둘러싸는 성벽이 있고 다시 정청 주위를 둘러싼 시설이 있어 이중성이라 할 수 있다. 외성은 동서, 남북이 약 550m에 이르는 방형을 띠지만 북서쪽 일부는 지형상 안으로 휘어 들어가 있다. 중앙부인 정청은 동서 약 94m, 남북 약 77m의 방형이다.

본격적인 발굴조사는 1959년부터 시작되었는데 초기 4년간(1962년까지)은 국가가 주도하였다가 1972년부터는 아키타시교육위원회(秋田市教育委員會)가 맡고 있다. 2014년까지 제105차 발굴조사가 진행되었고 거의 매년 지속적으로 발굴보고서가 간행되고 있다.

아키타성은 다카시미즈 구릉에 자리잡고 있는데 이 일대는 지속적으로 퇴적이 진행되어 왔다. 남북으로 길게 된 서측의 국도 7번도 퇴적지로 이전에는 바다였다. 이를 감안해보면 8~9세기경 동해로 흘러 들어가는 오모노가와(雄物川) 하구는 곧바로 바다와 연결되었을 것으로 추정된다.

따라서 아키타성은 더욱 바다에 근접하였을 것이며 데와 지역으로 접어드는 길목에 위치하여 해상교통의 요충지 역할을 담당하였다.[70]

---

70 神田和彦, 2014,「古代城柵秋田城における交流の實態」, 第29回 國民文化際 秋田市實行委員會,『シンポジウム '古代秋田に集まった人々'-古代交流の結節点·秋田-』, 44쪽.

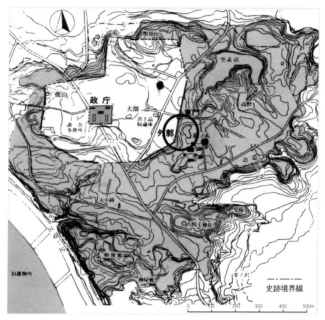

〈그림 9〉 아키타성 유적지 지형도(伊藤武士, 2006, 5쪽)

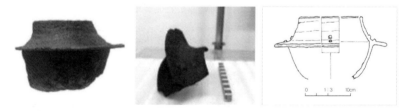

〈그림 10〉 철솥 사진 및 도판(秋田城跡調査事務所 소장 및 『秋田城跡』, 1990, 44쪽).

아키타성 유적에서는 발해와 관련된 흥미로운 유물과 유적이 발굴되었다. 첫 번째 유물로는 1989년 제54차 발굴조사 때 발견된 철솥이 있다.

이 철솥이 발굴된 구역은 SG 1031로 저습지인데, 동문지로부터 남동으로 150m 정도 떨어진 곳이다. 〈그림 9〉 지형도에 굵은 원 표시 부분이며 〈그림 11〉은 동문지를 나와 남쪽으로 바라본 해당 구역의 정비

〈그림 11〉 철솥이 발견된 습지(『秋田城跡』, 1990, 121쪽).

된 모습이다. 오른쪽에 우물 유적지를 복원한 건물이 있다.

철솥은 이 저습지를 파내려 가던 중 제45·46층에서 발견되었다. 전해(1988)에 천평보자년간(天平寶字年間)의 내용이 담긴 칠지(漆紙, 옻칠종이)문서가 발견된 바 있고[71] 철솥이 발견되던 해에도 시기를 추정할 수 있는 칠지(漆紙)문서가 다수 발견되었다. 예컨대 천평보자(天平寶字) 3년 2월의 '구추레키(具注曆)'라든가[72] "出羽國守 小野朝臣竹良, 出羽國介 百濟王三忠"의 자필서가 있는 '해(解)'의 문서[73] 등이다. 그 외에도 상층 토탄층에서 엔랴쿠(延曆) 13년, 엔랴쿠 10년이라는 절대 기년을 보여주는 목간도 출토되었다. 이상의 공반유물은 이 철솥이 750년대에 근접한 유물로 비정하기에 충분하다.

이러한 시기 비정은 이 철솥이 발해와 관련이 깊다는 것을 반증해 줄

---

71 秋田市教育委員會·秋田城跡調査事務所, 1990, 『秋田城跡-平成元年度秋田城跡發掘調査槪報』, 별지1~6 및 도판1~2.
72 구추레키(具注曆)란 일본 조정의 陰陽寮가 간지, 절기 외에 길흉 등을 작성하는 달력이다.
73 이들은 『續日本紀』에 754년과 759년에 각각 재임과 승진의 기록이 확인된다.

수 있다. 왜냐하면 8세기 당시 일본에서는 이러한 유형의 철솥이 발견된 바가 없기 때문에 이는 외부로부터 유입된 것이라고 볼 수밖에 없다.[74]

철솥의 외형을 보면 높이 10cm, 폭 19cm 정도의 크기로 매우 소형이므로 이것이 어떤 용도로 사용되었는지는 정확하게 알 수가 없다. 비록 외형은 훼손되었으나 4cm 내외 너비에 0.5cm 두께를 가진 날개가 솥 전체에 둘러쳐 있는 형태가 확인된다. 특히 필자는 이것이 성자산산성에서 출토된 철솥과 유사하다는 점을 지적하였다.[75] 그리고 최근 중국 측은 성자산산성에 대한 발굴을 추진하고 그 성과를 간략히 발표하였는데 그 내용 중에 발해 초기의 유물이 수습되었다고 지적하고 있다.[76] 성자산산성의 철솥이 발해 초기에 제작된 것이라고 가정하면 아키타성 일대에 발해사신들이 도착한 것도 8세기였으므로 두 철솥은 형태뿐만 아니라 시기도 근접하여 발해사신단이 가져온 물품일 가능성은 더욱 높다.

아키타성에서 발견된 또 하나의 중요한 유적은 1994년 제63차 발굴조사 때 발견된 화장실 유적이다. 유적은 동문터로부터 남동으로 130m가량 떨어진 SB1351 구역으로 철솥이 발견된 습지와 연해 있는 지점이다. 〈그림 12〉에서 보듯 둔덕을 이용하여 조성되었는데 그 위치는 습지의 좌측이다.

북측 둔덕에 형성된 건물채는 3칸의 별실로 구획되어 있었고 각각

---

74 折原洋一 外, 2010,「遺物から見た地域間交流」, 新潟縣敎育委員會·財團法人新潟縣埋藏文化財調査事業團,『西部遺跡Ⅱ』, 35쪽; 五十川伸矢, 2003,「古代中世日本と中國の鑄鐵鍋釜」,『東北アジア中世遺跡の考古學的硏究』第1回綜合會議, 1쪽; 野島永, 2014,「日本古代における鐵器鑄造をめぐって」,『平成23-25年度科學硏究費助成事業 硏究報告書』, 10쪽; 小嶋芳孝, 2016,「秋田城出土の羽釜·再檢討」, 小口雅史 編,『北方世界と秋田城』, 六一書房, 244~249쪽.

75 구난희, 2017, 153~154쪽.

76 吉林省文物考古硏究所, 2016,「吉林省圖們磨盤村山城遺址」,『考古中國』.

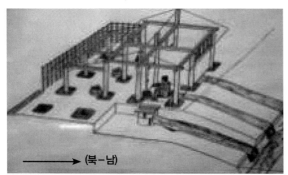
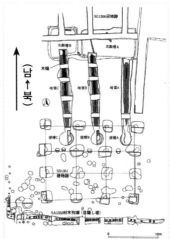

〈그림 12〉 수세식 화장실 복원도(史蹟秋田城出土品守藏庫) 및 유구 도면(小田裕樹, 2014, 37쪽).

땅 깊이 둥근 통이 매설되어 있었다. 또한 그 통으로부터 남측 아래까지
는 5.6~6.5m에 달하는 나무관(木樋)이 연결되어 있으며 나무관은 땅 속
에 매설되어 있었다. 북측 둔덕과 남측 바닥까지는 6도 가량의 사면을
이루었다. 처음 이 유구가 발견되었을 당시에는 주방 시설에 해당하는
건물지로 추정하였다. 그러던 중 유구가 드러한 후 발굴에 합류한 나라
국립문화재연구소(奈良国立文化財研究所) 매장문화재센터의 마쓰이 아키
라(松井彰)는 그 구조가 개별로 이루어졌다는 점에 착안하여 화장실 유
구임을 직감하고 배수 부분의 퇴적토와 매설된 둥근 통 주변의 자료 채
취를 수행하였다. 그 결과 퇴적토 속에서 추기(籌木, 화장지 대신으로 사용한 나
무 막대)를 비롯하여 각종 열매, 곤충의 유체나 파리의 번데기 등이 검출
되었다. 무엇보다 여러 종의 기생충 알이 발견되자 이것이 화장실 유구
임이 거의 확실시되었다.[77]

77　秋田城を語る友の會, 1994, 『秋田城跡 –平成六年度秋田城跡發掘調査槪報』, 45~46쪽.

여기서 주목해 볼 지점은 발견된 기생충 알 중에서 갈고리조충(有鉤條蟲)의 알이다. 갈고리조충은 인간의 장내에 기생하지만 그 중간 숙주가 되는 것이 돼지인데 당시 일본에서는 아직 돼지고기를 사육하지 않았으므로 외부로부터 유입될 가능성이 크다고 보았다[78] 후속연구에서 갈고리조충 알은 외부 사신을 맞이했던 후쿠오카(福岡)시 코로칸(鴻臚館) 유적에서도 검출된 바 있다는 사실에 주목하고 8~9세기 당시 갈고리조충알은 모두 일본 거주인이 아닌 외부로부터 온 사신들이 남긴 것이라 보았다[79]

이에 필자는 발해의 명산물 중의 하나인 막힐부(鄚頡府)의 돼지고기에 착안하여[80] 일본 파견을 앞둔 사신단이 출발 직전 발해의 명산물로 마련된 연회에서 돼지고기 요리를 먹은 후 이 곳에 도착하여 남긴 용변에 의한 것이 아닐까 하는 상상적 추론을 제안한 바 있다[81]

앞서 본 철솥이나 화장실 유구는 모두 아키타 성 동편 외곽에서 확인되었다. 이로 보아 이 일대에 발해사를 맞이한 고급 객관이 있었음을 추론할만하다.

(2) 호쿠리쿠 일대의 객원

항구 유적과 달리 객원(客館) 유적은 사료상에서 언급되는 것과 달리 고고발굴로 구체적인 양상이 드러난 바는 아직 없다.

먼저 후쿠라항 주변에 발해사를 위한 노토 객원이 존재하였던 것을

---

78 松井章, 1994, 「SB1351 便所遺構について」, 秋田城を語る友の會, 『秋田城跡 -平成六年度秋田城跡發掘調査槪報』, 63~64쪽.

79 伊藤武士, 「秋田城の內と外 -最北の古代城柵とその周邊」, 小林昌一·小嶋芳孝, 『日本海域歷史大系 第1卷 古代編 I』, 清文堂出版, 2006, 258~259쪽.

80 "俗所貴者 曰太白山之菟 南海之昆布 柵城之豉 扶餘之鹿 鄚頡之豕..."(『新唐書』卷219 列傳144 北狄 渤海傳)

81 구난희, 2017, 156~157쪽.

확인할 수 있는 사료는 꽤 등장한다. 호쿠리쿠(北陸)북륙에 사신 안치를 명하고[82] 객원 설치를 서둘 것을 당부한 사실이[83] 대표적이다. 하지만 정작 노토 객원의 구체적인 위치는 확인되지 않는다.

노토라는 이름이지만 노토 일대의 지형지세로 보아 객원 시설이 규모를 갖추어 들어섰을 가능성이 희박하다고 보아 후쿠우라항 근접 지역보다는 지케유적과 게다 신사가 마련된 가가국 내에 객원이 있었을 가능성에 무게가 실리고 있다.[84] 향후 고고 발굴에 기대를 걸 수밖에 없는 노릇이다.

마쓰바라(松原) 객원도 발해사와 관련된 또 하나의 시설로 주목된다. 발해사와 직접적으로 이 객원이 언급된 바는 없으나 몇가지 정황으로 발해사가 이 객관을 이용하였을 것으로 짐작한다. 그와 관련된 유일한 단서는 919년 배구(裵璆)가 일본을 방문하였을 당시 일행 105명이 와카사(若狭)에 도착하였는데 그들을 에치젠(越前)국 마쓰바라(松原)역관으로 옮기게 하였지만 미처 준비가 되지 않아 다이고 천황(醍醐天皇)이 질책한 내용이 있으며[85] 돌아오기 직전에도 이 곳에 머물렀다는 사실이 그를 안내했던 영객사 오에 쵸모우(大江朝綱)가 남긴 이별시에서 확인된다.[86]

그런데 『엔기시키(延喜式)』 잡식(雜式)에서 게히 신궁(氣比神宮)으로 하여금 검교하도록 한다고 명시되어 있으므로 마쓰바라 객원은 일단 쓰루가 일대로 좁혀진다.

쓰루가시교육위원회는 1988년부터 마쓰바라유적에 대한 발굴을 추

---

82 『續日本紀』卷 36 寶龜11年 7月 戊子條.

83 『日本後紀』卷 12 延曆23年 6月 庚午條.

84 淺香年木, 1983,「能登客院考」『北陸の考古學』; 淺香年木,「古代の能登國氣多神社と その緣起」, 羽咋市敎育委員會, 1980,『寺家遺跡發掘調査報告 2』.

85 『扶桑略記』延喜19年 11月 18日條, 21日條 및 25日條.

86 大江朝綱,「奉和裵使主到松原後讀予鴻臚南門臨別口号追見答和之什」,『扶桑集』卷7.

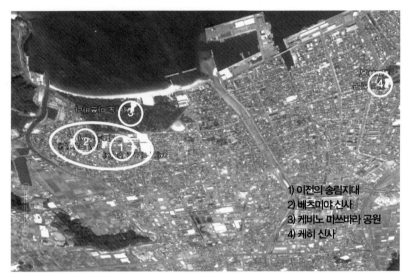

1) 이전의 송림지대
2) 베츠미야 신사
3) 케비노 마쓰바라 공원
4) 케히 신사

〈그림 13〉 쓰루가 일대의 지형과 유적 분포 현황

진하였다. 마쓰바라유적으로 지칭되는 곳은 비교적 넓은데 현재의 게히
(氣比)노 마쓰바라 공원의 남측 일대(〈그림 13〉의 항공사진 중 타원 표시 부분)를
가르킨다. 이 지역은 자연적 조건상 해안사구가 형성되어 왔기 때문에
8~9세기의 해안선은 현재보다 남측 안으로 형성되었다고 보기 때문이다.

특히 구시카와(櫛川)구 일대는 소나무 숲을 이루고 있었으나 제국침
략기 때 솔기름(松油)의 채취를 위해 대대적인 벌채가 이루어져 훼손되
어 현재는 일부 지역만 남았다. 전후 이 곳은 과수 재배 지역으로 이용
되었다가 현재에는 주택가가 되었다.[87] 그러나 도시가 개발되면서 여러
곳에서 토기나 동전 등이 출토되자 비로소 매장문화재에 대한 인식이
형성되었고, 1984년에 와서야 지역 연구단체나 향토사가들이 본격적으

---

87 敦賀教育委員會, 1988, 『松原遺跡敦賀市埋藏文化財調査報告 1』, 敦賀市教育委員會,
    2~3쪽.

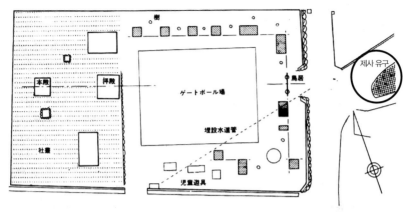

<그림 14> 베쓰미야 신사 앞 제사 유구(敦賀敎育委員會, 1989, 16쪽).

로 발굴의 필요성을 제기하였다.

이에 1988년 발굴이 시작되었다. 발굴을 맡은 쓰루가매장문화재조
사센터는 마쓰바라 객원과 그 인접 지역에 있었을 것으로 추정되는 에
치젠국 소속의 쓰루가 군(敦賀郡)의 군아(軍衙)를 비정하기 위한 단서를
얻으려는 목적으로 구시카와구의 베쓰미야(別宮) 신사 주변을 집중 발
굴하였다. 하지만 목적을 이루지는 못하였고 제사 유적 1곳과 제염 유
구 2곳을 확인할 따름이었다.

제사 유적은 베쓰미야 신사 정면의 주택가 앞 삼각 공터에서 확인되
었으며(〈그림 14〉 중 표시 구역) 고배를 비롯한 쓰에키, 동전, 동령 등 많은 제
사 유물이 수습되었다. 수습 유물로 보아 8세기 후반 9세기대로 추정된
다. '별궁(別宮)'이라는 용어가 게히 신궁의 별궁이라는 의미로 붙여졌
다는 전승을 감안하면 이 곳이 항해나 외부 방문자들의 입국에 따른 분
화의례가 이루어진 지역이었을 가능성이 높다.[88] 베쓰미야 신사 일대

88　敦賀敎育委員會, 1989, 『穴地藏古墳群·松原遺跡敦賀市埋藏文化財調査報告 1』, 敦賀

가 마쓰바라 객원의 검교의 역할을 담당하였을 것으로 추정해볼 만하다. 게다가 주변에 소나무 숲이 무성했다는 사실을 감안하면 이 일대에 마쓰바라 객원이 있었을 것이라는 심증이 굳혀지지만 현재의 성과만으로 결론짓기 어렵다. 현지 연구자들은 지표 관찰의 한계를 지적하고 점차 주택화되고 있는 현실에서 유적의 발굴 보존이 어렵다는 현실을 절감하면서 망라적인 분포 조사를 요청하였으나[89] 지원이 뒤따르지 않고 있다.

4. 맺음말

지금까지 일본의 발해 관련 유적의 발굴조사 성과를 정리하고 그것이 발해사 연구에 미친 공과를 검토하였다. 앞의 내용을 요약하면서 향후 연구 방향에 제안하는 시사점을 짚어보는 것으로 맺음말을 대신하고자 한다.

대륙 침략기 일본의 발해유적 조사에 대한 평가는 공과를 동시에 보아야 하는 아이러니가 있다. 무엇보다 연구의 출발이 남만주철도주식회사의 조사부의 주도하에 문장적무비론을 내세우며 대륙 침략을 정당화하고 준비하기 위한 정치 이데올로기적 성격을 견지하면서 시작되었기 때문에 그 본질을 벗어날 수 없었다. 그럼에도 초기 모습을 기록하였다는 사실은 매우 귀중한 의미를 갖는다. 단적인 예로 중국은 2000년대에 접어들어 발해 주요 도성에 대한 최신의 보고서를 공간하고 있는데 이 보고서 내의 주요 도면은 한결같이 일본이 생산한 도면을 인용하고 있

市教育委員會, 183쪽.
89 敦賀教育委員會, 1988, 19쪽.

다는 점은 원형에 근접한 자료의 중요성을 반증하고 있다.

이런 이유로 이 연구는 가급적 매 시기를 구분지어 특성화하기보다는 각 시대의 성과를 전후 시기의 맥락과 연결하여 파악해 보고자 하였다. 남만주철도주식회사의 조사부가 폐쇄되면서 발해 연구는 다소 소강 상태로 접어드는듯 했지만 전 시기에 촉발된 발해사에 대한 관심이 개인별 답사나 연구로 지속되고 있었다. 만선철도조사부의 창설을 이끈 시라토리 구라키치을 시작으로 도리야마 기이치, 도리이 류조 등은 이미 이 시기부터 상경성을 주목하고 수차 답사하였으며 도리야마 기이치는 서고성과 팔련성 일대도 조사하였다. 짧은 기한의 발굴조사에도 불구하고 상경성, 서고성, 팔련성에 대한 조사보고서가 공간된 데는 이 시기의 성과가 기초적 배경에 있었음을 고려할 필요가 있다.

1926년 동아고고학회의 설립, 1932년 만주국 건국을 배경으로 발해유적 조사는 다시금 활기를 띠게 되었고 특히 1933~1934년에 진행된 상경성 발굴조사는 발해유적 조사의 새로운 국면을 형성한 것이라는 점은 부인할 수 없다. 그 공이 다분히 포노소프가 행한 사전 성과를 토대로 하였다는 지적도 있지만 동경성 보고서의 전후를 살펴보면 도리야마 기이치의 사전 작업으로부터 영향을 받았을 정황을 함께 지적하였다. 예컨대 오봉루를 제1궁전지로 설정한 것은 이 발굴조사의 오점이라기보다는 1926년 도리야마 기이치의 조사에서 판단한 견해가 그대로 반영된 대표적인 사례다.

그렇다면 1930년대와 1940년에 전개된 발굴조사 작업 역시 전후의 발해사 연구에 직간접적으로 녹아들고 일정한 영향을 미쳤을 것이나 미처 이 부분까지 다루지 못하였다. 추후 과제로 제안하고 싶다.

더불어 초기 탐사자의 직관적 해석이 분절적으로 제시되고 있는 지점도 간취할 필요가 있다. 예컨대『北滿の二大古都址』에서 도리야마 기이치가 상경에서 수습한 와편의 포흔이 고구려 문화를 수용한 것으로

강조하는 등의 사례를 면밀하게 읽어내야 할 것이다. 이러한 단면들은 최근 변개되고 있는 발해유적에 대해 원형을 복원할 수 있는 대안적 근거가 될 수 있는 귀중한 지점이 아닐 수 없다. 전체의 연구 경향을 다룬 이 연구의 특성상 이러한 부분을 미세하게 다룰 수는 없었기에 향후 이 시기의 개별 논저를 면밀하게 읽고 최근 중국 학계가 발표한 보고서를 교차 분석하는 후속 연구가 필요하다.

다음으로 1980년 이후 일본 내에서 이루어진 발해 관련 유적 발굴 현황은 크게 하쿠이의 지케유적, 가나자와 일대 등 항만 유적군과 아키타성 동문지 외곽 유적, 가나자와 일대 및 쓰루가 일대의 편처유적군으로 구분하여 정리하였다.

일본 학계의 성과가 한국 학계에 거의 알려지지 않았으므로 이해를 도울 수 있는 시각자료도 함께 소개하였다. 무엇보다 동해 연안의 지방 관아에서 수세식 화장실, 대형 누각이나 창고 시설 등이 마련되었다는 사실은 발해사에 대한 예우가 각별하였고 발해와의 교류가 일본 사회에 미친 영향이 지대하였음을 보여주는 주요 단서가 된다는 점을 주목할 필요가 있다.

하지만 이에 대한 일본 학계의 논의와 평가는 소극적이다 못해 인색하다. 이러한 이면에 내재한 연구 환경과 원인을 들여다 볼 필요가 있다. 먼저 일본 내 발굴 성과의 최대 약점은 발해와의 관련성을 직접적으로 말해주는 결정적 단서를 갖지 못한다는 점이다. 게다가 일련의 성과는 발해와의 교류를 복원하려는 데 목적이 있었다기보다는 율령 국가의 면모와 동아시아 속 고대 일본을 복원하려는 일본사 내적 동기로부터 전개되었다. 따라서 발해와의 교류를 특성화하여 발산시키기보다는 율령국가의 대륙과의 교류라는 일반화의 한 단면으로 수렴하고 있어 하나의 연구 분야로 자리매김하지 못하고 있는 것이다. 발해와의 관련성을 읽어낼 수 있는 접점을 모색하고 발굴 성과를 발해와 일본의 교류

연구의 한 분야로 자리매김할 필요가 있다.

　궁극적으로 일본의 발해 관련 발굴조사는 서로 다른 성격임에도 불구하고 일본의 내재적 요구에 의해 발해를 타자화하고 대상화하고 있다는 점에서 서로 닮았다. 또한 두 분야의 연구는 중국이 거의 독점하다시피 전개되고 있는 발해유적 발굴과 해석의 지형에 대한 새로운 출로를 마련해 줄 수 있는 연구 분야라는 의미도 함께 지니고 있다. 후자의 장점을 살리면서 전자의 논의를 해체할 수 있는 심화된 후속 연구가 필요한 시점이다.

| 참고문헌 |

〈사료〉

『續日本紀』,『日本後紀』,『扶桑略記』,『類聚三代格』,『扶桑集』

〈단행본〉

구난희, 2017,『발해와 일본의 교류』, 한국학중앙연구원.

菊池俊彦 編, 2010,『北東アジアの歴史と文化』, 北海道大學出版會.

고구려연구회, 1999,『발해건국』1300주년(698~1998), 학연문화사.

南滿洲鐵道株式會社, 1912,『滿洲歷史地理』第1卷, 丸善株式會社.

大林太良 編, 1985,『海をこえての交流』, 中央公論社.

도리야마 기이치·후지타 료사쿠 지음, 2017, 김진광 옮김,『일제강점기 간도 발해
　　　　유적 조사』, 한국학중앙연구원출판부.

도리이 류조 지음·최석영 역주, 2007,『인류학자와 일본의 식민지 통치: 도리이
　　　　류조의 시베리아·북만주·사할린 조사 일기』, 서경문화사.

稻葉岩吉, 1937,『稻葉博士還曆記念 滿鮮史論叢』, 刀江書院.

敦賀敎育委員會, 1988,『松原遺跡敦賀市埋藏文化財調査報告 1』, 敦賀市敎育委
　　　　員會.

　　　　　　　　, 敦賀敎育委員會, 1989,『穴地藏古墳群·松原遺跡敦賀市埋藏文
　　　　化財調査報告 2』, 敦賀市敎育委員會.

東京帝國大學文科大學 編, 1915,『滿鮮地理歷史硏究報告』東京帝國大學文科大學.

東亞考古學會, 1939,『東京城 渤海國上京龍泉府址の發掘調査』, 東方考古學叢刊
　　　　甲種第5冊.

滿洲古蹟古物名勝天然紀念物保存協會, 1943,『東京城:滿洲古蹟古物名勝天然紀
　　　　念物保存協會誌 第六輯』.

半拉城址刊行會, 1978,『半拉城と他の事蹟』, 眞陽社.

本間嘉晴 外, 1983,『馬場遺跡』, 相川町敎育委員會.

石母田正, 1971 ,『日本の古代國家』, 岩波書店.

石川縣埋藏文化財センタ-, 2000,『石川縣埋藏文化財情報 3』.

小林昌一·小嶋芳孝, 2006,『日本海域歷史大系 第1卷 古代編 I 』, 淸文堂出版.

小池信美 編, 1907,『叡山講演輯』, 大阪朝日新聞社.

新妻利久, 1951,「渤海國使に對する海路法規の硏究」,『國史學』56.

_____, 1969,『渤海國史及び日本との國交史の硏究』, 東京電機大學出版局.

外務省記錄局 編 1884,『外交志稿』, 外務省.

羽市敎育委員會, 1980,『寺家遺跡發掘調査報告 2』, 羽市敎育委員會.

_____, 2010,『寺家遺跡 發掘調査報告書 總括編』, 羽市敎育委員會.

伊藤武士, 2006,『秋田城跡』, 同成社.

林泰輔, 1912,『朝鮮通史』, 富山房.

田村晃一, 2004,『渤海都城の考古學的硏究 -平成14·15年度科學硏究費補助金(基礎硏究(C) 硏究成果報告書』.

劑藤甚兵衛, 1942,『牛拉城 -渤海の遺蹟調査-』, 琿春縣公署, 5~6쪽.

鳥居龍藏, 1922,『北滿洲及び東部西伯利亞調査報告(朝鮮總督府故跡調査特別報告 第2冊』.

_____, 1928,『滿蒙の探査』, 萬里閣書房.

_____, 1976,『鳥居龍藏全集 第8卷』. 朝日新聞社.

鳥山喜一, 1915,『渤海史考』奉公叢書第三編, 奉公會.

_____, 1935,「渤海の上京龍泉府に就いて」,『滿鮮文化史觀』, 力江書院.

_____, 1968,『渤海史上の諸問題』, 風間書房.

_____, 1980,『渤海史考』, 原書房.

鳥山喜一·藤田亮策, 1942,『間島省古蹟調査報告:滿洲國古蹟古物調査報告 第三編』, 滿洲帝國民生部..

鳥山喜一 著·船木勝馬 編, 1968,『渤海史上の諸問題』, 風間書房.

酒寄雅志, 2001,『渤海と古代の日本』, 校倉書房.

秋田城を語る賭友の會, 1994,『秋田城跡 -平成六年度秋田城跡發掘調査槪報』.

秋田市遺跡保存會·秋田城跡發掘調査事務所, 1990,『秋田城跡 -平成二年度秋田

城跡發掘調査概報』.

하라타 요시토 저·김진광, 2014,『동경성 동경성발굴보고』, 박문사.

〈논문〉

강인욱, 2014,「V.V.포노소프의 발해 상경성 발굴과 동아고고학회」,『고구려발해
　　　연구』 48.

구난희, 2013,「발해와 일본의 교류 항로 변화에 관한 연구」,『역사교육』 126.

양시은, 2010,「일제강점기 고구려 발해 유적조사와 그 의미: 서울대학교 박물관
　　　소장품을 중심으로」,『고구려발해연구』 38.

윤재운, 2010,「일본소재 발해 유적·유물의 종합적 검토」,『한국사학보』 41.

한규철, 1992,「고려에서 독립운동기까지의 발해사 인식」,『역사비평』 18호.

古畑徹, 1998,「後期新羅·渤海の統合意識と境域觀」,『朝鮮史研究會論文集』 36.

駒井和愛, 1960,「渤海東京龍原府宮城址考」,『慶祝董作賓先生六十五歲論文集』.

鬼頭淸明, 1992,「王畿論-中國·朝鮮·日本」,『アジアのなかの日本史 Ⅲ』, 東京大
　　　學出版會.

吉林省文物考古硏究所, 2016,「吉林省圖們磨盤村山城遺址」,『考古中國』.

那珂通世, 1906,「古の滿洲」,『地學雜誌』 205·206.

鈴木靖民, 1969,「日本と渤海の外交」,『セミナ―日朝關係史 1』, 櫻楓社.

浜田耕策, 1998,「大欽茂(文王)時代渤海의 歷史的 性格」,『高句麗硏究』 6.

上田正昭, 1992,「古代日本と渤海」,『謎の王國·渤海』, 角川書店.

西嶋定生, 1966,「6-8世紀の東アジア」,『岩波講座 日本歷史 古代2』, 岩波書店.

石井正敏, 1970,「大宰府の外交面における機能―奈良時代について―」,『法政史
　　　學』 22.

小嶋芳孝, 1998,「일본 국내의 발해 관련 자료」,『고구려연구』 6.

＿＿＿＿, 2008,「加賀(金澤市)における渤海使來着地の考古學的檢討」,『石川考古
　　　學硏究會會誌』 第51號 別冊.

松井等, 1912,「渤海國の疆域」, 南滿洲鐵道株式會社,『滿洲歷史地理』 第1卷.

松井章, 1994,「SB1351 便所遺構について」, 秋田城を語る友の會,『秋田城跡 -平

成六年度秋田城跡發掘調査槪報』.

松好貞夫, 1968,「渤海との交渉についての一考察」,『流通濟論集』3-3.

狩野聖子, 2000,「近代日本の渤海史研究の歷史」, 上越教育大學社會科教育學會, 『上越社會研究』15.

神田和彦, 2014,「古代城柵秋田城における交流の實態」, 第29回 國民文化際 秋田市實行委員會,『シンポジウム‘古代秋田に集まった人’-古代交流の結節点·秋田-』.

越智重明, 1995,「華夷思想の形成と展開」,『比較文化年報』3.

李成市, 1991,「八世紀新羅·渤海關係の-視角―新唐書新羅長人記事の再檢討―」 『國學院雜誌』92-4.

齋藤優, 1950,「間島省海蘭平野の渤海遺跡」,『考古學雜誌』40-1.

田裕樹, 2014,「都·畿內と秋田の交流」,『シンポジウム‘古代秋田に集まった人’- 古代交流の結節点·秋田-』.

鳥居龍藏, 1912,「咸鏡南北道及び東間島旅行談」,『東洋時報』168·169·170.

鳥山喜一, 1943,「東京城寺址調查略報告」,『東京城 滿洲古蹟古物名勝天然記念物保存協會誌』6.

_____, 1944,「渤海中京考」,『考古學雜誌』34-1.

酒寄雅志, 1993,「華夷思想の諸相」,『アジアのなかの日本史 Ⅴ』, 東京大學校出版會.

早乙女雅博, 1993,「渤海の都城--東京城の調査」,『年報都市史研究』13.

趙虹光, 1988,「渤海上京龍泉府城址調查發掘工作的回顧」,『北方文物』1988-2.

池內宏, 1914,「渤海の建國者について」,『東洋學報』5-1.

淺香年木, 1983,「能登客院考」,『北陸の考古學』.

坂詰秀一, 1994,「日本考古學史拾遺:東亞考古學會·東方考古學協會と日本古代文化學會」,『立正大學文學部論叢』99.

러시아 연해주 지역의
발해유적 발굴조사 현황과 과제

정석배 한국전통문화대학교 융합고고학과 교수

1. 머리말

최근의 연구 성과에 따라 연해주 지역은 전체가 발해의 영역에 포함
되었다.[1] 때문에 이 지역의 발해 시기 유적은 모두 발해유적으로 간주
할 수 있다. 하지만 오늘날 러시아의 발해 전공 고고학자들은 대부분 연
해주에서 발해의 영역이 "북쪽은 한까호를 따라, 동북쪽은 우수리강의
상류와 중류 지역의 시호테-알린 산맥을 따라 나있었고, 동쪽에는 피터
대제만 지역에서 동해로 이어진다"라고 생각한다.[2] 연해주의 동남부 지
역은 스몰노예문화 영역으로,[3] 연해주의 북부 지역은 뽀끄로브까문화
영역으로 각각 파악하고 있는 것이다.[4] 또한 여기에 더하여 발해 시기의
'말갈유적'들도 구분되고 있다.[5] 다시 말해서 러시아 연해주 지역의 발

---

1 정석배, 2016, 「발해의 북방경계에 대한 일고찰」, 『고구려발해연구』 제54집.

2 Гельман Е.И., 2005b, Взаимодействие центра и периферии в Бохае (на примере некоторых
   аспектов материальной культуры) // Российский Дальний Восток в древности и средневековье.
   Открытия, проблемы, гипотезы. Владивосток. (겔만 E.I., 2005b, 「발해에서 중앙과 지방
   의 상호작용-(몇몇 물질문화의 예를 통해」, 『고대와 중세의 러시아 극동 – 발견들, 문
   제들, 가설들』, 블라디보스토크, 478쪽.); 겔만 E.I.·정석배 옮김, 2010, 「러시아 연해
   주 발해유적 발굴의 결과와 의의」, 『고구려발해연구』 제38집, 257쪽, 도면 2.

3 Шавкунов В.Э., 2015, Памятники смольнинской культуры Приморья (по материалам раскопок
   городищ Смольнинское и Шайга-Редут) // Азиатско-тихоокеанский регион: археология,
   этнография, история, Выпуск 4, Владивосток. (샤브꾸노프 V.E., 2015, 「연해주의 스몰이
   노문화 유적들(스몰노예 성과 사이가-레두뜨성 발굴 자료를 통해)」, 『아시아-태평양
   지역: 고고학, 민족지학, 역사학』 제4호, 블라디보스토크.)

4 Васильев Ю.М., 2005, Покровская культура Приамурья (IX-XIII вв. н.э.) // Российский Дальний
   Восток в древности и средневековье. Открытия, проблемы, гипотезы. Владивосток. (바실리예
   프 Yu.V., 2005, 「아무르 유역의 뽀끄로브까문화(9~13세기)」, 『고대와 중세의 러시아
   극동-발견들, 문제들, 가설들』, 블라디보스토크.)

5 Пискарева Я.Е., 2014, К вопросу о хронологии мохэских памятников Приморья //
   Мультидисциплинарные исследования в археологии, Владивосток. (삐스까료바 Ya.E.,

해 시기 문화 양상은 대단히 복잡하였음을 알 수 있다.

이와 관련하여 2011년도에 연해주 지역의 발해 시기 유적의 수는 발해유적, 발해 시기 말갈유적, 말갈 문화유적, 포크로브카 문화유적 등을 모두 포함하여 315개소로 집계된 바 있다.[6] 그중에서 발해유적으로 보고된 것은 174개소, 말갈-발해유적으로 보고된 것은 91개소이다. 말갈-발해유적은 발해유적이기도 하기 때문에 전체적으로 2011년 당시 265개소 유적이 발해유적으로 파악되었음을 알 수 있다.

스몰노예문화는 처음에는 11~12세기로, 다음에는 10세기 초~11세기 말까지로 파악되었다가,[7] 최근에는 그 동안 축적된 자료의 분석을 통해 새로이 8~11세기로 편년되었다.[8] 하지만 이 문화의 대표적인 스몰노예 1성에서 발해의 특징적인 구들 주거지가 조사되었고, 또 이 문화의 대표적인 유물인 격자타날이 된 토기는 크라스키노성과 고르바뜨까성 등 발해유적에서도 출토되고 있어, 실제 이 문화는 발해의 지방문화로 파악하는 것이 가능하다. 뽀끄로브까문화 역시 서기 10세기 초까지의 유적들은 발해의 한 지방문화였을 가능성이 매우 높다.

따라서 이 글에서는 대부분의 학자들이 인정하는 발해유적, 다시 말해서 '본원적인' 발해유적뿐만 아니라 러시아 내에서 '스몰노예문화' 유적, '말갈문화' 유적, 혹은 '뽀끄로브까문화' 유적 등으로 불리고는 있지만 발해 시기로 편년되는 유적들에 대해서도 함께 검토하기로 한다. 다

2014, 「연해주 말갈 유적들의 편년에 대한 문제」, 『고고학에서의 융합연구』, 블라디보스토크).

6 정석배, 2011, 「연해주 발해 시기의 유적 분포와 발해의 동북 지역 영역문제」, 『고구려발해연구』 제40집, 121쪽.

7 Шавкунов В.Э., 2007, О датировке Смольнинского городища // Россия и АТР, № 1, Владивосток, 66쪽. (샤브꾸노프 V.E., 2007, 「스몰노예 성의 연대에 대해」, 『러시아와 아시아-태평양 지역』, № 1, 블라디보스토크.)

8 Шавкунов В.Э., 2015 참조. (샤브꾸노프 V.E., 2015 참조.)

만 발해 시기에 속하는 '스몰노예문화', '말갈문화', 그리고 '뽀끄로브까 문화'의 유적들에 대해서는 아직 자료의 한계로 인해 매우 제한된 유적들에 대해서만 소개를 한다. 한편 과거 발해유적으로 파악이 된 적은 있지만 발굴조사를 통해 여진-금대 유적으로 확인된 유적들은 이 글에서 제외한다.

지금까지 연해주 지역에서 발굴된 발해의 유적을 보면 다음과 같다〈도면 1〉.

1. 성터 19개소 - 크라스키노성, 고르바뜨까성, 니꼴라예브까성, 니꼴라예브까2성, 스따로레첸스꼬예성, 마리야노브까성, 오끄라인까성, 스쪼끌랴누하성, 스몰노예1성, 꼭샤로브까성, 지기또브까성, 끄라스노예 오제로성, 시넬니꼬보1산성, 노보고르제예브까(끄루글라야 소쁘까산성, 루다노브까산성, 이즈베스뜨꼬바야 소쁘까산성, 끄라스나야 소쁘까2산성, 아우로브까산성, 니꼴라예브까성.

2. 주거유적 8개소 - 체르냐찌노2, 꼰스딴찌노브까1, 아브리꼬스, 꼬르사꼬브까1, 우쪼스노예4, 끄루글라야 돌리나, 시니예 스깔르이, 노보고르제예브까

3. 절터 6개소 - 아브리꼬스 절터, 꼬쁘이또 절터, 보리소브까 절터, 꼬르사꼬브까 절터, 크라스키노 절터(크라스키노성 내에 위치), 바라바쉬3 건축지(절터).

4. 건축유적 1개소 - 꼭샤로브까8.

5. 고분군 4개소 - 체르냐찌노5, 크라스키노2, 로쉬노4, 모나스뜨이르까3.

6. 동굴유적 1개소 - 포시엣 그로뜨

이 중에서 꼭샤로브까1성과 아우로브까산성, 그리고 꼭샤로브까8 건축유적은 발해의 말기부터 발해 멸망 이후까지의 시기로 혹은 발해 멸망 이후의 시기로 여겨지고 있다. 스몰노예1성은 스몰노예문화

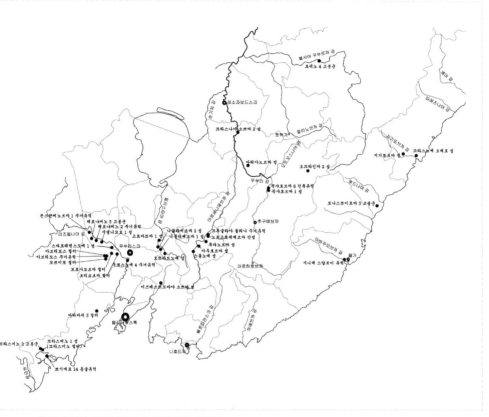

〈도면 1〉 연해주 지역 발굴조사 발해유적들 위치도

에, 로쉬노4 고분군은 뽀끄로브까문화에 각각 속하는 것으로 보고되었고, 지기또브까성과 끄라스노예 오제로성은 연해주의 동북 해안 지역에 위치하며 학자들에 따라 발해유적으로 간주하기도 하고 그렇기 않기도 한다. 하지만 필자의 생각에는 이 유적들 모두 발해유적으로 판단이 가능하다.

이 글에는 문서보관소 자료들이 참고문헌으로 제시된 것이 많이 있는데, 직접 확인한 것들도 있지만 다른 논저에서 재인용한 것도 있음을 밝힌다. 문서보관소 자료는 지표-발굴조사 결과에 대한 1차 보고서 자료이다. 향후 해당 유적에 대한 보다 자세한 연구를 할 경우 열람이 필요하기 때문에 자료 소개라는 측면에서 인용하였다.

2. 러시아 연해주 지역의 발해유적 발굴조사 현황

1) 성터

(1) 크라스키노성

연해주의 최남단 하산지구의 크라스키노 마을에서 남서쪽으로 약 2km 거리에 위치한다. 서쪽의 훈춘 팔련성과는 약 41km, 남쪽의 두만강과는 약 21km, 두만강 하구와는 약 45km 떨어져 있다. 유적의 남쪽으로는 엑스뻬지찌야 만이 위치하는데 해안선과의 거리는 약 700m 이다. 이 성은 발해 동경용원부 염주의 치소, 다시 말해서 염주성이었을 것으로 판단된다. 평면상 장방-오각형에 가깝고, 성벽의 전체 둘레길이는 1,380m이다. 동문지, 서문지, 남문지 3개의 문지가 있는데 모두 옹성이 시설되어 있다. 동문지 남쪽 가까이에서는 치가 한 개 조사된 바 있다〈도면 2〉.

크라스키노 성터는 1870년에 빨라지 까파로프가 제정러시아지질학협회에 보내는 서신에서 처음으로 확인되지만, 이 성터의 발굴조사는 V.I. 볼딘이 1980년부터 시작하였다.[9] 그 이후로 1981년,[10] 1983년[11]에

---

9 Болдин В.И., 1980 Отчет об археологических исследованиях на Краскинском городище в Приморском крае в 1980 году // Архив ИА РАН. (볼딘 V.I., 1980, 『1980년 연해주 크라스키노 성터 고고학조사 보고서』, 러시아과학원 고고학연구소 문서보관소.)

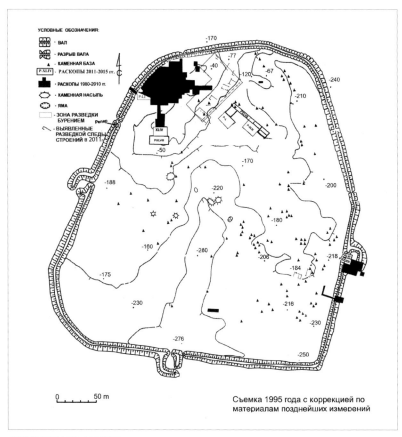

의 범례:
УСЛОВНЫЕ ОБОЗНАЧЕНИЯ:
· ВАЛ
· РАЗРЫВ ВАЛА
· КАМЕННАЯ БАЗА
P-XLIV · РАСКОПЫ 2011-2015 гг.
· РАСКОПЫ 1980-2010 гг.
· КАМЕННАЯ НАСЫПЬ
· ЯМА
· ЗОНА РАЗВЕДКИ БУРЕНИЕМ
· ВЫЯВЛЕННЫЕ РАЗВЕДКОЙ СЛЕДЫ СТРОЕНИЙ В 2011

0 ___ 50 m

Съемка 1995 года с коррекцией по материалам позднейших измерений

〈도면 2〉 크라스키노성 평면도

조사가 이루어졌다가 약간의 공백기를 지나 1990년에 다시 발굴조사를 하였으며,[12] 1993년부터는 지금까지 거의 매년 발굴조사가 실시되

---

10 Болдин В.И., 1981, Отчет об археологических исследованиях на Краскинском городище в Приморском крае в 1981 году // Архив ИА РАН. (볼딘 V.I., 1981, 『1981년 연해주 크라스키노 성터 고고학조사 보고서』, 러시아과학원 고고학연구소 문서보관소.)

11 Болдин В.И., 1983, Отчет об археологических исследованиях на Краскинском городище в Приморском крае в 1983 году // Архив ИА РАН. (볼딘 V.I., 1983, 『1983년 연해주 크라스키노 성터 고고학조사 보고서』, 러시아과학원 고고학연구소 문서보관소.)

어 왔다.[13] 그 중에서 1994년에는 대륙연구소,[14] 1998년에는 한국미술

12 Болдин В.И., 1990, Отчет об археологических исследованиях на Краскинском городище в Приморском крае в 1990 году // Архив ИА РАН. (볼딘 V.I., 1990, 『1990년 연해주 크라스키노 성터 고고학조사 보고서』, 러시아과학원 고고학연구소 문서보관소.)

13 Болдин В.И., Ивлиев А.Л., 1994, Отчет о полевых исследованиях на Краскинском могильнике в Хасанском районе Приморского края в 1993 году. // 러시아 연해주 발해유적, 대륙연구소. (볼딘 V.I., 이블리예프 A.L., 1994, 「1993년도 연해주 하산지구 크라스키노 고분군 야외조사 보고서」, 『러시아 연해주 발해유적』, 대륙연구소.); Болдин В.И., 1994, О результатах полевых исследований на Краскинском городище в Приморском крае в 1994 году // Архив ИА РАН. (볼딘 V.I., 1994, 『1994년 연해주 크라스키노 성터 야외조사 결과에 대하여』, 러시아과학원 고고학연구소 문서보관소.); Болдин В.И., 1995, О результатах полевых исследований на Краскинском городище в Приморском крае в 1995 году // Архив ИА РАН. (볼딘 V.I., 1995, 『1995년 연해주 크라스키노 성터 야외조사 결과에 대하여』, 러시아과학원 고고학연구소 문서보관소.); Болдин В.И., 1996, О результатах полевых исследований на Краскинском городище в Приморском крае в 1996 году // Архив ИА РАН. (볼딘 V.I., 1996, 『1996년 연해주 크라스키노 성터 야외조사 결과에 대하여』, 러시아과학원 고고학연구소 문서보관소.); Болдин В.И., 1997a, О результатах полевых исследований на Краскинском городище, городище Синельниково 1 и в Анучинском районе Приморского края в 1997 году // Архив ИА РАН. (볼딘 V.I., 1997a, 『1997년 연해주 크라스키노 성터, 씨넬니꼬보1 성터, 아누치노 구역의 야외조사 결과에 대하여』, 러시아과학원 고고학연구소 문서보관소.); Болдин В.И., 1998, О результатах полевых исследований на Краскинском городище и городище Синельниково 1 в Приморье в 1998 году // Архив ИА РАН. (볼딘 V.I., 1998, 『1998년 연해주 크라스키노 성터 및 씨넬니꼬보1 성터 야외조사 결과에 대하여』, 러시아과학원 고고학연구소 문서보관소.); Болдин В.И., Ивлиев А.Л., Никитин Ю.Г., Гельман Е.И., 2004, Результаты археологических исследований на Краскинском городище в Приморском крае России в 1998 году. // 문명대 이남석 · V.I.Boldin 외, 『러시아 연해주 크라스키노 발해 사원지 발굴 보고서』, 고구려연구재단. (볼딘 V.I., 이블리예프 A.L., 니끼친 Yu.G., 겔만 E.I., 2004, 「1998년도 러시아 연해주 크라스키노성 고고학조사 결과들」, 『러시아 연해주 크라스키노 발해 사원지 발굴 보고서』, 고구려연구재단.); Болдин В.И. О результатах полевых исследований на городищах Краскинское и Синельниково 1 в Приморском крае в 1999 году // Архив ИА и архив Института истории, археологии и этнографии народов Дальнего Востока ДВО РАН. Ф. 1, оп 2, дело № 348. (볼딘 V.I., 『1999년 연해주 크라스키노 성터 및 씨넬니꼬보1 성터 야외조사 결과에 대하여』, 러시아과학원 극동지소 역사고고학 민족학연구소 문서보관소.); Болдин В.И., 2000b, О результатах полевых исследований на Краскинском и Новогордеевском городище в Приморском крае в 2000 году // Архив ИА РАН. (볼딘 V.I., 2000b, 『2000년 연해주 크라스키노 성터 및 노보가르제예브까 성터 야외조사 결과에 대하여』, 러시아과학원 고고학연구소 문서보관소, 폰드1, 오삐시2, 젤로348.);

사연구소,[15] 2001년과 2002년에는 고구려연구회,[16] 2004~2006년까지는 고구려연구재단과,[17] 2007년부터는 동북아역사재단과 각각 공동 발굴조사를 실시하였다.[18] 또한 1998년부터 간헐적으로 일본과 공동으로

Болдин В.И., 2002, Отчет о результатах полевых исследований на Краскинском городище в Приморском крае в 2002 году // Архив ИА и архив Института истории, археологии и этнографии народов Дальнего Востока ДВО РАН. Ф. 1, оп 2, дело № 457. (볼딘 V.I., 2002, 『2002년 연해주 크라스키노 성터 야외조사 결과에 대하여』, 러시아과학원 고고학연구소 문서보관소 및 러시아과학원 극동지소 역사학고고학민족학연구소 문서보관소 폰드 1. 오삐씨 2. 젤로 457.); Болдин В.И. Археологические исследования на Краскинское городище в 2004 году. // 2004년도 러시아 연해주 발해 유적 발굴 보고서, 고구려연구재단, 2005. (볼딘 V.I., 2005, 「2004년도 크라스키노성 고고학 조사」, 『2004년도 러시아 연해주 발해 유적 발굴 보고서』, 고구려연구재단.)

14 문명대·이남석·V.I.Boldin 외, 2004, 『러시아 연해주 크라스키노 발해 사원지 발굴 보고서』, 고구려연구재단.

15 문명대·이남석·V.I.Boldin 외, 2004 참조.

16 Болдин В.И., Ивлиев А.Л., Гельман Е.И., Лещенко Н.В., 2001, Раскопки в районе храмового комплексв Краскинского городища в 2001 году. Институт истории, археологии и этнографии народов Дальнего Востока ДВО РАН (Владивосток, Российская Федерация)–Институт исследования Когурё (Сеул, Республика Корея). (볼딘 V.I., 이블리예프 A.L., 겔만 E.I., 레쉔꼬 N.V., 2001, 『2001년 크라스키노 성터 사역 발굴조사』, 러시아과학원 극동지소 역사학고고학민족학연구소(블라디보스토크, 러시아연방)–고구려연구회(서울, 대한민국); Болдин В.И., Гельман Е.И., Ивлиев А.Л., Раскопки в районе храмового комплексв Краскинского городища в 2002 году. Институт истории, археологии и этнографии народов Дальнего Востока ДВО РАН (Владивосток, Российская Федерация)
Институт исследования Когурё (Сеул, Республика Корея). (볼딘 V.I., 겔만 E.I., 이블리예프 A.L., 2002, 『2002년 크라스키노 성터 사역 발굴조사』, 러시아과학원 극동지소 역사학고고학민족학연구소(블라디보스토크, 러시아연방)–고구려연구회(서울, 대한민국))

17 고구려연구재단, 2005, 『2004년도 러시아 연해주 발해 유적 발굴 보고서』; 고구려연구재단, 2006, 『2005년도 러시아 연해주 발해 유적 발굴 보고서』; 동북아역사재단·러시아과학원 극동분소 역사고고민속학연구소, 2007, 『2006년도 연해주 크라스키노 발해성 한·러 공동 발굴보고서』.

18 동북아역사재단·러시아과학원 극동분소 역사고고민속학연구소, 2008, 『2007 러시아 연해주 크라스키노 발해성 발굴보고서』; 동북아역사재단·러시아과학원 극동분소 역사고고민속학연구소, 2010, 『2008년도 연해주 크라스키노 발해성 한·러 공동 발굴보고서』; 동북아역사재단·러시아과학원 극동분소 역사고고민속학연구소, 2011a, 『2009년도 연해주 크라스키노 발해성 한·러 공동 발굴보고서』; 동북아역사

성벽에 대한 발굴조사가 실시되고 있다.

이 유적에 대한 발굴조사는 성의 북서부 지역에 집중되어 왔으며, 2011년부터는 성의 북쪽 가운데 부분에 대한 발굴조사도 병행되고 있다. 또한 일본 조사단이 동문지 일대를 조사된 바 있다.[19]

성벽은 속을 흙으로 다짐하여 채우고 양쪽 겉은 석축을 한 토심석축 성벽이다. 성벽 단면조사는 1996~1997년에 서벽 북쪽 부분(제14구역)에 대해,[20] 2004년에 동벽 치 부분에 대해[21] 각각 실시된 바 있다. 서벽 북

재단·러시아과학원 극동분소 역사고고민속학연구소, 2011b, 『2010년도 연해주 크라스키노 발해성 한·러 공동 발굴보고서』; 동북아역사재단·러시아과학원 극동분소 역사고고민속학연구소, 2012, 『2011년도 연해주 크라스키노 발해성 한·러 공동 발굴보고서』; 동북아역사재단·러시아과학원 극동분소 역사고고민속학연구소, 2013, 『2012년도 연해주 크라스키노 발해성 한·러 공동 발굴보고서』; 동북아역사재단·러시아과학원 극동지소 역사학고고학민족학연구소, 2014, 『연해주 크라스키노 발해성 2013년도 발굴조사』; 동북아역사재단·러시아과학원 극동지소 역사학고고학민족학연구소, 2015, 『연해주 크라스키노 발해성 2014년도 발굴조사』.

19　田村晃一ほか, 1999, 『古代國家渤海と 日本の交流に關する考古學的調査(科學研究費補助金研究成果報告書)』.
　　田村晃一ほか, 2001, 『「日本道」關連渤海遺跡の考古學的調査(平成11·12年度科學研究費補助金 (基盤研究 (B) (2)) 研究成果報告書)』.
　　田村晃一ほか, 2001, 「2001年度 ロシア·クラスキノ土城發掘槪要報告」, 『青山史學』第20号; クラスキノ土城發掘調査団, 2003, 「2002年度 ロシア·クラスキノ土城發掘調査槪要報告」, 『青山史學』; クラスキノ土城發掘調査団, 2004, 「2003年度 ロシア·クラスキノ土城發掘調査槪要報告」, 『青山史學』第22号; クラスキノ土城發掘調査団, 2005, 「2004年度 ロシア·クラスキノ土城發掘調査槪要報告」, 『青山史學』第23号.

20　Болдин В.И., 1997b, О результатах полевых исследований на Краскинском городище, городище Синельниково 1 и в Анучинском районе Приморского края в 1997 году // Архив ИИАЭ ДВО РАН. (볼딘 V.I., 1997b, 『1997년 연해주 크라스키노성터, 씨녤니꼬보1성터, 아누치노 구역의 야외조사 결과에 대하여』, 러시아과학원 역사학고고학민족학연구소 문서보관소.)
　　Ивлиев А.Л., Болдин В.И., Никитин Ю.Г., 1998, Новые сведения о фортификации бохайских городищ // Археология и этнология Дальнего Востока и Центаральной Азии, Владивосток. (이블리예프 A.L., 볼딘 V.I., 니끼친 Yu.G., 1998, 「발해 성의 축성에 대한 새로운 정보들」, 『극동과 중부아시아의 고고학과 민족지학』, 블라디보스토크.)

쪽 부분의 성벽 외측 석축은 전체 높이가 약 2.6m, 두께가 1.4~1.8m이며, 외면을 돌로 8~9층 쌓았다. 외측 석축의 내면은 돌을 6~7층으로 쌓았고 높이가 0.9~1m이다. 내측 석축의 내면은 돌을 7층으로 쌓았고, 기단이 있으며, 현존 높이는 1.1~1.2m이다. 내측 석축은 안쪽에만 돌을 쌓았고, 외측 석축과는 2.2m 떨어져 있다. 외측 석축은 내측 석축에 비해 0.4~0.6m가 더 높은데 여장이었을 것으로 추정되었다.

성의 북서쪽 부분은 성 내에서 가장 높은 지역으로서 불교 사역을 중심으로 조사가 이루어졌다. 사역 내에서는 금당지, 전각지 등의 불교 관련 유구가 조사되었고, 그 외 기와 가마, 우물, 기와 벽실유구 등이 함께 확인되었다. 불교 사역은 석축 담장에 의해 구분되었으며, 담장에는 문지가 있었다. 그리고 담장 밖에서는 성의 서문지에서 시작된 돌을 깔은 도로가 이어져 있는 것이 조사되고 있다. 사역의 남쪽 부분에서는 다수의 구들 주거지와 건축유구 등이 조사되었다. 또한 2015년도에는 사역의 남쪽으로 제44구역으로 명명된 곳에서 깊이 2.3m에 이르는 문화층이 조사되어, 시기에 따른 발해 문화층의 변동 양상을 파악할 수 있게 되었다. 또한 이곳에 고구려 문화층도 있을 가능성을 보여 주었다.

불교 사역 내의 금당지 등에 대해서는 아래의 '절터' 부분에서 언급하기로 한다.

우물은 금당지 서쪽으로 성벽의 서벽에 인접하여 위치한다. 먼저 2.9×3m 크기의 구덩이를 파고, 그 다음에는 바닥에 각목을 1×1m 크기의 방형으로 2단 설치하여 기저를 만들고, 그 위로는 돌을 쌓아 만들었다. 우물의 상부는 직경이 1m 이내로서 둥그스름하고, 아래로 내려가면서 방형을 띤다. 우물의 깊이는 2.8m, 우물 벽의 두께는 50~70cm이다. 우

---

21 クラスキノ土城發掘調査團, 2005, 『2004年度 ロシア・クラスキノ土城發掘調査槪要報告』.

물에는 4개의 기둥이 받친 기와로 된 처마가 있었던 것으로 보인다. 우물 내부에서 다량의 기와편(주로 수키와), 20점의 토기, 토제 용머리, 목기(나무 용기), 청동 관식(管飾), 목재 및 목제 유물 편들, 돼지턱뼈, 개암껍질 등이 출토되었다.[22] 토기 중에는 거란토기와 1면 편병도 있는데 거란 및 통일신라와의 교류에 대해 증명한다.

기와벽실 유구는 금당지의 동쪽에 위치한다. 방형의 구덩이를 파고 기와로 벽을 쌓아 만들었다. 평면상 방형이며, 주로 암키와를 수평으로 쌓아 벽을 만들었는데, 벽체 내에서 수키와편, 토기편, 판석, 막새기와 등이 섞여 있었다. 남동벽이 가장 잘 남아 있는데, 길이는 2.75m, 높이는 1~1.2m이고, 대략 23×58=1334개의 기와편이 사용된 것으로 추정되었다. 북동벽도 비교적 잘 남아있는데, 길이는 3m, 높이는 1.2m이며, 내측의 길이는 2.6m이다. 청동 머리핀, 청동 허리띠 선단부, 청동 허리띠 장식판, 청동 방울, 청동 원두형 및 능두형 걸쇠못, 철제의 솥-다리미, 차관, 수레바퀴 비녀못, 저울추, 삽, 낫, 칼, 자물쇠, 조임쇠, 화살촉, 홍옥 구슬, 토제 원숭이상, 토제 연꽃봉우리 장식, 삼채 토기편 등의 유물이 출토되었다.[23]

기와 가마는 모두 10기가 조사되었고 그 외 추정 가마도 2기 확인되었다. 1호 가마는 1980년, 2호와 3호 가마는 1994년, 4호 가마는 1997년, 5~8호 가마 및 9호와 10호 추정 가마는 1998년, 11호와 12호 가마는 2001년에 각각 발굴되었다. 10기의 가마는 벽체가 모두 돌로 만들어졌다. 1호 가마의 경우를 보면 회구부, 아궁이와 연소실, 소성실, 배연구와 굴뚝의 4개 부분으로 이루어져 있고, 가마의 전체 길이는 390cm, 너비는 140~160cm이다. 가마 구덩이의 바닥은 연소실이 있는 북서쪽이 낮

22 Болдин В.И., Ивлиев А.Л., Никитин Ю.Г., Гельман Е.И, 2004, 287~291쪽. (볼딘 V.I., 이블리예프 A.L., 니끼친 Yu.G., 겔만 E.I., 2004, 287~291쪽.)

23 Болдин В.И, 2005 참조. (볼딘 V.I., 2005 참조.)

고 굴뚝이 있는 남동쪽이 높은데 장축상에서 가장 높은 지점과 가장 낮은 지점의 레벨 차이는 55cm이다. 크라스키노성의 가마에 대해서는 국내에서 고찰된 바 있다.[24]

크라스키노성에서는 지금까지 모두 25기의 주거지가 전부 혹은 일부가 조사되었다. 수혈식의 구들이 없는 주거지와 지상식의 구들 주거지가 함께 확인되었다. 불교 사역 남쪽에서 조사된 구들 주거지는 2005년도에 제34구역에서 조사된 1호 주거지가 가장 양호한 보존 상태를 보였다. 이 1호 주거지는 전체 크기가 9×6.4m이며, 구들은 평면상 'ㄷ'자 모양이고, 크기는 동북 길이 6.4m, 서북 길이 5m이다. 고래는 2열이다. 구들의 벽은 돌을 세워 만들었고, 구들 위로는 덮개돌을 덮었다.[25] 그 외에도 이곳에서는 다수의 기단 건물터들과 초석 건물터가 조사되었다. 기단 건물들은 훼손이 심하여 원래의 모습을 찾기가 힘들다. 초석 건물터는 평면 모양이 장방형이며, 장축 방향에 6개씩, 단축 방향에 4개씩 모두 16개의 초석으로 이루어져 있다.[26]

크라스키노성의 북쪽 가운데 부분에서는 돌을 깐 도로가 동서 및 남북 방향으로 조사되어 성 내부가 도로에 의해 정연하게 구획되었음을 보여 주었다. 다만 도로는 교차로 부분이 한 곳에만 조사되어 각 구획의 크기는 아직 알 수 없다. 도로는 동서 약 62m, 남북 약 16m가 노출된 상태이며, 수 개의 층으로 이루어져 있다. 도로는 돌을 깐 폭이 대체로 2m 내외이다. 이곳에서는 그 외에 구들 주거지들과 다수의 저장 구덩이가 조사되었다. 구들 주거지는 19호 주거지가 가장 잘 남아있었는데 크기가 동서 길이 8.5~9m, 남북 너비 6.4m 이상이다. 석축 벽체

24 정석배·볼딘 V.I., 2015, 「발해의 가마(窯)에 대한 일고찰」, 『선사와 고대』 제43호.

25 고구려연구재단, 2006 참조.

26 동북아역사재단, 2007, 『2006년도 러시아 연해주 크라스키노성 발굴 보고서』, 대한민국 동북아역사재단·러시아 극동 역사고고민속학연구소, 52~53쪽.

의 기초부 안에 바로 잇대어 위치하는 2줄 고래의 구들은 평면이 'ㄴ' 자 모양이며, 아궁이는 한쪽 구들 칸과 직교하게 배치되었다. 동쪽의 구들 칸은 길이가 4.6m이며, 너비는 1.4m 내외이다. 고래에서 철제 창 2점이 온전한 상태로 출토되었으며, 주거지의 남서쪽 모서리로 추정되는 곳에서 다듬잇돌이 하나 발견되어 발해 때에 실제로 다듬잇돌이 있었음을 보여 주었다. 저장구덩이에서는 동물의 뼈 등과 함께 편병도 1점이 출토되어 통일신라와의 교류의 일단을 보여 주었다.

크라스키노성에서는 상기 유물들 외에도 다수의 청동제의 띠꾸미개, 거울, 청동 쌍봉낙타상, 각종 장신구, 철제의 솥편, 화살촉, 손칼, 띠꾸미개, 수레 차관과 비녀못, 못, 고리, 홍옥 구슬, 돌 구슬, 다량의 토기 등의 유물이 출토되었다. 사암으로 만든 참고누판과 고누알 혹은 공기놀이알로 추정되는 다량의 놀이알들은 발해 때에도 고누를 두었고 또 공기놀이도 하였음을 보여준다. 청동 쌍봉낙타상은 이 유적에서 발견된 쌍봉낙타의 뼈, 거란 토기, 통일신라의 특징인 편병 등과 함께 크라스키노성이 육로와 해로의 연결거점이었음을 증명한다.

유적의 연대는 유구와 유물의 특징 그리고 방사성탄소연대를 통해 발해 초기부터 멸망한 때까지로 편년된다. 발해 이후에는 유적이 폐기되어 순수한 발해유적으로 인식되고 있다. 다만 19세기에 한인 이주민들이 이곳에 거주한 적이 있다. 이 유적은 문화층에 대한 구분을 통해 5개 혹은 6개의 발전단계가 구분된다. 러시아 연해주 지역에서 가장 넓은 면적이 발굴된 발해유적이며, 유일하게 그 위치가 확인되는 발해 주 단위의 행정 치소 유적, 즉 동경용원부의 염주성 유적이다.

(2) 고르바뜨까성

연해주 미하일로브까 지구의 고르바뜨까 마을 동쪽 가장자리 쪽에, 일리스따야강의 우안 구릉에 위치한다. 성 내에 거리가 조성되어 있고

그 좌우를 따라 민가들이 배치되어 있다. 성의 평면모양은 5각형에 가
깝다. 성벽의 둘레길이는 1,250m이며, 성벽의 높이는 3.5~5m이다. 네
벽에 단절부가 있지만 동벽의 것이 너비 7m로 문지가 분명한 것으로
추정되었고, 나머지는 문지인지 여부가 분명하지 않다. 벽 둘레로 5~
10m 너비의 개울 하상이 지나가는 곳이 있는데 해자로 사용되었을 것
으로 파악되었다〈도면 3〉.

이 유적은 1955년에 A.P.오끌라드니꼬프가 확인한 바 있다.[27] 1972년
에는 V.I.볼딘과 O.S.갈락찌오노프가 이 유적을 조사하였으나 결과보고
자료가 남아 있지 않다. 유적에 대한 발굴조사는 E.I.겔만에 의해 1997년
에 시작되었고,[28] 이후 2000년,[29] 2001년,[30] 2003년,[31] 2004년[32]까지 지

27 Окладников А.П., 1995, Отчет об археологических исследованиях летом 1955 года в
    Приморском крае // Архив ИА РАН. Р-1, № 1189. (오끌라드니꼬프 А.Р., 1995, 『1955년
    도 여름 연해주 고고학조사 보고서』, 러시아과학원 고고학연구소 문서보관소, Р-1,
    № 1189.)

28 Гельман Е.И., 1997, Отчет об археологической разведке в Михайловском районе Приморского
    края в 1997 году // Архив ИА РАН. Р-1, № 2137. (겔만 Е.I., 1997, 『1997년도 연해주 미
    하일로브까 지구 고고학 지표조사 보고서』, 러시아과학원 고고학연구소 문서보관소,
    Р-1, № 2137.)

29 Гельман Е.И., 2000, Отчет об археологической разведке в Михайловском районе Приморского
    края в 2000 году // Архив ИИАЭ ДВО РАН. Ф. 1, оп. 2, д. 465. (겔만 Е.I., 2000, 『2000년도
    연해주 미하일로브까 지구 고고학 지표조사 보고서』, 러시아과학원 역사학고고학민
    족학연구소 문서보관소, 폰드 1, 오삐시 2, 젤로 465.)

30 Гельман Е.И., 2001, Отчет об археологических исследованиях в Михайловском районе
    Приморского края в 2001 году // Архив ИИАЭ ДВО РАН. Ф. 1, оп. 2, д. 539. (겔만 Е.I.,
    2001, 『2001년도 연해주 미하일로브까 지구 고고학조사 보고서』, 러시아과학원 역
    사학고고학민족학연구소 문서보관소, 폰드 1, 오삐시 2, 젤로 539.)

31 Гельман Е.И., 2003, Отчет об археологических исследованиях на городище Горбатка в
    Михайловском районе Приморского края в 2003 г. // Архив ИИАЭ ДВО РАН. Ф. 1, оп. 2, д.
    550. (겔만 Е.I., 2003, 『2003년도 연해주 미하일로브까 지구 고르바뜨까성 고고학조
    사 보고서』, 러시아과학원 역사학고고학민족학연구소 문서보관소, 폰드 1, 오삐시 2,
    젤로 550.)

32 Гельман Е.И., 2005a, Археологические исследования на городище Горбатка в 2004 году //

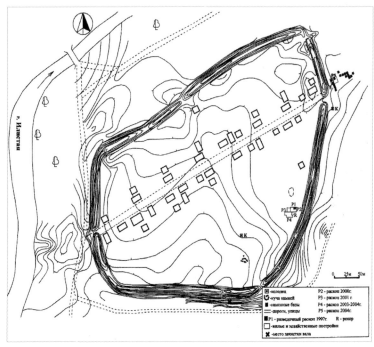

〈도면 3〉 고르바뜨까성 평면도

속되었다. 발굴조사는 성의 동벽 안쪽 가까이 가운데 부분과 동문지 바
깥 가까운 곳에서 각각 실시되었다.

1997년에는 2×2m 크기 면적을 시굴 조사하였다. 2000년에는 시
굴피트 둘레로 6×7m 크기의 제2구역(시굴피트를 제외한 면적은 42-4=38m²)을
설정하여 1호, 2호, 3호 주거지를 확인하였다. 그 중 1호와 2호 주거지
는 일부만 노출되었고, 3호 주거지는 전체가 조사되었다. 2001년에는
제2구역의 서벽 서쪽으로 3×5m 확장하여 제3구역으로 명명하여 조

2004년도 러시아 연해주 발해유적 발굴보고서, 고구려연구재단. (겔만 E.I., 2005a,
「2004년도 고르바뜨까성 고고학 조사」, 『2004년도 러시아 연해주 발해유적 발굴보
고서』, 고구려연구재단.)

사를 하였다. 그 결과 2호 주거지가 모두 조사되었고, 다른 4기의 주거지가 일부씩 새로이 노출되었다. 일부만 노출된 4호 주거지에서는 구들이 확인되었다. 2003년에는 제3구역 남쪽으로 제4구역을 설정하여 발굴을 하였는데 상층에서 석축 우물이 발견되었다. 우물을 축조하면서 4호 주거지와 10호 주거지가 일부 훼손되었음이 확인되었다. 2004년에는 이 우물에 대한 조사를 완료하였고, 그 외에도 동문지 밖에 22.5×6m 크기의 제5구역을 설정하여 기단 초석 건물터를 발굴하였다.[33]

우물은 구덩이를 판 다음에 석축을 쌓아 만들었다. 석축의 가장 아래 기초 부분에는 1~2단으로 방형이 되게 쌓았다. 우물의 바닥은 이 석축 기초 부분에서 다시 60cm 더 내려가 위치하며, 발견된 판재 등을 통해 볼 때에 우물의 가장 아래 기초 부분은 목재로 결구가 되었을 것으로 생각된다. 우물의 깊이는 283cm이고, 직경은 84~110cm이다. 석축 기초 부분은 크기가 94×98cm이다.

층위 발굴을 통해 고르바뜨까성의 발해 주거지들은 5단계에 걸쳐 축조된 것으로 확인되었다. 가장 아래 5층(1단계)은 5호와 8호 주거지, 그 위 4층(2단계)은 6호 주거지, 그 위 3층(3단계)은 2호 주거지, 그 위 2층(4단계)은 4호 주거지, 가장 위 1층(5단계)은 7호 주거지 및 우물이 해당되는 것으로 각각 파악되었다. 이 유적에서는 발해 유물 이외에도 초기철기시대 끄로우노브까문화 유물도 수습되었다.

(3) 니꼴라예브까1성

연해주 미하일로브까 지구의 니꼴라예브까 마을에서 남동쪽으로 약 2km 거리에, 일리스따야강의 좌안 지류인 추까 강 가까이에 위치한다. 성의 평면모양은 장방형에 가까우며 성벽 둘레 길이는 1,010m이다. 동

---

33 Гельман Е.И., 2005a 참조. (겔만 Е.Ⅰ., 2005a 참조.)

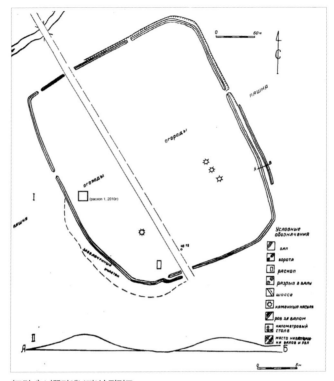

〈도면 4〉 니꼴라예브까성 평면도

벽 밖에는 보조성벽이 하나 있다. 성벽 둘레를 따라 부분적으로 해자의
흔적이 있다. 각 벽에 1개씩의 문지가 있었을 것으로 추정되는데 남문
은 옹성문이었다. 성은 네 모서리가 거의 방위방향으로 향한다. 현재 안
타깝게도, 이 성의 서벽 쪽으로 남벽과 북벽을 통과하여 도로가 나있다
〈도면 4〉.

이 유적에 대해 1972년에 O.S.갈락찌오노프가 지표조사를 하였고,[34]

---

34 Галактионов О.С., 1973, Отчет об археологической разведке в Приморье (Анучинском,
    Михайловском и Красноармейском районах Приморского края). 1973 г. // Архив ИА РАН.
    Р-1, № 5141. (갈락찌오노프 O.S., 1973, 『1973년도 연해주(아누치노, 미하일로브까,

1977년에 V.I.볼딘,[35] 2010년에는 E.Yu.니끼친이,[36] 2010년, 2012년 ~2014년에는 N.V.레쉔꼬와 S.D.쁘로꼬뻬찌가[37] 각각 발굴조사를 하였다.

V.I.볼딘은 남문지 안쪽 가까이에 5×10m 크기의 면적을 발굴하여 다수의 구덩이와 함께 2기의 주거지를 확인하였다. 그 중 5호 구덩이로 명명된 1기의 주거지는 거의 전체가 노출되었는데 평면상 모서리가 둥근 장방형이며 크기는 340×270cm이고, 깊이는 30cm 이상으로 생각된다. 장축이 북서-남동 방향으로서 네 모서리가 방위방향으로 나있다. 주거지 내에서 돌을 두른 깊이 12cm까지의 노지가 하나 확인되었으며, 그 외 다수의 기둥구멍이 관찰되었다. 노지에서 윤제 옹, 주거지 내에서 골제 화살촉, 골제 활 덮개판 등 다수의 유물이 출토되었다. 6호 구덩이로 명명된 것도 주거지로 파악되었는데 일부만 노출되었다.

2010년에는 E.Yu.니끼친은 서벽의 중간 북쪽 부분에 길이 15m, 너비 1m의 트렌치를 넣어 성벽 단면조사를 실시하였다. 이곳에서는 생토

끄라스노아르메이 지구) 고고학 지표조사 보고서』, 러시아과학원 고고학연구소 문서보관소, P-1, №5141.)

35 Болдин В.И., 1977, Отчет об археологических исследованиях на городище Николаевское I и Николаевское II в Михайловском районе Приморского края в 1977 году. // Архив ИА РАН. Р-1, № 6748. (볼딘 V.I., 1977, 『1977년도 연해주 미하일로브까 지구 니꼴라예브까1성 및 니꼴라예브까2성 고고학조사 보고서』, 러시아과학원 고고학연구소 문서보관소, Р-1, №6748.)

36 Никитин.Е.Ю., 2010, Отчет об археологических разведках на территории Михайловского и Анучинского районов Приморского края в 2010-2011 гг. // Архив ИИАЭ ДВО РАН. (니끼친 E.Yu., 2010, 『2010~2011년도 연해주 미하일로브까 및 아누치노 지구 고고학 지표조사 보고서』, 러시아과학원 극동지소 역사학고고학민족학연구소 문서보관소.)

37 Лещенко Н.В., Прокопец С.Д., 2016, Последние результаты исследования на Николаевском I городище в Приморье // 『동아시아 고고학의 최신 성과와 해석 국제학술회의 자료집』, 동북아역사재단. (레쉔고 N.V., 쁘로꼬뻬찌 S.D., 2016, 「연해주 니꼴라예브까1성 조사 최근의 성과들」, 『동아시아 고고학의 최신 성과와 해석 국제학술회의 자료집』, 동북아역사재단.)

로 표시된 토층의 상면에서 성벽 가장 높은 부분까지의 약 1.4m 높이의 성벽 단면이 노출되었다.

2010년에 N.V.레쉔꼬 등은 5×5m 크기의 면적(제1구역)을 조사하였다. 서벽 가까이에 설정한 제1구역에서는 돌을 채운 기단의 흔적이 발견되었는데 성벽 시스템의 일부로 파악되었다. 그런데 그 아래에서 말갈 시기로 생각되는 유구가, 그 아래에서는 경작의 흔적이, 그 아래에서는 신석기시대 자이사노브까 문화의 주거지가 각각 확인되었다. 2011년에는 유적에 대해 정밀측량을 하였다. 2012년과 2013년에는 10×10m 규모의 제2구역을 조사하였다. 이곳에서는 발해의 유물 외에 올가 문화 토기편들과 스볼노예문화의 격자타날문 토기들도 출토되었다. 2014년에는 제2구역의 북벽으로 확장을 하여 10×4m 크기인 제3구역을 설정 조사하였다. 제2구역과 제3구역 조사에서 구들이 딸린 발해 주거지가 1기 조사되었다. 이 주거지는 면적이 대략 10~14m²이며, 평면상 장방형이고, 방위방향으로 나있다. 구들은 1줄 고래로서 벽을 따라 나있다. 2호 구덩이로 명명된 유구에서는 석제 유물, 철제 찰갑 등과 함께 다량의 동물 뼈가 출토되었다. 2013년에는 이 유적에서 철제 바르간(口쪽)이 출토되기도 하였다.

(4) 니꼴라예브까2성

연해주 미하일로브까 지구의 니꼴라예브까 마을에서 북서쪽으로 0.5km 거리의 일리스따야 강 좌안에, 니꼴라예브까 마을의 북쪽 끝 부분에 있는 일리스따야 강을 건너는 다리의 남서쪽에 강과 바로 인접하여 위치한다. 니꼴라예브까1성과는 6.5km 떨어져 있다. 성의 평면 모양은 장방형에 가까우며, 장축이 동-서 방향으로 나있고, 크기는 140×290m이다. 성벽의 잔존 높이는 1~2m이다. 남벽과 서벽에 단절부 형태의 문지가 각각 있다〈도면 5〉.

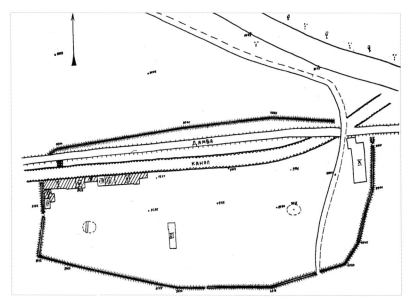

〈도면 5〉 니꼴라예브까2성 평면도

이 유적에 대해서는 1908년에 F.F.부쎄와 L.A.끄라쁘뜨낀이 이미 언급한 바 있다.[38] 이후 1972년에 O.S.갈락찌오노프가 지표조사를 하였고,[39] 1975~1977년에 V.I.볼딘이 발굴조사를 하였다.[40]

38 Буссе ФФ., Крапоткин Л.А., 1908, Остатки древностей в Амурском крае // ЗОИАК, 1908, Т.12, (부쎄 F.F., 끄라쁘뜨낀 L.A., 1908, 「아무르 주의 고대 유적들」, 『ZOIAK』 권12)

39 Галактионов ОС., 1973 참조. (갈락찌오노프 O.S., 1973 참조.)

40 Болдин В.И., Семениченко Л.Е., 1975, Отчет об археологических исследованиях на Николаевском городище II в Приморском крае в 1975 году // Архив ИА РАН. Р-1, № 5646. (볼딘 V.I., 세메니첸꼬 L.E., 1975, 『1975년도 연해주 니꼴라예브까2성 고고학조사 보고서』, 러시아과학원 고고학연구소 문서보관소, Р-1, № 5646.); Болдин В.И., 1976, Отчет об археологических исследованиях на городище Николаевское II Михайловского района в Приморском крае в 1976 году // Архив ИА РАН. Р-1, № 6316. (볼딘 V.I., 1976, 『1976년도 연해주 미하일로브까 지구 니꼴라예브까2성 고고학조사 보고서』, 러시아과학원 고고학연구소 문서보관소, Р-1, № 6316.); Болдин В.И., 1978, Отчет об археологических исследованиях на городище Николаевское- I и Николаевское- II в Михайловсокм районе

발굴조사는 성의 북벽 가까이로 동벽과 서벽을 관통하는 수로의 남변에 잇대어 성의 서쪽 부분에서 집중되었고, 그 외에도 성의 가운데 서쪽 부분과 동북쪽 모서리 안쪽 부분에서 실시되었다. 전체 발굴면적은 1,462m²이다. 유적의 층위는 발해 이른 단계의 하층과 발해 늦은 단계의 상층으로 크게 구분되었다. 하층에서는 모두 32기의 주거지가 확인되었는데 모두 수혈식이다. 노지가 남아 있는 것도 있고, 노지가 홍수에 의해 쓸려나간 것으로 추정되는 것들도 있다. 발굴된 주거지들 중에서 구들이 보고된 것은 없다. 그 외 용광로의 흔적들도 조사되었다. 상층에서는 수혈식뿐만 아니라 지상식 주거지들도 조사가 되었다.[41]

성 내에서 조사된 구덩이 모양 유구들 중 5기가 가마로 추정되었는데 구덩이의 형태는 평면상 장방형 혹은 원형이며, 구덩이의 깊이는 70~96cm이다. 3기의 구덩이에는 바닥에 불에 탄 자갈돌이 깔려 있었다. 구덩이의 위 부분에는 대개 소토덩이들이 위치하였는데 돌들 혹은 형태가 변형되거나 불에 탄 토기편들과 섞여 있었다. 아래 부분은 재로 차있었다.[42]

1975년에는 서벽의 수로에 의해 단절된 부분이 조사되어 성벽의 양상이 어느 정도 파악되었다. 조사 지점의 성벽 높이는 밖에서 1.75m, 안에서 1m 이하다. 성벽은 안쪽과 바깥쪽을 돌로 쌓고 그 사이는 흙으로 속 채움을 한 다음에 위는 잔돌을 15cm 두께로 그리고 너비 3m로

Приморского края в 1977 году // Архив ИА РАН. Р-1, № 6748. (볼딘 V.I., 『1977년도 연해주 미하일로브까 지구 니꼴라예브까1성 및 니꼴라예브까2성 고고학조사 보고서』, 러시아과학원 고고학연구소 문서보관소, Р-1, №6748.)

41 Семениченко Л.Е., 1981, Материальная культура населения Приморья в период государства Бохай (VIII-X вв.), Диссертация на соискание ученой степени кандидата исторических наук, Владивосток, pp. 43~53. (세메니첸꼬 L.E., 1981, 『발해국 시기(8~10세기) 연해주 주민들의 물질문화』, 역사학 박사학위논문, 블라디보스토크, 43~53쪽.)

42 Болдин В.И., 1978 참조. (볼딘 V.I., 1978 참조.)

덮어 축조한 것으로 판단되었다. 성벽 안쪽에서 기둥구멍들이 발견되어 성벽 안쪽으로 성벽이 무너져 내리는 것을 방지하는 목책이나 울이 있었을 것으로, 그리고 성벽 등성이를 따라 나지막한 도랑이 확인되어 성벽 등성이에도 목책이 있었을 것으로 각각 추정되었다.[43]

(5) 스따로레첸스꼬예성

연해주 옥짜브리스끼 지구의 스따로레첸스꼬예 마을에서 남쪽으로 1.5km 거리에 위치한다. 이곳에는 라즈돌나야강이 갈라져 마치 섬처럼 되어 있는 곳이다. 평면상 삼각형에 가까우며, 서쪽은 강에 의해, 동-북쪽은 가파른 낭떠러지에 의해 막혀 있다. 남벽이 가장 잘 남아있는데 길이 150m, 높이 약 2m이다. 남벽의 서단은 안쪽으로 꺾여 들어갔다. 이 성벽이 꺾인 곳에서 서쪽으로 4~5m의 거리를 두고 성벽의 일부가 길이 약 42m로 잔존하는데 강에 의해 대부분이 유실된 상태다. 이 성벽은 높이가 평균 2~3m이다〈도면 6〉.

이 유적은 1915년에 발견되었다.[44] 1975년에 V.A.호레프가 지표조사를 하였고,[45] 1982년에 L.E.세메니첸꼬가,[46] 1996년에 V.I.볼딘과

---

43 니꼴라예브까2성의 성벽에 대한 보다 자세한 내용은 다음을 참고하기 바란다(정석배, 2017, 「발해의 성벽 축조방식에 대해」, 『국제학술회의 발표논문집, 발해 동경용원부 팔련성의 도성 조영과 역할』, 동북아역사재단·고구려발해학회, 181~182쪽).

44 Федоров А.З., Дневник археологической экспедиции 1915 г. // МПК, №4780, 1. (표도로프 A.Z., 「1915년 고고학조사단 일기」, 『MPK』, №4780, 1.)

45 Хорев В.А., 1975, Археологическая разведка в Лазовском, Ольгинском, Михайловском и Октябрьском районах Приморского края в 1975 году // Архив ИА РАН. Р-1, №5738. (호레프 V.A., 1945, 『1975년도 연해주 라조, 올가, 미하일로브까 그리고 옥짜브리스끼 지구에서의 고고학 지표조사』, 러시아과학원 고고학연구소 문서보관소, Р-1, №5738.)

46 Семениченко Л.Е., 1982, Отчет об археологических исследованиях на Старореченском городище в Приморском крае в 1982 году // Архив ИИАЭ ДВО РАН. Ф.1, оп.2, д.189. (세메니첸꼬 L.E., 1982, 『1982년도 연해주 스따로레첸스꼬예성 고고학조사 보고서』, 러시아과학원 극동지소 역사학고고학민족학연구소 문서보관소, 폰드 1, 오삐시 2, 젤

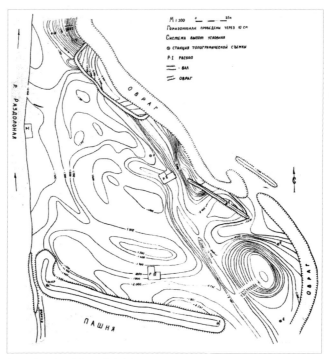

〈도면 6〉 스따로레첸스꼬예성 평면도

Yu.G.니끼친이[47] 각각 발굴을 하였다. 2017~2019년에는 국립문화재
연구소에서 러시아와 공동으로 이 유적에서 발굴조사를 실시하였다.

L.E.세메니첸꼬는 3개 구역을 설정하여 조사를 하였는데 제1구역은
성의 서쪽 가장자리 강 낭떠러지 부분, 제2구역은 북동쪽 중간 가장자
리 부분, 제3구역은 남벽 중간 안쪽에 각각 위치한다. 그 외에도 강에

로 189.)

47 Болдин В.И., 1996, Никитин Ю.Г., Отчет об археологических разведках в Октябрьском,
Уссурийском, Кавалеровском и Чугуевском районах Приморского края в 1996 году // Архив
ИИАЭ ДВО РАН. (볼딘 V.I., 니끼친 Yu.G., 1996, 『1996년도 연해주 옥짜브리스끼,
우수리스크, 까발레로보, 추구예프 주들에서의 고고학 지표조사 보고서』, 러시아과
학원 극동지소 역사학고고학민족학연구소 문서보관소.)

의해 노출된 성벽으로 추정된 둔덕의 종단면도 함께 조사하였다. 49m²
크기의 제1구역과 59m² 크기의 제2구역에서는 수 개의 구멍 등이 조사
되었다. 75m² 크기의 제3구역에서는 상층과 하층이 분명하게 구분되었
으며, 상층에서는 2줄 고래의 구들이 하나 조사되었다. 아궁이는 동쪽
에 위치하며, 구들의 너비는 약 80cm, 고래의 잔존 길이는 약 3m, 고래
의 너비는 20~25cm, 깊이는 20cm였다. 하층은 생토 상면인데 2기의
큰 구덩이가 확인되었지만 용도는 분명하지가 못하였다. 성벽이라고 추
정한 둔덕의 종단면에서 관찰된 기본 층위는 잔돌이 섞인 암회색 사질
토층이었다. 남쪽 가장 높은 부분은 대부분이 이 토층으로 되어 있는데
표토 아래 좌우에는 회색 사질토층이 배치되었다. 북쪽 부분은 대부분
암회색 사질토층 사이로 모래가 섞인 자갈층이 3개 포함되어 있다.

   V.I.볼딘과 Yu.G.니끼친은 강에 의해 노출된 문화층에 대해 정리조사
를 하였고 또한 서쪽 강 낭떠러지 부분에 2×4m 크기로 설정한 제4구
역에서 발굴조사를 하였다. 이곳에서는 3기의 구덩이가 일부씩 노출되
었다. 이 유적에서는 발해의 윤제 광택무늬 토기를 비롯하여, 와편, 동
물 뼈, 물고기 뼈, 철제 화살촉 등 다량의 유물이 출토되었다.

   2017년도에는 남벽 안쪽(1구역), 성 내부 동편 일대(2구역), 남벽, 성 내
부 서편 강 절개면 등 4개 장소에서 조사를 진행하였다.[48] 1구역에서는
동서 방향의 석열과 함께 2기의 수혈이 노출되었는데 발해 윤제 토기와
함께 다수의 동물 뼈와 물고기 뼈 등이 출토되었다. 2구역에서는 현대
의 저장시설이 확인되었다. 성벽은 외측 절반을 절개하였는데 판축으로
조성한 토축즙석 성벽의 축조방식이 확인되었다. 강 절개면은 정리조
사를 하였다. 이곳에서는 발해의 와당편, 지두문 암키와편, 윤제 토기편,

---

48 김동훈, 2017, 「러시아 연해주 스타로레첸스코예 평지성 제1차 발굴조사 성과」, 『2017
   Asian Archaeology 국제학술심포지움』.

철촉, 청동 핀셋-귀이개 등이 출토되었다.

(6) 마리야노브까성

연해주 끼로프 구역의 마리야노브까 마을에서 남쪽으로 약 5km 거리에 위치한다. 남벽에 거의 인접하여 우수리강의 지류가 하나 흐르며, 남서쪽으로 우수리강 본류와는 약 650m 떨어져 있다. 이 유적은 E.V.샤브꾸노프에 의해 1968년에 발견되었고, 1969년[49]과 1971년[50]에 발굴되었으며, 출토 유물은 9~10세기 발해 후기로 편년되었다. 이후 1995년에는 고려학술문화재단과 러시아 측이 공동발굴조사를 실시하였다〈도면 7〉.

성의 평면은 '버선'모양이다. 강의 마른 하상과 접하고 있는 남쪽에는 성벽이 없다. 성벽은 동벽 320m, 북벽 390m, 서벽 120m로 모두 830m가 남아있으며, 남쪽 부분을 포함한 성의 전체 둘레길이는 1,330m이다. 잔존하는 성벽의 높이는 5~6m이고, 폭은 10~12m이다. 문지는 북문과 동문이 남아 있는데, 동문에는 원래 옹성이 있었으나 성내 경작을 위해 불도저로 파괴하였다고 한다. 성벽에는 치가 13개 남아 있다. 옹성과 치 등의 성벽 부속시설은 금대의 것이다.

1969년에는 성의 동쪽 남벽 가까이에 4×4m 크기의 피트 넣어 조

---

49 Шавкунов Э.В., Леньков В.Д., Галактионов О.С., 1970, Археологические исследования на территории Приморского и Хабаровского краёв в 1969 году // Архив Института археологии РАН, Р-1, № 3950. (샤브꾸노프 E.V., 렌꼬프 V.D., 갈락찌오노프 O.S., 1970, 『1969년 연해주와 하바롭스크 주의 고고학 조사들』, 러시아고학원 고고학연구소 문서보관소. Р-1, № 3950.)

50 Шавкунов Э.В., Галактионов О.С., Семениченко Л.Е., Васильев Ю.М, 1972, Отчет о полевых исследованиях на территории Приморского и Хабаровского краёв в 1971 году // Архив Института археологии РАН, Р-1, № 4537. (샤브꾸노프 E.V., 갈락찌오노프 O.S., 세메니첸꼬 L.E., 바실리예프 Yu.M., 1972, 『1971년 연해주와 하바롭스크 주 야외 조사 보고서』, 러시아고학원 고고학연구소 문서보관소. Р-1, № 4537.)

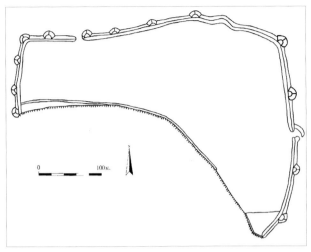

〈도면 7〉 마리야노브까성 평면도

사를 하였는데 3×2.5m 크기의 구덩이가 발견되었고, 그 안에서 돼지 뼈 등과 함께 발해의 윤제 토기편들이 출토되었다. 1971년에는 1969년 도 발굴 피트의 남쪽에 잇대어 6×6m 크기의 구획을 설정하여 성 내부를 조사하였고, 다른 한편으로는 동문지 성벽 단면 노출부에 대해 정리 조사를 하였다. 성 내부 조사에서는 모두 5개의 구덩이가 확인되었고, 윤제 토기편들과 함께 철제 화살촉, 새와 식물이 새겨져 있는 골판 등이 출토되었다. 동문지 성벽 조사지점은 높이가 4m이며, 발해 초축 성벽 과 여진 증축 성벽이 구분되었다.

1995년에는 성 내부를 3곳 조사하였다. 1지구와 2지구는 성의 서편 에, 3지구는 성의 동편에 각각 위치한다. 1지구에서는 발해시대의 주거 지를 조사하였으며, 2지구에서는 트렌치를 넣어 유구의 잔존 유무를 확인하였고, 3지구에서는 석축 담장유구를 일부 노출시켰다. 그 외에 도 북벽과 서벽이 만나는 모서리 지점(4지구)의 성벽 상면을 약간 조사 하였다.

1지구에서는 모두 9기의 수혈유구가 확인되었고, 그 중 5기(1호, 2호, 4호, 5호, 6호)가 거의 대부분 조사되었는데, 모두 수혈식 주거지로 추정되었다. 1호 수혈유구(혹은 주거지)는 모양이 말각 장방형이고 남쪽에 출입구로 보이는 자갈돌을 깔은 돌출부가 있다. 가운데는 돌을 깔은 노지가 있고 그 둘레로는 기둥구멍이 둥글게 배치되어 있다. 크기는 349×266cm이며, 깊이는 30~60cm이다. 이 주거지에서 가장 많은 유물이 출토되었다. 소뿔로 만든 부싯쇠 손잡이와 부싯쇠, 곰의 발톱 등이 출토되었다. 그 외에도 1지구에서는 다량의 발해 윤제 토기편과 동물 뼈, 철제 화살촉, 철제 칼, 철제 삽, 골제 산삼파개, 골제 화살촉, 골제 장식판 등이 출토되었다.[51] 3지구에서는 담장으로 추정되는 석렬이 'ㄴ'자 모양으로 노출이 되었다. 노출 길이는 남쪽이 12m 정도, 서쪽이 15m 정도이며, 석열의 폭은 약 1m이다.[52] 이 담장 안에는 대규모의 건물지가 있을 가능성이 높다.

(7) 오끄라인까성

연해주 추구예브까 지구의 오끄라인까 마을에서 남서쪽으로 1.2km 거리에 주라블료브까강의 좌안에 위치한다. 1996년에 V.I.볼딘과 Yu.G.니끼친이 성 내의 북서쪽 부분에 위치하는 높이 20~35cm의 기단 남쪽 가장자리 부분에 1~2m 크기의 면적을 시굴하였으며, 출토 토기를 통해 9~10세기 초 발해문화로 파악하였다.[53] 이후 2003년과 2004년에

51 러시아 극동대학 조사단, 1999, 「마리야노브까성지 1, 2, 4지구 발굴조사보고」, 『연해주에 남아 있는 발해-연해주 발해유적 조사보고-』, 연해주문화유적조사단·고려학술문화재단, 235~252쪽.

52 한국 조사단, 1999, 「마리야노브까성지 제 1, 3지구 발굴조사보고」, 『연해주에 남아 있는 발해-연해주 발해유적 조사보고-』, 연해주문화유적조사단·고려학술문화재단, 199~234쪽.

53 Болдин В.И., Никитин Ю.Г., Отчет об археологических разведках в Октябрьском,

〈도면 8〉 오끄라인까성 평면도

는 A.L.슙꼬바 등이 성 내 북동쪽 부분의 제1구역과 서문지 곁 성벽 단
절부 및 서벽 한 지점에 대해 발굴조사를 하였다〈도면 8〉.[54]

성은 평면상 준장방형이며, 성벽의 전체 둘레길이는 405m이다. 성
벽의 높이는 밖에서 1.8~2.6m이고, 너비는 밑변이 5~7m, 위 부분이
약 0.5m이다. 성벽에는 동벽, 북벽과 동벽이 만나는 부분, 남벽, 그리고

Уссурийском, Кавалеровском и Чугуевском районах Приморского края 1996 году // Архив
ИИАЭ НДВ, Ф.1, оп. 2, № 398, pp. 46~49. (볼딘 V.I., 니끼친 Yu.G., 『1996년도 연해주
옥짜브리스끼, 우수리스크, 까발레로보, 추구예프 지구들에서의 고고학 지표조사 보
고서』, 러시아과학원 극동지소 역사학고고학민족학연구소 문서보관소, 46~49쪽.)

54 대한민국 문화재청 국립문화재연구소·러시아과학원 극동지부 역사학고고학민속
학연구소, 2007, 『연해주의 발해유적 I 』, 362~367쪽; Сакмаров С.А., 2016, Результаты
предварительного обследования городища Окраинка // Средневековые древности Приморья,
Выпуск 4, Владивосток. (사끄마로프 S.A., 2016, 「오끄라인까성 예비적 조사의 결과
들」, 『연해주의 중세유적들』 4호, 블라디보스토크.)

서벽에 각각 1개씩의 단절부가 있다. 서문지는 너비 5m의 옹성문 형태를 하고 있다. 성벽 둘레로는 북벽을 제외하고 너비 3~4m의 해자가 돌아간다.

서문지 단절부 조사지점의 성벽 외면 높이는 2.4m이다. 성벽의 구성요소를 기초부, 측면 보호부, 석축 중심부, 석축 덮개부의 네 부분으로 설명하였다. 석축 중심부는 기초 중심부 바로 위에 위치하는데 너비가 2.2m, 높이가 0.9~1m이다. 석축 중심부는 양쪽 측면과 아래 부분이 돌로 되어 있다. 석축 중심부의 안쪽에 쌓여 있는 돌들은 '석축 덮개부'로 파악되었는데 보축의 가능성도 있는 것으로 파악되었다.

제1구역은 20m²의 면적으로 조사되었다. 기둥구멍들과 석렬 등이 확인되었으나 전체적인 유구의 모습은 분명하지 못하였다. 회색 윤제 토기편 등이 출토되었는데 외반한 구순에 2줄의 홈이 돌아가고 어깨 부분에 3줄의 침선이 돌아가는 등의 특징이 있다.

S.A.사끄마로프는 이 유적을 성의 입지와 평면구조, 방어구조물의 요소들, 출토 유물 등을 통해 발해국 말기와 발해 멸망 이후의 시기로 편년한다.[55]

(8) 스쪼끌랴누하1성

연해주 쉬꼬또보 지구의 스쪼끌랴누하 마을 안에 위치한다. 유적의 동쪽으로는 쉬꼬또브까강이, 서쪽으로는 스쪼끌랴누하강이 각각 흐른다. 1956년에 E.V.샤브꾸노프가 지표조사를 하였고,[56] 1985~1988년에

---

55 Сакмаров С.А., 2016, p.179. (사끄마로프 S.A., 2016, 179쪽.)

56 Шавкунов Э.В., 1955, Отчет о результатах полевых исследованиях на территории Приморского края в 1955 гг. // Архив ИА РАН. Р-1, №1316, 1955 (샤브꾸노프 E.V., 1955, 『1955년도 연해주 지역에서의 야외조사 결과보고서』, 러시아과학원 고고학연구소 문서보관소, Р-1, №1316.)

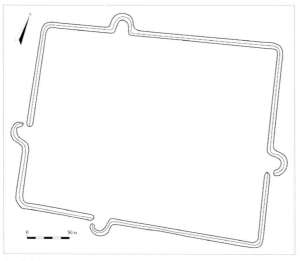

〈도면 9〉 스쪼끌랴누하성 평면도

A.V.알렉산드로프가 발굴조사를 하였다〈도면 9〉.57 하지만 이 유적의 발

57 Александров А.В., 1985, Отчет о разведке археологических памятников в долинах рек Шкотовки и Стеклянухи Шкотовского района (Приморского края), 1985г . // Архив ИА РАН. Р-1, №10812. (알렉산드로프 A.V., 1985, 『1985년도 연해주 쉬꼬도보 지구 쉬꼬또브까강 및 스쪼끌랴누하강 유역 고고학 지표조사 보고서』, 러시아과학원 고고학 연구소 문서보관소, Р-1, №10812.); Александров АВ, 1986, Отчет о археологических раскопках на городище Стеклянуха-1 в Шкотовском районе (Приморского края), 1986 г. // Архив ИА РАН. Р-1, №11747. (알렉산드로프 A.V., 1986, 『1986년도 연해주 쉬꼬도보 지구 스쪼끌랴누하1성 발굴조사보고서』, 러시아과학원 고고학연구소 문서보관소, Р-1, №11747.); Александров АВ, 1987, Отчет о археологических раскопках на городище Стеклянуха-1 в Шкотовском районе (Приморского края), 1987г. // Архив ИА РАН. Р-1, №12179. (알렉산드로프 A.V., 1987, 『1987년도 연해주 쉬꼬도보 지구 스쪼끌랴누하1성 발굴조사보고서』, 러시아과학원 고고학연구소 문서보관소, Р-1, №12179.); Александров АВ, 1988, Отчет о археологических раскопках на городище Стеклянуха-1 в Шкотовском районе (Приморского края), 1988г. // Архив ИА РАН. Р-1, №13225. (알렉산드로프 A.V., 1988, 『1988년도 연해주 쉬꼬도보 지구 스쪼끌랴누하1성 발굴조사보고서』, 러시아과학원 고고학연구소 문서보관소, Р-1, №13225.)

굴조사 내용은 아직 공개되지 못하여 자세한 조사내용은 알 수 없다.

구글어스를 통해 본 성의 평면 모양은 장방형이며, 성벽의 전체 둘레 길이는 약 1km이다. 동, 서, 남벽에 옹성 문지가 각각 1개씩 있으며, 북벽에는 옹성 문지가 아닌 일종의 '포성'이 하나 위치한다. 국내 발간된 자료를 통해 볼 때에 성벽의 높이는 5~7m, 기저부 너비는 약 10m이고, 성벽 밖으로 해자가 돌아간다. 성 내부는 다층위인데 초기 철기시대부터 초기 중세까지의 문화층이 있다.[58] Yu.G.니끼친 등 러시아 연해주 고고학자들의 의견에 의하면 여기에서 초기 철기시대는 끄로우노브까 문화를, 초기 중세는 발해를 각각 말하는 것이다.

(9) 스몰노예1성

아누치노 지구 스몰노예 마을에서 남동쪽으로 2km 거리의 아르세니예브까강 우안에 위치한다. 1997년에 발견되었는데 성의 서쪽 부분이 강에 의해 이미 유실된 상태였다. 전체가 남아있는 동벽은 길이가 65m이다. 평면상 장방형이었다. 성의 면적은 약 0.6헥타르로 추정되었다. 문지는 남벽에 위치하였다. 성 내의 문화층은 2개인데 상층은 격자문 토기를 수반하는 '스몰노예문화' 층이고, 하층은 끄로우노브까문화 층이다. 성 내에서 2기의 구들 주거지와 1기의 우물이 조사되었고, 그 외에도 다른 우물 1기의 흔적이 확인되었다〈도면 10〉.[59]

성벽 단면조사는 남벽의 단절된 부분에 대해 실시되었다. 성벽의 층위는 매우 단순한데 표토, 명갈색 사질점토 성토층, 생토로 구분되었다. 가장 아래의 생토는 암갈색 사질점토로서 성 내의 끄로우노브까문화층의 토양과 동일한 것으로 판단되었다. 성벽의 성토층을 이루고 있는 명

58 대한민국 문화재청 국립문화재연구소·러시아과학원 극동지부 역사학고고학민속학연구소, 2007, 『연해주의 문화유적 I 』.
59 Шавкунов В.Э., 2015 참조. (샤브Rn노프 V.E., 2015 참조.)

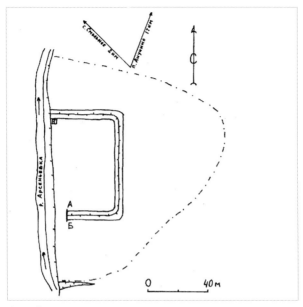

〈도면 10〉 스몰노예1성 평면도

갈색 사질점토는 성 내의 상층 토양과 동일한 흙이며 성 내에서 출토된
것과 동일한 윤제 토기편들이 섞여 있었다. 성벽의 안과 밖에는 돌들을
쌓아 성벽을 보강하였다.[60] 여기에서 성벽의 주축을 이루는 중심부의
토층을 따로 구분하지 못한 것은 이 성벽이 단순한 성토다짐을 통해 축
조되었기 때문일 것이다.

이 유적을 발굴한 V.E.샤브꾸노프는 처음에는 이 유적의 상층을
11~12세기 초로 편년하였으나,[61] 나중에는 발해 멸망 전인 10세기 초
부터 11세기 말까지로 파악하면서 '스몰노예 유형' 토기는 연해주 지

---

60 Шавкунов В.Э., 2001, Обследование на Смольнинском городище (предварительные
    результаты) // Россия и АТР, № 1, Владивосток, p.35. (샤브꾸노프 V.E., 2001, 「스몰노예
    성 조사(예비 결과들)」, 『러시아와 아시아-태평양지역』, № 1, 블라디보스토크, 35쪽.)
61 Шавкунов В.Э., 2001, p.36. (샤브꾸노프 V.E., 2001, 36쪽.)

역에 9세기 초·중엽 이전에 이미 출현하였을 것으로 판단하였다.[62] 하지만 최근에는 스몰노예문화 유물들에 대한 종합적인 검토와 본원적인 발해유적 출토 유물과의 유사성 및 '발해유적'과의 중복적 분포 상태가 보이지 않음을 근거로 스몰노예성이 이미 9세기 중엽 경에는 축조되었을 것으로 그리고 스몰노예문화 자체는 8~11세기로 편년될 것으로 판단하였다.[63] 이 유적에서는 금대 여진의 유물은 전혀 출토되지 않았다. 따라서 이 성은 V.E.샤브꾸노프의 의견을 따르면 발해 시기에 축성된 것이 분명할 것이다. V.E.샤브꾸노프는 스몰노예문화를 발해와 이웃한 그렇지만 발해와는 구분되는 별개의 문화로 판단하고 있지만,[64] 사실 이 지역은 발해 영역의 일부였다.[65] 따라서 이 성은 발해의 유적으로서 금 건국 이전까지 발해 멸망 이후에도 계속해서 사용된 것으로 판단할 수 있다.

(10) 꼭샤로브까1성

연해주 추구예브까 지구의 꼭샤로브까 마을에서 북동쪽으로 3km 거리의 우수리강 우안 지류 꼭샤로브까강의 좌안에 위치한다. 성의 평면모양은 장방사다리꼴이다. 성벽의 전체 둘레길이는 1,645m이고, 성벽 높이는 4~6m, 밑변 너비는 10~14m이다. 성 내의 면적은 16만m²이다. 북문지와 서문지에는 옹성이 있고, 그 외 남벽에 1개소, 동벽에 2개소의 단절부가 있다. 서벽의 남쪽 부분에는 치가 하나 확인되었다. 성벽

---

62 Шавкунов В.Э., 2007, О датировке Смольнинского городища // Россия и АТР, № 1, Владивосток, p.66. (샤브꾸노프 V.E., 2001,「스몰노예 성의 편년에 대해」,『러시아와 아시아-태평양지역』, № 1, 블라디보스토크, 66쪽.)

63 Шавкунов В.Э., 2015 참조. (샤브꾸노프 V.E., 2015 참조.)

64 Шавкунов В.Э., 2015 참조. (샤브꾸노프 V.E., 2015 참조.)

65 정석배, 2016 참조.

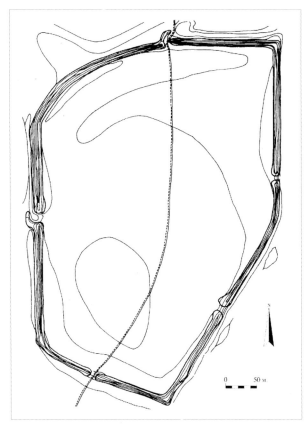

〈도면 11〉 꼭샤로브까 1성 평면도

주변에서는 해자가 확인되는데 동벽 밖에는 꼭샤로브까강이 자연 해자를 이룬다. 성 내에 3개의 기단이 있는데 북쪽 기단에서는 2008~2014년까지 7기의 대형 건물터로 된 북편건물지군과 다른 건물지 등이 발굴되었다〈도면 11〉.[66]

66　대한민국 문화재청 국립문화재연구소·러시아과학원 극동지부 역사학고고학민속학연구소, 2012, 『연해주의 콕샤로프카-1 평지성 I 』; 대한민국 문화재청 국립문화재연구소·러시아과학원 극동지부 역사고고민족지연구소, 2015, 『연해주 콕샤로프카 유적:

북편건물지군은 동서 92m, 남북 70m, 전체 둘레길이 320m 이상의 돌담에 의해 둘러싸인 성토대지의 북쪽에 위치한다. 돌담은 기초부의 폭이 1.4~2m이다. 이 돌담 구역의 정문은 남쪽 부분에 위치하며, 그외에도 북벽 동편에서 북문지가 조사되었다. 남문지는 크기가 남북 길이 7m, 동서 너비 5.5m이며, 통로에는 판돌을 깔았다. 정문에는 6개의 기둥이 있는 대문이 있었을 것으로 추정되었는데 초석 2개와 적심들이 확인되었다. 북문지의 바닥에는 동서 2.7m, 남북 2m로 판돌을 편평하게 깔아 놓았다. 모두 7기의 구들 건물을 동서로 나란히 배치시켰다. 모두 정면 5칸, 측면 5칸의 평면 '呂'자 모양 지상식 건물이며, 간 건물 사이의 간격은 1~2m이다. 건물 내부에서는 2줄 고래의 구들이 좌우대칭으로 시설되어 있다. 구들은 건물의 북벽 밖으로 나가 굴뚝시설과 연결된다. 건물들의 벽체는 기초 부분을 강돌과 고운 점토를 이용하며 조성하였음이 확인되었다. 벽체의 기초 하부에서 초석들이 확인되어 건물의 칸 수가 파악되었다. 대개의 초석 아래에서는 적심시설이 없었지만 일부 초석 혹은 추정 초석 자리에서 잔자갈과 사실토를 충진한 적심시설이 확인되기도 하였다. 건물로의 출입시설은 남벽 가운데에 위치한다. 건물들은 양쪽 가장자리에 위치한 가장 서쪽의 1호(11.4×8.4m)와 가장 동쪽의 7호(10×8.7m)가 상대적으로 적은 크기이며, 가운데 4호 건물지가 12.4×11.2m로 가장 크다. 7개 건물지의 전체 배치된 길이는 대략 80m이다.

　　북편건물지군에서 출토된 유물 중에서 3호와 4호 건물지 사이에서 발견된 기대들과 호, 시루 등의 다른 윤제 토기들이 대표적이다. 그 외에도 북편건물지군에서는 월주요 청자편, 청자 호, 철제 칼과 화살촉, 다공입방체유물(발해 입방체) 등등의 유물이 출토되었다. 하지만 건물의

콕샤로프카-1 평지성, 콕샤로프카-8 석축구조물』.

시기와 상응하는 기와는 전혀 출토되지 않았다.

북편건물지군이 있는 담장 안의 동쪽 부분에 대해서도 발굴조사가 이루어졌다.[67] 이곳은 7호 대형건물지의 남쪽부분에 해당되는데 방형 건물지 4기, 야외취사시설 1기, 고상건물지 1기, 석열, 청동 노, 수혈 등이 확인되었다. 건물지 4기는 모두 벽체의 기초가 돌로 된 것이 남아있는데, 3호 건물지의 경우에는 벽체의 네 모서리에서 초석이 확인되었다. 4기 건물지의 내부에서는 모두 구들의 흔적은 확인되지 않았다. 노지는 3호 건물지에서만 확인되었다. 건물지의 크기는 1호가 약 9×7m, 3호가 약 8×6m이다. 3호와 4호 건물지 일대에서는 철제품과 도가니가 다수 출토되었다. 1호 건물지의 북쪽에서 아궁이와 길이 약 2.5m의 2줄 고래의 구들 그리고 굴쪽 잔재가 함께 발견되었는데 야외취사유구로 판단되었다. 석열은 7호 대형건물지와 1호 건물지 사이에 1줄, 1호 건물지의 남서쪽 모서리 부분 밖으로 1줄이 각각 확인되었는데 모두 동서 방향으로서 공간을 분할하는 성격을 가진 구획석열로 이해되었다. 그 외에도 북편건물지군 북쪽 담장 북벽의 문지 바닥에 깐 돌들도 구획석열로 해석되었다.

성벽은 남벽과 해자가 함께 조사되었다.[68] 단면조사 지점의 성벽은 높이가 지표에서 3.8m, 해자 바닥에서 4.5m이었다. 성벽 조사에서 성벽 이전 문화층, 제1단계 성벽, 제2단계 성벽이 구분되었다. 북편건물지군과 동일 시기로 생각되는 1단계 성벽은 성벽 몸체를 성토다짐으로 쌓고 즙석을 한 토축즙석 성벽이다. 성벽의 기초 부분에서는 1270 ±20 BP(Cal AD 675~770) (Beta-409087), 제2단계 성벽에서는 1070±30

67 　대한민국 문화재청 국립문화재연구소·러시아과학원 극동지부 역사고고민족지연구소, 2015 참조.

68 　대한민국 문화재청 국립문화재연구소·러시아과학원 극동지부 역사고고민족지연구소, 2015 참조.

BP(Cal AD 895~925: 940~1020) (Beta-409086)라는 연대가 검출되었다.

(11) 지기또브까성

연해주 쩨르네이 지구의 지기또브까강을 건너는 다리에서 북쪽으로 3km 거리의 쁠라스뚠-쩨르네이 도로의 왼편에 위치한다. 성의 평면 모양은 방형이고, 성벽의 전체 둘레길이는 957m이다. 성벽의 높이는 남벽과 동벽은 1~1.5m, 서벽은 0.5m이다. 성벽 밑변의 너비는 2~2.5m이다. 문지는 남벽과 북벽에 위치한다. 치나 옹성은 없다. 성 가운데에 높이 0.5m까지의 토루로 둘러싸인 13×15m 크기의 방형 '내성'이 있다. 성벽 단면조사는 남벽의 문지 동편과 남벽의 서쪽 서벽과 인접한 지점에 대해 각각 실시되었다〈도면 12〉.[69]

두 지점의 성벽 토층은 양상이 약간 차이를 보이지만 축성 방식은 기본적으로 동일하다. 두 곳 모두 생토(잔자갈이 섞인 명갈색 사질점토) 위로 2겹의 토층으로 기초를 다지고, 그 위는 다시 불로 달구어 토층을 매우 단단하게 하였고(8층), 그 다음에야 위로 서로 다른 토양들을 번갈아 쌓아 성벽의 중심부를 조성하였다. 또한 그 위로는 안쪽과 바깥쪽을 모두 포함하게 성토다짐을 함으로써 성벽을 마무리하였다. 다만 제1지점에서는 생토 상면을 편평하게 정지하여 성벽을 쌓아 올렸고, 제2지점에는 생토면 아래로 얕게 굴착을 하여 기초를 시작하였다. 제1지점에는 성벽의 중심부를 부식토 얼룩이 드물게 포함되어 있는 갈색의 얇은 사질점토층(1층)과 잔자갈이 15% 이하로 섞인 무른 적색 음영의 상대적으로 두꺼운 갈색 사질점토층(5층)을 번갈아 쌓아(제1지점) 조성하였다. 이에 비해 제2지점에는 성벽 중심부를 잔자갈이 섞인 갈색의 얇은 사질점

---

69 Дьякова О.В., 2009, Военное зодчество Центрального Сихотэ-Алиня, Москва, pp.72-77.
    (디야꼬바 O.V., 2009, 『중앙 시호테-알린의 군사건축물』, 모스크바, 72-77쪽.)

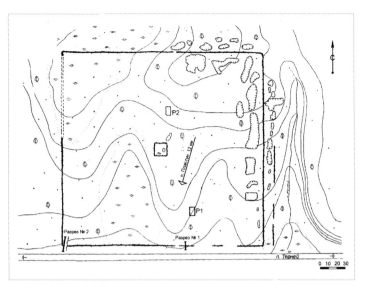

〈도면 12〉 지기또브까성 평면도

토층(2층)과 잔자갈이 섞인 상대적으로 두꺼운 황갈색의 사질점토층(4층)을 번갈아 쌓아 올리다가, 더 위와 안쪽으로는 부식토 얼룩이 드물게 포함되어 있는 갈색의 얇은 사질점토층(1층)과 잔자갈이 섞인 혼합된 황갈색의 단단한 사질점토층(3층)을 번갈아 올려 쌓아 조성하였다. 제2지점의 성벽 바깥쪽에는 구덩이를 파서 자갈돌과 사질점토를 채워 넣어 성벽의 외측 기저부분을 튼튼하게 하였다.

성 내의 발굴조사에서 수제의 말갈 토기와 윤제의 발해 토기 그리고 뽀끄로브까문화에 특징적인 도장무늬 토기 등이 출토되었다. 이 유적을 조사한 O.V.디야꼬바는 이 성이 발해국 시기에 말갈문화 공동체의 주민들에 의해 축조된 것으로 파악하였다.

(12) 끄라스노예 오제로성
연해주 쩨르네이 지구의 지기또브까강 좌안에 이 강의 하구에서 2km

거리에 위치한다. 평면상 장방형이며, 크기는 65×55m이고, 성벽의 높이는 1.0~2.0m, 밑변 너비는 6~7m이다. 남벽 가운데에 문지가 있다. 북벽과 서벽 밖에는 너비 1.5~1.7m의 해자가 있다. 성벽 단면조사는 남벽에 길이 8m, 너비 1m의 트렌치를 넣어 실시하였다〈도면 13〉.[70]

조사 지점의 성벽은 높이가 1.40m, 밑변 너비가 6m이다. 성벽은 편평하게 정지한 생토 상면 위로 판축다짐을 하여 쌓았는데 생토 상면은 불에 달구었고, 그 위에는 황갈색 사질토층(1층)을 깔은 다음에 모닥불을 피워 단단하게 하여 성벽의 기초로 삼았다. 그 위로는 밝은 토양과 짙은 토양을 번갈아 쌓아 올려 성벽의 중심부를 조성하였는데 위 부분은 토층들의 두께가 5~7cm이다. 중심부 바로 좌우 측면에는 단단한 갈색(안쪽, 9층) 혹은 흑색(바깥쪽, 8층)의 얇은 사질점토층들로 보강하였고, 더

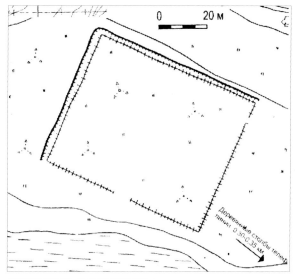

〈도면 13〉 끄라스노예 오제로성 평면도

70　Дьякова О.В., 2009, pp.88-92. (디야꼬바 O.V., 2009, 88-92쪽.)

바깥으로는 내·외 모두 갈색 사질토(7층)로서 측면을 보강하였다.

성 내의 발굴조사에서 말갈 수제 토기, 발해 윤제 토기, 뽀끄로브까 문화에 특징적인 토기 등이 출토되었다. 이 유적을 조사한 O.V.디야꼬바는 이 성을 발해국(698~927년)이 축조하였을 것으로, 그리고 유물에 뽀끄로브까문화의 영향도 보인다고 생각하였다.

(13) 시넬니꼬보산성

연해주 옥짜브리스끼 지구의 시넬니꼬보2 마을에서 서쪽으로 2.5km 거리의 라즈돌나야강(수이푼강) 우안 산 정상에 위치한다. 성의 평면모양은 길쭉한 반달 모양이다. 동서 길이는 260m, 남북 너비는 78m, 전체 둘레 길이는 약 700m, 면적은 약 1.3헥타르이다. 성의 북쪽과 동북쪽은 절벽이고, 동쪽은 가파른 경사면이며, 남쪽과 남서쪽은 상대적으로 덜 가파른 경사면이다. 성의 남쪽과 남서쪽 부분에 석축 성벽이 축조되어 있다. 석축 성벽의 높이는 밖에서 2.5m, 안에서 0.5m이고, 밑변 너비는 5m이다. 동쪽 부분에는 높이 0.5m, 밑변 너비 5m의 토축 성벽이 길이 12m 정도 존재하는 것으로 보고되어 있다. 문지는 남벽에서만 확인되는데 옹성문 형태이다. 성의 동쪽 끝 부분에서는 작은 보루가 하나 위치한다〈도면 14〉.

이 유적은 1983년에 발견되었고,[71] 1986년에 O.S.갈락찌오노프가 지표조사 및 측량을 하였다.[72] 이후 V.I.볼딘이 1996년[73]과 1997년[74] 그

---

71 Кузнецов А.М., Мерзляков А.В., 1985, Археологические исследования в УГПИ // Арсеньевские чтения. Уссурийск. (꾸즈네쪼프 A.M., 메르쯜랴꼬프 A.V., 1985, 「우수리스크 국립교육연구소 고고학조사들」, 『아르세니예프 독서』, 우수리스크.)

72 Галактионов ОС, 1987b, Отчет об археологических разведках на территории Приморского края в 1986 году // Архив ИА РАН. Р-1, № 11516. (갈락찌오노프 O.S., 1987, 『1986년도 연해주 지역 고고학 지표조사 보고서』, 러시아과학원 고고학연구소 문서보관소, Р-1, № 11516.)

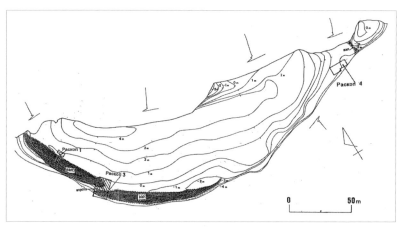

〈도면 14〉 시넬니꼬보1산성

리고 1999년[75]에 시굴 및 발굴조사를 실시하였으며, 2015년과 2016년
에는 대한민국 국립문화재연구소와 러시아과학원 극동지소 역사학고
고학민족학연구소가 공동으로 다시 이 유적을 발굴하였다.[76]

    V.I.볼딘은 문지, 성벽, 그리고 성 내 주거지를 조사하였다. 성벽은 단
면조사를 하였는데 1996~1997년에는 문지 서쪽 부분에 대해, 1999년

73 Болдин В.И., Никитин Ю.Г., 1966 참조. (볼딘 V.I., 니끼친 Yu.G., 1996 참조.)

74 Болдин В.И., 1997b. (볼딘 V.I., 1997b, 『1997년 연해주 크라스키노 성터, 시넬니꼬보
1 성터, 아누치노 구역의 야외조사 결과에 대하여』, 러시아과학원 역사고고학민속학
연구소 문서보관소.)

75 Болдин В.И., 1999, О результатах полевых исследований на городищах Краскинское и
Синельниково 1 в Приморском крае в 1999 году // Архив ИА и архив Института истории,
археологии и этнографии народов Дальнего Востока ДВО РАН. Ф. 1, оп 2, дело № 348. (볼딘
V.I., 1999, 『1999년 연해주 크라스키노 성터 및 시넬니꼬보1 성터 야외조사 결과에
대하여』, 러시아과학원 극동지소 역사학고고학민족학연구소 문서보관소, 폰드 1, 오
삐시 2, 젤로 348.)

76 남호현, 2016, 「연해주 시넬니코보-1 유적의 발굴 성과-2015~2016년 한·러 공동
발굴조사 결과를 중심으로-」, 『국제학술회의, 동아시아 고고학의 최신 성과와 해석』,
동북아역사재단.

에는 문지 동쪽 바로 가까운 부분에 대해 각각 실시하였다. 그 결과 두 곳 모두에서 속은 토축이고 겉은 석축인 일종의 토심석축 구조의 성벽이 확인되었다. 생토-암반 위로 토루가 조사되었는데 발해 이전 말갈 때에 쌓은 것으로 추정되었다. 주거지는 성의 동쪽 가장자리 부분에서 2기가 조사되었다. 1기는 지상식이며 평면 'ㄱ'자 모양의 구들 흔적이 관찰되었다. 다른 1기는 수혈식으로서 구들은 없고 노지만 확인되었다.[77]

국립문화재연구소는 이 유적의 3개 지점에서 발굴을 하였다. 제1구역은 성 내 중간 북편에, 제2구역은 성 동북 끝 부분의 보루 내에, 제3구역은 성의 서부 북편에 각각 설정되었다. 제1구역은 조사 면적이 390m²이다. 모두 14개의 수혈유구와 불명 유구가 조사되었는데 대부분 주거지와 저장용 수혈로 추정되었다. 다만 그 중 10호 수혈유구는 집수 관련 시설로 파악되었다. 제2구역에서는 신석기시대, 고금속기시대, 그리고 말갈 단계의 주거지 흔적들이 확인되었다. 제3구역에서는 수혈주거지 8기와 소형 수혈 4기가 조사되었다. 주거지는 모두 암반을 굴착하여 축조되었으며 평면모양은 모서리 둥근 방형이다. 주거지의 한 변 길이는 2.5~3m, 깊이는 약 0.5m이다. 유물은 토기, 철기, 청동기, 석기, 골각기 등이 출토되었다. 토기는 수제 토기가 다수이지만 윤제 토기도 있다.[78]

(14) 노보고르제예브까(끄루글랴야 소쁘까)산성

연해주 아누치노 지구의 노보고르제예브까 마을에서 북서쪽으로

77 Болдин В.И., 2001a, Городище Синельникова-1: раннесредневековый памятник Приморья // Традиционная культура Востока Азии, Выпуск 3, Благовещенск. (볼딘 V.I., 2001a, 「시넬니꼬보1성: 연해주의 중세 초기 유적」, 『아시아 동부의 전통문화』 3호, 블라고베쉔스크.)

78 남호현, 2016 참조.

5km 거리에 아르세니예브까강 우안의 홀로 솟아있는 *끄루글라야 소쁘까*⒮(山)에 위치한다. 성의 평면모양은 오각형에 가깝다. 토축 성벽이며, 성의 크기는 동서 190m, 남북 230m이다. 북벽과 동벽 북쪽 부분 밖의 평지 쪽에는 보조 성벽이 있다. 성 내부에는 인공적으로 만든 24개의 테라스가 있는데 대체로 너비가 5~15m 사이이지만, 성의 가운데 부분에는 너비가 25m 이상인 테라스도 있다. 성의 남서쪽 가장자리 가까이에는 크기가 20×20m인 보루가 하나 있다〈도면 15〉.

이 유적에 대해서 제정러시아의 지질학자 I.A.로빠찐, 역사학자 겸 고고학자 F.F.부쎄 등이 이미 언급한 바 있다. 하지만 발굴조사는 1965년, 1966년에 E.V.샤브꾸노프에 의해 시작되었다. 그는 성의 북쪽과 북서쪽 부분에서 2기의 주거지는 완전하게 1기의 주거지는 부분적으로 조사를 하였으며, 이 유적이 초기철기시대, 발해, 여진의 문화층을 구분됨을 확인하였다.[79] 이후 1970~1973년에는 L.E.세메니첸꼬 등이 동쪽 모서리 부분의 문지 안쪽과 북벽 가운데 성벽 등을 조사하였다.[80]

---

[79] Шавкунов Э.В., 1965, Отчет об археологических исследованиях на территории Приморского края в 1965 г. // Архив ИА АН СССР, Р-1, № 3050. (샤브꾸노프 E.V., 1965, 『1965년도 연해주 지역에서의 고고학 조사보고서』, 소련과학원 고고학연구소 문서보관소, Р-1, №3050.); Шавкунов Э.В., 1996, Отчет об археологических исследованиях на территории Приморского края в 1966 г. // Архив ИА АН СССР, Р-1, № 3343. (샤브꾸노프 E.V., 1996, 『1966년도 연해주 지역에서의 고고학 조사보고서』, 소련과학원 고고학연구소 문서보관소, Р-1, №3343.)

[80] Шавкунов Э.В., Леньков В.Д., Семениченко Л.Е., 1970, (샤브꾸노프 E.V., 렌꼬프 V.D., 세메니첸꼬 L.E., 1970, 『1970년도 연해주 지역에서의 고고학 조사보고서』, 소련과학원 고고학연구소 문서보관소, Р-1, №4101.); Шавкунов Э.В., Леньков В.Д., Семениченко Л.Е., 1971, Отчет об археологических исследованиях на территории Приморского края в 1971 г. // Архив ИА АН СССР, Р-1, № 4537. (샤브꾸노프 E.V., 렌꼬프 V.D., 세메니첸꼬 L.E., 1971, 『1971년도 연해주 지역에서의 고고학 조사보고서』, 소련과학원 고고학연구소 문서보관소, Р-1, №4537.); Шавкунов Э.В., Леньков В.Д., Семениченко Л.Е., 1972, Отчет об археологических исследованиях н а территории Приморского края в 1972 г. // Архив ИА АН СССР, Р-1, № 4785. (샤브꾸노프 E.V., 렌꼬프 V.D., 세메니첸꼬 L.E., 1972, 『1972년도 연해주 지역에서의 고고학 조사보고서』, 소련과학연

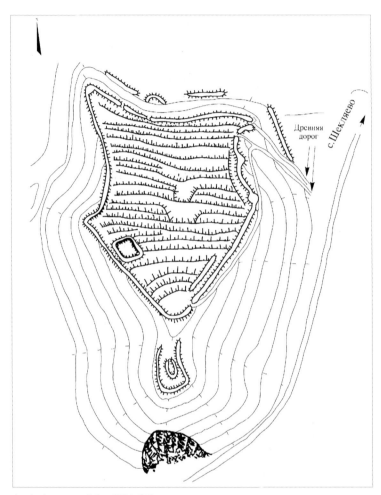

Древняя
дорог

с.Шекляево

〈도면 15〉 노보고르제예브까산성 평면도

구소 문서보관소, P-1, №4785.); Семениченко Л.Е., 1973, Отчет об археологтических исследованиях на Круглой сопке в Новогордеевском поселении в Анучинском районе Приморского края в 1973 г. // Архив ИА АН СССР, P-1, № 5040. (세메니첸꼬 L.E., 1973, 『1973년도 연해주 아누치노 지구 노보고르제예브까 마을의 그루글라야 소쁘까에서의 고고학 조사보고서』, 소련과학원 고고학연구소 문서보관소, P-1, №5040.)

1986~1987년^(제13구역)에는 V.I.볼딘이 다시 607m²의 면적을 조사하였
다.⁸¹ 2000년과 2001년도에는 V.I.볼딘이 성의 북쪽 제13구역에 인접
하여 77m² 면적으로 제14구역을 설정 조사하여 발해의 주거지 등을 확
인하였다.⁸²

현재 이 유적에서는 얀꼽스끼-리도브까 문화, 끄로우노브까문화, 올
가 문화, 발해, 그리고 여진의 문화층이 확인된 상태이며, 그 외에도 얀
꼽스끼-리도브까 문화보다 더 이른 시기의 유물도 발견되었다.⁸³

발해의 문화층은 성 내 발굴구역 모든 곳에서 확인되었다.⁸⁴ 하지만

---

81 Болдин В.И., 1987, Отчет о раскопках на Константиновском 1 селище и Новогордеевском
городище в Приморском крае в 1987 году // Архив ИИАЭ ДВО РАН. (볼딘 V.I., 1987,
『1987년도 연해주 꼰스딴찌노브까1 취락지 및 노보고르제예브까성 발굴보고서』,
러시아과학원 극동지소 역사학고고학민족학연구소 문서보관소.)

82 Болдин В.И., 2000a, Итоги полевых исследований на Краскинском и Новогордеевском
городищах в Приморском крае в 2000 г. // Архив ИИАЭ ДВО РАН. (볼딘 V.I., 2000a
『2000년도 연해주 크라스키노성 및 노보고르제예브까성 야외조사보고서』, 러시아
과학원 극동지소 역사학고고학민족학연구소 문서보관소.); Болдин В.И., 2001b, Отчет
о результатах полевых исследований на Новогордеевском городище в Приморском крае в 2001г.
// Архив ИИАЭ ДВО РАН. (볼딘 V.I., 2001b, 『2001년도 연해주 노보고르제예브까성
야외조사보고서』, 러시아과학원 극동지소 역사학고고학민족학연구소 문서보관소.)

83 Болдин В.И., Ивлиев А.Л., 2002, Многослойный памятник Новогордеевское городище -
материалы раскопок 1986-1987 годов // Труды ИИАЭ народов Дальнего Востока ДВО РАН,
Том XI, Актуальные проблемы дальневосточной археологии, Владивосток, pp.46~58. (볼딘
V.I., 이블리예프 А.L., 2002, 「다층위 유적 노보고르제예브까성 - 1986~1987년도
발굴 자료」, 『러시아과학원 극동지소 역사학고고학민족학연구소 저작들』 권11, 극동
고고학의 당면 문제들, 블라디보스토크, 46~58쪽.)

84 Болдин В.И., 1989b, Итоги изучения бохайского слоя на Новогордеевском городище в
1987 году // Новые материалы по средневековой археологии Дальнего Востока СССР,
Владивосток. (볼딘 V.I., 1989b, 「1987년도 노보고르제예브까성 발해층 조사 결과
들」, 『소련 극동의 중세고고학 신 자료들』, 블라디보스토크.); Болдин В.И., Дьякова О.В.,
Сидоренко Е.В., 1990, Новогордеевское городище как источник для периодизации культур
Приморья // Проблемы средневековой археологии Дальнего Востока, Владивосток, p.35.
(볼딘 V.I., 디야고바 О.V., 시도렌꼬 Е.V., 1990, 「연해주 문화들의 시기구분을 위
한 자료로서의 노보고르제예브까성」, 『극동 중세고고학의 문제들』, 블라디보스토
크, 35쪽.)

성 내의 북서쪽 제13구역에서 가장 잘 남아있었는데, 이곳에서도 발해의 구들 주거지가 1기 조사되었다. 이 18호 주거지는 테라스에 조성되었다. 지상식이고, 평면 장방형이며, 면적은 약 20m²이다. 장축이 남-북 방향으로 나있다. 주거지의 가장자리를 따라 6개의 기둥구멍이 서로 대칭을 이루며 배치되어 있다. 출입구는 북서쪽의 아궁이 앞쪽으로 추정되었다. 고래는 2줄이며 평면 'ㄱ'자 모양이다. 굴뚝은 주거지 밖에 위치하였다. 이 18호 주거지에서 서쪽으로 5~6m 떨어진 곳에서 발해 때의 성벽이 발견되었다.[85]

발해 성벽은 12~13세기의 토축 성벽에 의해 일부가 덮인 상태로 생토 상면에서 그 흔적이 확인되었는데 바로 2열의 기둥구멍들이다. 외측 열은 낭떠러지의 가장자리를 따라, 내측 열은 외측 열과 60~110cm의 거리를 두고 각각 나있었다. 외측 열은 직경 30~45cm, 깊이 21~40cm인 8개의 원형 기둥구멍으로서 간격은 110~150cm다. 내측 열은 7개의 기둥구멍인데 그 중 4개는 크기가 90~140×60~75cm인 타원형의 큰 구덩이이고, 나머지 3개는 크기가 직경 22~30cm, 깊이 13~30cm인 작은 구덩이이다. 내측 열 기둥구멍들 간의 간격은 100~140cm이다. 여기에서 기둥구멍의 깊이가 낮은 것은 여진 시기 토축 성벽 조성시에 생토면이 훼손되었기 때문인 것으로 판단되었다. 한편 발해 성벽의 흔적은 성의 서쪽 가장자리 부분에 설정한 제11구역의 여진 주거지 아래에서도 확인된 바 있다고 한다.[86] 전체적으로 발해 시기 성벽은 양측 면을 목재로 외판을 한 너비 1m의 토축 성벽이었을 것으로,[87] 혹은

85 Болдин В.И., Ивлиев А.Л., 2002, pp.46~58. (볼딘 V.I., 이블리예프 A.L., 2002, 46~58쪽.)
86 Болдин В.И., 1987, p.101. (볼딘 V.I., 1987, 101쪽.); Болдин В.И., 1989b, 1987 году // Новые материалы по средневековой археологии Дальнего Востока СССР, p. 89. (볼딘 V.I., 1989b, 89쪽.);
87 Болдин В.И., Ивлиев А.Л., 2002, p.52. (볼딘 V.I., 이블리예프 A.L., 2002, 52쪽.); Болдин В.И., 1989b, p.89. (볼딘 V.I., 1989b, 89쪽.)

목책일것으로[88] 추정되었다. 최근 남한지역의 고구려 보루들과 남성골 산성 등의 성벽 축조 방식에 대한 연구결과[89]를 통해 볼 때 두 의견 모두 가능성이 있다고 생각되지만 기둥구멍들 외에는 석축이나 토축의 흔적이 전혀 발견되지 않았기 때문에 남성골 산성의 경우와 같이 목책이었을 가능성이 더 높다고 생각된다.

(15) 끄라스나야 소쁘까2산성

연해주 끼로프 지구의 끼롭스끼 마을에서 북동쪽으로 3km 거리의 우수리강 좌안 산에 위치한다〈도면 16〉. 2007~2011년까지 고려학술문화재단과 속초시의 지원을 받아 A.M.끄류빤꼬가 발굴하였다.[90] 2007년에는 시굴조사를 실시하였고, 2008년에는 5×5m 크기의 면적을 발굴하여 2기 주거지의 일부분들을 노출시켰다. 2009년에는 2008년도 발굴구역의 북벽에 잇대어 다시 50m²를 발굴하였다. 이 때 2기의 새로운 주거지의 일부가 다시 조금씩 노출되었다. 2010년에는 2009년에 노출된 석축구조물과 2008년에 노출된 주거지에 대해 추가 조사를 하였는데 낭떠러지 가장자리 부분에서 석축 열이 노출되어 성벽일 가능성이 제기되었다. 2011년에는 다시 25m²를 확장하였다. 이곳에서는 구들의 흔적이 확인되었다. 보고 내용이 지극히 소략하여 유구에 대한 자세

---

88 E.V. 샤브꾸노프 엮음, 송기호·정석배 옮김, 1996, 『러시아 연해주와 발해 역사』, 민음사, 97쪽.

89 심광주, 2014, 「고구려 성곽 발굴조사 성과와 축성기법」, 『아차산 일대 보루군의 역사적 가치와 보존방안』, 한강문화재연구원.

90 Крупянко А.А., Кудряшов Д.Г., Акуленко В.С., 2011, 「Археологичемкий памятник эпохи Бохай - Красная Сопка II. Итоги и перспективы исследования」, 『2011 속초 발해의 꿈 프로젝트 한·중·러·일 발해 국제학술회의』, 속초시·고구려발해학회. (끄루빤꼬 A.M., 꾸드랴쇼프 D.G., 아꿀렌꼬 V.S., 2011, 「발해시대의 고고학 유적-끄라스나야 소쁘까 II. 조사 결과와 전망」, 『2011 속초 발해의 꿈 프로젝트 한·중·러·일 발해 국제학술회의』, 속초시·고구려발해학회.

〈도면 16〉 끄라스나야 소쁘까2산성 전경

한 내용은 파악되지 않는다.

유물은 토기가 편 상태로 가장 많은 수량으로 출토되었고, 가축과 들 짐승 그리고 물고기의 뼈도 다량 출토되었으며, 그 외에도 철제 칼, 띠 꾸미개, 화살촉, 못, 골제 화살촉, 유리제품, 석제품, 청동제품, 전돌편 등 이 출토되었다. 이 유적은 발해 후기의 유적으로 편년되었다.

(16) 이즈베스뜨꼬바야 소쁘까산성

연해주 쉬꼬또보 지구의 쉬뜨이꼬보 마을에서 북동쪽으로 5.6km 떨 어진 아르쩨모브까강의 옛 하상의 우안 골루비나 산에 위치한다. 동쪽 과 남쪽은 절벽이고 서쪽은 가파른 경사면으로서 성벽은 서쪽과 북쪽 부분에 축조되었다. 성 내부는 채석장으로 사용되어 대부분 훼손되었 다. 성의 평면도는 1968년에 발표된 것이 있고, 또 1991년에 새로이 작 성된 것 이 있는데 서로 차이를 보인다. 이 유적에서는 얀꼽스끼 문화, 끄로우노브까문화, 뽈쩨-올가 문화, 그리고 말갈의 토기, 발해문화층, 여진문화층이 확인되었다〈도면 17〉.[91]

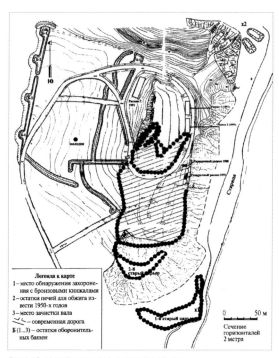

〈도면 17〉 이즈베스뜨꼬바야 소쁘까산성 평면도

　　초축 성벽은 발해 때에, 증축 성벽은 금대에 각각 쌓은 것으로 판단
되었다. 성벽은 유적의 서쪽 부분에 잔존하고 있다. 가장 외측의 서벽은
남북 방향으로 난 부분이 길이 240m이고 치가 4개 남아 있다. 외측 서
벽 밖에는 해자가 있다. 외측 서벽의 남쪽에서 남벽이 동쪽으로 이어지
다가 복잡한 구조의 옹성 문지에서 중단된다. 성의 북쪽 경계를 따라서
는 높이 약 0.3~0.4m, 너비 약 1m의 상징적인 성벽이 가파른 낭떠러지

91　Никитин Ю.Г., 2015, Результаты исследований городища Известковая Сопка //
　　Средневековые древности Приморья, Выпуск 3, Владивосток. (니끼친 Yu.G., 2015, 「이
　　즈베스뜨고바야 소쁘까성 조사 결과들」, 『연해주 중세 유적들』 3호, 블라디보스
　　토크.)

위를 따라 약 120m 길이로 나있었다. 성벽 단면조사는 옹성 문지 동쪽에 위치하는 이중의 동서 방향 남벽 중에서 안쪽의 일직선 성벽(내성 남벽)의 동쪽 끝 도로에 의해 절단된 부분에 대해 실시하였다. 단면조사 지점의 성벽은 높이가 밖에서 5m, 안에서 1.8m, 밑변 너비가 13m이다. 성벽은 단단한 적갈색 사질점토 생토 상면을 정지한 다음에 그 위로 쌓았는데 두 단계에 걸쳐 축조가 되었다. 성벽의 안쪽 부분에는 단면도에서 볼 때에 생토 위로 나지막하게 토축 성벽이 하나 형성되어 있는데 바로 발해 때에 쌓은 것이다.

(17) 루다노브까산성

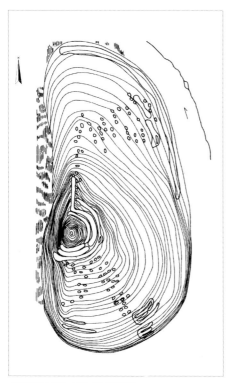

〈도면 18〉 루다노브까 산성 평면도

연해주 아누치노 지구의 아누치노 마을에서 북동쪽으로 3km 거리의 산에 위치한다. 1978년에 A.P.오끌라드니꼬프와 D.L.브로댠스끼가 성 내부의 정상 부분에 대해 발굴조사를 하였다. 3개 문화층이 확인되었는데, 가장 위의 문화층에는 중세 성벽과 도로 그리고 100기 이상의 주거지 구덩이가, 가운데의 문화층은 초기 철기시대 뽈쩨문화 13기의 주거지가 각각 해당되며, 가장 아래 문화층은 아누치노문화에 속한다〈도면 18〉.[92]

성벽은 산의 정상부분과 아래 기슭 부분에 내성과 외성을 이루며 배치되어 있다. 북쪽과 동쪽의 루다놉스끼 개울 쪽에는 성벽이 산의 기슭에 배치되어 있는데 이 성벽의 안쪽 가운데 부분에는 다른 성벽이 짧게 조성되어 있다. 산의 남쪽과 남서쪽 기슭 부분에도 성벽들이 짧게 배치되어 있다. 산의 정상에는 3중의 성벽과 해자가 남쪽의 완경사면을 따라 반원 모양을 이루며 시설되어 있다. 경사가 급한 산의 서쪽 부분에는 성벽이 없다. 하지만 이곳에는 고대의 오솔길이 나있다. 정상 부분의 3줄 성벽 중 남쪽 성벽에 트렌치를 넣어 절개조사를 하였는데 아래에는 얇게 다짐을 한 사질점토층들, 그 위에는 잔돌이 섞인 사질토와 큰 돌들이 층을 이루고 있었다. 이곳 성벽의 높이는 1.42m, 너비는 11m이다. 사질토에서 회색의 윤제토기편이 섞여 있었다. 중세의 주거지 중 가장 잘 남아있는 것은 8호 주거지로서 수혈식이며, 크기는 4.4×3.7m, 깊이 0.3~0.6m이다. 주거지 바닥에서 슬래그 편들과 윤제 토기편들이, 또한 주거지의 어깨 부분에서는 개원통보가 1점 각각 발견되었다. 이 유적에서는 다수의 윤제 토기와 함께 말갈계의 수제 토기도 적지 않게 출토되었다. 전체적으로 이 유적의 중세 문화층은 9~11세기로 편년되었다.

(18) 아우로브까산성

아누치노 지구의 아우로브까 마을에서 북쪽으로 약 3km거리에, 무라베이까 강 좌안의 산 정상에 위치한다(도면 19). 1971년[93]과 1972년[94]에

---

92 Бродянский Д.Л., Соболева М.В., 2008, Средневековые комплексы Рудановского городища // Столетие великого АПЭ к юбилею академика Алексея Павловича Окладникова., Тихоокеанская археология, выпуск 16, Владивосток, (브로단스끼 D.L., 소볼레바 M.V., 2008, 「루다노브가성 중세 복합체」, 『아카데믹 A.P.오끌라드니꼬프 기념 위대한 APE 백주년, 태평양고고학』 16호, 블라디보스토크.)

93 Глактионов О.С., Шавкунов Э.В., 1971, Археологическая разведка на территории Приморского края в 1971 году / Отчет о полевых исследованиях на территории Приморского и

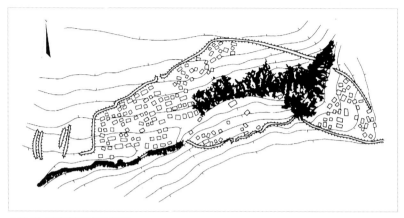

〈도면 19〉 아우로브까산성 평면도

O.S.갈락찌오노프 등이 처음으로 유적을 지표 조사하였으며, 1997년
부터 2000년까지 E.V.샤브꾸노프가 발굴조사를 하였다.[95]

Хабаровского краев в 1971 году // Архив ИА РАН, Р-1, № 4537. (갈락찌오노프 O.S., 샤브
꾸노프 E.V., 1971, 「1971년도 연해주지역 고고학 지표조사보고서」, 『1971년도 연
해주와 하바롭스크 주에서의 야외조사보고서』, 러시아과학원 고고학연구소 문서보
관소, Р-1, № 4537.)

94 Галактионов ОС, 1972, Отчет об археологической разведке в Приморье в 1972 г. // Архив ИА
РАН, Р-1, № 5141. (갈락찌오노프 O.S., 1972, 『1972년도 연해주에서의 고고학 지표
조사보고서』, 러시아과학원 고고학연구소 문서보관소, Р-1, № 5141.)

95 Шавкунов В.Э., 1997, Отчет о раскопках Ауровского городища и об археологической разведке
в Партизанском районе Приморского края в 1997 году // Архив ИА РАН, Р-1, №
1975. (샤브꾸노프 E.V., 1997, 『1997년도 연해주 아우로브까성 발굴조사 및 빠르
띠잔스크 지구에서의 고고학 지표조사보고서』, 러시아과학원 고고학연구소 문서
보관소, Р-1, № 1975.); Шавкунов В.Э., 1998, Отчет о раскопках Ауровского городища
в Анучинском районе Приморского края в 1998 г. // Архив ИИАЭ ДВО РАН, Ф. 1, оп. 2, д.
417. (샤브꾸노프 E.V., 1998, 『1998년도 연해주 아누치노 지구 아우로브까성 발굴
조사보고서』, 러시아과학원 극동지소 역사학고고학민족학연구소 문서보관소, 폰드
1, 오삐시 2, 젤로 417.); Шавкунов В.Э., 2000, Отчет о раскопках Ауровского городища и
археологической разведке в Анучинском районе Приморского края в 1999 г. // Архив ИИАЭ
ДВО РАН, Ф. 1, оп. 2, д. 428. (샤브꾸노프 E.V., 2000, 『1999년도 연해주 아누치노
지구 아우로브까성 발굴조사보고서』, 러시아과학원 극동지소 역사학고고학민족학
연구소 문서보관소, 폰드 1, 오삐시 2, 젤로 428.); Шавкунов В.Э., Отчет о раскопках

이 산성은 평면 모양이 길쭉한 반달 모양에 가까우며, 성벽을 돌로 쌓았다. 성벽의 전체 둘레길이는 1,250m이고, 성벽의 높이는 1.5~2m 부터 2.5~3m까지이며, 성벽 기저부의 너비는 4~5m이다.[96] 산성은 자연 지형에 의해 3부분으로 구분되는데 각 부분에 1개씩의 문지가 있고, 절벽이 있는 곳에는 따로 성벽을 쌓지 않았다. 문지는 너비 2m까지의 단절부 모양을 하고 있는데, 문지 양쪽의 성벽은 일반적인 성벽에 비해 두 배 정도가 더 두껍다. 치는 단 하나도 발견되지 않았다.

이 유적에서의 조사내용은 편년문제와 관련하여 일부가 논문 형식으로 소개된 것[97]을 제외하면 아직 자세한 내용이 공표되지 않았다. 발굴은 성의 북동쪽 부분에 대해 실시되었다. 유적의 문화층은 상층, 중층, 하층으로 구분되었다. 하층에서는 청동기시대, 중층에서는 끄로우노브까문화, 올가문화, 그리고 말갈의 유물이 각각 출토되었다. 상층은 토기는 발해의 것과 매우 유사하지만 약간 다른 특징의 구들 주거지와 몇몇 유물들을 통해 발해 멸망 이후의 시기로 편년되었다.

상층에서는 모두 7기의 주거지가 완전히 조사되었고, 그 외 2기의 주거지가 부분적으로 조사되었다. 주거지에는 모두 'ㄱ'자 모양의 두 줄 고래 구들이 시설되어 있었다. 윤제 토기는 비록 종류는 적어도 형태가

Ауровского городища в Анучинском районе Приморского края в 2000 г. // Архив ИИАЭ ДВО РАН, Ф.1, оп.2, д. 436. (샤브꾸노프 E.V., 『2000년도 연해주 아누치노 지구 아우로브까성 발굴조사보고서』, 러시아과학원 극동지소 역사학고고학민족학연구소 문서보관소, 폰드 1, 오삐시 2, 젤로 436.)

96 대한민국 문화재청 국립문화재연구소·러시아과학원 극동지부 역사학고고학민속학연구소, 2007, 106~108쪽.

97 Шавкунов В.Э., Гельман Е.И., 2002, Многослойный памятник Ауровское городище // Труды Института истории, археологии и этнографии народов Дальнего Востока ДВО РАН, Том XI, Актуальные проблемы дальневосточной археологии, Владивосток. (샤브꾸노프 V.E., 겔만 E.I., 2002, 「다층위 유적 아우로브까성-1986~1987년도 발굴 자료」, 『러시아과학원 극동지소 역사학고고학민족학연구소 저작들』 권11, 극동고고학의 당면 문제들, 블라디보스토크.)

연해주의 발해 후기 단계 유적 출토 토기들과 동일한 것으로, 또한 자연 모래를 함유하는 태토도 발해 토기와 같은 것으로 각각 판단되었다. 하지만 환원소성 토기의 수량이 니꼴라예브까2성 등의 발해유적들에서 보다는 적고, 그 외에 느린 물레와 빠른 물레 토기의 공존, 과형 토기의 발견 등도 지적되었다. 다만 과형 토기는 발해 후기에 특징적인 것으로 언급되었다. 따라서 전체적으로 이 산성 출토 상층 토기는 발해의 가장 늦은 단계 토기들과 상응하는 것으로 판단되었다. 한편 '곰 발바닥' 무늬가 있는 토기편이 있는데 노보고르제예브까 마을유적의 것과 비교하여 발해 이후의 것으로 판단하였다. 토기 외에도 철제 화살촉, 철제 고리 등의 유물도 출토되었다.

(19) 니꼴라예브까성

빠르띠잔스크 지구의 니꼴라예브까 마을 북쪽 가장자리에 위치한다. 이곳은 빠르띠잔스까야강과 합수하는 보도빠드나야강의 하구에서 동북쪽으로 900m 떨어진 빠르띠잔스까야강의 좌안 벌판이다. 이 유적은 1871년에 P.까파로프, 1889년에 F.F.부쎄 등이 방문한 적이 있으며, 1960년, 1962년에는 E.V.샤브꾸노프가,[98] 1997년에는 Yu.G.니끼친이,[99] 2003년부터는 N.G.아르떼미예바가[100] 각각 발굴을 하였다.

98 Шавкунов Э.В., 1960, Отчет о раскопках парадной арки на территории Николаевского городища в 1960 г. // Архив ИА РАН. Р-1, № 2424. (샤브꾸노프 E.V., 1960, 『니꼴라예브까성 내 의례 아치 발굴조사보고서』, 러시아과학원 고고학연구소 문서보관소, Р-1, № 2424.); Шавкунов Э.В., 1962, Отчет о полевых археологических исследованиях в долине р. Сучан в Приморском крае в 1962 г. // Архив ИА РАН. Р-1, № 2581. (샤브꾸노프 E.V., 1962, 『1962년도 연해주 수찬 강 유역에서의 고고학 야외조사 보고서』, 러시아과학원 고고학연구소 문서보관소, Р-1, № 2581.)

99 Никитин Ю.Г., 1997, О результатах археологических исследований в Октябрьском районе и на Николаевском городище в Партизанском районе Приморского края в 1997 году // Архив ИА РАН. Р-1, № 21377. (니끼친 Yu.G., 1997, 『1997년도 연해주 옥짜브리스끼 지구와 빠

성은 평면모양이 말각 사다리꼴인데 강변 낭떠러지가 있는 북서벽은 직선이고, 나머지 북동벽, 남동벽, 남서벽은 모두 조금씩 호선을 이룬다. 성벽의 전체 둘레길이는 1,550m이다. 성의 면적은 약 33ha이다. 성벽은 기본적으로 흙으로 쌓았는데 작은 자갈을 섞어 넣었다. 그런데 성벽 표면 부분에서는 큰 돌들도 보인다. 성벽의 높이는 10m, 기저 부분 너비는 25m까지다. 성벽에는 3개의 문지가 확인된다. 북동벽과 남쪽 모서리 부분에는 각각 1개씩의 옹성문지가 있고, 남동벽에는 단절부 형태의 문지가 있다. 성벽에는 모두 12개의 치가 있다. 성벽 밖에는 해자가 시설되었다. 성의 북쪽 부분에는 내성으로 불리는 장방형의 공간이 있다. 내성 공간은 면적이 800m²이다. 성의 북서벽 안쪽을 따라서는 성을 관통하여 철도가 부설되어 있다.

성 내의 문화층은 2개가 확인되었다. 하층은 발해 시기에, 상층은 금대 여진시기에 각각 속한다. 이 성에서는 발해 시기 좌효위장군섭리계 (左驍衛將軍攝利計)라는 명문이 새겨진 물고기모양 청동부절이 발견된 바 있다.[101]

르띠잔스크 지구 니꼴라예브까성에서의 고고학조사 결과에 대해』, 러시아과학원 고고학연구소 문서보관소, P-1, No. 21377.)

100 Артемьева Н.Г., 2003, Отчет об археологических исследованиях Николаевского городища в Партизанском районе Приморского края в 2003 году // Архив ИИАЭ ДВО РАН. Ф. 1, оп. 2, д. 549. (아르쩨미예바 N.G., 2003, 『2003년도 연해주 빠르띠잔스크 지구 니꼴라예브까성 고고학조사보고서』, 러시아과학원 극동지소 역사학고고학민족학연구소 문서보관소, 폰드 1, 오삐시 2, 젤로 549.); Артемьева Н.Г., 2004, Отчет об археологических исследованиях Николаевского городища в Партизанском районе Приморского края в 2004 году // Архив ИИАЭ ДВО РАН. Ф. 1, оп. 2, д. 560. (아르쩨미예바 N.G., 2004, 『2004년도 연해주 빠르띠잔스크 지구 니꼴라예브까성 고고학조사보고서』, 러시아과학원 극동지소 역사학고고학민족학연구소 문서보관소, 폰드 1, 오삐시 2, 젤로 560.)

101 Шавкунов Э.В., 1989, Бронзовая верительная бирка в виде рыбки из Николаевского городища // Советская археология, № 1. (샤브꾸노프 E.V., 1989, 「니꼴라예브까성 출토 물고기모양 청동부절」, 『소비에트 고고학』, No. 1.)

2) 주거유적

(1) 체르냐찌노2 주거유적

연해주 옥짜브리스끼 구역의 체르냐찌노 마을 서남쪽으로 라즈돌나야(수이푼)강을 건너 강 우안 테라스에 위치한다. 유적의 동쪽으로는 오를리하 개천이 지나간다. 서쪽의 체르냐찌노5 고분군과는 약 0.5km 떨어져 있다. 그 외에도 유적의 동쪽에는 시넬니꼬보 발해 산성이, 남쪽에는 체르냐찌노3 보루 유적이 각각 위치한다.

이 유적은 1997년에 라즈돌나야강 우안 지역에 대한 지표조사에서 발견되었다. 발굴조사는 1998년에 시작되었다.[102] 2007년과 2008년[103]에는 한국전통문화대학교와 극동국립기술대학교 및 러시아과학원극동지소 역사학고고학민족학연구소가 공동으로 유적의 동북쪽 모서리 부분에서 과거 조사되었던 제1구역과 제2구역에 인접하게 제3구역을, 그리고 그 약간 남서쪽으로 제4구역을 각각 설정하여 조사를 실시하였다. 그 외에도 유적 일대에 대해 모두 10개의 시굴피트를 조사하였다 〈도면 20〉.

유적의 동북 모서리 부분에 설정된 제1구역, 제2구역, 제3구역에서

---

102 Никитин Ю.Г., 1998, Отчет о результатах археологических исследований на поселении Чернятино 2 в Октябрьском районе Приморского края в 1998 году // Архив Института археологии РАН. (니끼친 Yu.G., 1998, 『1998년도 연해주 옥짜브리스끼 지구 체르냐찌노2 주거유적 고고학조사 결과보고서』, 러시아과학원 고고학연구소 문서보관소.);
Никитин Ю.Г., Гельман Е.И., Болдин В.И., 2002, Результаты исследования поселения Чернятио 2 // Археология и культурная антропология Дальнего Востока и Центральной Азии, Владивосток. (니끼친 Yu.G., 겔만 E.I., 볼딘 V.I., 2002, 「체르냐찌노2 주거유적 조사 결과들」, 『극동과 중부아시아의 고고학과 문화인류학』, 블라디보스토크.)

103 정석배·Yu.G.니끼친·신한정·김용갑·정승탁·E.Yu.니끼친, 2009, 『연해주 체르냐찌노2 옥저·발해 주거유적(Ⅱ)』, 대한민국 문화재청 한국전통문화학교·러시아연방 극동국립기술대학교·러시아과학원 극동지소 역사학고고학민족학연구소.

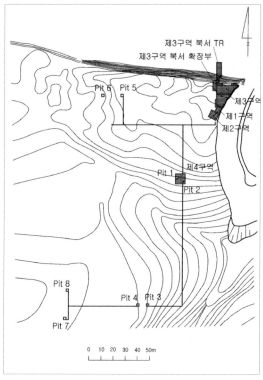

제3구역 북서 TR
제3구역 북서 확장부
Pit 6 Pit 5
제3구역
제1구역
제2구역
제4구역
Pit 1
Pit 2
Pit 8
Pit 4 Pit 3
Pit 7

0 10 20 30 40 50m

〈도면 20〉 체르냐찌노2 주거유적 발굴현황도

는 청동기시대 주거지 일부, 초기 철기시대 끄로우노브까문화의 구들 주거지 2기와 토기 가마 바닥, 발해의 구들 주거지 1기, 다수의 폐기물 구덩이, 19세기 말 한인이주민들이 남긴 온돌 주거지 1기 등이 조사되었다. 제4구역에서는 발해의 폐기물 구덩이와 석축 저장시설 등이 조사되었다. 그 외에도 신석기시대 유물이 수습되어 이 유적이 이미 신석기시대부터 사용되었음을 알 수 있다. 유물은 청동기시대와 초기 철기시대 그리고 발해의 것들이 출토되었다. 이 유적에서는 폐기물 구덩이 등에서 말갈계의 심발형 토기와 삼태기모양 토기도 적지 않게 출토되어 말갈 문화층의 존재도 제기되었지만 시기는 모두 발해 때의 것으로 판단된다.

청동기시대 주거지는 1호 주거지, ㄲ로우노브까문화 구들은 5호와 7호 주거지, 발해 구들은 2호 주거지, 19세기 구들은 9호 주거지로 각각 명명되었다.

1호 주거지는 제1구역에 위치하며 유적의 동편 가장자리 부분에서 발견되었다. 때문에 대부분이 낭떠러지에 의해 이미 유실된 상태였는데 서벽이 전체적으로 잔존하였다. 평면 방형 계통의 주거지로 추정되었다. 서벽은 길이가 2.9m이다. 수혈식인데 깊이가 15~30cm이다. 주거지 내부에서 수 개의 구멍이 조사되었는데 벽 안쪽을 따라 나있는 것들은 기둥구멍일 것으로 생각된다. 주거지 내에서 청동기시대 토기편들과 석기 등이 출토되었다. 도면에 표시된 레벨을 통해 판단할 때에 주거지 어깨선은 지표 아래 120~130cm 깊이에서 노출되었다.

발해의 2호 주거지 구들은 평면상 'ㄷ'자 모양이며, 2줄 고래 구들이다. 아궁이의 측면과 안쪽에는 판석을 세워 대었고, 바닥은 편평하고 오랜 사용으로 인하여 딱딱해져 있다. 고래의 벽은 흙으로 되어 있으며, 고래에는 판석으로 된 구들장을 덮었다. 고래의 바닥과 벽도 오랜 사용으로 인해 딱딱하게 굳어 있다. 아궁이의 바깥쪽 가장자리에서 맞은편 바깥쪽 고래의 바깥쪽 가장자리까지의 길이는 4.4m이다.

ㄲ로우노브까문화의 5호와 7호 구들은 2기 모두 평면상 'ㄷ'자 모양이며, 외고래 구들이다. 5호 구들의 아궁이는 고래에 비해 넓고 바닥은 오랜 사용으로 인해 딱딱하게 굳어 있고, 그 위에는 재가 채워져 있었다. 고래의 벽은 흙으로 되어 있고, 벽의 외피는 약간 딱딱하고, 안에는 재가 일부 채워져 있었다. 고래에 구들장을 덮었는지의 여부는 분명하지 않지만 주변에서 움직인 판석들이 확인되었다. 5호 쪽구들의 확인된 길이는 3.9m이다. 7호 구들은 아궁이가 판석으로 이루어져 있고, 오랜 사용으로 인해 바닥이 매우 딱딱하게 굳어 있다. 고래의 양 벽은 모두 흙으로 되어 있고, 외피는 비교적 딱딱한 편이다. 고래 위로 판석이 하

나 남아 있어 구들장을 사용하였음이 확인된다. 전체 길이는 약 2.4m이다. 5호 구들은 고래가 7호 구들의 아궁이 위로 만들어져 있기 때문에 7호 구들이 더 이른 시기에 사용되었음을 알 수 있다. 하지만 두 구들은 구조와 발견된 위치가 서로 비슷하여 시간적 차이가 크게 나지는 않을 것이다.

19세기에 한인 이주민들이 남긴 것으로 생각되는 9호 주거지 온돌은 유적의 동북쪽 모서리 부분에서 테라스의 북쪽 가장자리 쪽으로 위치한다. 온돌과 재를 버린 장소로 이루어져 있는데 주거지의 전체 모양은 방형이었을 것으로 추정된다. 테라스의 가장자리 쪽에 배치된 아궁이는 평면상 원형의 구덩이를 파고 좌우 가장자리에 돌을 쌓아서 만들었다. 재를 버린 곳은 아궁이의 왼쪽이다. 구들의 고래는 처음에는 3갈래로 시작되었다가 나중에 모두 11갈래로 나뉜다. 고래 위에는 일부 구간에 구들장이 놓여 있었다. 굴뚝은 남아 있지 않지만 주거지의 동남쪽 모서리 부분에 있는 큰 판돌이 굴뚝과 관련되었을 것으로 생각된다. 온돌은 전체 크기가 길이 약 1.9m, 너비 약 2.7m이다. 아궁이를 포함하는 온돌의 길이는 약 2.5m이다. 온돌의 방향은 네 면이 방위 방향이다.

제4구역에서 조사된 석축 저장시설 2기는 유구 13과 유구 16으로 각각 명명되었다. 유구 13이 유구 16의 남서쪽 부분을 파괴하고 만들어졌다. 전체가 남아 있는 유구 13 석축 저장시설은 막돌과 강돌을 섞어 2열로 쌓았는데 안쪽 열에는 상대적으로 큰 돌을 사용하였다. 평면상 장방형이며, 벽을 포함한 전체 크기는 2.5×2.15m이고, 안쪽 크기는 1.8×1.5m이다. 석벽의 잔존 높이는 약 40cm이다. 남쪽 석벽 안쪽을 따라 큰 판돌 3매가 놓여 있었고, 서벽과 남벽 모서리 부분에는 판돌 하나가 벽과 바닥에 걸치어진 상태로 발견되었다.

체르냐찌노2 유적에서는 상기한 각 시기의 토기 유물들 외에도 발해 시기의 동물 뼈와 물고기 뼈, 골촉, 철촉, 각종 뼈 장신구, 조개껍질 단추, 집 모양 토제품, 옥 제품 등등 다량의 유물이 출토되었다.

(2) 꼰스딴찌노브까1 주거유적

연해주 옥짜브리스끼 구역의 꼰스딴찌노브까 마을에서 남동쪽으로
약 2km 거리의 라즈돌나야강 우안에 위치한다. 1985년에 A.L.이블리
예프가 발견하였고, 1986년에 O.S.갈락찌오노프가 지표조사를 하였으
며,[104] 1987년,[101] 1988년,[102] 1991년,[103] 1992년[104]에 V.I.볼딘이 발굴
조사를 하였다〈도면 21〉.[105]

1987년에는 유적의 동쪽 가장자리 강변 노출면을, 1988년에는 제1
구역과 제2구역을, 1991년에는 제3구역을, 1992년에는 제5구역을 각
각 조사하였다. 제4구역은 설정은 하였으나 조사는 하지 못한 것으로
파악된다. 구들이 딸린 주거지 5기, 수혈식 건물지 2기, 추정 건물지 1기,

---

104 Галактионов ОС, 1987, Отчет об археологических разведках на территории Приморского
края в 1986 году // Архив ИА РАН.- Р-1, № 11516. (갈락찌오노프 O.S., 1987, 『1986년
도 연해주 지역 고고학 지표조사 보고서』, 러시아과학원 고고학연구소 문서보관소.
-Р-1, № 11516.)

105 Болдин В.И., 1988 참조. (볼딘 V.I., 1988 참조.)

106 Болдин В.И., 1989a, Отчет о раскопках на селище Константиновском 1 в Приморском крае в
1988 году // Архив ИА РАН.- Р-1, № 12703. (볼딘 V.I., 1989a, 『1988년도 연해주 꼰스
딴찌노브까1 마을유적 발굴조사보고서』, 러시아과학원 고고학연구소 문서보관소.
-Р-1, № 12703.)

107 Болдин В.И., 1992, Отчет об исследованиях на Константиновском 1 селище в 1991 году //
Архив ИА РАН.- Р-1, № 16610, 1992. (볼딘 V.I., 1992, 『1991년도 꼰스딴찌노브까1
마을유적 조사보고서』, 러시아과학원 고고학연구소 문서보관소. -Р-1, № 16610.)

108 Болдин В.И., 1993, Отчет о раскопках на Константиновском 1 селище в Октябрьском районе
Приморского края в 1992 году // Архив ИА РАН.- Р-1, № 17110. (볼딘 V.I., 1993, 『1992
년도 연해주 옥짜브리스끼 구역 꼰스딴찌노브까1 마을유적 발굴조사보고서』, 러시
아과학원 고고학연구소 문서보관소. -Р-1, № 17110.)

109 정석배·니끼친 Yu.G.·볼딘 V.I.·레쉔꼬 N.V. 2010, 『연해주의 발해유적과 꼰스딴
찌노브까1 마을유적』, 대한민국 문화재청 한국전통문화학교·러시아과학원 극동지
소 역사학고고학민족학연구소.

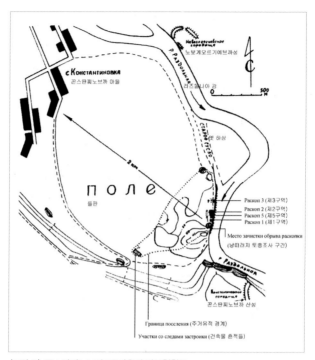

<도면 21> 꼰스딴찌노브까1 주거유적 발굴현황도

곡물저장구덩이 1기, 토제품 가마 1기, 도로유구 1기, 노지가 딸린 구덩이 1기, 용도불명의 대형 수혈과 크고 작은 구덩이들, 기둥구멍들 등이 조사되었다.

　초기 철기시대 끄로우노브까 문화층, 말갈 문화층, 하건축면, 중건축면, 상건축면으로 각각 구분되었는데 하건축면과 중건축면은 발해 혹은 발해와 약간 뒤이은 시기의 것으로, 상건축면은 여진 시기의 것으로 각각 파악되었다. 유구와 유물들은 대부분 발해 시기의 것으로 파악되었고, 극히 소량의 유물들은 초기 철기시대, 발해 이전 말갈, 여진, 한인 이주민들이 남긴 것으로 생각되었다.

　최근에는 이 유적에 대한 종합적인 검토를 통해 상건축면도 발해 시기에 속한다는 것이, 상건축면에서 조사된 3기(1호, 2호, 3호)의 주거지는 발해의 늦은 시기에 해당된다는 것이 논증된 바 있다.[110] 상건축면의 1호, 2호, 3호 구들은 모두 2줄 고래이고 지상식 주거지에 딸린 것이다. 하건축면의 1991-1호 주거지와 수혈식의 4호 주거지는 고래 벽을 모두 돌을 이용하여 조성하였다. 도로유구는 도로 자체와 양 측구로 이루어져 있다. 도로의 너비는 2.5~2.7m이고, 측구를 이루는 도랑은 깊이 0.7~1.2m, 너비 0.8~1.5m이다.

이 유적에서는 토기, 모골기와, 철제의 화살촉, 차관, 찰갑, 손칼, 톱, 조각칼, 삽, 편자, 못, 가위, 버클 등, 청동제의 패식, 투공 장신구, 방울, 띠고리, 고리, 팔찌, 동전 등, 금동 귀걸이, 은 귀걸이, 골제의 화살촉, 오늬, 명적, 활 덮개판, 원판형 유물 등, 토제의 방추차, 어망추, 구슬 등, 환옥, 홍옥 구슬, 유리구슬, 조개껍질 장신구, 반월형 석도 등등 다량의 유물이 출토되었으며, 동물 뼈, 새 뼈, 물고기 뼈도 다수 확인되었다.

(3) 아브리꼬스 주거유적

연해주 우수리스크 구역의 끄로우노브까 마을에서 남서쪽으로 2km 거리의 끄로우노브까강 좌안에 아브리꼬스 절터와 나란히 위치한다. 1960년에 E.V.샤브꾸노프가 발견하였고, 1989년에 V.I.볼딘,[111] 1996년 [112]과 1999년[113]에 E.V.샤브꾸노프가 각각 발굴하였다〈도면 22〉.

---

110 정석배, 2010, 「꼰스딴찌노브까1 마을유적 쪽구들 연구」, 『고구려발해연구』 제38집.

111 Болдин В.И. О, 1989b, раскопках на Абрикосовском храме и селище в Приморском крае в 1989 году, Владивосток. (볼딘 V.I., 1989b, 『1989년도 연해주 아브리꼬스 절터 및 마을유적 발굴에 대해』, 블라디보스토크.)

112 Шавкунов Э.В., 1996, Отчет об археологических раскопках на Абрикосовском селище в Приморском крае в 1996 году, Владивосток. (샤브꾸노프 E.V., 1996, 『1996년도 연해주 아브리꼬스 마을유적 고고학 발굴조사보고서』, 블라디보스토크.)

113 Шавкунов Э.В., 1999, Отчет об археологических исследованиях в Уссурийском районе Приморского края в 1999 году, Владивосток. (샤브꾸노프 E.V., 1999, 『1999년도 연해

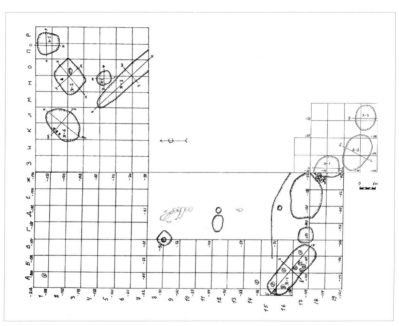

〈도면 22〉 아브리꼬스 주거유적 유구배치도

발굴조사는 유적의 북동쪽 모서리 부분에서 실시되었다. 가장 위의 경작층에서 19세기 말~20세기 초의 한인 이주민 유물, 발해 유물, 여진 유물들이 확인되었고, 그 아래의 사질토는 발해 문화층이었다. 생토면에서는 발해 유구들이 조사되었다. 여진 문화층은 경작에 의해 모두 파괴된 것으로 추정되었다. 유구는 전체 구획의 북동쪽에서 5개의 구덩이가, 남쪽에서 7개의 구덩이가, 중간 부분에서 3개의 구덩이가 각각 조사되었다.

북동쪽의 2호~5호 구덩이는 원형 혹은 장방형 모양을 하고 있고 깊이가 6~20cm이다. 목탄, 토기편, 동물 뼈들이 출토되었다. 2호 구덩이

주 우수리스크 지구 고고학조사 보고서』, 블라디보스토크.)

에서는 동물의 늑골로 만든 산삼파개가, 6호 구덩이의 북서쪽 끝 부분 바닥에서는 개 두개골이 3개 각각 출토되었다.

남쪽의 1호 구덩이는 평면상 장타원형이며, 길이 3.68m, 너비 1.24m, 생토 상면부터의 깊이 0.7m이다. 구덩이 내의 위에서 아래까지 두께 3~5cm의 소석회 간층들이 확인되었고, 또한 옹의 바닥 흔적이 찍혀있는 소석회 덩이도 수습되었다. 유물은 대상파수가 있는 대형 옹편, 토기 기벽으로 만든 긁개, 다량의 동물 뼈, 새 뼈, 바다 및 담수 패각, 슬래그, 선철 조각, 철제 조각칼, 골제 띠꾸미개, 토제 기마인물상, 놋 담뱃대와 비슷한 토제 파이프 등이 출토 되었다. 소석회 용액은 동물의 가죽에서 털을 분리할 때에, 긁개는 동물 가죽을 벗길 때에, 토제 파이프는 대마 혹은 아편을 피울 때에 각각 사용하였을 것으로 추정되었다. 이 유적을 발굴한 E.V.샤브꾸노프는 1호 구덩이가 발해의 제혁공이 가죽 제품을 생산한 유구일 것으로 그리고 나중에는 폐기물 구덩이로 사용되었을 것이라 생각하였다.

(4) 꼬르사꼬브까1 주거유적

연해주 우수리스크 구역의 꼬르사꼬브까 마을에서 남쪽으로 2km 거리에, 끄로우노브까강의 좌안에 위치한다. 이 유적은 1981년에 V.I.볼딘에 의해 112m²가 발굴되었는데 3개 구역에서 토기 가마 3기와 가마 폐기물 구덩이 1기, 구들이 딸린 주거지 1기, 6개의 구덩이 등이 조사되었다〈도면 23〉.[114]

1호 가마는 지표 아래 0.95~1m 아래에서 발견되었다. 가마 구덩이 자체는 0.6m 깊이에서 굴착하였다. 아궁이와 연소실 그리고 소성실 일

---

114 Болдин В.И., 1981a, Отчет об археологических исследованиях на Корсаковском поселении в Уссурийском районе Приморского Края в 1981 году, Владивосток. (볼딘 V.I., 1981a, 『1981 년도 연해주 우수리스크 지구 꼬르사꼬브까 마을유적 고고학조사 보고서』, 블라디보

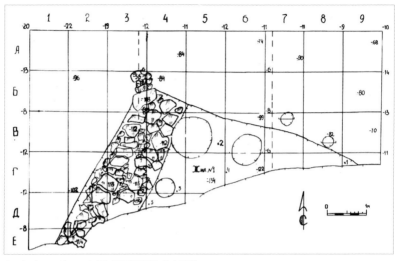

〈도면 23〉 꼬르사꼬브까1 주거유적 구들주거지 평면도

부가 잔존한다. 연소실은 벽을 판돌로 보강하였다. 소성실은 잔존 길이
가 1.3m, 너비가 0.8~1.55m, 높이가 0.7m이다. 천정은 풀을 섞은 반죽
흙으로 만들었다. 가마 벽에는 3~7cm 두께로 진흙을 발랐는데 고온으
로 인해 회청색이 되었다. 연소실과 소성실의 경계는 숯들과 재로 덮인
연소실의 바닥에 의해 서로 구분되었다. 2호 가마는 원래의 모습의 가
장 잘 남아 있었다. 지표 아래 0.7~1.3m 깊이에서 발견되었다. 평면상
타원형의 가마 구덩이는 깊이 1m로 파서 조성하였다. 아궁이는 북서쪽
에 위치하며 너비가 0.3m이다. 연소실은 길이 0.6m, 너비 0.3~0.85m
이고 잔존 높이는 0.7m이다. 소성실은 높이 1m, 길이 2.28m, 너비
0.9~1.65m이며, 굴뚝은 소성실의 내부에 소성실 뒷벽과 붙어 위치하
는데 가마 위로 0.34m 더 높이 솟아 있었다. 장방형의 배연구가 굴뚝과

스토크.)

소성실을 연결하고 있다. 가마의 바닥과 벽에는 5~8cm두께로 진흙을 발랐다. 고온으로 인해 벽은 회청색을, 바닥은 암회색을 띤다. 바닥은 안쪽으로 약간씩 높아진다. 3호 가마는 일부만 잔존하였다.

구들이 딸린 주거지는 대부분이 강 낭떠러지에 의해 유실되었다. 주거지 자체는 장방형이었을 것으로 추정되었는데 깊이가 0.3m이다. 주거지의 서편으로 2줄 고래 구들이 있다. 판돌로 넒인 구들의 전체 너비는 1.4m, 높이는 0.2m이다. 굴뚝 자리는 주거지 밖의 모서리 부분에 위치하는데 장방형의 구덩이 모양이다. 주거지 내부에서 대수의 회색 윤제 토기편과 함께 청동 팔찌, 철제 손칼, 동물 뼈 등이 출토되었다. 이 유적의 다른 지점에서는 철제 보습과 철제 가위도 출토되었다.

(5) 우쪼스노예4 유적

우수리스크 지구의 우쪼스노예 마을 다리에서 남서쪽으로 2.8km의 거리에 라즈돌나야강 우안 테라스에 위치한다〈도면 24〉. 1996년에 A.L.메젠쩨프가 발견하였고,[115] 2008~2009년에 약 40m²의 면적이 발굴되었다. 유적의 전체 면적은 약 1만m²이다.

이 유적은 원래 우쪼스노예 유적으로 불리었으나,[116] 나중에 A.L.메젠쩨프가 다시 발견하여 우쪼스노예4 유적으로 명칭을 바꾸었다. 강가에 바로 인접하여 발해의 2줄 고래 구들이 조사되었고, 다량의 동물 뼈, 수제와 윤제 토기가 출토된 바 있지만, 조사 내용이 아직 정식으로 발표되지 않았다.[117]

---

115 대한민국 문화재청 국립문화재연구소·러시아과학원 극동지소 역사학고고학민족학연구소, 2007, 301~302쪽.

116 E.V. 샤브꾸노프 엮음, 송기호·정석배 옮김, 1996, 104쪽.

117 정석배, 2013, 「발해 마을유적 소고 - 방어시설이 없는 일반 마을유적을 중심으로 -」, 『고구려발해연구』 제47집, 164~165쪽.

〈도면 24〉 우쪼스노예4 주거유적 전경

(6) 끄루글라야 돌리나유적

연해주 아누치노 지구의 노보고르제예브까 마을에서 북동쪽으로 5km 떨어져 있는 노보고르제예브까성과 앞의 아르세니예브까강 사이의 벌판에 위치한다. 발해 시기의 구들이 딸린 지상식 주거지와 슬래그가 채워진 용광로 구덩이가 조사된 것으로 알려져 있지만,[118] 자세한 내용은 파악되지 않는다.

(7) 노보고르제예브까유적

연해주 아누치노 지구의 노보고르제예브까 마을 북동쪽 모서리에서 북동쪽으로 4km 거리의 아르세니예브까강의 우안 충적평야에 위치한다. 노보고르제예브까산성과 약 400m 떨어져 있다. L.E.세메니첸꼬가 1972~1974년에 발굴조사를 하였다.[119]

---

118 에.붸.샤브꾸노프 엮음, 송기호·정석배 옮김, 1996, 103쪽.

유적의 문화층은 가장 아래는 청동기시대, 중간은 초기 철기시대, 가장 위는 중세시기에 각각 해당한다. E.V.샤브꾸노프는 이 유적의 중세 문화층을 발해 시기 소그드인들의 거류지로 파악한 바 있다.[120] 이 유적 중세 문화층 출토 토기의 문양이 다른 발해유적 출토의 것뿐만 아니라 발해 이전과 발해 이후의 다른 유적들에서 출토된 것들과도 크게 차이가 난다고 그리고 다양한 토기 문양들이 중앙아시아 지역에 특징적인 문양 모티브라고 판단하였기 때문이었다. 하지만 이후 E.I.겔만은 이 문화층 출토 유물들은 소그드와는 무관하고 오히려 아무르 강 유역의 뽀끄로브까문화에 속한다고 판단하였다.[121] 토기 문양이 뽀끄로브까문화의 것과 유사하고, 또 이 유적 토기에서 발해에 특징적인 대상파수와 광택무늬가 확인되지 않았음을 지적하였다. 그 외에도 철제 화살촉과 토제 거푸집의 추정 생산물이 뽀끄로브까문화의 것들과 유사하다고 하였다. 이에 대해 정석배는 노보고르제예브까 유적의 유물들은 토기, 철제 화살촉, 거푸집 등이 뽀끄로브까문화의 것들과 어느 정도 유사한 것도 있지만 전혀 그렇지 않은 것들도 있음을 지적하였고, 또 뽀끄로브까문화에서 10세기 이후에 유행을 한 반구형 토기와 과형토기가 이

---

119 Семениченко Л.Е., 1974, Отчет об археологических исследованиях на Круглой сопке и Новогордеевском поселении в Анучинском районе Приморского края (в 1974 году) // Архив ИА РАН, Р-1, № 5040. (세메니첸꼬 L.E., 1974, 『(1974년도) 연해주 아누치노 지구 끄루글라야 소쁘까와 노보고르데예브까 주거유적에서의 고고학조사보고서』, 러시아과학원 고고학연구소 문서보관소, Р-1, № 5040.)

120 Шавкунов Э.В., 1988, Согдийская колония VIII-X веков в Приморье // Материалы по этнокультурным связям народов Дальнего Востока в средние века, Владивосток. (샤브꾸노프 E.V., 1988, 「연해주의 8~10세기 소그드 거류지」, 『중세 극동 민족들의 민족문화 관련 자료들』, 블라디보스토크.)

121 Гельман Е.И., 2002, К вопросу о культурнойпринадлежности Новогордеевского селища // Археология и культурная антропология Дальнего Востока и Центральной Азии, Владивосток. (겔만 E.I., 2002, 「노보고르제예브까 취락지의 문화적 귀속성문제에 대해」, 『극동과 중부아시아의 고고학과 문화인류학』, 블라디보스토크.)

유적에서 전혀 출토되지 않았음도 확인하였다.[122] 결론적으로 정석배는
이 유적이 발해 시기에 사용되었을 가능성이 매우 높은 것으로, 그리고
E.V.샤브꾸노프가 지적한 바와 같이, 소그드인들을 중심으로 하는 중앙
아시아 출신인들이 이 유적에 거주하였을 가능성이 매우 높은 것으로
판단하였다.

(8) 시니예 스깔르이유적

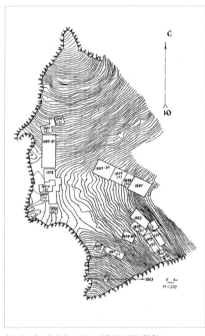

〈도면 25〉 시니예 스깔르이유적 발굴 현황도

연해주 올가 지구의 베뜨
까 마을과 올가 마을 사이에
있는 아브바꾸모브까강 우
안의 산 위에 위치한다〈도면
25〉. 시호테-알린 산맥의 동
쪽 부분에 해당된다. 이 유
적은 신석기시대 전기의 보
이스만 문화와 후기의 자이
사노브까 문화, 청동기시대,
초기철기시대, 철기시대 후
기의 올가 문화, 발해 등의
시기에 각각 사용되었다.[123]
청동패식 등 발해의 유물도
적지 않게 출토되었지만 발
해 시기의 유구의 양상은 분

---

122 정석배, 2019, 「발해의 북방-서역루트 '담비길' 연구」, 『고구려발해연구』 제63집.
123 대한민국 문화재청 국립문화재연구소·러시아과학원 극동지소 역사학고고학민족
    학연구소, 2007, 236~239쪽.

명하지 못하다.124 이 유적은 발해 시기에 평지뿐만 아니라 방어시설이 없는 산 위에서도 사람들이 거주하였음을 보여준다.

3) 절터

(1) 아브리꼬스 절터

연해주 우수리스크 지구의 끄로우노브까 마을에서 남서쪽으로 약 2.3km 거리에 위치한다. 끄로우노브까강을 사이에 두고 꼬쁘이또 절터와 서로 마주보고 있다. 이 유적은 1959년에 E.V.샤브꾸노프에 의해 발견되었으며, 1960년, 1989년, 1997년, 1998년, 1999년에 모두 5번에 걸쳐 발굴조사가 되었다.

1960년도에는 먼저 길이 46m, 너비 1m의 트렌치를 통해 금당지의 기단과 북동쪽 담장의 일부를 확인하고, 다음에는 절의 중심 건물인 금당지에 대해 조사하였다. 금당지 부분에서 다량의 기와 등 수많은 발해 유물이 출토되었다〈도면 26〉.125 1989년에는 북서 담장 일부, 남서 담장 전체, 남동 담장 절반이 포함하는 담장 내의 마당이 넓은 범위로 조사되었다. 마당에서는 잔돌들 사이로 크고 납작한 돌들이 일정 간격을 두고 노출되어 건물의 초석일 가능성이 제기되었으나 분명하지는 않다. 남동

---

124 Синие скалы - археологический комплекс: опыт описания многослойного памятника, Владивосток, 2002. (『시니예 스깔르이-고고학 복합체: 다층위유적 기술 경험』, 블라디보스또크, 2002.)

125 Шавкунов Э.В., Археологические раскопки в долинах реки Чапигоу // Архив Института археологии РАН. Р-1, № 2230. (샤브꾸노프 E.V., 『차피고우 강 유역에서의 고고학 발굴조사』, 러시아과학원 고고학연구소 문서보관소, Р-1, № 2230.);
Шавкунов Э.В., 1964, Бохайские памятники Приморья (по исследованиям 1960 г.) // Археология и этнография Дальнего Востока. Новосибирск. (샤브꾸노프 E.V., 1964, 「연해주의 발해유적들(1960년도 조사 자료를 중심으로)」, 『극동의 고고학과 민족지학』, 노보시비르스크.)

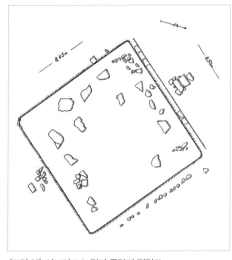

〈도면 26〉 아브리꼬스 절터 금당지 평면도

담장의 발굴 구역 끝 부분에서 문지 초석이 2개 발견되었지만 당시에는 문지의 초석으로 인식하지 못하였다. 유물은 발해 시기의 것들 이외에 연해주 후기 구석기-중석기시대 우스찌노브까문화의 것으로 추정된 석기 유물들도 출토되었다.[126] 1997년에는 담장 내 마당의 남동쪽 부분을 조사하였다. 이때 남동 담장의 나머지 절반과 북동 담장의 절반 정도가 발굴 구역에 포함되었다. 남동 담장의 가운데 부분에서 문지 초석이 2개 더 노출되어 절 입구의 문지 초석들이 4개로 방형을 이루며 배치되어 있는 것이 확인되었다.[127] 1998년에는 절터의 북쪽 부분에 대해 조사가 이루어졌다. 이때에는 북동 담장의 나머지 절반과 북서 담장의 나머지 부분이 모두 포함되어 담장에 대한 전체적인 조사가 마무리되었다.[128] 1999년도에는 금당지의

126 Болдин В.И., 1989d, Отчет о раскопках на Абрикосовском храме и селище в Приморском крае в 1989 году // Архив Института археологии РАН. (볼딘 V.I., 1989d, 『1989년도 연해주 아브리꼬스 절터 발굴조사보고서』, 러시아과학원 고고학연구소 문서보관소.)

127 Шавкунов Э.В., Шавкунов В.Э., 1997, Отчет об археологических исследованиях в Уссурийском и Анучинском районах Приморского края в 1997 году // Архив Института археологии РАН. (샤브꾸노프 E.V., 샤브꾸노프 V.E., 1997, 『1997년도 연해주 우수리스크 지구 및 아누치노 지구에서의 고고학조사보고서』, 러시아과학원 고고학연구소 문서보관소.)

128 Шавкунов Э.В., 1998, Отчет о раскопках двора Абрикосовской кумирни в Уссурийском районе Приморского края в 1998 году // Архив Института археологии РАН, ф. 1, № 21886. (샤브꾸노프 E.V., 1998, 『1998년도 연해주 우수리스크 지구 아브리꼬스 절터 마당 발굴조

북쪽에 일부 남겨 놓았던 나머지 부분에 대해 조사를 하였다. 마당 부분으로서 유구는 발견되지 않았다. 이로써 아브리꼬스 절터의 담장과 그 내부가 모두 조사되었다.[129]

전체적으로 아브리꼬스 절터 유적에서는 절의 중심 건물인 금당지와 그 주변의 마당 그리고 그 마당을 두르고 있던 담장이 조사되었다. 유구는 금당지와 담장이 거의 전부라고 생각된다. 1989년에 마당에서 초석들로 추정되는 돌들이 보고되기는 하였으나 분명하지가 못하다.

금당은 기단 위에 축조하였고, 기단은 현무암 잔돌이 포함된 생토를 섞은 사질점토를 층층이 다져 조성하였다. 금당지 기단은 모양이 평면상 방형이며 크기는 8.45×8.5m이고, 높이는 평균 25cm이다. 기단의 가장자리를 따라서는 초석으로 사용되었을 것으로 보이는 판돌들이 위치한다. 이 건물은 초석의 배치로 보아 평면이 回자 모양이었을 가능성이 있다. 북서쪽 부분에 금당의 계단 자리가 확인되었다. 금당지에서는 다량의 와편과 함께 와당과 지붕 장식물편, 토기편, 자기편, 불상편 등이 출토되었다.

담장은 평면상 장방형에 가까우며 구글어스를 통해 본 담장의 크기는 북동벽이 약 42m, 북서벽이 약 38m, 남서벽이 약 46m, 남동벽이 약 39m로서 전체 둘레 길이는 약 165m이다.[130] 남동담장에는 장방형으로 배치된 4개의 초석으로 된 문지가 있는데 남쪽에 위치하는 2개의 초석에는 가운데에 작은 구멍이 하나씩 뚫려 있다. 남쪽의 구멍이 있는 두 초석 간의 거리는 가운데 구멍을 기준으로 145cm이며, 남쪽과 북쪽 초석 간의 거리는 188cm이다.

사보고서』, 러시아과학원 고고학연구소 문서보관소, P-1, № 21886.)

129 Шавкунов Э.В., 1999 참조. (샤브꾸노프 E.V., 1999 참조.)

130 E.V.샤브꾸노프(1964년 논문 도면 1)는 담장의 길이를 북동벽 30.5m, 북서벽 33.5m, 남서벽 33.5m, 남동벽 39.5m로 각각 파악하였다.

아브리꼬스 절터의 문지 앞쪽과 담장 너머 산 쪽에는 평탄지들이 수 개 위치한다. 또한 인접한 곳에서 발해 시기의 주거유적이 발굴되기도 하였다. 따라서 이 절터 유적은 담장 밖으로 절과 관련된 유구들이 위치 할 것이라 생각된다. 때문에 아브리꼬스 절터 담장 밖의 평탄지들에 대 해서도 발굴조사가 필요하다고 생각된다.

(2) 꼬쁘이또 절터

연해주 우수리스크 지구의 *꼬로우노브까* 마을에서 남서쪽으로 약 2.3km 거리에 꼬로우노브까강을 사이에 두고 아브리꼬스 절터와 서로 마주보고 위치한다. 유적은 들판 가운데에 홀로 서있는 작은 동산의 정 상부에 자리 잡고 있다〈도면 27〉.

이 유적은 1956년 여름에 O.P.오끌라드니꼬프가 발견하였다. 발굴 조사는 E.V.샤브꾸노프의 지도하에 1958년, 1959년, 1993년, 1994년, 그리고 1995년에 각각 실시되었다. 5차에 걸친 발굴조사를 통해 꼬쁘 이또 산 정상 평탄지의 대략 2/3정도 면적이 조사되었다.

1958년에는 정상 평탄지의 중간 부분에서 위치하는 절터 건물 일대 (제1구역)에 대한 조사가 이루어졌다.[131] 1959년에는 정상 평탄지의 북쪽 부분(제2구역)에 대한 조사가 이루어졌는데, 이때 마당 북서쪽 부분의 돌 담 모양 경계가 확인되었고, 그 바깥쪽에 위치하는 수혈 주거지 1기와 한인 이주민이 남긴 무덤 1기가 조사되었다.[132] 1993년에는 유적의 북

---

[131] Шавкунов Э.В.,1958, Отчет об археологических раскопках Дальневосточного филиала АН СССР в 1958 году // Архив Института археологии РАН. Р-1, №. 1719. (샤브꾸노프 E.V., 1958, 『1958년도 소련과학원 극동지소 고고학 발굴조사보고서』, 러시아과학원 고 고학연구소 문서보관소, Р-1, №1719.)

[132] Шавкунов Э.В., 1959, Отчето результатах археологических исследований в 1959 году // Архив Института археологии РАН. Р-1, №. 1877. (샤브꾸노프 E.V., 1959, 『1959년도 고고학조사 결과보고서』, 러시아과학원 고고학연구소 문서보관소, Р-1, №1877.)

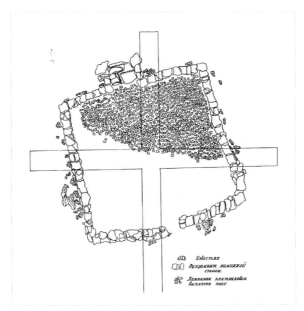

〈도면 27〉 꼬쁘이또 절터 중심건물 평면도

동쪽에 설정한 제3구역을 조사하여 유적 북쪽과 북동쪽의 돌담 경계 및 절로 통하는 출입구를 확인하였다.[133] 1994년에는 제4구역을 조사하였는데 절 건물의 북동쪽과 동쪽 부분에 해당된다. 이때에는 절 마당의 동쪽 석축 담장의 일부를 노출시켰고, 마당의 상면에 대한 상황을 파악하였다.[134] 1995년에는 절 건물의 서쪽과 동쪽 부분에 제5구역과 제

---

133 Шавкунов Э.В., 1993, Отчет об археологических исследованиях в Уссурийском районе Приморского края в 1993 году (Раскопки двора Копытинской кумирни) // Архив Института археологии РАН. (샤브꾸노프 E.V., 1993, 『1993년도 연해주 우수리스크 지구 고고학조사보고서』, 러시아과학원 고고학연구소 문서보관소.); Шавкунов Э.В., Артемьева Н.Г., Васильева Т.А., Гельман Е.И., Тупикина С.М., 1994, Отчет об археологических исследованиях в Уссурийском районе Приморского края в 1993 году // 러시아 연해주의 발해유적, 대륙연구소. (샤브꾸노프 E.V., 아르쩨미예바 N.G., 바실리예바 T.A., 뚜삐끼나 S.M., 1994, 「1993년도 연해주 우수리스크 지구에서의 고고학조사보고서」, 『러시아 연해주의 발해유적』, 대륙연구소.)

6구역을 설정하여, 제5구역에서는 마당의 상면에 대한 상황을 추가로 확인하였고, 제6구역에서는 마당 동변의 돌담 일부를 추가로 노출시켰다.[135]

따라서 꼬쁘이또 절터 유적에서는 발해 시기의 것으로 절의 중심건물과 이 절 건물의 사방으로 형성되어 있는 마당으로 불리는 평탄지, 그 마당을 둘러싸고 있는 석축 담장, 그리고 담장 밖의 수혈 주거지 1기가 각각 조사된 것으로 파악된다.

절 건물터는 발굴 전에 높이 1.1m, 직경 약 13.5m인 장타원형의 봉분 형태를 하고 있었다. 때문에 처음에는 고분을 조사한다는 인식하에 조사가 이루어졌지만 곧 건물터임이 확인되었다. 건물의 가장자리를 따라서는 석벽이 사각형을 이루며 위치하는데 크기가 남북 6.2m, 동서 7.3m이다. 석벽의 높이는 1.3m를 넘지 않았을 것으로 추정되었는데 벽 기초에서 외측으로 50~90cm 범위로 회 벽토들이 깔려 있는 점에 근거한 것이다. 석벽은 현무암의 판돌을 쌓아 조성하였다. 북쪽 부분에서 길이 120cm, 너비 45cm의 계단 흔적이 발견되었다.

이 유적을 조사한 E.V.샤브꾸노프는 이 건물터의 방형 석벽이 건물의 기초가 아니라 건물을 감싸고 있는 돌담 혹은 건물의 외면 장식이었을 것으로 생각하였다. 그 이유는 이 석벽이 판돌들을 단순하게 위로 쌓아 올린 것에 불과하기 때문이라는 것이다. 건물 자체는 석벽 안에 위치

134 Шавкунов Э.В., 1994, Отчет о раскопках на сопке Копыто в Приморском крае, 1994 год. // Архив Института археологии РАН. Р-1, №. 18648. (샤브꾸노프 E.V., 1994, 『1994년도 연해주 꼬쁘이또 산에서의 발굴 조사보고서』, 러시아과학원 고고학연구소 문서보관소, Р-1, №18648.)

135 Шавкунов Э.В., 1995, Отчет об археологических исследованиях на территории Приморского края в 1995 году // Архив Института археологии РАН. (샤브꾸노프 E.V., 1995, 『1995년도 연해주지역에서의 고고학조사보고서』, 러시아과학원 고고학연구소 문서보관소.)

한 목재 결구였을 것으로, 이 건물의 층수는 2층 혹은 3층이었을 것으로, 치미편 유물을 통해 지붕이 치미로 장식되었을 것으로 파악하였다.

하지만 토층 도면과 사진 자료를 자세하게 살펴보면 방형을 이루는 석벽은 건물 기단의 외면 마감이었음을 알 수 있다. 이 방형 석벽 내의 적색 점토층은 기단토일 가능성이 매우 높으며, 적색 점토층 위의 사질 토층도 인위적으로 깔은 기단토의 일부일 가능성이 있다. 따라서 이 건물은 석축으로 마감을 한 기단 건물이었을 것으로 생각된다. 유적 조사자가 이 유구를 고분이라는 선입견을 가지고 조사에 임했기 때문에 석축 마감 안쪽의 기단토를 고분 내부로 생각하여 바로 제거해 버렸고 그 결과 그 상면에 남아 있었을 지도 모르는 초석 등의 구조물에 대해 주목하지 못하였을 것으로 생각된다.

이 절 건물터 조사에서는 다량의 와편과 다수의 와당, 토기, 토제 타일 장식, 청동 팔찌 1점, 수레 차관편 2점, 노루 턱뼈, 발굽 뼈 등이 출토되었다.

절터 중심 건물의 주변으로 형성되어 있는 마당은 남쪽 일부분이 아직 조사되지 못하였다. 마당의 범위는 둘레를 따라 쌓은 돌담과 자연 낭떠러지 등에 의해 뚜렷하게 구분된다.

마당의 북동쪽 제3구역 부분의 경우 대부분 지면을 돌로 깔았는데, 이곳은 지형이 낮아 먼저 잔돌이 섞인 황색 점토를 두께 50cm까지 깔고 그 위로 현무암 판돌을 덮었다. 마당에서는 배수를 위한 도랑도 확인되었다. 제4구역에서는 마당의 구덩이를 메우는데 사용한 회색 사질점토에서 흑요석제의 석기 등 구석기시대, 신석기시대, 초기 철기시대의 석기와 토기들이 출토되기도 하였다.

돌담은 너비가 60~80cm이다. 제4구역의 두 지점에서 무너진 돌들을 모아 다시 쌓아서 돌담의 원래 높이를 추정하였는데 대략 0.7~09m로 파악되었다. 제2구역에서는 돌담 가까이와 돌담 위에서 와편이 무더기로 출토되어 돌담 기초 위에 기와로 차양을 한 나무 담이 있었을 것으로 추정되었지만 일부 구간에서는 돌담 위로 나무 담의 흔적이 전혀 발견되지 않았다.

수혈 주거지는 마당의 북서쪽 담장 바깥 부분에 위치한다. 처음 2×2m 크기의 얼룩 형태로 확인되었으며, 남벽은 깊이 60cm, 북벽은 깊이 20cm이다. 암반으로 된 바닥에는 황색의 깨끗한 모래를 얇게 깔았고, 북동쪽 모서리 부분에서는 모래 위로 숯과 뼈 조각들, 토기편 등의 유물이 출토되었다. 이 수혈 주거지는 담장 밖에 위치하여 절의 문지기 혹은 관리인 등이 살았을 것으로 추정되었다.

(3) 보리소브까 절터

연해주 우수리스크 지구의 보리소브까 마을에서 동쪽으로 약 800m 거리에, 서쪽의 보리소브까강과 동쪽의 라즈돌나야강 사이에 위치한다. 동쪽의 라즈돌나야강과는 1km 떨어져 있으며, 유적의 동편에는 약 150m 거리를 두고 이 강의 작은 지류가 하나 흐른다. 1969년에 이곳에서 농사일을 하던 중 우연히 2점의 청동 불상이 발견되었고, 이를 계기로 V.E.메드베제프가 1971년에 이 유적을 확인하였고, 1972년에 발굴조사를 실시하였다〈도면 28〉.[136] 절터의 남동쪽으로는 약 200m의 거리를 두고 길이 69m, 너비 44m의 작은 성이 하나 발견된 것으로 보고되었다. 이 성에서는 절터에서 발견된 것과 동일한 발해의 윤제 토기편들이 발견되었다.

발굴조사는 동서 14m, 남북 13m 길이의 트렌치 조사 후에 14×13m 크기의 면적 내의 범위로 실시하였는데 기단의 가장자리를 따라 유물

---

[136] 대한민국 고구려연구회·러시아과학원 시베리아분소 고고민족학연구소, 1998, 『러시아 연해주 발해절터』, 학연문화사.

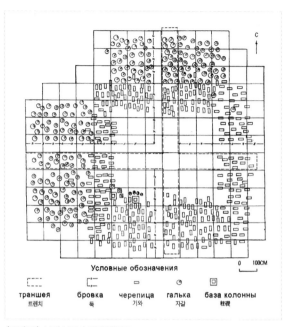

Условные обозначения

0   100CM

| тренчи | бровка | черепица | галька | база колонны |
| 트렌치 | 둑 | 기와 | 자갈 | 柱礎 |

〈도면 28〉 보리소브까 절터 평면도

이 집중되어 있었다. 유적의 토층은 경작토 아래에 15~45cm 두께로 문화층이 위치하였고, 그 아래는 생토였다. 유적은 불에 탄 벽토, 소토, 불에 탄 토양, 숯, 불에 그을린 기와 등을 통해 화재에 의해 폐기된 것으로 파악되었다. 기단의 가운데 부분에서는 동서 약 6m, 남북 약 5m의 범위에서 유물이 거의 발견되지 않았다. 그 둘레를 따라 대략 9×9m의 범위에 걸쳐 두께 1.2~3m로 기와들이 방형을 이루며 흩어져 있었고, 서벽과 북벽의 밖으로는 자갈을 깐 것이 다시 노출되었는데, 바로 이 자갈들이 깔인 서벽과 북벽에 이 건물의 출입구가 있었을 것으로 추정되었다. 초석은 모두 5개가 발견되었는데 석회암과 현무암으로 만든 것이다. 평면 모양은 장방형 혹은 준장방형이며, 주좌는 없다. 모두 남서쪽 모서리 부분에 위치한다.

유물은 암수평기와가 가장 많이 출토되었다. 암키와는 하단부가 3개 문양대로 구분하고 가운데에 인화문이나 구멍무늬를 배치한 것, 혹은 가장자리에 지두문을 시문한 것 등이 보인다. 연화문와당도 함께 출토 되었으며, 우연히 발견된 상기한 2점의 청동 불상 외에도 토제 불두, 토 제 사람 몸체, 발 등이 발견되었다. 그 외 토제 치미의 편들과 윤제 토기 그리고 철제 못 등이 함께 출토되었다.

(4) 꼬르사꼬브까 절터(꼬르사꼬브까2 유적)

연해주 우수리스크 구역의 꼬르사꼬브까 마을에서 남서쪽으로 3km 거리에, 끄로우노브까강의 좌안에 위치한다. 동쪽의 꼬르사꼬브까1 마을 유적과 서로 가까이 위치한다. 문화층의 두께가 2m에 달하고, 초 기철기시대 끄로우노브까와 발해의 문화층이 각각 확인되었다.

이 유적은 1983년에 V.I.볼딘이 발견하였고, 1984년과 1986년에 I.S.쥬쉬홉스까야가 발굴하였다.[137] 발해 시기의 유구로는 저장구덩이 하나가 조사되었는데 내부에서 윤제토기편, 동물 뼈, 철제 유물편 등이 다수 출토되었다.[138] 한편, 이 유적에서 1993년에 한·러 공동발굴조사 를 통해 발해의 절터로 추정되는 건물터 1기, 기와 가마 1기, 토기 가 마 1기가 각각 조사되었다〈도면 29〉.[139] 다만 꼬르사꼬브까2 마을유적 내의 1993년도 조사 절터 및 가마들과 1984, 1986년도 조사 저장구덩 이 간의 상대적 위치는 아직 분명하지 못하다.

절터 추정 건물터는 훼손이 심한 상태로 노출되었다. 기단의 가장자

---

137 대한민국 문화재청 국립문화재연구소·러시아과학원 극동지소 역사학고고학민족 학연구소, 2006, 『연해주의 문화유적 I』, 281쪽. (I.S.쥬쉬홉스까야의 발굴 보고서 는 블라디보스토크의 역사학고고학민족학연구소 소장본은 현재 유실된 상태이며, 모스크바 고고학연구소 소장본은 그 존재가 분명하지 못한 상태이다)

138 E.V. 샤브꾸노프 엮음, 송기호·정석배 옮김, 1996, 104쪽.

139 대륙연구소, 1994, 『러시아 연해주의 발해유적』.

리 마감 상태는 확인되지 못하였지만, 주춧돌로 추정되는 돌들이 일부 확인되었고, 돌-기와로 이루어진 열이 건물의 가장자리를 따라 나있었다. 한국 측은 이 건물이 한 변의 길이가 6m 정도인 정방형 건물로서 네 변이 방위방향으로 나있는 것으로, 러시아 측은 6×5m 크기에 네 모서리가 방위방향으로 나있는 것으로 각각 추정하였다. 다량의 평기와와 함께 봉황연꽃무늬 와당, 해무늬 와당, 곱새기와, 착고기와, 치미 등 다량의 발해 기와가 출토되었다.

1호(기와) 가마는 꼬르사꼬브가 절터의 북서쪽에 바로 인접하여 위치한다. 연소실과 소성실 두 부분만 확인되었다. 연소실은 크기 110×105cm, 깊이 30cm의 구덩이 모양을 하고 있는데 내부에서 돌들이 무너져 내린 것이 확인되어 천정을 돌로 쌓았을 것으로 추정되었다. 연소실은 북쪽으로 완만하게 높아지며 높이 20cm, 너비 30cm의 턱을 지나 소성실과 연결된다. 소성실은 평면 타원형이며, 크기는 길이 160cm, 너비 135cm, 깊이 30cm이다. 소성실 내부에서도 돌들이 무지를 이루고 있었다. 소성실의 북쪽에는 굴뚝이 위치한다. 소성실 서쪽 부분에서는 3점의 암키와편이 발견되었고, 그 외 가마 내부퇴적토에서 63점의 발해 토기편, 대상 파수편, 5점의 와편 등이 출토되었다. 이 가마는 절에 사용될 기와를 굽기 위해 만들어졌을 것으로 추정되었다.

2호 가마는 절터에서 남동쪽으로 약 10m 정도 떨어져 위치한다. 지표 아래 118~125cm 깊이에서 발견되었다. 아궁이와 연소실 그리고 소성실 일부가 강에 의해 유실되었다. 소성실은 크기가 110×90cm, 높이 55cm이며 둥그스름한 벽과 반구상의 천정이 확인된다. 천정은 짚을 섞은 반죽 흙으로 만들었을 것으로 추정되었다. 가마의 벽에는 10cm 두께로 진흙을 발랐는데 고온으로 인해 회갈색의 단단한 벽토로 변하였다. 소성실은 동쪽으로 굴뚝과 연결된다. 배연구는 2개의 자갈돌을 좌우로 세워 만들었다. 소성실 바닥은 거의 편평하나 북쪽이 약간 높은 편

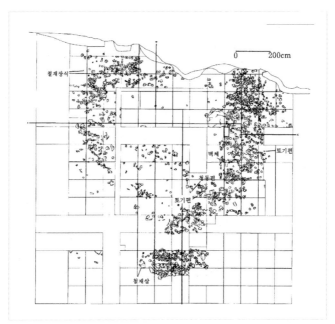

〈도면 29〉 꼬르사꼬브까 절터 평면도

이다. 소성실 내부퇴적토에서 83점의 토기편이 발견되었는데 74점은 초기 철기시대 끄로우노브까문화의 것이고, 9점은 발해 윤제 토기편이다.

(5) 크라스키노성 절터

크라스키노성 내의 북서쪽 부분에 위치한다. 석축담장에 의해 사역이 구분되었다. 사역 내에서 금당지, 전각지 등의 불교 관련 유구가 위치하며, 그 외에도 기와 가마, 우물, 기와 벽실유구 등이 함께 조사되었다.

1981년에 V.I.볼딘에 의해 조사된 금당지는 정면 5칸, 측면 4칸이며 정면의 심심간은 8.2m, 측면의 심심간은 7.4m이다〈도면 30〉. 금당지 및 주변에서는 금동 불상, 금동 불수, 석제 불상, 철제 풍탁, 금동 가락지,

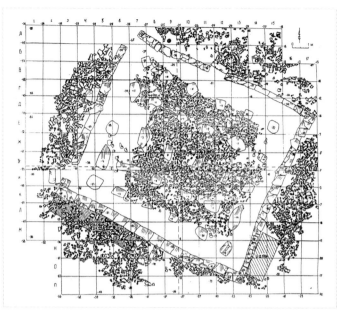

〈도면 30〉 크라스키노 절터 금당지 평면도

치미, 용형 귀면편, 삼채편, 다량의 기와와 연화문와당, 토기 등이 출토
되었다.[140] 1994년에 조사된 전각지는 기단부만 남아있는 방형 건물지
로서 크기가 외변 4.3m, 내변 2.58m이며, 벽체의 두께는 0.8~0.9m이
다. 연꽃 봉오리 장식, 치미, 수막새 기와 등이 출토되었다.[141] 또한 불교
사역 내에서는 2005년과 2006년에 걸쳐 16개의 초석으로 된 장방형의
건물 기초가 조사되었다. 이 장방형 초석 건물은 크기가 남벽 4.6m, 서
벽 5.8m, 북벽 4.9m, 동벽 5.8m이며, '서탑'과 관련된 유구로 추정되
었다.[142]

---

140 Болдин В.И., 1981b 참조. (볼딘 V.I., 1981b 참조.)
141 Болдин В.И., 1994 참조. (볼딘 V.I., 1994 참조.)

(6) 바라바쉬3 건축지(절터)

연해주 하산지구의 바라바쉬 마을에서 동남쪽으로 6.7km 거리의 바라바쉐브까강 좌안의 산 돌출부 쪽에 위치한다. 2010년도에 발굴된 발해의 건축유구는 낭떠러지 가까운 곳에 위치하며 불교의 절터로 추정되었다. 추정 절터 건물의 모양은 평면 방형이며, 크기는 4×4m이다〈도면 31〉. 네 모서리가 방위 방향이다. 돌을 쌓아 만든 건물 벽체의 기초 부분 두께는 50cm 내외이다. 북동쪽 벽체에 문지로 여겨지는 너비 2m 정도의 단절부가 있는데 이곳에서 철제 자물쇠가 출토되었다. 벽체 기초 부분의 네 모서리에는 위가 편평한 큰 돌들이 위치하는데 초석이었을 것으로 추정되었다. 이 건물을 장방형의 석축 담장이 둘러싸고 있는

〈도면 31〉 바라바쉬3 절터 모습

---

142 고구려연구재단, 2006 참조; 동북아역사재단·러시아과학원 극동분소 역사고고민속학연구소, 2007 참조.

데, 크기가 8×10m이며, 장축은 남서-북동 방향이다. 건물이 안쪽에 배
치되어 남쪽에 마당이 있는 모양새를 하고 있다. 마당으로의 입구는 담
장의 남벽에 위치한다. 마당 입구 안쪽에서 돌무지와 두 개의 기둥구멍이
발견되었는데 대문과 관련되었을 것으로 추정되었다. 기와가 5,000점
이상 출토되었는데 회색과 명갈색이 있다. 암키와에는 내면에 모골흔적
과 하단부에 지두문이 있기도 하다. 그 외에 수키와 와당의 편도 1점
출토된 것이 있다.[143]

4) 건축유적

(1) 꼭샤로브까8 건축유적

연해주 추구예브까 지구의 꼭샤로브까1성의 북문에서 북서 방향
으로 575m 떨어져 위치한다. 2010년에 N.A.끌류예프가 발견하였고,
2012~2014년에 국립문화재연구소가 러시아와 공동으로 발굴조사를
하였다.[144] 조사 전 평면 말각 방형의 둔덕 모양을 하고 있었는데 기저
부의 크기가 20×22m, 높이가 1.1~1.35m 였다〈도면 32〉. 조사 결과 방
형의 석축 구조물이 노출되었는데, 크기가 15.2×16.2m였다. 화강암
판돌을 쌓은 석축 기단과 계단, 가운데의 '방형 공간', 그리고 '담장'으
로 이루어진 구조물이다. 유구의 성격에 대해서는 러시아 조사단에서는
육정산 고분군 5호 무덤 등과의 비교를 통해 무덤으로, 한국 조사단은
제단으로 각각 파악을 하였다. 출토 유물로는 다수의 은제 못, 금제 장

---

143 Клюев Н.А., Якупов М.А., Слепцов И.Ю., Исследование новой бохайской кумирни в
Приморье (끌류예프 N.A., 야꾸뽀프 M.A., 슬렙쪼프 I.Yu., 『연해주에서의 새로운 발
해 절터 조사』(연도 미 표시 자료임) (이 자료는 발굴담당자 N.A.끌류예프가 필자
에게 제공한 것이다. N.A.끌류예프 박사님께 감사드린다).

144 대한민국 문화재청 국립문화재연구소·러시아과학원 극동지부 역사고고민족지연
구소, 2015 참조.

〈도면 32〉 꼭샤로브까8 건축유적

식들, 은제 대금구, 청동 팔찌, 토기 기대, 대상 파수부 호, 위구르게 토기 옹, 토제 기둥장식, 기와 등이 있다. 특히 기대는 꼭샤로브까1성의 북편건물지군에서 출토된 것과 매우 흡사하여 두 유적이 동일 시기의 것임을 보여 주었다.

5) 고분유적

(1) 체르나찌노5 고분군

연해주 옥짜브리스끼 지구의 라즈돌나야강(수분하) 우안에 위치하는데 강 건너 체르나찌노 마을과는 약 3.3km 떨어져 있다. 이 유적에서 동쪽으로 약 0.5km 거리에는 체르나찌노2 주거유적, 남쪽으로 약 1km 거리에는 체르나찌노3 보루, 동쪽으로 약 3.4km 거리에는 시넬니꼬보

산성이 각각 위치한다.

이 유적은 1997년에 Yu.G.니끼친에 의해 발견되었으며, 1998년과 1999년에는 제1구역, 2000년에는 제2-1구역, 2001년과 2002년에는 제2-2구역이 각각 발굴되었다. 그 결과 1998~2002년에 모두 41기의 무덤이 조사되었다.[145] 한편 2003~2008년까지는 정석배가 지도하는 한국전통문화대학교 발굴단과 Yu.G.니끼친이 지도하는 극동국립기술대학교 및 러시아과학원 극동지소 역사학고고학민족학연구소 발굴단이 공동으로 이 유적을 발굴하였다. 2003년과 2004년에는 제3-1구역과 제3-2구역,[146] 2005년에는 제3-3구역,[147] 2006년에는 제4구역 및 제2-3구역 북쪽 부분,[148] 2007년과 2008년에는 제5구역과 제6구역[149]을 각각 조사하였다. 그 결과 2003~2008년에 한·러 공동발굴조사를

---

145 Никитин Ю.Г., Болдин В.И., Гельман Е.И., Ивлиев А.Л., 1998, Итоги поиска: Исследования археологических памятников эпохи Бохая в Приморье // Россия и АТР, №1, Владивосток. (니끼친 Yu.G., 볼딘 V.I., 겔만 E.I., 이블리예프 A.L., 1998, 「탐색의 결과들: 연해주 발해시대 고고학유적 조사」, 『러시아와 아시아-태평양지역』, №1, 블라디보스토크.); Никитин Ю.Г., Гельман Е.И., 2002, Некоторые результаты исследования раннесредневекового могильника Чернятино 5 в бассейне р. Суйфун // Археология и культурная антропология Дальнего Востока, Владивосток. (니끼친 Yu.G., 겔만 E.I., 2002, 「수이푼강 유역의 중세 초기 체르냐노5 고분군 조사의 몇몇 결과들」, 『극동의 고고학과 문화인류학』, 블라디보스토크.)

146 대한민국 문화재청 한국전통문화대학교·러시아연방 극동국립기술대학교, 2005, 『연해주 체르냐찌노5 발해고분군(Ⅰ) -제1·2차 한·러 공동 연해주 발해문화유적 발굴조사-』.

147 대한민국 문화재청 한국전통문화대학교·러시아연방 극동국립기술대학교, 2006, 『연해주 체르냐찌노5 발해고분군(Ⅱ) -제3차 한·러 공동 연해주 발해문화유적 발굴조사-』.

148 대한민국 문화재청 한국전통문화대학교·러시아연방 극동국립기술대학교·러시아과학원 극동지소 역사학고고학민족학연구소, 2007, 『연해주 체르냐찌노5 발해고분군(Ⅲ) -제4차 한·러 공동 연해주 발해문화유적 발굴조사-』.

149 대한민국 문화재청 한국전통문화대학교·러시아연방 극동국립기술대학교·러시아과학원 극동지소 역사학고고학민족학연구소, 2009, 『연해주 체르냐찌노5 발해고분군(Ⅳ) -제6차 한·러 공동 연해주 발해문화유적 발굴조사-』.

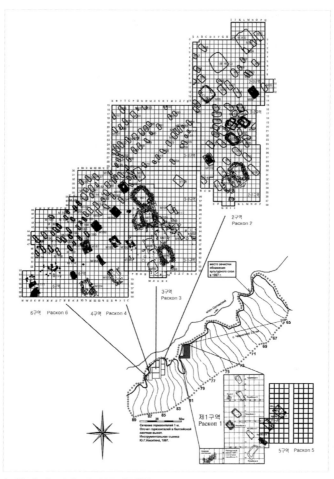

〈도면 33〉 체르냐쩨노5 고분군 발굴현황도

통해 새로이 147기의 무덤과 2기의 주거지가 조사되었다. 따라서 체르
냐쩨노5 고분군에서는 모두 188기의 무덤이 발굴되었다〈도면 33〉.

무덤은 매장기초시설을 통해 토광묘, 석실묘, 부석묘(돌깐무덤), 위석묘
(돌 돌림무덤), '무시설' 무덤으로 구분된다. 토광묘는 다시 단순토광묘, 토
광부석묘, 토광위석묘로, 석실분은 횡혈식과 수혈식으로, 부석묘는 장

방형과 세장방형으로, 위석묘는 무덤 둘레 전체에 돌을 두른 것, 네 귀퉁이에 돌을 놓은 것, 네 귀퉁이 및 각 변의 중간에 돌을 놓은 것으로 각각 세분된다. 매장부체부는 목곽목관 혹은 목관이 있으며, 그 양상이 분명하지 못한 것도 많이 보인다. 무덤 내부에서 자작나무 껍질이 확인되기도 한다. 시신장과 화장이 함께 보인다. 시신장의 경우에는 토광무덤에는 등을 아래로 하고 무릎은 접은 자세가 대부분이고, 석실분과 '무시설' 무덤에는 신전장이 많다. 화장의 경우 토광묘는 대부분 2차장이지만 1차장도 보인다. 무덤은 장축이 북서-남동방향이 일반적이며, 두향은 북서향이 절대다수이나 그 반대인 경우도 2기에서 확인되었다.

무덤들은 그 종류에 따라 일정한 구역을 차지하고 있는데 고분군의 북쪽 부분에는 토광묘 계통의 무덤이 분포하고, 안쪽 남쪽 부분에는 석실분이 분포한다. 석실묘와 토광묘의 중간 부분에는 부석묘가, 석실묘 사이사이에는 위석묘가 각각 위치한다. '무시설' 무덤은 석실묘 가까이 혹은 그 사이사이에 분포한다.

유물은 토기가 가장 많은 수량을 차지하는데 기본적으로 고구려계의 회색 윤제 토기와 말갈계의 갈색 수제 토기로 구분된다. 고구려계 토기로는 병형 토기가, 말갈계 토기로는 심발형과 화병형 토기가 있으며, 그 외 호형 토기도 출토되었다. 고구려계 토기는 태토가 니질에 가까우며 부드러운 사립이 섞여 있기도 하다. 말갈계 토기는 태토에 대개 거친 사립이 섞여 있다. 그 외 철제 대도, 검, 창촉, 화살촉, 찰갑, 침으로 추정되는 '단검', 손칼, 관정, 버클, 이음쇠, 고깔모양 유물 등의 무기류와 도구류 및 생활용품, 청동제 패식, 방울, 동탁, 귀걸이, 고리, 기마인물상 등의 청동 장신구류와 의기류, 은 귀걸이, 가락지, 환옥, 홍옥 목걸이 알, 유리 목걸이 알 등의 은, 옥, 유리 장신구류, 숫돌, 곤봉두형 석제품, 토제 고리 등도 출토되었다. 한편 유적의 북쪽 부분에서는 흑요석제 석기, 마제 석촉, 반월형 석도, 얀꼽스기문화 및 끄로우노브가문화 토기편 등 청동기시대와 철기시대의 유물도 수습되었다.

유적의 연대는 유구의 겹 놓인 관계와 배치 상태, 유물의 공반 상태, 교차연대, 절대연대 등을 통해 설정되었다. 제2구역의 주거지 2기와 유적의 동북편에 설정된 제1구역과 제5구역에서 조사된 토광묘들은 발해 이전 7세기경의 것으로, 나머지 제2, 3, 4, 6구역의 다른 무덤들은 발해 시기, 특히 9세기 중엽 경에 집중적으로 조성되었을 것으로 파악된다.

체르냐쪄노5 고분군의 무덤형식과 출토 유물에 대한 분석 내용은 국내에 논문으로 발표된 것이 있다.[150]

(2) 크라스키노2 고분군

연해주 하산지구의 크라스키노성 서문지에서 북서쪽으로 300m 거리의 평탄지 일대에 위치한다. 모두 3기의 발해 고분이 발굴된 것으로 알려져 있다. 하지만 자료를 접할 수 있는 것은 2003년도에 발굴된 1호 석실묘이다.[151] 이 무덤은 횡혈식 석실묘로서 장축은 남북 방향이고, 입구는 남쪽 가운데에 위치한다. 지표 위 분구는 확인되지 않았다. 무덤의 크기는 남북 4m, 동서 3.4m이며, 벽체의 높이는 북벽이 약 0.9m, 남벽이 약 0.75m이다. 관곽의 흔적과 인골은 남아 있지 않았다. 무덤 내의 동북쪽 모서리 부분에서 철제 버클과 띠꾸미개들이 출토되었고, 남쪽 입구 부분에서 회색의 윤제 토기편이 1점 출토되었다. 다른 유물은 없다.

(3) 로쉬노4 고분군

연해주 중북부지역의 볼샤야-우쑤르까강 중류 지역의 우안에 있는 로쉬노 마을(끄라스노아르메이 지구) 북서쪽 가까이의 사구에 위치한다.

---

150 정석배·Yu.G.니끼친, 2007, 「체르냐쪄노5 발해고분군의 고분유형과 출토유물」, 『고구려연구』 제26집.

151 니끼친 Yu.G., 「크라스키노 성터 부근의 발해 고분발굴(2003년)」, 2009 참조.

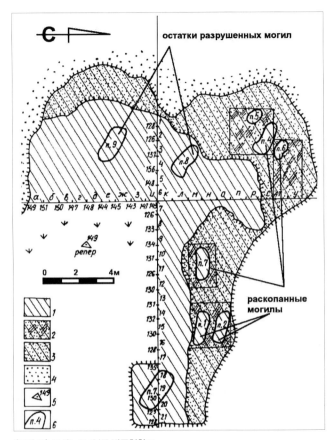

остатки разрушенных могил

раскопанные могилы

〈도면 34〉 로쉬노4 고분군 발굴현황도

1990년에 Yu.G.니끼친이 9기의 무덤을 발굴하였다〈도면 34〉.[152] 조사 당시 유적은 강물의 범람으로 인해 이미 일부가 훼손된 상태였다. 무덤

---

[152] Никитин Ю.Г., 1990, Отчет об археологических исследованиях на территории Красноармейского и Хасанского районов Приморского края в 1990 году // Архив ИА РАН. Р-1, №15519. (니끼친 Yu.G., 1990, 『1990년도 연해주 끄라스노아르메이 지구 및 하산 지구에서의 고고학조사보고서』, 러시아과학원 고고학연구소 문서보관소, Р-1, №15519.)

은 모두 평면 장방형 계통의 토광무덤이며, 장축은 1기를 제외한 나머지는 모두 남동-북서 방향이다. 기본적으로 화장 무덤들이다.

무덤의 한 예를 살펴보면, 발굴 구역의 남서쪽에 위치하는 9호 무덤은 크기가 2.06×0.98m이고, 깊이는 35~42cm이다. 평면모양은 모 죽은 장방형이며, 장축은 남동-북서 방향이다. 무덤의 내부퇴적토 내에서 다량의 숯과 하소된 작은 뼈조각들이 발견되었다. 무덤의 남동쪽 절반 부분에서는 무덤구덩이 표면 깊이에서 두께가 3~5cm 정도인 2개의 하소된 뼈 무더기가 발견되었고, 그리고 이와 인접하여 눌러 깨진 수제 토기 1점과 다른 수제 토기편들이 출토되었다. 무덤의 바닥 북서쪽 절반 부분에서는 2점의 윤제 토기와 무기들이 출토되었다. 옆으로 놓인 상태로 발견된 토기 1점 안에서는 5점의 철제 화살촉이 들어 있었다. 이 토기의 오른쪽 가까이(10점)와 남쪽(1점) 그리고 동쪽(3점)에서도 철제 화살촉들이 각각 발견되었다. 두 번째 토기의 위에서는 철제 창과 화살촉이 각각 1점씩 위치하였다. 무덤의 바닥에서는 토기들 바로 아래로 하소된 작은 뼈 조각들과 숯들이 함께 발견되었다. 토기들 아래의 무덤 바닥은 약간 볼록한 편이었다. 이 무덤은 20점의 철제 화살촉이 출토되어 전사의 무덤으로 추정되었다.

전체적으로 이 고분군의 무덤들에서 수제와 윤제의 토기들과 다수의 튀르크 유형 및 아무르 유형 청동 띠꾸미개, 철제 창과 화살, 찰갑, 칼, 유리 구슬 등이 출토되었다. 조사단은 이 유적의 무덤과 출토유물 등이 하바롭스크 부근의 꼬르사꼬보 고분군과 가장 흡사하다고, 전체적으로 이 유적은 9~10세기 뽀끄로브까문화 유적으로 판단되었다.[153]

153 Никитин Ю.Г., Клюев Н.А., Мерзляков А.В., 1998, Средневековый могильник у с. Рощино в Приморском крае // Россия и АТР, №4. (니끼친 Yu.G., 끌류예프 N.A., 메르즐랴꼬프 A.V., 1998, 「연해주 로쉬노 마을 부근의 중세 고분군」, 『러시아와 아시아-태평양지역』, №4, 블라디보스토크.)

(4) 모나스뜨이르까2 고분군

연해주 달네고르스크 지구의 루드나야 쁘리스딴 마을에서 남서쪽으로 1.8km 거리에, 시호테-알린 산맥 지맥의 높이 14~18m되는 곳의 남서쪽 끝 부분에 위치한다. 1986년에 발견되었고, 1989~1996년에 발굴되었다〈도면 35〉.[154] 88기의 흙무덤과 4기의 대형 토-석 쿠르간 무덤이 조사되었다. 흙무덤에는 75기는 토광무덤과 3기의 지표 무덤 그리고 10기의 봉분무덤이 있다. 무덤구덩이들은 북동-남서 방향으로 열을

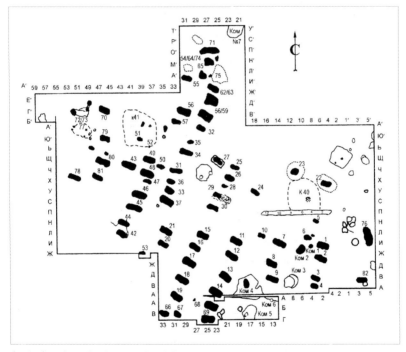

〈도면 35〉 모나스뜨이르까2 고분군 유구배치도

---

154 Дьякова О.В., 2014, Государство Бохай: археология, история, политика, Москва. (디야꼬바 O.V., 2014, 『발해국: 고고학, 역사학, 정치학』, 모스크바.)

이루며 배치되었고, 무덤 자체는 서(북)-동(남) 방향으로 나있다. 봉분은 크기가 2.5×1.5m 이하인 타원형이다. 무덤의 평면모양은 장방형, 사다리꼴, 원형이 있다. 화장과 시신장 그리고 가묘가 확인되었다. 화장의 경우에는 무덤구덩이에서의 화장, 다른 곳에서 화장을 한 다음에 무덤 구덩이에 매장, 화장을 한 곳에 쿠르간 봉분 축조라는 3개 유형이 있다. 쿠르간 무덤은 고분군의 북서쪽과 남동쪽 부분에 분포한다. 쿠르간 봉분은 기본적으로 돌로 되어 있지만 흙이 섞여 있다. 쿠르간 봉분의 높이는 0.6~0.7m를 넘지 않는다.

유물은 수제 토기, '물레 보완' 호, 윤제 토기, 철제 화살촉, 철제 칼, 아무르 및 튀르크 유형의 청동 띠꾸미개, 청동 방울, 귀걸이 등이 있다. 금동 방울 1점에는 '水道城令'이라는 명문이 새겨져 있어 주목된다. 전체적으로 이 유적은 6~10세기로 편년되었으며, 출토 유물은 말갈문화 및 발해문화에 각각 상응하는 것으로 판단되었다.

6) 동굴유적

1) 포시엣 그로뜨(동굴)유적

연해주 하산지구의 포시엣에, 서쪽 엑스뻬지찌야만으로 뿔처럼 튀어나온 지맥의 남쪽 절벽 부분에 위치한다〈도면 36〉. 이 유적은 1926년에 A.I.라진이 발견하였고, 1973년에 V.A.따따르니꼬프가 조사하였으며, 1988~1990년에 Yu.G.니끼친이 발굴하였다. 동굴의 크기는 길이 약 10m, 너비 6~8m, 높이 4.5m이다. 다층위 유적으로서 신석기시대, 초기 철기시대 얀꼽스끼문화, 말갈문화, 발해, 그리고 여진의 문화층이 각각 확인되었다. 발해 시기에 속하는 유구로는 석축시설과 화장묘가 수기 있다.[155]

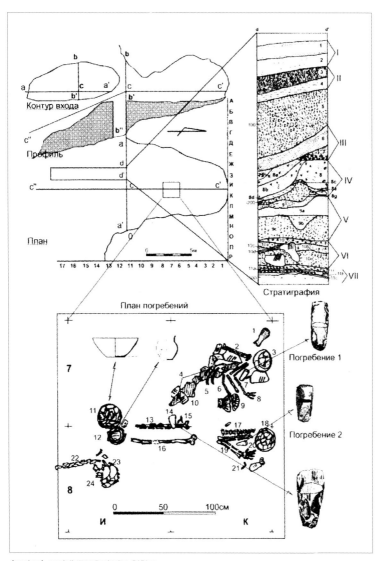

〈도면 36〉 포시엣 동굴유적 발굴 현황도

155 대한민국 문화재청 국립문화재연구소·러시아과학원 극동지부 역사학고고학민속
학연구소, 2008, 『연해주의 문화유적 Ⅱ』, 297~301쪽.

3. 러시아 발해고고학의 문제점과 과제

오늘날 러시아의 발해고고학에서 가장 당면한 문제 중의 하나는 발해유적의 범위를 어디까지로 볼 것인가 하는 것이다. 잘 알려져 있듯이, 러시아 연해주의 발해 연구자들 대부분은 연해주에서의 발해의 공간적 범위를 "북쪽은 한까 호를 따라, 동북쪽은 우수리강의 상류와 중류 지역의 시호테-알린 산맥을 따라 나있었고, 동쪽에는 피터 대제 만 지역에서 동해로 이어진다"라고 생각한다.156 다시 말해서 연해주에서의 발해의 북방 경계를 한까 호(=흥개호) 북쪽 가까이의 우수리강 중-상류와 남쪽의 나호드까로 흐르는 빠르띠잔스크강을 잇는 선까지로 보고 있는 것이다.

발해의 북동쪽 경계문제와 관련하여 우리를 가장 놀랍게 하는 것은 아르세니예브까강 상류 지역에 위치하는 스몰노예1성을 발해와는 무관한 스몰노예문화의 유적이라는 주장이다.157 스몰노예1성의 북동쪽으로는 약 21km 거리에 발해의 루다노브까 산성이, 약 33km 거리에 발해의 노보고르제예브까산성이 각각 위치하고 있음에도 불구하고 말이다. 다시 말해서 연해주의 남부 중에서 동쪽 지역(즉, 연해주의 남동부 지역)은 발해의 영역에 포함되지 않았다고 보는 것이 연해주에서 활동하는 대부분 발해 연구자들의 의견이다. 스몰노예문화는 기면에 격자타날문이 베풀어져 있는 회(흑)색의 윤제토기를 특징으로 하는 고고학문화이다. 하지만 격자타날문은 발해의 유적임이 분명한 크라스키노성과 고르바뜨까성 등에서도 출토된다. 이 문화의 대표적인 유적 중의 하나인 스몰노예1성에서는 구들이 딸린 주거지도 2기나 조사가 되었다. 이 구들

---

156 Гельман Е.И., 2005b, p.478. (겔만 E.I., 2005b, 478쪽.); 겔만 E.I. · 정석배 옮김, 2010, 257쪽, 도면 2.

157 Шавкунов В.Э., 2015 참조. (샤브꾸노프 V.E., 2015 참조.)

들은 모두 고래가 2줄이고 평면 'ㄷ'자 모양을 하고 있는데 바로 발해의 구들에 특징적인 요소들이다. 스몰노예문화의 연대는 8~11세기로 판단되고 있는데 대부분의 기간이 발해와 겹치고, 일부 발해 멸망 이후의 기간을 포함한다. 이 사실들은 소위 스몰노예문화는 사실은 발해의 한 지방문화였음을 보여 준다고 하겠다.

발해의 동북 경계와 관련하여 또 하나 중요한 문제는 뽀끄로브까문화에 대한 문제다. '아무르 여진문화'라고 불리기도 하는 뽀끄로브까문화는 그 중심지가 하바롭스크 일대의 동(東)아무르 지역이다. 뽀끄로브까문화는 대체로 서기 7~13세기로 편년되며, 학자들에 따라 3단계 혹은 4단계로 세분된다. 예를 들어, 4단계로 구분한 Yu.M.바실리예프는 1단계를 뜨로이쯔꼬예 단계(7~9세기), 2단계를 꼬르사꼬보 단계(9세기 말 ~10세기), 3단계를 나데즈딘스끼-루단니꼽스끼 단계(11~12세기 초), 4단계를 끄라스노꾸롭스끼 단계(12~13세기)로 설정하였고,[158] 3단계로 구분한 V.E.메드베데프는 1단계를 7~9세기 전반, 2단계를 9~12세기 1/4분기, 3단계를 12세기 2/4분기~13세기 중엽으로 파악하였다.[159]

여기에서 먼저 주목되는 것은 Yu.M.바실리예프의 1단계 뜨로이쯔꼬예 단계(7~9세기)와 2단계 꼬르사꼬보 단계(9세기 말~10세기)이다. 이 두 단계는 사실상 발해 시기에 해당한다. 다음 V.E.메드베제프의 1단계(7~9세기 전반)는 사실상 발해 시기에 속하고, 2단계(9~12세기 1/4분기)는 발해 시기와 발해 이후의 시기를 함께 포괄하고 있다.

두 연구자들의 시기 구분과 각 시기의 연대가 약간의 차이가 남에도 불구하고, 실제 문화의 내용은 10세기 이전과 이후가 매우 큰 차이

---

158 Васильев Ю.М., 2005 참조. (바실리예프 Yu.V., 2005 참조.)

159 Медведев В.Е., 1986, Приамурье в конце I - начале II тысячелетия (чжурчжэньская эпоха), Новосибирск. (메드베제프 V.E., 1986, 『서기 1천년기 말~2천년기 초(여진 시대)의 아무르 유역』, 노보시비르스크.)

를 보인다. 10세기를 과도기로 하여 그 이전과 이후에 보이는 가장 큰 차이는 토기에서 찾을 수 있다. 예를 들어, 뽀끄로브까문화를 대표하는 '깔대기' 모양 구연, 즉 반구형의 구연이 있는 과형 토기는 10세기 이후부터 본격적으로 확인되며,[160] 그 이전에는 이 형식의 토기는 거의 없고 대신 어깨 부분에 돌대가 부착된 소위 뜨로이쯔꼬예 유형의 수제 토기가 대다수를 차지한다. 또한 무덤에 있어서도 10세기 이전까지는 무봉분의 토광묘가 주를 이루었고, 그 이후에는 봉분이 있는 무덤이 기본이 되었다.[161] 중국 학계에서는 뽀끄로브까문화의 늦은 단계를 요대(遼代) 오국부(五國部) 문화라고 부르고 있는데,[162] 다른 말로 한다면 소위 뽀끄로브까문화의 이른 단계, 즉 10세기 초 이전의 유적과 유물은 요대와는 무관한 것이다. 러시아의 한 연구자는 10세기 꼬르사꼬보 단계까지의 이 문화를 '여진'이 아니라 이곳으로 이주한 발해말갈의 문화로 파악하기도 하는데,[163] 다시 말해서 서기 10세기 초까지의 이 문화는 발해의 한 지방 문화일 가능성이 매우 높은 것이다. 그렇지만, 오늘날 이 문화에 대한 대부분의 러시아 연구자들 시각은 이 문화가 발해와는 별개의 문화라는 것이다. 그 결과 연해주 북부의 비낀강 유역과 볼샤야-우쑤르까강 유역의 발해 시기 유적들은 모두 뽀끄로브까문화로 파악이 되고 있고, 심지어는 모든 발해 연구자들이 발해의 유적으로 인정하는 노보고르제예브까 산성 바로 곁에 위치하는 노보고르제예브까 마을유적이 10세기 후반 이후의 뽀끄로브까문화의 유적이라는 의견[164]까지도 제시

---

160 Медведев В.Е., 1991, Корсаковскиймогильник: хронология и материалы, Новосибирск. (메드베제프 V.E., 1991, 『꼬르사꼬보 고분군: 편년과 자료들』, 노보시비르스크.)

161 Васильев Ю.М., 2005 참조. (바실리예프 Yu.V., 2005 참조.)

162 孫秀仁·干志耿 1982, 「論遼代五國部及其物質文化特徵 -遼代五國部文化類型的提出與研究」, 『東北考古與歷史』, 第1輯.

163 Нестеров С.П., 1998, Народы Приамурья в эпоху раннего средневековья, Новосибирск. (네스쩨로프 S.P., 1998, 『중세 초기의 아무르 유역 민족들』, 노보시비르스크.)

된 바 있다. 노보고르제예브까 마을유적은 한 때 발해 시기 소그드인들의 거류지였던 곳으로 인식되기도 하였다.[165] 그 만큼 이 유적 출토 유물의 양상이 '본원적인' 발해문화와는 이질적인 것임에는 틀림이 없다. 하지만 그 유물들이 발해 시기 이후의 뽀끄로브까문화와 관련된 것들인지에 대해서는 다시 한 번 충분한 검토가 필요하다고 생각된다.

뽀끄로브까문화에 대한 연구는 아직 러시아 학계에서도 체계적으로 이루어지지 못한 상태이며, 국내 학계에서는 이 문화의 단편적인 내용만 소개된 정도다.[166] 때문에 발해와 관련하여 이 문화에 대한 연구도 반드시 필요하다고 하겠다.

스몰노예문화 및 뽀끄로브까문화 문제와 더불어 발해고고학과 깊은 관련이 있는 또 하나의 문제가 있는데 바로 '말갈문화' 유적의 문제이다. 우리의 시각으로 볼 때에 말갈의 종족들은 한 때 흑수말갈까지도 포함하여 모두 발해에 복속되었고, 그렇다면 발해 시기 '말갈문화' 유적들은 발해의 유적으로 간주하는 것이 정당하다. 하지만 현재 러시아의 관련 분야 연구자들은 '말갈문화'를 엄연하게 구분하고 있고, 심지어는 발해의 영역이 분명한 지역 내에서조차도 '말갈문화' 유적을 구분하고 있다. 예를 들어, Ya.E.삐스까료바는 연해주에서 한까 그룹, 라꼬브까 그룹, 해안 그룹, 그리고 까발레로보 그룹이라는 4개의 말갈유적 그룹을 구분하고 있는데, 그 중에서 라꼬브까 그룹을 제외한 나머지 3개 그룹의 유적들은 대체로 발해 시기에 해당하며,[167] 그 중 라꼬브까 그룹과

164 Гельман Е.И., 2002, К вопросу о культурной принадлежности Новогордеевского селища // Археология и культурная антропология Дальнего Востока и Центарьной Азии, Владивосток. (겔만 E.I., 2002, 「노보고르제예브까 취락지의 문화적 귀속성 문제에 대해」, 『극동과 중부아시아의 고고학과 문화인류학』, 블라디보스토크.)

165 E.V. 붸.샤브꾸노프 엮음, 송기호·정석배 옮김, 1996, 253쪽.

166 정석배, 2016, 103~107쪽.

167 Пискарева Я.Е., 2014 참조. (삐스까료바 Ya.E., 2014 참조.).

해안그룹 유적들은 러시아 학자들이 인정하는 발해유적의 경계 내에 분포한다. 소위 말갈문화 유적들에는 고구려계의 문화 요소들이 보이지 않는 특징을 가지고 있다. 예를 들어, 회색 혹은 흑색 윤제토기, 구들, 석실무덤, 기와 등이 보이면 모두 발해유적으로, 그렇지 않으면 말갈문화 유적으로 판단하는 것이다. 만약에 이 '말갈문화' 유적들이 발해 시기의 것이라면 이 역시 발해의 지방문화의 하나로 파악하는 것이 마땅할 것이다.

연해주에서 발해고고학과 관련하여 풀어야 할 또 하나의 문제는 바로 연해주 동북 해안 지역의 유적들을 어떤 문화에 귀속시킬 것인가 하는 문제다. 오늘날 대부분의 러시아 발해 연구자들은 연해주 동북 해안 지역을 발해 영역 밖으로 파악하고 있지만, 유일하게도 O.V.디야꼬바는 발해 시기의 유적들은 발해문화에 속한다고, 다시 말해서 발해의 유적으로 주장하고 있다.[168] 연해주 동북 해안 지역의 브루실로브까성, 사도브이 끌류치성, 지기또브까성, 끄라스노예 오제로성, 말라야 께마성, 야슈성 등등이 그러하다. 하지만 안타깝게도 이 지역의 유적들은 아직 조사가 매우 부족한 상태다.

따라서 연해주 발해고고학과 관련하여 스몰노예문화, 뽀끄로브까문화, '말갈문화', 동북 해안 지역 유적들 등에 대한 연구가 병행되어야할 것이다. 필자의 의견으로, 이 문화들은 발해 시기의 경우는 모두 발해의 지방문화로 간주가 가능하다. 하지만 이를 뒷받침하기 위해서는 이 문화 유적들에 대한 발굴조사와 연구가 필요하다.

또 한 가지 우리에게 있어 연해주 발해고고학과 관련된 근본적인 문제는 자료 수집의 한계라고 하겠다. 잘 알려져 있듯이, 러시아에서는 발굴조사 후에 오직 3권만의 소위 '행정' 보고서를 작성하고, 발굴조사 내

---

168 Дьякова О.В., 2009 참조. (디야꼬바 O.V., 2009 참조.)

용은 소략하게 학술지 등에 발표하는 것이 관례다. 우리가 접할 수 있는 조사 내용은 학술지 등에 발표된 것이 대부분으로서, 학술지 등에 발표되지 않은 유적의 경우에는 조사 내용을 전혀 파악할 수가 없다. 예를 들어, 스쪼끌랴누하성이 그러한데 행정 보고서 외에 따로 학술지에 조사내용이 소개되지 못하였기에 우리는 이 성의 발굴조사 내용에 대해 알 수가 없다. 또한 학술지 등에 조사내용이 소개되었다고 하더라도 내용이 소략하기 때문에 보다 상세한 내용을 알기 위해서는 소위 행정 보고서를 열람할 필요가 있다. 이러한 문제점을 해결하기 위한 가장 좋은 방안은 행정보고서와 출토 유물 등을 토대로 하여 발굴조사가 된 적이 있는 각 유적에 대한 자료집을 발간하는 것이다. 실제로 국내에서는 2010년에 이미 꼰스딴찌노브까1 마을유적에 대해 그러한 자료집을 발간한 적이 있다.[169] 하지만 안타깝게도 이것은 아직도 유일한 예로 남아 있다.

연해주에 분포하는 발해유적의 수는 2011년도 현재 174개소로 집계되었고, 91개소의 말갈-발해유적으로 집계된 것까지 합하면 발해유적은 265개소에 달한다. 이 수치는 발해 시기의 뽀끄로브까문화와 말갈문화의 유적들이 제외된 것이다. 그런데 지금까지 발굴된 발해유적의 수는 뽀끄로브까문화의 것으로 보고된 로쉬노 4고분군과 스몰노예문화의 것으로 보고된 스몰노예 1성, 그리고 동북 해안 지역의 지기또브까성과 끄라스노예 오제로성, 모나스뜨이르까2 고분군을 포함하여 모두 38개소에 불과하다.(다만 이 수치에는 '말갈문화' 유적으로 분류된 것은 집계되지 않았다.) '본원적인' 발해유적들에 대한 발굴조사도 부족하지만, 발해의 지방문화로 볼 수 있는 뽀끄로브까문화, 스몰노예문화, 소위 '말갈문화', 그리고 동북 해안 지역의 유적들에 대한 발굴조사도 반드시 필요하다

---

169 정석배·니끼친 Yu.G.·볼딘 V.I.·레쉔꼬 N.V., 2010 참조.

고 하겠다. 발해고고학과 밀접한 관련이 있는 연해주와 나아가 아무르 지역의 중세 초기 유적들에 대한 체계적인 조사와 연구가 필요하다.

4. 맺음말

지금까지 연해주 지역에서 발굴조사가 된 19개소의 성터, 8개소의 주거유적, 6개소의 절터, 1개소의 건축유적, 4개소의 고분군, 1개소의 동굴유적 등 모두 38개소[170]의 발해유적에 대해 살펴보았다. 이 유적들 중에는 '본원적인' 발해유적이 아니라 스몰노예문화의 스몰노예1성과 뽀끄로브까문화의 로쉬노4 고분군, 그리고 동북 해안 지역의 지기또브까성과 끄라스노예 오제로성 및 모나스뜨이르까2 고분군이 포함되어 있다.

그런데 여기에서 스몰노예문화는 기면에 격자타날문이 시문된 윤제 토기와 구들을 공반하고 있고, 또 대부분의 존속 시기가 발해와 겹치고 있는 것으로 판단되고 있어 사실은 발해문화의 일부로 보여진다.

뽀끄로브까문화는 10세기 초 이전까지는 발해와 존속 시기가 대부분 겹치는 문화로서 말갈과 관련된 고고학 문화로 생각된다. 발해가 말갈의 종족들을 모두 복속시켰다는 문헌 자료의 내용을 염두에 둔다면, 흑수말갈은 잠깐 동안이긴 하지만, 말갈과 관련된 뽀끄로브까문화는 기본적으로 발해의 한 지방문화로 간주할 수 있을 것이다. 다만 뽀끄로브까문화에서 발해 멸망 이후의 시기에 해당되는 유적들은 시기적으로 발해와 무관할 수밖에 없다. 뽀끄로브까문화는 10세기를 전후하여 그

170　크라스키노 절터는 크라스키노성 내에 위치하기 때문에 유적의 수는 39개소가 아니라 38개소가 된다.

이전과 이후가 무덤이나 토기 등에서 큰 차이를 보이기 때문에 향후 이에 대한 치밀한 검토가 요구된다.

연해주의 동북 해안 지역은 연구자들에 따라 발해의 영역으로 파악하는 경우도 있고, 그렇지 않은 경우도 있는데, 사실 대부분의 연구자들은 발해와 무관한 것으로 판단하고 있다. 하지만 이 지역에는 고구려의 전통을 잇고 있는 석축 성과 윤제 토기 등이 보이고 있어 발해와의 관련성을 전혀 무시할 수가 없다. 또한 지역적으로도 말갈과 관련된 곳이기 때문에 역시 발해의 일부로 파악해야만 할 것이다. 이와 같은 관점에서 이 지역에 위치하는 지기또브까성과 끄라스노예 오제로성 그리고 모나스뜨이르까2 고분군을 발해유적에 포함시켜 논의를 전개하였다.

꼭샤로브까1성과 꼭샤로브까8 건축유적 그리고 아우로브까성은 발해 말기부터 발해 멸망 이후까지로 혹은 발해 멸망 이후의 시기로 편년되고 있는 유적들이다. 이 유적들은 설령 발해 멸망 이후의 것이라고 할지라도 발견된 유구와 출토 유물들이 모두 발해의 것을 그대로 따르고 있고, 또 보다 이후의 요금대의 특징을 전혀 보이지 않기 때문에 발해유적의 틀 속에서 검토하는 것이 타당하다고 생각된다.

연해주 발해고고학에서의 가장 시급한 당면 과제는 소위 스몰노예문화, 뽀끄로브까문화, 말갈문화 등의 유적들에서 발해 시기의 것들을 구분해 내고, 그리고 이것들이 발해의 지방문화의 하나였음을 보다 체계적으로 논증하는 것이라고 하겠다. 다만 이를 위해서는 '본원적인' 발해유적들 뿐만 아니라 스몰노예문화, 뽀끄로브까문화, 말갈문화, 그리고 연해주 동북 지역의 유적들에 대한 발굴조사를 보다 적극적으로 실시해야만 할 것이다. 또한 그 외에도 기 발굴조사된 유적들에 대한 체계적인 자료수집도 필요하다.

| 참고문헌 |

곌만 E.I. 저·정석배 옮김, 2010, 「러시아 연해주 발해유적 발굴의 결과와 의의」, 『고구려발해연구』 제38집.

고구려연구재단, 2005, 『2004년도 러시아 연해주 발해 유적 발굴 보고서』.

_____, 2006, 『2005년도 러시아 연해주 발해 유적 발굴 보고서』.

김동훈, 2017, 「러시아 연해주 스타로레첸스코예 평지성 제1차 발굴조사 성과」, 『2017 Asian Archaeology 국제학술심포지움』.

남호현, 2016, 「연해주 시넬니코보-1 유적의 발굴 성과-2015~2016년 한·러 공동발굴조사 결과를 중심으로-」, 『국제학술회의 동아시아 고고학의 최신 성과와 해석』, 동북아역사재단.

니끼친 Yu.G., 2009, 「크라스키노 성터 부근의 발해 고분발굴(2003년)」, 『연해주 체르냐찌노5 발해고분군(Ⅳ)』, 대한민국 문화재청 한국전통문화학교·러시아연방 극동국립기술대학교·러시아과학원 극동지소 역사학고고학민족학연구소.

대륙연구소, 1994, 『러시아 연해주의 발해유적』.

대한민국 고구려연구회·러시아과학원 시베리아분소 고고민족학연구소, 1998, 『러시아 연해주 발해절터』, 학연문화사.

대한민국 문화재청 국립문화재연구소·러시아과학원 극동지부 역사학고고학민속학연구소, 2006, 『연해주의 문화유적 I 』.

_____, 2007, 『연해주의 문화유적 I』.

_____, 2007, 『연해주의 발해유적 I 』.

_____, 2008, 『연해주의 문화유적 Ⅱ 』.

_____, 2012, 『연해주의 콕샤로프카-1 평지성 I 』.

_____, 2015, 『연해주 콕샤로프카 유적: 콕샤로프카-1 평지성, 콕샤로프카-8 석축구조물』.

대한민국 문화재청 한국전통문화대학교·러시아연방 극동국립기술대학교, 2005,

『연해주 체르냐찌노5 발해고분군(Ⅰ)-제1·2차 한·러 공동 연해주 발해문화유적 발굴조사-』.

_____, 2006, 『연해주 체르냐찌노5 발해고분군(Ⅱ)-제3차 한·러 공동 연해주 발해문화유적 발굴조사-』.

대한민국 문화재청 한국전통문화대학교·러시아연방 극동국립기술대학교·러시아과학원 극동지소 역사학고고학민족학연구소, 2007, 『연해주 체르냐찌노5 발해고분군(Ⅲ)-제4차 한·러 공동 연해주 발해문화유적 발굴조사-』.

_____, 2009, 『연해주 체르냐찌노5 발해고분군(Ⅳ)-제6차 한·러 공동 연해주 발해문화유적 발굴조사-』.

동북아역사재단, 2007, 『2006년도 러시아 연해주 크라스키노성 발굴 보고서』, 대한민국 동북아역사재단 러시아 극동 역사고고민속학연구소.

동북아역사재단·러시아과학원 극동분소 역사고고민속학연구소, 2007, 『2006년도 연해주 크라스키노 발해성 한·러 공동 발굴보고서』.

_____, 2008, 『2007 러시아 연해주 크라스키노 발해성 발굴보고서』.

_____, 2010, 『2008년도 연해주 크라스키노 발해성 한·러 공동 발굴보고서』.

_____, 2010a, 『2009년도 연해주 크라스키노 발해성 한·러 공동 발굴보고서』.

_____, 2011b, 『2010년도 연해주 크라스키노 발해성 한·러 공동 발굴보고서』.

_____, 2012, 『2011년도 연해주 크라스키노 발해성 한·러 공동 발굴보고서』.

_____, 2013, 『2012년도 연해주 크라스키노 발해성 한·러 공동 발굴보고서』.

동북아역사재단·러시아과학원 극동지소 역사학고고학민족학연구소, 2014, 『연해주 크라스키노 발해성 2013년도 발굴조사』.

_____, 2015, 『연해주 크라스키노 발해성 2014년도 발굴조사』.

러시아 극동대학 조사단, 1999, 「마리야노브까성지 1, 2, 4지구 발굴조사보고」,

『연해주에 남아있는 발해-연해주 발해유적 조사보고-』, 연해주문화유적
조사단·고려학술문화재단.

문명대·이남석·V.I.Boldin 외, 2004, 『러시아 연해주 크라스키노 발해 사원지 발
굴 보고서』. 고구려연구재단.

심광주, 2014, 「고구려 성곽 발굴조사 성과와 축성기법」, 『아차산 일대 보루군의
역사적 가치와 보존방안』, 한강문화재연구원.

E.V.샤브꾸노프 엮음, 송기호·정석배 옮김, 1996, 『러시아 연해주와 발해 역사』, 민
음사.

정석배, 2010, 「꼰스딴찌노브까1 마을유적 쪽구들 연구」, 『고구려발해연구』 제38집.

_____, 2011, 「연해주 발해시기의 유적 분포와 발해의 동북지역 영역문제」, 『고
구려발해연구』 제40집.

_____, 2013, 「발해 마을유적 소고-방어시설이 없는 일반 마을유적을 중심으로-」,
『고구려발해연구』 제47집.

_____, 2016, 「발해의 북방경계에 대한 일고찰」, 『고구려발해연구』 제54집.

_____, 2019, 「발해의 북방-서역루트 '담비길' 연구」, 『고구려발해연구』 제63집.

정석배·니끼친 Yu.G.·볼딘 V.I.·레쉔꼬 N.V., 2010, 『연해주의 발해유적과 꼰스
딴찌노브까1 주거유적』, 대한민국 문화재청 한국전통문화학교·러시아과
학원 극동지소 역사학고고학민족학연구소.

정석배·볼딘 V.I., 2015, 「발해의 가마(窯)에 대한 일고찰」, 『선사와 고대』 제43호.

정석배·Yu.G.니끼친, 2007, 「체르냐찌노5 발해고분군의 고분유형과 출토유물」,
『고구려연구』 제26집.

정석배·Yu.G.니끼친·신한정·김용갑·정승탁·E.Yu.니끼친, 2009, 『연해주 체르냐
찌노2 옥저·발해 주거유적(Ⅱ)』, 대한민국 문화재청 한국전통문화학교·
러시아연방 극동국립기술대학교·러시아과학원 극동지소 역사학고고학
민족학연구소.

정석배·Yu.G.니끼친·신한정·박규진·김은옥·E.Yu.니끼친, 2008, 『연해주 체르냐
찌노2 옥저·발해 주거유적(Ⅰ)』, 대한민국 문화재청 한국전통문화학교·
러시아연방 극동국립기술대학교·러시아과학원 극동지소 역사학고고학

민족학연구소.

정석배·니끼친 Yu.G.·볼딘 V.I.·레쉔꼬 N.V., 2010,『연해주의 발해유적과 꼰스 딴찌노브까1 마을유적』, 대한민국 문화재청 한국전통문화학교·러시아과 학원 극동지소 역사학고고학민족학연구소.

한국 조사단, 1999,「마리야노브까성지 제 1, 3지구 발굴조사보고」,『연해주에 남 아있는 발해-연해주 발해유적 조사보고-』, 연해주문화유적조사단·고려 학술문화재단.

孫秀仁·干志耿, 1982,「論遼代五國部及其物質文化特征-遼代五國部文化類型的 提出與研究」,『東北考古與歷史』第1輯.

クラスキノ土城發掘調査団, 2003,「2002年度ロシア·クラスキノ土城發掘調査 概要報告」,『青山史學』弟21号.

_____, 2004,「2003年度ロシア·クラスキノ土城發掘調査概要報告」, 『青山史學』第22号.

_____, 2005,「2004年度ロシア·クラスキノ土城發掘調査概要報告」, 『青山史學』第23号.

_____, 2005,『2004年度ロシア·クラスキノ土城發掘調査概要報告』.

田村晃一ほか, 1999,『古代國家渤海と日本の交流に關する考古學的調査』, 科學 研究費補助金研究成果報告書.

_____, 2001,「2001年度 ロシア·クラスキノ土城發掘調査概要報告」,『青 山史學』第20号.

_____, 2001,『平成11·12年度科學研究費補助金 (基盤研究 (B) (2)) 研究 成果報告書「日本道」關連渤海遺跡の考古學的調査』.

Александров А.В, 1985, Отчет о разведке археологических памятников в долинах рек Шкотовки и Стеклянухи Шкотовского района (Приморского края), 1985 г. // Архив ИА РАН. Р-1, №10812. (알렉산드로프 A.V., 1985,『1985년도 연해주 쉬꼬도보 지구 쉬꼬또브까강 및 스쪼글랴누하강 유역 고고학 지표조사 보고서』, 러시아과학원 고고학연구소 문서보관소, Р-1, №10812.)

_____, 1986, Отчет о археологических раскопках на городище Стеклянуха-1 в Шкотовском районе (Приморского края), 1986 г. // Архив ИА РАН. Р-1, №11747. (알렉산드로프 A.V., 1986, 『1986년도 연해주 쉬꼬도보 지구 스쪼글랴누하1성 발굴조사보고서』, 러시아과학원 고고학연구소 문서보관소, Р-1, №11747.)

_____, 1987, Отчет о археологических раскопках на городище Стеклянуха-1 в Шкотовском районе (Приморского края), 1987 г. // Архив ИА РАН. Р-1, №12179. (알렉산드로프 A.V., 1987, 『1987년도 연해주 쉬꼬도보 지구 스쪼글랴누하1성 발굴조사보고서』, 러시아과학원 고고학연구소 문서보관소, Р-1, №12179.)

_____, 1988, Отчет о археологических раскопках на городище Стеклянуха-1 в Шкотовском районе (Приморского края), 1988 г. // Архив ИА РАН. Р-1, №13225. (알렉산드로프 A.V., 1988, 『1988년도 연해주 쉬꼬도보 지구 스쪼글랴누하1성 발굴조사보고서』, 러시아과학원 고고학연구소 문서보관소, Р-1, №13225.)

Артемьева Н.Г., 2003, Отчет об археологических исследованиях Николаевского городища в Партизанском районе Приморского края в 2003 году // Архив ИИАЭ ДВО РАН. Ф. 1, оп. 2, д. 549. (아르쩨미예바 N.G., 2003, 『2003년도 연해주 빠르띠잔스크 지구 니꼴라예브까성 고고학조사보고서』, 러시아과학원 극동지소 역사학고고학민족학연구소 문서보관소, 폰드 1, 오삐시 2, 젤로 549.)

Артемьева Н.Г., 2004, Отчет об археологических исследованиях Николаевского городища в Партизанском районе Приморского края в 2004 году // Архив ИИАЭ ДВО РАН. Ф. 1, оп. 2, д. 560. (아르쩨미예바 N.G., 2004, 『2004년도 연해주 빠르띠잔스크 지구 니꼴라예브까성 고고학조사보고서』, 러시아과학원 극동지소 역사학고고학민족학연구소 문서보관소, 폰드 1, 오삐시 2, 젤로 560.)

Болдин В.И., 1976, Отчет об археологических исследованиях на городище Николаевское II Михайловского района в Приморском крае в 1976 году // Архив ИА РАН. Р-1, № 6316. (볼딘 V.I., 1976, 『1976년도 연해주 미하일로브까 지구 니꼴라예브까2성 고고학조사 보고서』, 러시아과학원 고고학연구소 문서보관소,

P-1, № 6316.)

_____, 1977, Отчет об археологических исследованиях на городище Николаевское I и Николаевское II в Михайловском районе Приморского края в 1977 году. // Архив ИА РАН. Р-1, № 6748. (볼딘 V.I., 1977, 『1977년도 연해주 미하일로브까 지구 니꼴라예브까1성 및 니꼴라예브까2성 고고학조사 보고서』, 러시아과학원 고고학연구소 문서보관소, P-1, №6748.)

_____, 1978, Отчет об археологических исследованиях на городище Николаевское- Ⅰ и Николаевское- Ⅱ в Михайловсокм районе Приморского края в 1977 году // Архив ИА РАН. Р-1, № 6748. (볼딘 V.I., 1978, 『1977년도 연해주 미하일로브까 지구 니꼴라예브까1성 및 니꼴라예브까2성 고고학조사 보고서』, 러시아과학원 고고학연구소 문서보관소, P-1, №6748.)

_____, 1980, Отчет об археологических исследованиях на Краскинском городище в Приморском крае в 1980 году // Архив ИА РАН. (볼딘 V.I., 1980, 『1980년 연해주 크라스키노 성터 고고학조사 보고서』, 러시아과학원 고고학연구소 문서보관소.)

_____, 1981a, Отчет об археологических исследованиях на Корсаковском поселении в Уссурийском районе Приморского Края в 1981 году, Владивосток. (볼딘 V.I., 1981a, 『1981년도 연해주 우수리스크 지구 꼬르사꼬브까 마을 유적 고고학조사 보고서』, 블라디보스토크.)

_____, 1981b, Отчет об археологических исследованиях на Краскинском городище в Приморском крае в 1981 году // Архив ИА РАН. (볼딘 V.I., 1981b, 『1981년 연해주 크라스키노 성터 고고학조사 보고서』, 러시아과학원 고고학연구소 문서보관소.)

_____, 1983, Отчет об археологических исследованиях на Краскинском городище в Приморском крае в 1983 году // Архив ИА РАН. (볼딘 V.I., 1983, 『1983년 연해주 크라스키노 성터 고고학조사 보고서』, 러시아과학원 고고학연구소 문서보관소.)

_____, 1987, Отчет о раскопках на Константиновском 1 селище и

Новогордеевском городище в Приморском крае в 1987 году // Архив ИИАЭ ДВО РАН. (볼딘 V.I., 1987, 『1987년도 연해주 꼰스딴찌노브까1 취락지 및 노보고르제예브까성 발굴보고서』, 러시아과학원 극동지소 역사학고고학민족학연구소 문서보관소.)

_____, 1988, Отчет о раскопках на Константиновском 1 селище и Новогордеевском городище в Приморском крае в 1987 году // Архив ИА РАН. - Р-1, № 12079. (볼딘 V.I., 1988, 『1987년도 연해주 꼰스딴찌노브까1 마을유적과 노보고르제예브까성 발굴조사보고서』, 러시아과학원 고고학연구소 문서보관소, -Р-1, № 12079.)

_____, 1989a, Отчет о раскопках на селище Константиновском 1 в Приморском крае в 1988 году // Архив ИА РАН. - Р-1, № 12703. (볼딘 V.I., 1989a, 『1988년도 연해주 꼰스딴찌노브까1 마을유적 발굴조사보고서』, 러시아과학원 고고학연구소 문서보관소, -Р-1, № 12703.)

_____, 1989b, Итоги изучения бохайского слоя на Новогордеевском городище в 1987 году // Новые материалы по средневековой археологии Дальнего Востока СССР, Владивосток. (볼딘 V.I., 1989b, 「1987년도 노보고르제예브까성 발해층 조사 결과들」, 『소련 극동의 중세고고학 신 자료들』, 블라디보스토크.)

_____, 1989c, О раскопках на Абрикосовском храме и селище в Приморском крае в 1989 году, Владивосток. (볼딘 V.I., 1989c, 『1989년도 연해주 아브리꼬스 절터 및 마을유적 발굴에 대해』, 블라디보스토크.)

_____, 1989d, Отчет о раскопках на Абрикосовском храме и селище в Приморском крае в 1989 году // Архив Института археологии РАН. (볼딘 V.I., 1989d, 『1989년도 연해주 아브리꼬스 절터 발굴조사보고서』, 러시아과학원 고고학연구소 문서보관소.)

_____, 1990, Отчет об археологических исследованиях на Краскинском городище в Приморском крае в 1990 году // Архив ИА РАН. (볼딘 V.I., 1990, 『1990년 연해주 크라스키노 성터 고고학조사 보고서』, 러시아과학원 고고학연구소 문서보관소.)

_____, 1991, Отчет об исследованиях на Константиновском 1 селище в 1991 году // Архив ИА РАН. - Р-1, № 16610, 1992. (볼딘 V.I., 1991, 『1991년도 꼰스딴 찌노브까1 마을유적 조사보고서』, 러시아과학원 고고학연구소 문서보관 소. -Р-1, № 16610.)

_____, 1992, Отчет о раскопках на Константиновском 1 селище в Октябрьском районе Приморского края в 1992 году // Архив ИА РАН. - Р-1, № 17110. (볼딘 V.I., 1992, 『1992년도 연해주 옥짜브리스끼 구역 꼰스딴찌노브까1 마을 유적 발굴조사보고서』, 러시아과학원 고고학연구소 문서보관소. -Р-1, № 17110.)

_____, 1994, О результатах полевых исследований на Краскинском городище в Приморском крае в 1994 году // Архив ИА РАН. (볼딘 V.I., 1994, 『1994년 연 해주 크라스키노 성터 야외조사 결과에 대하여』, 러시아과학원 고고학연 구소 문서보관소.)

_____, 1995, О результатах полевых исследований на Краскинском городище в Приморском крае в 1995 году // Архив ИА РАН. (볼딘 V.I., 1995, 『1995년 연 해주 크라스키노 성터 야외조사 결과에 대하여』, 러시아과학원 고고학연 구소 문서보관소.)

_____, 1996, О результатах полевых исследований на Краскинском городище в Приморском крае в 1996 году // Архив ИА РАН. (볼딘 V.I., 1996, 『1996년 연 해주 크라스키노 성터 야외조사 결과에 대하여』, 러시아과학원 고고학연 구소 문서보관소.)

_____, 1997a, О результатах полевых исследований на Краскинском городище, городище Синельниково 1 и в Анучинском районе Приморского края в 1997 году // Архив ИА РАН. (볼딘 V.I., 1997a, 『1997년 연해주 크라스키노 성터, 시 넬니꼬보1 성터, 아누치노 구역의 야외조사 결과에 대하여』, 러시아과학 원 고고학연구소 문서보관소.)

_____, 1997b, О результатах полевых исследований на Краскинском городище, городище Синельниково 1 и в Анучинском районе Приморского края в 1997 году

// Архив ИИАЭ ДВО РАН. (볼딘 V.I., 1997b, 『1997년 연해주 크라스키노 성터, 씨넬니꼬보1 성터, 아누치노 구역의 야외조사 결과에 대하여』, 러시아과학원 역사학고고학민족학연구소 문서보관소.)

_____, 1998, О результатах полевых исследований на Краскинском городище и городище Синельниково 1 в Приморье в 1998 году // Архив ИА РАН. (볼딘 V.I., 1998, 『1998년 연해주 크라스키노 성터 및 씨넬니꼬보1 성터 야외조사 결과에 대하여』, 러시아과학원 고고학연구소 문서보관소.)

_____, 1999, О результатах полевых исследований на городищах Краскинское и Синельниково 1 в Приморском крае в 1999 году // Архив ИА и архив Института истории, археологии и этнографии народов Дальнего Востока ДВО РАН. Ф. 1, оп 2, дело № 348. (볼딘 V.I., 1999, 『1999년 연해주 크라스키노 성터 및 시넬니꼬보1 성터 야외조사 결과에 대하여』, 러시아과학원 극동지소 역사학고고학민족학연구소 문서보관소, 폰드 1, 오삐시 2, 젤로 348.)

_____, 2000a, Итоги полевых исследований на Краскинском и Новогордеевском городищах в Приморском крае в 2000 г. // Архив ИИАЭ ДВО РАН. (볼딘 V.I., 2000a, 『2000년도 연해주 크라스키노성 및 노보고르제예브까성 야외조사보고서』, 러시아과학원 극동지소 역사학고고학민족학연구소 문서보관소.)

_____, 2000b, О результатах полевых исследований на Краскинском и Новогордеевском городище в Приморском крае в 2000 году // Архив ИА РАН. (볼딘 V.I., 2000b, 『2000년 연해주 크라스키노 성터 및 노보가르제예브까 성터 야외조사 결과에 대하여』, 러시아과학원 고고학연구소 문서보관소.)

_____, 2001a, Городище Синельникова-1: раннесредневековый памятник Приморья // Традиционная культура Востока Азии, Выпуск 3, Благовещенск. (볼딘 V.I., 2001a, 「시넬니꼬보1성: 연해주의 중세 초기 유적」, 『아시아 동부의 전통문화』 3호, 블라고베쉔스크.)

_____, 2001b, Отчет о результатах полевых исследований на Новогордеевском городище в Приморском крае в 2001 г. // Архив ИИАЭ ДВО РАН. (볼딘 V.I.,

2001b, 『2001년도 연해주 노보고르제예브까성 야외조사보고서』, 러시아 과학원 극동지소 역사학고고학민족학연구소 문서보관소.)

_____, 2002, Отчет о результатах полевых исследований на Краскинском городище в Приморском крае в 2002 году // Архив ИА и архив Института истории, археологии и этнографии народов Дальнего Востока ДВО РАН. Ф. 1, оп 2, дело № 457. (볼딘 V.I., 2002, 『2002년 연해주 크라스키노 성터 야외조사 결과에 대하여』, 러시아과학원 고고학연구소 문서보관소 및 러시아과학원 극동지소 역사학고고학민족학연구소 문서보관소, 폰드 1. 오삐씨 2. 젤로 457.)

_____, 2005, Археологические исследования на Краскинское городище в 2004 году. // 『2004년도 러시아 연해주 발해 유적 발굴 보고서』, 고구려연구재단. (볼딘 V.I., 2005, 「2004년도 크라스키노성 고고학 조사」, 『2004년도 러시아 연해주 발해 유적 발굴 보고서』, 고구려연구재단.)

Болдин В.И., Гельман Е.И., Ивлиев А.Л., 2002, Раскопки в районе храмового комплексв Краскинского городища в 2002 году. Институт истории, археологии и этнографии народов Дальнего Востока ДВО РАН (Владивосток, Российская Федерация) Институт исследования Когурё (Сеул, Республика Корея). (볼딘 V.I., 겔만 E.I., 이블리예프 A.L., 2002, 『2002년 크라스키노 성터 사역 발굴조사』, 러시아과학원 극동지소 역사학고고학민족학연구소(블라디보스토크, 러시아연방)·고구려연구회(서울, 대한민국.)

Болдин В.И., Дьякова О.В., Сидоренко Е.В., 1990, Новогордеевское городище как источник для периодизации культур Приморья // Проблемы средневековой археологии Дальнего Востока, Владивосток. (볼딘 V.I., 디야고바 O.V., 시도렌꼬 E.V., 1990, 「연해주 문화들의 시기구분을 위한 자료로서의 노보고르제예브까성」, 『극동 중세고고학의 문제들』, 블라디보스토크.)

Болдин В.И., Ивлиев А.Л., 1994, Отчет о полевых исследованиях на Краскинском могильнике в Хасанском районе Приморского края в 1993 году. // 러시아 연해주 발해유적, 대륙연구소. (볼딘 V.I., 이블리예프 A.L., 1994, 「1993년도 연해주 하산지구 크라스키노 고분군 야외조사 보고서」, 『러시아 연해주 발

해유적』, 대륙연구소.)

_____, 2002, Многослойный памятник Новогордеевское городище - материалы раскопок 1986-1987 годов // Труды ИИАЭ народов Дальнего Востока ДВО РАН, Том XI, Актуальные проблемы дальневосточной археологии, Владивосток. (볼딘 V.I., 이블리예프 A.L., 2002, 「다층위 유적 노보고르제예브까성 – 1986~1987년도 발굴 자료」, 『러시아과학원 극동지소 역사학고고학민족학연구소 저작들』, 권11, 극동고고학의 당면 문제들, 블라디보스토크.)

Болдин В.И., Ивлиев А.Л., Гельман Е.И., Лещенко Н.В., 2001, Раскопки в районе храмового комплексв Краскинского городища в 2001 году. Институт истории, археологии и этнографии народов Дальнего Востока ДВО РАН (Владивосток, Российская Федерация) – Институт исследования Когурё (Сеул, Республика Корея). (볼딘 V.I., 이블리예프 A.L., 겔만 E.I., 레쉔꼬 N.V, 2001, 『2001년 크라스키노 성터 사역 발굴조사』, 러시아과학원 극동지소 역사학고고학민족학연구소(블라디보스토크, 러시아연방)–고구려연구회(서울. 대한민국)

Болдин В.И., Ивлиев А.Л., Никитин Ю.Г., Гельман Е.И. 2004, Результаты археологических исследований на Краскинском городище в Приморском крае России в 1998 году. // 문명대·이남석·V.I.Boldin 외, 『러시아 연해주 크라스키노 발해 사원지 발굴 보고서』, 고구려연구재단. (볼딘 V.I., 이블리예프 A.L., 니끼친 Yu.G., 겔만 E.I., 2004, 「1998년도 러시아 연해주 크라스키노성 고고학조사 결과들」, 『러시아 연해주 크라스키노 발해 사원지 발굴 보고서』, 고구려연구재단.)

Болдин В.И., Никитин Ю.Г., 1996, Отчет об археологических разведках в Октябрьском, Уссурийском, Кавалеровском и Чугуевском районах Приморского края в 1996 году // Архив ИА РАН. Р-1, № 20547. (볼딘 V.I., 니끼친 Yu.G., 1996, 『1996년도 연해주 옥짜브리스끼, 우수리스크, 까발레로보, 추구예프 주들에서의 고고학 지표조사 보고서』, 러시아과학원 고고학연구소 문서보관소, Р-1, №20547.)

Болдин В.И., Семениченко Л.Е., 1975, Отчет об археологических исследованиях на

Николаевском городище II в Приморском крае в 1975 году // Архив ИА РАН.
Р-1, № 5646. (볼딘 V.I., 세메니첸꼬 L.E., 1975, 『1975년도 연해주 니꼴라
예브까2성 고고학조사 보고서』, 러시아과학원 고고학연구소 문서보관소,
Р-1, № 5646.)

Бродянский Д.Л., Соболева М.В., 2008, Средневековые комплексы Рудановского городища
// Столетие великого АПЭ к юбилею академика Алексея Павловича Окладникова.,
Тихоокеанская археология, выпуск 16, Владивосток, (브로댠스끼 D.L., 소볼레바
M.V., 2008, 「루다노브까성 중세 복합체」, 『아카데믹 A.P.오끌라드니꼬프
기념 위대한 APE 백주년, 태평양고고학』16호, 블라디보스토크.)

Буссе Ф.Ф., Крапоткин Л.А., 1908, Остатки древностей в Амурском крае // ЗОИАК,
Т.12, (부쎄 F.F., 끄라뽀뜨낀 L.A., 1908, 「아무르 주의 고대 유적들」, 『ZOIAK』
권12)

Васильев Ю.М., 2005, Покровская культура Приамурья (IX-XIII вв. н.э.) // Российский
Дальний Восток в древности и средневековье. Открытия, проблемы, гипотезы.
Владивосток. (바실리예프 Yu.V., 2005, 「아무르 유역의 뽀끄로브까문화
(9~13세기)」, 『고대와 중세의 러시아 극동 - 발견들, 문제들, 가설들』, 블
라디보스토크.)

Галактионов О.С., 1972, Отчет об археологической разведке в Приморье в 1972 г. //
Архив ИА РАН, Р-1, № 5141. (갈락찌오노프 O.S., 1972, 『1972년도 연해주
에서의 고고학 지표조사보고서』, 러시아과학원 고고학연구소 문서보관
소, Р-1, № 5141.)

_____, 1973, Отчет об археологической разведке в Приморье (Анучинском,
Михайловском и Красноармейском районах Приморского края). 1973 г. // Архив
ИА РАН. Р-1, № 5141. (갈락찌오노프 O.S., 1973, 『1973년도 연해주(아누치
노, 미하일로브까, 끄라스노아르메이 지구) 고고학 지표조사 보고서』, 러
시아과학원 고고학연구소 문서보관소, Р-1, № 5141.)

_____, 1986, Отчет об археологических разведках на территории
Приморского края в 1986 году // Архив ИА РАН. - Р-1, № 11516. (갈락찌오노

프 O.S., 1986, 『1986년도 연해주 지역 고고학 지표조사 보고서』, 러시아
　　과학원 고고학연구소 문서보관소, -P-1, № 11516.)

Гельман Е.И., 1997, Отчет об археологической разведке в Михайловском районе
　　Приморского края в 1997 году // Архив ИА РАН. Р-1, № 2137. (겔만 E.I., 1997,
　　『1997년도 연해주 미하일로브까 지구 고고학 지표조사 보고서』, 러시아
　　과학원 고고학연구소 문서보관소, P-1, № 2137.)

_____, 2000, Отчет об археологической разведке в Михайловском районе
　　Приморского края в 2000 году // Архив ИИАЭ ДВО РАН. Ф. 1, оп. 2, д. 465. (겔
　　만 E.I., 2000, 『2000년도 연해주 미하일로브까 지구 고고학 지표조사 보
　　고서』, 러시아과학원 역사학고고학민족학연구소 문서보관소, 폰드 1, 오
　　삐시 2, 젤로 465.)

_____, 2001, Отчет об археологических исследованиях в Михайловском районе
　　Приморского края в 2001 году // Архив ИИАЭ ДВО РАН. Ф. 1, оп. 2, д. 539. (겔
　　만 E.I., 2001, 『2001년도 연해주 미하일로브까 지구 고고학조사 보고서』,
　　러시아과학원 역사학고고학민족학연구소 문서보관소, 폰드 1, 오삐시 2,
　　젤로 539.)

_____, 2002, К вопросу о культурной принадлежности Новогордеевского селища
　　// Археология и культурная антропология Дальнего Востока и Центаральной
　　Азии, Владивосток. (겔만 E.I., 2002, 「노보고르제예브까 취락지의 문화적
　　귀속성 문제에 대해」, 『극동과 중부아시아의 고고학과 문화인류학』, 블라디
　　보스토크.)

_____, 2003, Отчет об археологических исследованиях на городище Горбатка в
　　Михайловском районе Приморского края в 2003 г. // Архив ИИАЭ ДВО РАН.
　　Ф. 1, оп. 2, д. 550. (겔만 E.I., 2003, 『2003년도 연해주 미하일로브까 지구 고
　　르바뜨까성 고고학조사 보고서』, 러시아과학원 역사학고고학민족학연구
　　소 문서보관소, 폰드 1, 오삐시 2, 젤로 550.)

_____, 2005а, Археологические исследования на городище Горбатка в 2004 году
　　// 2004년도 러시아 연해주 발해유적 발굴보고서, 고구려연구재단. (겔만

E.I., 2005a, 「2004년도 고르바뜨까성 고고학 조사」, 『2004년도 러시아 연
해주 발해유적 발굴보고서』, 고구려연구재단)

_____, 2005b, Взаимодействие центра и периферии в Бохае (на примере
некоторых аспектов материальной культуры) // Российский Дальний Восток в
древности и средневековье. Открытия, проблемы, гипотезы. Владивосток. (겔만
E.I., 2005b, 「발해에서 중앙과 지방의 상호작용(몇몇 물질문화의 예를 통
해」, 『고대와 중세의 러시아 극동-발견들, 문제들, 가설들』, 블라디보스
토크.)

Глактионов О.С., Шавкунов Э.В., 1971, Археологическая разведка на территории
Приморского края в 1971 году / Отчет о полевых исследованиях на территории
Приморского и Хабаровского краев в 1971 году // Архив ИА РАН, Р-1, № 4537.
(갈락찌오노프 O.S., 샤브꾸노프 E.V., 1971, 「1971년도 연해주지역 고고
학 지표조사보고서」, 『1971년도 연해주 하바롭스크 주에서의 야외조사
보고서』, 러시아과학원 고고학연구소 문서보관소, Р-1, №4537.)

Дьякова О.В., 2009, Военное зодчество Центрального Сихотэ-Алиня, Москва. (디야꼬
바 O.V., 2009, 『중앙 시호테-알린의 군사건축물』, 모스크바.)

_____, 2014, Государство Бохай: археология, история, политика, Москва. (디야
꼬바 O.V., 2014, 『발해국: 고고학, 역사학, 정치학』, 모스크바.)

Ивлиев А.Л., Болдин В.И., Никитин Ю.Г., 1998, Новые сведения о фортификации
бохайских городищ // Археология и этнология Дальнего Востока и
Центаральной Азии, Владивосток. (이블리예프 A.L., 볼딘 V.I., 니끼친 Yu.G.,
1998, 「발해 성의 축성에 대한 새로운 정보들」, 『극동과 중부아시아의 고
고학과 민족지학』, 블라디보스토크.)

Клюев Н.А., Якупов М.А., Слепцов И.Ю., Исследование новой бохайской кумирни в
Приморье (끌류예프 N.A., 야꾸쁘프 M.A., 슬렙쪼프 I.Yu., 『연해주에서의
새로운 발해 절터 조사』 (연도 미 표시 자료임)

Крупянко А.А., Кудряшов Д.Г., Акуленко В.С., 2011, 「Археологичемкий памятник эпохи
Бохай - Красная Сопка II. Итоги и перспективы исследования」, 『2011 속초 발

해의 꿈 프로젝트 한·중·러·일 발해 국제학술회의』, 속초시·고구려발해
학회. (끄루빤꼬 A.M., 꾸드랴쇼프 D.G., 아꿀렌꼬 V.S., 2011, 「발해시대의
고고학 유적 – 끄라스나야 소쁘까 II. 조사 결과와 전망」, 『2011 속초 발해의
꿈 프로젝트 한·중·러·일 발해 국제학술회의』, 속초시·고구려발해학회.

Кузнецов А.М., Мерзляков А.В., 1985, Археологические исследования в УГПИ //
Арсеньевские чтения. Уссурийск. (꾸즈네쪼프 A.M., 메르쯜랴꼬프 A.V.,
1985, 「우수리스크 국립교육연구소 고고학조사들」, 『아르세니예프 독서』,
우수리스크.)

Лещенко Н.В., Прокопец С.Д., 2016, Последние результаты исследования на
Николаевском I городище в Приморье // 『동아시아 고고학의 최신 성과와
해석 국제학술회의 자료집』, 동북아역사재단. (레쉔고 N.V., 쁘로꼬뻬찌
S.D., 2016, 「연해주 니꼴라예브까1성 조사 최근의 성과들」, 『동아시아 고
고학의 최신 성과와 해석 국제학술회의 자료집』, 동북아역사재단.)

Медведев В.Е., 1986, Приамурье в конце I - начале II тысячелетия (чжурчжэньская эпоха),
Новосибирск. (메드베제프 V.E., 1986, 『서기 1천년기 말~2천년기 초(여
진 시대)의 아무르 유역』, 노보시비르스크.)

_____, 1991, Корсаковскиймогильник: хронология и материалы, Новосибирск.
(메드베제프 V.E., 1991, 『꼬르사꼬보 고분군: 편년과 자료들』, 노보시비르
스크.)

_____, 1990, Отчет об археологических исследованиях на территории
Красноармейского и Хасанского районов Приморского края в 1990 году //
Архив ИА РАН. Р-1, №15519. (니끼친 Yu.G., 1990, 『1990년도 연해주 끄라
스노아르메이 지구 및 하산 지구에서의 고고학조사보고서』, 러시아과학
원 고고학연구소 문서보관소, Р-1, №15519.)

Никитин Ю.Г., 1997, О результатах археологических иследований в Октябрьском районе
и на Николаевском городище в Партизанском районе Приморского края в 1997
году // Архив ИА РАН. Р-1, № 21377. (니끼친 Yu.G., 1997, 『1997년도 연해
주 옥쨔브리스끼 지구와 빠르띠잔스크 지구 니꼴라예브까성에서의 고

고학조사 결과에 대해』, 러시아과학원 고고학연구소 문서보관소, P-1, №
21377.)

Нестеров С.П., 1998, Народы Приамурья в эпоху раннего средневековья, Новосибирск.
(네스쩨로프 S.P., 1998,『중세 초기의 아무르 유역 민족들』, 노보시비르스크.)

Никитин Ю.Г., 1998, Отчет о результатах археологических исследований на поселении
Чернятино 2 в Октябрьском районе Приморского края в 1998 году // Архив
Института археологии РАН. (니끼친 Yu.G., 1998,『1998년도 연해주 옥짜브
리스끼 지구 체르냐찌노2 주거유적 고고학조사 결과보고서』, 러시아과학
원 고고학연구소 문서보관소.)

_____, 2015, Результаты исследований городища Известковая Сопка //
Средневековые древности Приморья, Выпуск 3, Владивосток. (니끼친 Yu.G.,
2015,「이즈베스뜨고바야 소쁘까성 조사 결과들」,『연해주의 중세 유적
들』 3호, 블라디보스토크.)

Никитин Ю.Г., Болдин В.И., Гельман Е.И., Ивлиев А.Л., 1998, Итоги поиска:
Исследования археологических памятников эпохи Бохая в Приморье // Россия и
АТР, №1, Владивосток. (니끼친 Yu.G., 볼딘 V.I., 겔만 E.I., 이블리예프 A.L.,
1998,「탐색의 결과들: 연해주 발해시대 고고학유적 조사」,『러시아와 아
시아-태평양지역』, №1, 블라디보스토크.)

Никитин Ю.Г., Гельман Е.И., 2002, Некоторые результаты исследования
раннесредневекового могильника Чернятино 5 в бассейне р. Суйфун //
Археология и культурная антропология Дальнего Востока, Владивосток. (니끼
친 Yu.G., 겔만 E.I., 2002,「수이푼 강 유역의 중세 초기 체르냐찌노5 고분
군 조사의 몇몇 결과들」,『극동의 고고학과 문화인류학』, 블라디보스토크.)

Никитин Ю.Г., Гельман Е.И., Болдин В.И., 2002, Результаты исследования поселения
Чернятио 2 // Археология и культурная антропология Дальнего Востока и
Центральной Азии, Владивосток. (니끼친 Yu.G., 겔만 E.I., 볼딘 V.I., 2002,
「체르냐찌노2 주거유적 조사 결과들」,『극동과 중부아시아의 고고학과 문
화인류학』, 블라디보스토크.)

Никитин Ю.Г., Клюев Н.А., Мерзляков А.В, 1998, Средневековый могильник у с. Рощино в Приморском крае // Россия и АТР, №4. (니끼친 Yu.G., 끌류예프 N.A., 메르즐랴꼬프 A.V., 1998, 「연해주 로쉬노 마을 부근의 중세 고분군」, 『러시아와 아시아-태평양지역』, №4, 블라디보스토크.)

Никитин.Е.Ю., 2010, Отчет об археологических разведках на территории Михайловского и Анучинского районов Приморского края в 2010-2011 гг. // Архив ИИАЭ ДВО РАН. (니끼친 E.Yu., 2010, 『2010~2011년도 연해주 미하일로브까 및 아누치노 지구 고고학 지표조사 보고서』, 러시아과학원 극동지소 역사학고고학민족학연구소 문서보관소.)

Окладников А.П., 1955, Отчет об археологических исследованиях летом 1955 года в Приморском крае // Архив ИА РАН. Р-1, № 1189. (오끌라드니꼬프 A.P., 1955, 『1955년도 여름 연해주 고고학조사 보고서』, 러시아과학원 고고학연구소 문서보관소, Р-1, №1189.)

Пискарева Я.Е., 2014, К вопросу о хронологии мохэских памятников Приморья // Мультидисциплинарные исследования в археологии, Владивосток. (삐스까료바 Ya.E., 2014, 「연해주 말갈 유적들의 편년에 대한 문제」, 『고고학에서의 융합연구』, 블라디보스토크).

Сакмаров С.А., 2016, Результаты предварительного обследования городища Окраинка // Средневековые древности Приморья, Выпуск 4, Владивосток. (사끄마로프 S.A., 2016, 「오끄라인까성 예비적 조사의 결과들」, 『연해주의 중세유적들』 4호, 블라디보스토크.)

Семениченко Л.Е., 1973, Отчет об археологгических исследованиях на Круглой сопке в Новогордеевском поселении в Анучинском районе Приморского края в 1973 г. // Архив ИА АН СССР, Р-1, № 5040. (세메니첸꼬 L.E., 1973, 『1973년도 연해주 아누치노 지구 노보고르제예브까 마을의 그루글라야 소쁘까에서의 고고학 조사보고서』, 소련과학원 고고학연구소 문서보관소, Р-1, №5040.)

Семениченко Л.Е., 1981, Материальная культура населения Приморья в период государства Бохай (VIII-X вв.), Диссертация на соискание ученой степени кандидата исторических наук, Владивосток. (세메니첸꼬 L.E., 1981, 『발해국 시기(8~10세기) 연해주 주민들의 물질문화』, 역사학 박사학위논문, 블라 디보스토크.)

Семениченко Л.Е., 1982, Отчет об археологических исследованиях на Стареченском городище в Приморском крае в 1982 году // Архив ИИАЭ ДВО РАН. Ф. 1, оп. 2, д. 189. (세메니첸꼬 L.E., 1982, 『1982년도 연해주 스따로레첸스꼬예성 고 고학조사 보고서』, 러시아과학원 극동지소 역사학고고학민족학연구소 문 서보관소, 폰드 1, 오삐시 2, 젤로 189.)

Семениченко Л.Е., 1974, Отчет об археологических исследованиях на Круглой сопке и Новогордеевском поселении в Анучинском районе Приморского края (в 1974 году) // Архив ИА РАН, Р-1, №5040. (세메니첸꼬 L.E., 『(1974년도) 연해주 아누치노 지구 끄루글라야 소쁘까와 노보고르데예브까 주거유적에서 의 고고학조사보고서』, 러시아과학원 고고학연구소 문서보관소, Р-1, №. 5040.)

Синие скалы - археологический комплекс: опыт описания многослойного памятника, Владивосток, 2002. (『시니예 스깔르이-고고학 복합체: 다층위유적 기술 경 험』, 블라디보스토크, 2002.)

Федоров А.З., Дневник археологической экспедиции 1915 г. // МПК, № 4780, 1. (표도로 프 A.Z., 「1915년 고고학조사단 일기」, 『MPK』, №4780, 1.)

Хорев В.А.,1975, Археологическая разведка в Лазовском, Ольгинском, Михайловском и Октябрьском районах Приморского края в 1975 году // Архив ИА РАН. Р-1, № 5738. (호레프 V.A., 1975, 『1975년도 연해주 라조, 올가, 미하일로브까 그 리고 옥짜브리스끼 지구에서의 고고학 지표조사』, 러시아과학원 고고학 연구소 문서보관소, Р-1, №5738.)

Шавкунов В.Э., 1997, Отчет о раскопках Ауровского городища и об археологической разведке в Партизанском районе Приморского края в 1997 году // Архив ИА РАН, Р-1, № 1975. (샤브꾸노프 V.E., 1997, 『1997년도 연해주 아우로브까 성 발굴조사 및 빠르띠잔스크 지구에서의 고고학 지표조사보고서』, 러시

아과학원 고고학연구소 문서보관소, P-1, №1975.)

_____, 1998, Отчет о раскопках Ауровского городища в Анучинском районе Приморского края в 1998 г. // Архив ИИАЭ ДВО РАН, Ф. 1, оп. 2, д. 417. (샤브꾸노프 V.E., 1998, 『1998년도 연해주 아누치노 지구 아우로브까성 발굴조사보고서』, 러시아과학원 극동지소 역사학고고학민족학연구소 문서보관소, 폰드 1, 오삐시 2, 젤로 417.)

_____, 1999, Отчет о раскопках Ауровского городища и археологической разведке в Анучинском районе Приморского края в 1999 г. // Архив ИИАЭ ДВО РАН, Ф. 1, оп. 2, д. 428. (샤브꾸노프 V.E., 1999, 『1999년도 연해주 아누치노 지구 아우로브까성 발굴조사보고서』, 러시아과학원 극동지소 역사학고고학민족학연구소 문서보관소, 폰드 1, 오삐시 2, 젤로 428.)

_____, 2000, Отчет о раскопках Ауровского городища в Анучинском районе Приморского края в 2000 г. // Архив ИИАЭ ДВО РАН, Ф. 1, оп. 2, д. 436. (샤브꾸노프 V.E., 2000, 『2000년도 연해주 아누치노 지구 아우로브까성 발굴조사보고서』, 러시아과학원 극동지소 역사학고고학민족학연구소 문서보관소, 폰드 1, 오삐시 2, 젤로 436.)

_____, 2001, Обследование на Смольнинском городище (предварительные результаты) // Россия и АТР, № 1, Владивосток. (샤브꾸노프 V.E., 2001, 「스몰노예성 조사(예비 결과들)」, 『러시아와 아시아-태평양지역』, №1, 블라디보스토크.)

_____, 2007, О датировке Смольнинского городища // Россия и АТР, № 1, Владивосток. (샤브꾸노프 V.E., 2007, 「스몰노예성의 연대에 대해」, 『러시아와 아시아-태평양지역』, №1, 블라디보스토크.)

_____, 2015, Памятники смольнинской культуры Приморья (по материалам раскопок городищ Смольнинское и Шайга-Редут) // Азиатско-тихоокеанский регион: археология, этнография, история, Выпуск 4, Владивосток. (샤브꾸노프 V.E., 2015, 「연해주의 스몰이노 문화 유적들(스몰노예성과 샤이가-레두뜨성 발굴 자료를 통해)」, 『아시아-태평양지역: 고고학, 민족지학, 역사

학』제4호, 블라디보스토크, 2015.)

Шавкунов В.Э., Гельман Е.И., 2002, Многослойный памятник Ауровское городище // Труды Института истории, археологии и этнографии народов Дальнего Востока ДВО РАН, Том XI, Актуальные проблемы дальневосточной археологии, Владивосток. (샤브꾸노프 V.E., 겔만 E.I., 2002, 「다층위 유적 아우로브까 성-1986~1987년도 발굴 자료」, 『러시아과학원 극동지소 역사학고고학민 족학연구소 저작들』권11, 극동고고학의 당면 문제들, 블라디보스토크.)

Шавкунов Э.В., 1955, Отчет о результатах полевых исследованиях на территории Приморского края в 1955 гг. // Архив ИА РАН. Р-1, №1316. (샤브꾸노프 E.V., 1955, 『1955년도 연해주 지역에서의 야외조사 결과보고서』, 러시아과학 원 고고학연구소 문서보관소, Р-1, №1316.)

_____, 1958, Отчет об археологических раскопках Дальневосточного филиала АН СССР в 1958 году // Архив Института археологии РАН. Р-1, №. 1719. (샤브 꾸노프 E.V., 1958, 『1958년도 소련과학원 극동지소 고고학 발굴조사보고 서』, 러시아과학원 고고학연구소 문서보관소, Р-1, №1719.)

_____, 1959, Отчето результатах археологических исследований в 1959 году // Архив Института археологии РАН. Р-1, №. 1877. (샤브꾸노프 E.V., 1595, 『1959년도 고고학조사 결과보고서』, 러시아과학원 고고학연구소 문서보 관소, Р-1, №1877.)

_____, 1960, Отчет о раскопках парадной арки на территории Николаевского городища в 1960 г.// Архив ИА РАН. Р-1, №2424. (샤브꾸노프 E.V., 1960, 『니 꼴라예브까성 내 의례 아치 발굴조사보고서』, 러시아과학원 고고학연구 소 문서보관소, Р-1, №2424.)

_____, 1962, Отчет о полевых археологических исследованиях в долине р. Сучан в Приморском крае в 1962 г. // Архив ИА РАН. Р-1, №2581. (샤브꾸노프 E.V., 1962, 『1962년도 연해주 수찬 강 유역에서의 고고학 야외조사 보고서』, 러시아과학원 고고학연구소 문서보관소, Р-1, №2581.)

_____, 1964, Бохайские памятники Приморья (по исследованиям 1960 г.) //

Археология и этнография Дальнего Востока. Новосибирск. (샤브꾸노프 E.V., 1964, 「연해주의 발해유적들(1960년도 조사 자료를 중심으로」, 『극동의 고고학과 민족지학』, 노보시비르스크.)

_____, 1965, Отчет об археологических исследованиях на территории Приморского края в 1965 г. // Архив ИА АН СССР, Р-1, № 3050. (샤브꾸노프 E.V., 1965, 『1965년도 연해주 지역에서의 고고학 조사보고서』, 소련과학원 고고학연구소 문서보관소, Р-1, №3050.)

_____, 1966, Отчет об археологических исследованиях на территории Приморского края в 1966 г. // Архив ИА АН СССР, Р-1, № 3343. (샤브꾸노프 E.V., 1966, 『1966년도 연해주 지역에서의 고고학 조사보고서』, 소련과학원 고고학연구소 문서보관소, Р-1, №3343.)

_____, 1988, Согдийская колония VIII-X веков в Приморье // Материалы по этнокультурным связям народов Дальнего Востока в средние века, Владивосток. (샤브꾸노프 E.V., 1988, 「연해주의 8~10세기 소그드 거류지」, 『중세 극동 민족들의 민족문화 관련 자료들』, 블라디보스토크.)

_____, 1989, Бронзовая верительная бирка в виде рыбки из Николаевского городища // Советская археология, № 1. (샤브꾸노프 E.V., 1989, 「니꼴라예브까성 출토 물고기 모양 청동부절」, 『소비에트 고고학』, № 1.)

_____, 1993, Отчет об археологических исследованиях в Уссурийском районе Приморского края в 1993 году (Раскопки двора Копытинской кумирни) // Архив Института археологии РАН. (샤브꾸노프 E.V., 1993, 『1993년도 연해주 우수리스크 지구 고고학조사보고서』, 러시아과학원 고고학연구소 문서보관소.)

_____, 1994, Отчет о раскопках на сопке Копыто в Приморском крае, 1994 год. // Архив Института археологии РАН. Р-1, №. 18648. (샤브꾸노프 E.V., 1994, 『1994년도 연해주 꼬쁘이또 산에서의 발굴 조사보고서』, 러시아과학원 고고학연구소 문서보관소, Р-1, № 18648.)

_____, 1995, Отчет об археологических исследованиях на территории Приморского края в 1995 году // Архив Института археологии РАН. (샤브꾸노

프 E.V., 1995, 『1995년도 연해주지역에서의 고고학조사보고서』, 러시아과학원 고고학연구소 문서보관소.)

_____, 1996, Отчет об археологических раскопках на Абрикосовском селище в Приморском крае в 1996 году, Владивосток. (샤브꾸노프 E.V., 1996, 『1996년도 연해주 아브리꼬스 마을유적 고고학 발굴조사보고서』, 블라디보스토크.)

_____, 1998, Отчет о раскопках двора Абрикосовской кумирни в Уссурийском районе Приморского края в 1998 году // Архив Института археологии РАН, ф. 1, № 21886. (샤브꾸노프 E.V., 1998, 『1998년도 연해주 우수리스크 지구 아브리꼬스 절터 마당 발굴조사보고서』, 러시아과학원 고고학연구소 문서보관소, P-1, № 21886.)

_____, 1999, Отчет об археологических исследованиях в Уссурийском районе Приморского края в 1999 году // Архив Института археологии РАН. (샤브꾸노프 E.V., 1999, 『1999년도 연해주 우수리스크 지구 고고학조사보고서』, 러시아과학원 고고학연구소 문서보관소.)

_____, Археологические раскопки в долинах реки Чапигоу // Архив Института археологии РАН. Р-1, № 2230. (샤브꾸노프 E.V., 『차피고우 강 유역에서의 고고학 발굴조사』, 러시아과학원 고고학연구소 문서보관소, P-1, № 2230.)

Шавкунов Э.В., Артемьева Н.Г., Васильева Т.А., Гельман Е.И., Тупикина С.М., 1994, Отчет об археологических исследованиях в Уссурийском районе Приморского края в 1993 году // 러시아 연해주의 발해유적, 대륙연구소. (샤브꾸노프 E.V., 아르쩨미예바 N.G., 바실리예바 T.A., 뚜삐끼나 S.M., 1994, 「1993년도 연해주 우수리스크 지구에서의 고고학조사보고서」, 『러시아 연해주의 발해유적』, 대륙연구소.)

Шавкунов Э.В., Галактионов О.С., Семениченко Л.Е., Васильев Ю.М. 1972. Отчет о полевых исследованиях на территории Приморского и Хабаровского краёв в 1971 году // Архив Института археологии РАН, Р-1, № 4537. (샤브꾸노프 E.V., 갈락찌오노프 O.S., 세메니첸꼬 L.E., 바실리예프 Yu.M., 1972, 『1971년 연

해주와 하바롭스크 주 야외 조사 보고서』, 러시아고학원 고고학연구소 문서보관소, P-1, №4537.)

Шавкунов Э.В., Леньков В.Д., Галактионов О.С. 1970. Археологические исследования на территории Приморского и Хабаровского краёв в 1969 году // Архив Института археологии РАН, Р 1, № 3950. (샤브꾸노프 E.V., 렌꼬프 V.D., 갈락찌오노프 O.S., 1970, 『1969년 연해주와 하바롭스크 주의 고고학 조사들』, 러시아고학원 고고학연구소 문서보관소, P-1, №3950.)

Шавкунов Э.В., Леньков В.Д., Семениченко Л.Е., 1970, Отчет об археологических исследованиях на территории Приморского края в 1970 г. // Архив ИА АН СССР, Р-1, № 4101. (샤브꾸노프 E.V., 렌꼬프 V.D., 세메니첸꼬 L.E., 1970, 『1970년도 연해주 지역에서의 고고학 조사보고서』, 소련과학원 고고학연구소 문서보관소, P-1, №4101.)

──────────, 1971, Отчет об археологических исследованиях на территории Приморского края в 1971 г. // Архив ИА АН СССР, Р-1, № 4537. (샤브꾸노프 E.V., 렌꼬프 V.D., 세메니첸꼬 L.E., 1971, 『1971년도 연해주 지역에서의 고고학 조사보고서』, 소련과학원 고고학연구소 문서보관소, P-1, №4537.)

──────────, 1972, Отчет об археологических исследованиях на территории Приморского края в 1972 г. // Архив ИА АН СССР, Р-1, № 4785. (샤브꾸노프 E.V., 렌꼬프 V.D., 세메니첸꼬 L.E., 1972, 『1972년도 연해주 지역에서의 고고학 조사보고서』, 소련과학원 고고학연구소 문서보관소, P-1, №4785.)

Шавкунов Э.В., Шавкунов В.Э. 1997, Отчет об археологических исследованиях в Уссурийском и Анучинском районах Приморского края в 1997 году // Архив Института археологии РАН. (샤브꾸노프 E.V., 샤브꾸노프 V.E., 1997, 『1997년도 연해주 우수리스크 지구 및 아누치노 지구에서의 고고학조사 보고서』, 러시아과학원 고고학연구소 문서보관소.)

북한의 발해유적 발굴 성과와 그 활용에 대한 해석

이병건 동원대학교 실내건축과 교수

1. 머리말

중국은 고구려를 비롯한 동북 지방 역사를 자국 역사에 편입하기 위해 동북공정을 진행한 바 있다. 한국의 여러 연구 단체에서는 고조선, 부여, 고구려, 발해, 요, 금 등 한국 고대사 관련 중국 측 주장 및 자료를 분석하여 이에 대응하고 있다. 그러나 북한은 과거 고구려와 발해의 관할구역 일부였고 발해유적 현장을 가지고 있음에도, 경제적 어려움과 중국 및 러시아와의 관계로 명확한 입장표명을 하지 못하고 있다.

고구려와 달리 발해 관련 중국 입장은 지금의 중국 영토에서 성립되고 패망하였으므로 당연히 자국의 역사라는 것이다. 또한 길림성(吉林城) 돈화(敦化) 육정산고분군과 성산자산성, 화룡(和龍) 서고성과 용두산고분군, 훈춘(琿春) 팔련성, 흑룡강성(黑龍江省) 영안(寧安) 상경성 등 발해유적을 세계유산으로 등재하고자 많은 자금을 투입하여 정리·복원·활용 사업을 진행하고 있다.[1] 정리·복원·활용 사업은 한국 입장에서 볼 때 환영할 일이다. 그러나 일련의 작업은 당시 그 지역 고유의 문화적 실체는 배제한 채 당이나 청의 중원 지역을 모델로 하고 있다. 필자가 검토한 바에 따르면 상경성은 중국 중원 지역의 도성 제도를 채용함과 동시에 그곳 토착지의 방식도 함께 활용하였다. 올바른 복원을 위해서는 좀 더 구체적이고 신중한 고증절차가 필요할 것이다.

지금까지 발해문화 연구는 대부분 북한, 중국, 러시아, 일본에 의해 이루어졌다. 유적 조사를 통해 발해국 자체의 독자적인 문화가 존재했

---

1 화룡 서고성 경우 2017년 4월부터 2020년 10월까지 총 4.3억 원(元, 위엔)을 투자하여 國家考古遺址公園을 조성하고 있다. 규모는 개발 면적 2,310,000m², 건축 면적 22,000m²이며, 대상 지역은 화룡 서고성과 용두산고분군이다.

다는 것이 확인되었다. 그러나 이들은 자국과의 일방적인 비교를 통해 그 상관성을 밝힐 뿐, 발해 자체의 고유문화는 인정하지 않고 있다. 특히 중국은 발해문화를 일방적으로 속말말갈이 주체가 된 중원문화를 모방한 일개 지방정권으로 인정하여, 그곳의 예속문화로 취급하고 있다.

한편 북한은 우리보다 훨씬 먼저 발해에 관심을 가졌고 연구 결과 또한 앞서 있었지만, 고구려와의 단순 비교를 통해 상호 계승 관계 설정에만 몰입해 있다. 이러한 결과는 각 연대별 발굴 성과와 논문 및 단행본 등 그 활용에서 잘 나타나 있다. 한국사 범주 내에서 발해에 대한 관심은 조선 후기 실학자 유득공을 비롯하여 일제강점기와 해방기를 거치면서 신채호, 권덕규, 장도빈 등에 의해 서술되기 시작하였다. 이 시기 발해에 대한 서술은 실증적 연구라기보다 문헌에 입각한 것으로, 발해가 한국사 속에서 어떠한 위치에 있는가에 국한되었다. 해방과 함께 남북이 분단된 후 현대적 의미의 발해사 연구로 획을 이루게 된 것은 1962년 북한의 박시형 글[2]이 나오면서부터였다. 그의 글 「발해사 연구를 위하여」는 발해사 연구의 문제점과 과제들을 거의 망라하여 그 후 북한에서 발해사 연구의 이정표 역할을 하게 되었다. 북한에서는 이러한 방향 설정을 기초로 1960년대 중반부터 발해유적을 대상으로 발굴 및 조사를 시작하였다. 발해문화의 실체를 이해하기 위해서는 고고학적 접근이 훨씬 먼저였던 북한의 연구 성과를 파악하는 것이 우선이다.

이에 필자는 북한의 발해유적 발굴 및 연구 성과를 2000년대 초반까지 각 시기별로 정리하여 발표하였고,[3] 2000년대 이후부터 2010년대 초반까지 각 유형별로 분류한 바도 있다.[4] 그러나 전반부 당시까지

---

2 박시형, 1962, 「발해사 연구를 위하여」, 『력사과학』 1962-1.
3 李秉建, 2007, 「渤海建築에 關한 北韓의 研究成果」, 『高句麗渤海硏究』 第41輯, 99~123쪽.
4 이병건, 2015, 「건축적 관점에서 본 발해유적에 대한 북한의 연구 성과」, 『白山學報』

만 해도 북한의 연구 성과 자료를 빠짐없이 확보하는 데 한계가 있었으며, 최근까지의 연구 성과를 다루지도 못했었다. 따라서 이번 연구에서는 북한에서 나온 학술지논문, 단행본, 발굴조사보고서 및 묶음집을 최대한 취합하여 대상 시기를 1960년대, 1970년대, 1980년대, 1990년대, 2000~2010년대(2017년까지)로 나누어 각 기간별로 북한의 발굴 성과 및 그 활용 결과를 정리하고 이에 대한 해석을 시도하였다. 이를 통해 성과가 무엇이며, 이에 대한 오류가 무엇인지, 앞으로 우리의 연구 방향을 어떻게 설정해 나가야 할지를 제시하는 기초자료로 삼고자 한다.

2. 1960년대 성과와 활용에 대한 해석

1960년대 초 북한의 발해에 대한 관심은 중국과 공동으로 발해유적을 직접 발굴하면서 한층 더 높아졌다. 발해유적에 대한 북한의 최초 발굴은 영안 상경성을 비롯한 중국 동북 지역의 발해유적이다. 결과보고서는 조중공동고고학발굴대가 펴낸 『중국동북지방의 유적발굴보고(1963~1965)』인데 그 내용은 다음과 같다.[5] 발굴대는 1963년 8월 23일부터 1965년 7월 19일까지 4단계에 걸쳐 조사를 진행하였다. 각 단계별로 2개 조로 편성되었는데 제2조가 발해유적과 유물에 관련된 팀이다. 1단계에는 요녕성의 환인(桓仁), 길림성의 집안(集安), 길림, 돈화, 연길(延吉), 화룡, 훈춘, 흑룡강성의 영안 등 고구려, 발해, 요·금 시기의 유적에 대한 답사 및 시굴이 진행되었다. 2단계에는 길림성 돈화시 육정산 발해무덤떼와 흑룡강성 영안시 발해진 상경용천부지를 발굴하였고, 3단

第101號, 111~143쪽.

5 조중공동고고학발굴대, 1966, 『중국 동북 지방의 유적발굴보고』, 사회과학원출판사, 1~2쪽.

계에는 2단계 때 하던 상경용천부지 발굴을 마무리 지었다. 이를 바탕으로 마지막 단계인 4단계에는 보고서를 마무리하여 1965년 출판을 하게 되었다.

발굴대가 답사, 시굴, 발굴한 당시 조사는 1930년대 일본이 진행하였던 상경용천부지에 대한 식민지배사관적 조사 이후 주체적 입장에서 이루어졌다는 점에서 그 의의가 크다. 발해문화를 이해할 수 있는 가장 이른 관련 보고서가 되었다. 그 이후부터 지금까지 북한의 대부분 글들이 이때의 조사 결과를 기본으로 하고 있다. 그러나 이 조사보고서는 단순한 유적과 유물에 대한 발굴조사보고서이지 이러한 유적과 유물이 어떠한 문화적 특징을 가지고 있으며, 주변 문화와는 어떠한 상관성이 있는지에 대한 분석 내용은 없다. 당시 발굴대가 북한과 중국 공동으로 구성되었고, 결과보고서도 공동 출판할 계획이었던 것과 관련이 있었을 것이다. 또한 당시까지만 해도 북한도 발해와 관련된 문화적 해석에는 한계가 있었을 것으로 판단된다.

발굴된 내용을 보면 다음과 같다. 돈화 륙정산무덤군에서는 101호, 102호, 103호, 104호, 105호, 201호, 202호, 203호, 204호, 206호, 207호, 213호, 215호와 정혜공주무덤 묘도 등이 발굴되었다. 무덤의 구조 형식을 보면 13기의 무덤 묘실은 대부분 가공하지 않은 돌 또는 판돌(대부분 현무암)로써 장방형으로 쌓았다. 그중 어떤 것은 방형에 가까운 것도 있다. 묘실 네 벽 안팎은 큰 돌로 정연하게 쌓고 그 사이에 잔돌을 채워 넣었다. 대부분의 무덤은 무덤길(연도)을 묘실 남벽에 내었다. 연도는 대체로 벽 중앙에 냈는데 더러는 서쪽으로 얼마간 치우친 것도 있다. 무덤 바닥은 보통 생땅 위에 모래 섞인 황색 흙을 얇게 한 벌 깔았다. 그러나 어떤 것은 잔돌을 깔기도 하였다. 판돌로 묘실 천장을 덮은 105호와 215호 무덤을 제외한 그 밖의 무덤들에서는 천장돌이 보이지 않았다. 남아 있는 봉토는 거의 납작해졌는데, 그 평면은 대체로 원형 혹은

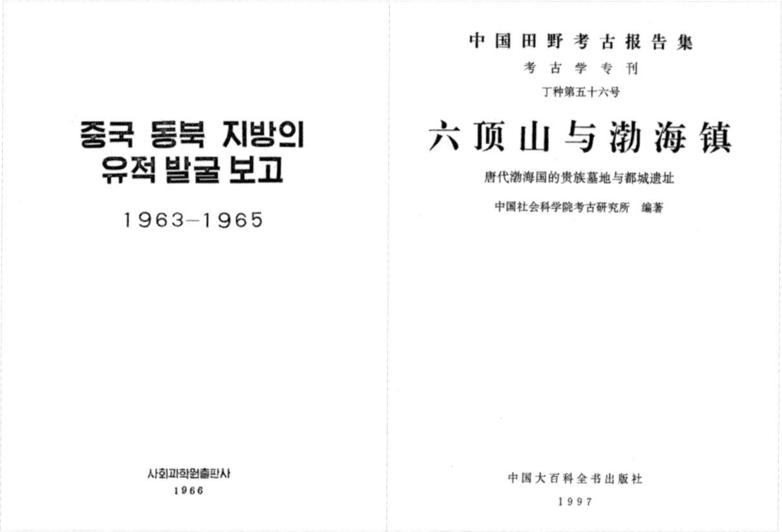

中 国 田 野 考 古 报 告 集
考 古 学 专 刊
丁种第五十六号

六 顶 山 与 渤 海 镇

唐代渤海国的贵族墓地与都城遗址

中国社会科学院考古研究所 编著

중국 동북 지방의
유적 발굴 보고

1963-1965

사회과학원출판사
1966

中 国 大 百 科 全 书 出 版 社
1997

〈그림 1〉 북한(좌)과 중국(우)의 1960년대 발해유적 발굴결과보고서
조중공동고고학발굴대, 1966, 『중국 동북 지방의 유적발굴보고』, 사회과학원출판사.
中國社會科學院考古硏究所, 1997, 『六頂山与渤海鎭』唐代渤海國的貴族墓地与都城遺址, 中國大百科全書出版社.

타원형이다. 흙의 색깔은 황갈색인데 표면층은 이미 검은 부식토가 되
었다.[6] 영안 상경성은 외성 성벽과 성문, 궁성 문터, 궁성 내 궁전, 궁성
서구 침전터, 금원 등 궁성 부속 시설, 황성 문터, 황성 내 건물, 상경성
전체 도로, 리방, 별궁, 궁전터, 절터 등이 발굴 조사되었다.[7] 이를 통해
각종 성벽과 성문, 궁성 내 건물, 상경성 내 사찰의 구조 형식을 파악하
는 기초 자료가 되었다. 1970년대 주영헌의 『발해문화』가 모두 이러한
1960년대의 발굴 결과를 활용한 저서라고 할 수 있다.

　　연구 결과를 한국어와 중국어 공동으로 출판하기로 했으나 북한에서
먼저 단독 결과보고서를 출판하였고, 중국 측은 당시에 못하다가 30여

6　조중공동고고학발굴대, 1966, 『중국동북지방의 유적발굴보고』, 사회과학원출판사,
　　147~157쪽.
7　조중공동고고학발굴대, 1966, 165~202쪽.

〈그림 2〉 1960년대에 발굴된 서구 침전터(『중국 동북 지방의 유적발굴보고』, 후편 도판 18)
영안 상경성 발해 상경용천부 궁성 내 침전터(서남에서 동북으로 촬영)

〈그림 3〉 1960년대에 발굴된 제1절터(『중국 동북 지방의 유적발굴보고』, 후편 도판 25)
영안 상경성 발해 상경용천부 동반성 제1렬 두 번째 리방의 절터(동남에서 서북으로 촬영)

년이 지난 1997년에서야 『육정산여발해진(六頂山与渤海鎭)』이란 제목으로 유적·유물 보고서를 출판하였다〈그림 1〉.[8] 조사가 진행된 후 문화대혁명이 일어나 사회가 혼란하였고, 이에 따른 경제적 어려움 때문이었던 것으로 판단된다.[9]

북한의 주영헌과 장상렬은 이러한 유적 발굴 결과를 토대로 몇 편의 글을 발표하면서 발해문화 연구에 시금석 역할을 하였다.[10] 또한 북한 지역에 있는 청해토성 답사보고도 이때 최초로 이루어지게 되었다.[11]

3. 1970년대 성과와 활용에 대한 해석

북한에서 발해의 문화적 정체성이나 특징을 파악하는 밑거름이 된 것은 주영헌의 저서 『발해문화』이다. 물론 1960년대 이루어졌던 조중공동고고학발굴대의 발굴조사 결과가 밑거름이 되었다. 책 내용을 살펴보면 다음과 같다.[12] 이 책은 제1편과 제2편으로 구성되었는데, 제1편은 유적과 유물 관련 부분이고, 제2편은 앞에서 정리된 발해의 유적과 유물 등 고고학 자료를 통하여 고구려와의 계승 관계를 증명하는 부분

8　中國社會科學院考古研究所 編著, 1997, 『六頂山与渤海鎭』 唐代渤海國的貴族墓地与都城遺址, 中國大百科全書出版社.

9　이병건, 2006, 「考古學을 通해서 본 中國의 渤海文化 硏究」, 『高句麗硏究』 제24집, 199~201쪽.

10　주영헌, 1966, 「발해 중경현덕부에 대하여」, 『고고민속』, 1966-2; 주영헌, 1967a, 「발해의 공예」, 『고고민속』 1967-1; 주영헌, 1967b, 「발해는 고구려의 계승자」, 『고고민속』 1967-2; 장상렬, 1967, 「발해상경 돌등의 짜임새」, 『고고민속』 1967-3.

11　리정기, 1967, 「청해토성 및 교성리토성 답사보고」, 『고고민속』 1967-4.

12　주영헌, 1971, 『발해문화』, 사회과학출판사, 1971. 이 책은 1979년 일본판도 출판되었다. 朱榮憲 著, 在日本朝鮮人科學者協會歷史部會 譯, 1979, 『渤海文化』, 雄山閣出版株式會社.

<그림 4> 북한(좌)과 일본(우)에서 출판된 주영헌의 『발해문화』

이다.

제1편은 도시와 건축, 무덤, 유물(도자기, 기와와 벽돌, 철제 물건과 몸 장식품, 조각)에 대한 구체적인 내용이다. 1930년대에 이루어진 일본의 조사 내용과[13] 1960년대에 이루어진 북한의 조사 내용을 대조하여 앞 시기에 진행된 조사 가운데 잘못된 부분을 지적하며 유적 소개 및 해석을 하였다. 이를 바탕으로 제2편에서는 무덤에서의 계승 관계, 도시와 건축 및 각종 유물에서의 계승 관계 등 두 개의 장으로 나누어 고구려와의 계승성을 자세하게 서술하였다.

건축 분야를 살펴보면 고구려와 발해의 유적 비교를 통해 살림집, 성

---

13 東亞考古學會, 1939, 『東京城–渤海國上京龍泉府址の發掘調査』, 東方考古學叢干甲種 第5冊.

문 같은 각종 건축물의 평면과 입면, 내부설비, 기와와 벽돌 같은 건축 부재, 돌 쌓는 방법 등이 고구려 건축과 같다고 하였다.[14] 각종 유물을 통해서는 조그마한 물건이나마 그 형태와 제작 수법에서도 고구려의 것과 서로 일치한다고 하였다.[15] 또한 기둥밑치레장식(柱圍)이나 귀면, 장식기와와 녹유기와, 청자와 같은 것은 발해 시기에 이루어진 건축 장식 수법과 요업 기술이 고려에 계승되었다고 하여[16] 고구려→발해→고려의 계승 관계를 명확히 하였다.

주영헌의 『발해문화』가 발해문화 개설서라고 한다면, 장상렬의 「발해 건축의 력사적 위치」는 발해 건축과 관련된 발해문화 전문서적이다.[17] 그 내용을 살펴보면 다음과 같다. 장상렬은 「발해 건축의 력사적 위치」에서 내용을 크게 두 부분으로 나누어 글을 전개하였다. 제1편 제1장에서는 발해 건축의 째임새라고 하여 발해 집터 즉 살림집, 궁전, 관청, 절, 문, 정원의 집, 석등, 24개돌유적의 평면 형식에 대해 분석하였고, 제2장에서는 째임(구조)이라 하여 토방(기초 및 기단), 주춧돌, 집바닥, 기둥, 두공(공포), 벽, 지붕, 온돌, 문도랑, 문확, 우물, 성벽, 다리, 무덤에 대해 분석하였다. 유물에 관해서는 기와, 귀면 및 치미, 벽돌, 못, 기둥밑치레, 돌사자머리 등 치레(장식)에 대해 각 유물을 대상으로 분석하였다. 그의 괄목할만한 성과는 각 건축물에 사용된 치수를 종합 분석하여 발해에서 주로 쓴 기본 모듈(module)이 35cm라는 결과를 제시하였다.[18]

---

14 주영헌, 1971, 161쪽.

15 주영헌, 1971, 169쪽.

16 주영헌, 1971, 171쪽.

17 장상렬, 1971, 「발해 건축의 력사적 위치」, 『고고민속론문집(3)』, 사회과학출판사.

18 유적을 대상으로 조사한 결과 각 건물에 적용된 발해의 기본 모듈은 대략 35cm 내외라 하였다. 이러한 치수는 고구려 것과 일치한다고 하였다. 장상렬은 이후 북한에 있는 고구려와 고려 시기 건축물을 대상으로 기본 모듈에 대한 연구를 계속 진행하였다. 장상렬, 1989, 「만월대 회경전건축군에 쓴 자에 대하여」, 『조선고고연구』

제2편에서는 '발해 건축의 력사적 위치'라는 제목으로 발해 건축의 특성에 대해 ㉠ 기후풍토와 생활풍습에 맞는 온돌을 이용한 점, ㉡ 돌을 솜씨 있게 써서 건축물을 튼튼하게 지은 점, ㉢ 녹유제품을 많이 쓴 점, ㉣ 규모에 비해 웅장하게 보이는 건축기법을 쓴 점 등을 언급하였다.[19] 이 가운데 온돌, 석재 사용 기술, 아름다운 평면 형태와 지붕 모양, 기본 모듈 개념 도입 등은 고구려 건축을 계승한 부분이라고 하였다.[20] 또한 발해와 통일신라는 여러 방면에서 건축적 공통성도 가지고 있었다고 하였다. 공통성으로는 ㉠ 도시나 건축계획 원칙이 동일, ㉡ 돌을 많이 썼고 잘 다루어 건축물을 튼튼하게 구축(산성, 무덤, 지하구조물, 석탑), ㉢ 동일한 자(尺度) 사용, ㉣ 동일한 건축부재(기와, 벽돌) 사용 등을 들었다.[21] 발해는 여러 건축술을 더욱더 발전시켜 고려에 계승했는데, 주요 사항은 ㉠ 외고래 온돌에서 전면 온돌로 발전, ㉡ 용도에 맞게 돌을 잘 다듬어 씀, ㉢ 기와 제조 기술의 발전, ㉣ 우리나라 실정에 맞는 기본 모듈 적용, ㉤ 안기울임(안쏠림) 이용 등 몇 가지를 들어 설명하였다.[22]

마지막 부록에서는 몇 개의 발해 건축(상경성 서구살림집터, 상경성 정자터, 상경성 외성 남벽 동문터, 상경성 제1절터)에 대한 외관 복원을 실시하여 발해 건축 연구에 많은 진전을 이룩하였다.[23]

북한에서 나온 이후의 발해 건축 관련 글들은 지금까지도 대부분 장상렬 주장을 그대로 수용하고 있다. 대표적인 사례가 다음의 경우다. 북한에서 최초로 발해 관련 글을 발표한 박시형은 1979년『발해사』라는

---

19 장상렬, 1971, 136~142쪽.
20 장상렬, 1971, 142~162쪽.
21 장상렬, 1971, 162~164쪽.
22 장상렬, 1971, 165~167쪽.
23 장상렬, 1971, 「발해 건축의 력사적 위치」, 『고고민속론문집(3)』, 사회과학출판사, 169~179쪽.

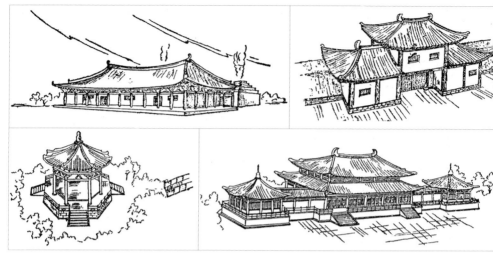

〈그림 5〉 상경성 주요건물 외관복원도(상좌:제1사찰, 상우:외성남벽동문, 하좌:금원정자, 하우:서구 살림집)
장상렬, 1971, 「발해건축의 력사적위치」, 『고고민속론문집(3)』, 사회과학출판사, 170, 174, 175, 179쪽.

단행본을 출판하였다. 전편과 후편으로 구성된 가운데 건축 관련 부분
은 전편 제7장인데 다른 장에 비해 간략하게 서술되어 있다. 앞의 장상
렬 주장처럼 그는 발해 도성과 왕궁이 고구려 장안성과 안학궁 유적과
같이 고구려 문화와 직접적인 계승 관계에 있다는 평가와 함께 건축양
식, 도성, 산성, 무덤 등도 고구려와 계승 관계가 있음을 강조하였다. 특
히 발해 건축의 우수한 면으로 상경성 제2절터(현 興隆寺) 석등을 예로
들며 발해 석조건축의 예술적 우수성을 엿볼 수 있다고 하였다.24
　　위와 같은 1970년대 초 연구 결과를 기초로 북한에서는 『조선고고
학개요』라는 단행본을 출판하게 된다. 책 내용을 살펴보면 다음과 같
다. 시대를 원시사회, 노예사회, 봉건사회의 세 시기로 구분하였다. 발해

24　박시형, 1989, 『발해사』, 김일성종합대학출판사, 1979; 박시형 지음·송기호 해제, 1989,
　　『발해사』, 이론과실천, 247~252쪽.

와 관련된 부분은 봉건사회 8~9세기로 발해와 통일신라의 문화를 중심으로 소개하였다. 여기서 주목되는 것은 북한에서는 통일신라를 '후기신라'라고 명명하며 발해를 먼저 다뤄 북국(발해) 중심으로 역사를 서술했다는 것이다. 소개된 발해의 건축은 상경성을 비롯한 도성터, 궁전터, 살림집터, 관청터, 절터 등이다. 발해 건축의 특징으로는 첫째, 기후 풍토와 생활습성에 맞게 온돌을 이용하였다. 둘째, 돌을 많이 사용했고, 솜씨 있게 써서 건축물을 튼튼하게 했다. 셋째, 녹유제품(녹유치미, 녹유귀면, 녹유기둥밑치레, 녹유치레판) 등을 이용하여 정서에 맞고 아름답고 커 보이게 했다. 넷째, 35cm라는 고구려 자(尺度)를 이어받아 건축물 구성과 구조에 비례감을 높였다. 다섯째, 대칭과 대조 수법, 착시 교정 수법을 적용하여 건물을 더 커 보이게 했다 등이다.[25] 이러한 연구 결과는 대부분 1970년대 초 주영헌과 장상렬의 연구 결과를 그대로 채용한 것이라고 볼 수 있다.[26]

이상에서 살펴본 바와 같이 1970년대는 대체로 다른 분야와 마찬가지로 북한에서는 몇몇 학자 이외에 발해사 연구는 크게 활성화되지 못했다. 위의 주영헌, 장상렬, 박시형의 글 이외에는 아무런 연구 발표도 없었다. 북한식 주체사관이 본격적으로 정립되는 시기로 많은 진통을 겪었음을 알 수 있다.

4. 1980년대 성과와 활용에 대한 해석

북한에서는 1980년대 들어 북한 지역에 있는 발해유적을 대상으로

---

25   사회과학원 고고학연구소, 1977, 『조선고고학개요』, 과학백과사전출판사, 259~281쪽.
26   장상렬은 당시 다음의 글에 상경성 제2궁전터 오른편에 있는 팔보유리정에 대해 소개하였다. 장상렬, 1976, 「(력사이야기) 발해의 8각돌우물」, 『천리마』 1976-3, 89쪽.

당시까지 알려진 것에 대한 정리사업과 함께 함경남북도 동해안 일대의 발해유적을 발굴하게 된다. 그 첫 번째 대상이 24개돌유적이다. 당시까지 중국 동북지방 목단강(牡丹江) 유역에서만 확인되었던 24개돌유적이 북한 지역에서도 발견된 것이다. 유적은 함경북도 어랑군 소재 회문리 24개돌유적과 함경북도 김책시 소재 동흥리 24개돌유적이다.

회문리 유적은 높이 1m 정도 쌓아 올린 장방형 기단 위에 24개의 주춧돌이 배열된 상태였다. 기단 크기는 정면이 19.2m, 측면이 13.5m이다. 유적의 방위는 동향이며, 크기는 정면이 10m, 측면이 7.8m이다. 각 줄과 줄 사이 중심거리는 3.9m이었고, 각 줄별 주춧돌 간 중심거리는 1.4m 정도였다. 조사 결과 중국의 24개돌유적과 형태, 규모, 주춧돌 크기와 재질 및 가공 상태 등이 거의 흡사했다. 발해의 특수 유형의 건물터인 것이 명백하다고 하였다.[27]

동흥리 유적도 기단 위에 한 줄에 8개씩 3줄로 24개의 주춧돌이 배열된 형식이었다.[28] 지금은 남쪽 줄에 3개, 중간 줄에 4개, 북쪽 줄에 5개 총 12개만 남아 있다. 매 주춧돌은 큼직한 돌을 대충 다듬은 것으로 크기는 높이 0.80~1.00m, 직경 0.70~0.80m 정도였다. 유적 주변에서는 기와와 그릇 등이 함께 출토되었다. 조사 결과 여기서 나온 손끝무늬 기와는 북청군 청해토성과 신포시 오매리 절골유적을 비롯하여 동해안 일대 발해 시기 유적들에서 흔히 볼 수 있는 것들이었다. 여러 문헌과 유적 위치로 보아 발해 시기 역참으로 추정하였다.[29] 이외에도 『경성읍

<hr />

27 리준걸, 1984, 「새로 발굴된 24개돌」, 『력사과학』 1984-2, 49쪽.
28 북한에서 제공된 사진인 〈그림 7〉은 실측 도면과 맞지 않는다. 사진이 뒤집혔거나 주춧돌 위치가 옮겨졌을 것이다. 사진이 뒤집힌 것으로 판단하여 뒤집어서 수록했다. 방문자 증언에 따르면 유적이 있는 이곳은 무수단리에서 가까운 군사 지역으로 사진촬영 자체도 금지된 곳이라 한다.
29 한인덕, 1991, 「김책시 동흥리 24개돌유적」, 『조선고고연구』 1991-4, 43~44쪽, 44쪽 도면 참조.

〈그림 6〉 회문리 24개돌유적 전경(『조선유적유물도감(8) 발해편, 184쪽』)

〈그림 7〉 동흥리 24개돌유적 전경(『부거리 일대의 발해유적』, 258쪽)

지』에 의하면 청진시 송평구역에도 24개돌유적이 있었음이 기록에 있다
한다.[30] 이러한 유형이 중국에 이어 북한 지역에도 있었음이 알려져 24

---

30 리준걸, 1986, 「함경남북도 일대의 발해유적유물에 대한 조사보고」, 『조선고고연구』
  1986-1, 34쪽.

개돌유적이 교통로와 관련된 건축물이며, 발해만의 독특한 건축 유형임을 알 수 있게 되었다.

1980년대 중반 북한에서는 당시까지 발견된 함경남북도 일대 발해유적을 대대적으로 조사 정리하였다. 리준걸은 당시까지 발견된 발해유적을 다음과 같이 보고하였다. 함경남북도 일대에서 조사 발굴된 발해유적은 평지토성, 산성, 강안보루, 차단성, 건물, 24개돌, 옛무덤, 시설물터 등이다. 또한 여러 가지 장식류, 무기류, 수레부속, 그릇류, 농공구, 건축 재료 등이 발굴되었다고 하였다.

평지성으로는 함경남도 북청군 청해토성(북청토성),31 함경북도 회령군 인계리토성과 김책시 성상리토성이 있다. 성들은 모두 평지에 장방형으로 쌓은 것으로, 이 가운데 청해토성이 규모가 클 뿐 아니라 잘 남아 있다. 산성으로는 함경북도 어랑군에 있는 흙으로 쌓은 지방리산성, 장연산성, 남중산성, 함흥시 회상구역 덕산동의 평산성, 회령군 성북리의 운두산성 등이 있다. 산성은 모두 고로봉식 산성으로 골짜기를 끼고 있다. 대표적인 산성으로 어랑군 지방리산성을 들 수 있다. 강안보루로는 어랑천과 명간천 유역에 있는 강미봉보루, 장승목보루, 노루목보루, 석양대보루, 귀암대보루, 팔경대보루, 안교동보루, 신포시 중흥리 하천산보루가 있으며, 차단성은 어랑군 새덕과 지방리에 있다. 건물터로는 청해토성에서 4개의 집자리와 함경북도 명천군 보촌리에 있는 개심사터가 있다. 이 밖에 함경남도 청해토성에서 우물 2개와 시설물 3개소가 밝혀졌다고 하였다.32

이상의 유적을 대상으로 그는 함경남북도에서 발견된 발해유적에 대

---

31 리준걸 글에는 청해토성을 북청토성으로 표현하였다. 당시에는 북청토성으로 불리다가 이후에는 청해토성으로 명명된 것으로 판단된다. 착오를 피하기 위해 본 글에서는 이후부터 청해토성으로 수정하였다.

32 리준걸, 1986, 33~38쪽.

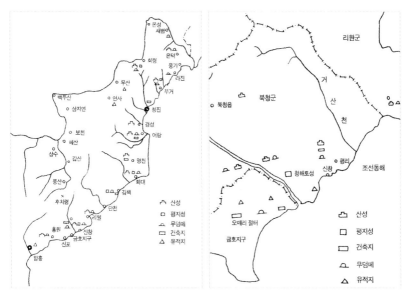

〈그림 8〉 동해안 일대와 청해토성 주변 발해유적 분포도
사회과학원, 2002, 『동해안일대의 발해유적에 대한 연구』, 도서출판 중심, 16쪽, 18쪽.

해 다음과 같이 설명하였다. 우선 평지성인 청해토성은 ㉠ 규모, 형태, 지형구조 등에서 중국 동북지방의 발해 도성과 다름이 없다, ㉡ 토성 안 집자리에서 드러난 구들시설이 상경용천부의 것과 같다, ㉢ 토성 안 집자리에서 나온 유물이 동일하다, ㉣ 토성 안에서 고려 시기 무덤이 나왔다. 이러한 이유를 들어 청해토성이 발해 시기의 성이었을 것이라고 주장하였다. 또한 산성, 강안보루, 차단성의 지형 이용 방법과 성을 구성하는 시설인 옹성이나 치가 다른 발해 시기 성곽과 동일하다고 하였다.[33]

동해안 일대에서 새로 발굴된 건축지로는 함경남도 신포시 오매리에 있는 건축지를 들 수 있다. 오매리에서는 절골과 금산 두 곳에서 건축지가 발굴되었다. 절골유적은 고구려와 발해 문화층이 겹쳐져 있는 건축

---

33 리준걸, 1986, 36쪽.

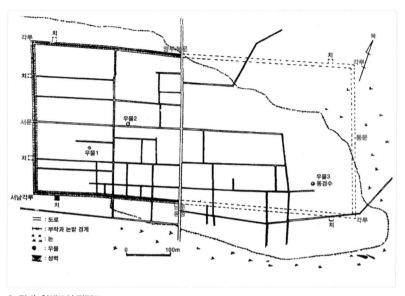

〈그림 9〉 청해토성 평면도

김종혁, 1997a, 「우리 나라 동해안일대에서 조사발굴된 발해의 유적과 유물」, 『발해사연구론문집(2)』, 215
쪽 변형수록.

터이다. 발해 문화층에서는 여러 개의 집자리와 온돌 시설 그리고 많은
유물들이 출토되었다.

오매리 금산건축지는 산 경사면 중턱에 있다. 〈그림 11〉과 같이 평평
하게 닦은 터 위에 기단을 쌓고 그 위에 정면 5칸, 측면 1칸의 남향 목
조 기와집이 있었던 곳이다. 건물은 주춧돌과 온돌 시설 상태로 보아 방
이 동쪽과 서쪽에 하나씩 있고, 그 사이에 통로가 있는 건물임을 알 수
있다. 동서 양쪽에 있는 방에서는 'ㄱ'자형으로 꺾어진 구들 시설이 있
었다. 두 방의 구들 골은 두 고래인데, 그 구들 골은 북쪽으로 축대 끝까
지 뻗어나갔었다.[34] 발굴 결과를 보면 쇠투구나 자물쇠 등 출토 유물이

---

34 김종혁·김지철, 1989, 「신포시 오매리 금산발해건축지 발굴중간보고」, 『조선고고연

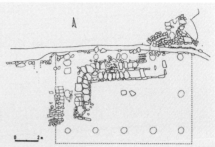

〈그림 10〉 오매리절골 발해층 북쪽1호건물터(몸채) 전경과 평면도(『조선유적유물도감(8)』 발해편, 190, 191쪽)

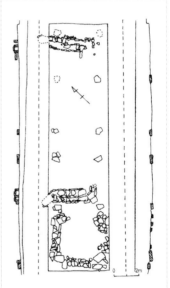

〈그림 11〉 오매리 금산건축지 전경과 평면도(『조선유적유물도감(8)』 발해편, 195, 196쪽)

구』 1989-2, 11~16쪽.

북청군 청해토성에서 나온 것과 같으며, 집 구조도 상경성 서구 살림집 터와 같다고 하였다.[35]

위와 같은 발굴 이외에 몇몇 북한 학자들은 중국 동북 지역 발해유적을 대상으로 연구논문을 내놓았다. 장상렬은 「발해의 도시성에 대하여」라는 글에서 발해 상경성과 고구려 평양성 및 안학궁의 비교를 시도하였다. 그는 상경성 주변에 성장습자산성과 우장토성과 같은 위성을 둔 것은 평양 일대 평양성과 안학궁이 산성을 겸비하고 있었던 것과 같다고 하였다. 따라서 도성의 위치 선정 조건, 축성 형식, 도시의 구획과 리방의 구성 원칙, 성벽의 둘레와 총길이, 궁성의 면적, 살림집, 성문, 돌우물, 석등, 기준 척도 등이 고구려 도성과 유사하다. 이것으로 보아 발해의 도성은 고구려식으로 건설되었음을 알 수 있다고 주장하였다.[36]

또한 한인호는 중국 길림성 장백시에 있는 영광탑에 대한 논문을 발표하였다. 그는 발해 영광탑은 우리 건축의 특징인 지붕 처마선이 곡선을 이루고 있어, 백제 정림사지 5층탑, 고려 불일사 5층탑뿐 아니라 통일신라 다보탑과 석가탑의 지붕 처마선과 같다고 하였다. 이는 중국 중원 지역의 홍교사 현장탑은 지붕의 모든 요소가 직선으로 되어 있으며, 지붕 처마선이 추녀들림 없이 평평한 것과 대조된다. 또한 탑의 체감율도 아래에서 위층으로 가며 중국의 것은 일정한 반면 영광탑은 위로 가며 점차 두드러진다. 처마가 짧게 뻗어 나온 것도 영광탑과는 다르기때문에 중국식과는 엄연히 차이가 난다고 하였다.[37]

1980년대에는 『조선건축사』라는 단행본도 출판되었다. 이 책은 시대구분을 제1편 원시 및 고대건축(원시건축, 고대건축) 제2편 중세건축(삼국

---

35 박진욱, 1989, 「최근년간 우리 나라 동해안일대에서 발굴된 발해유적들과 그 성격에 대하여」, 『연변대학 조선학국제학술토론회 론문집』, 연변대학출판사, 292쪽.

36 장상렬, 1987, 「발해의 도시성에 대하여」, 『조선고고연구』 1987-3.

37 한인호, 1988, 「발해의 령광탑」, 『조선고고연구』 1988-3.

건축, 발해 후기신라건축, 고려건축, 리조건축) 제3편 근대건축(리조말 근대건축, 1910~
1920년대 전반기의 근대건축)으로 구분하였다. 남한과 다른 것은 고려 및 조선
시대 건축을 중세건축으로 소개하였다는 것이다. 소개된 발해 건축 내
용은 1970년대 연구된 결과를 거의 그대로 수용하였다.[38]

5. 1990년대 성과와 활용에 대한 해석

1989년 신포시 오매리 절골에서 금산 건축지에 대한 발굴보고에 이
어 절골1호 건축지에 대한 보고가 1990년에 이루어졌다. 절골1호 건축
지는 탑터가 있는 건축지를 중심으로 동남쪽에 이미 발굴된 금산 건축
지가 있고 이 건축지에서 서쪽으로 160m 떨어진 금산 꼭대기에는 누
각자리가 있으며, 탑터에서 동북쪽으로 200m 떨어진 곳에도 건축지가
있다. 절골1호 건축지는 탑터에서 북쪽으로 50m 떨어진 북쪽 능선에
자리 잡고 있다. 건축지에서는 많은 기와조각과 함께 자기, 질그릇, 쇠
칼, 쇠보습, 방아확 등이 출토되었다. 건물지는 크게 2개의 건물로 구분
되어 있는데 기단, 물도랑, 주춧돌, 벽체, 'ㄱ'자형 구들 시설, 아궁이, 굴
뚝 시설 등이 확인되었다. 발굴 과정에서 확인한 자료를 종합해 보면 절
골1호 건축지는 능선 남쪽 경사면을 깎아 대지를 만들어 세웠던 남향
집으로 2개의 건물로 인정된다. 즉, 동쪽 큰 건물은 구들 시설과 굴뚝,
아궁이 등이 있는 것으로 보아 사람이 사는 살림집 본채였고, 서쪽 작은
건물은 방아확, 쇠보습이 나온 것으로 보아 부속 건물로 인정된다. 지붕
형식은 귀면장식을 한 합각지붕이었다. 보고 내용의 말미에는 이 건물
지에서 출토된 구들, 쇠보습, 방아확, 암키와를 예로 들며 고구려와 발

---

38 리화선, 1989a 『조선건축사(1)』, 과학백과사전종합출판사, 165~240쪽.

해의 계승 관계를 주장하였다.[39]

금산1 건축지(1989),[40] 절골1호 건축지(1990)에 이어 신포시 오매리 절골에서는 금산2 건축지(1991)에 대한 발굴조사가 있었다. 이 건물지는 남북 직경 약 11.5m에 이르는 원형의 건물터로 다른 건물지에서와 같은 주춧돌은 없었다. 출토된 유물은 질그릇, 철기, 기와 등이 있었다. 금산2 건축지는 구들 시설이 드러나지 않았고, 원형에 가까운 평면으로 보아 일상적인 살림집이 아니라 휴식 장소인 정자였던 것으로 인정했다.[41]

신포시 오매리 절골 발해유적 발굴을 주도했던 김종혁은 청해토성 주변 발해유적에 관한 연구논문 몇 편을 발표하였다. 우선 그는 「청해토성과 그 주변의 발해유적」에서 청해토성이 발해 5경 가운데 하나인 남경남해부 소재지였다고 주장하였다. 청해토성의 지형, 규모, 건축물의 구성과 특징, 관청의 존재에 대해 밝혔고, 청해토성 주변에 있는 평리무덤떼에 관한 조사와 신포시 오매리 절골 발해 시기 건축지에 대한 조사, 청해토성 주변의 산성인 거산성, 안곡산성, 용전리산성에 관한 조사를 통해 남경남해부 소재지에 대한 위치 비정의 근간을 마련하였다.[42] 이러한 준비를 통해 그는 「친애하는 지도자 김정일동지의 현명한 령도 밑에 발해유적 발굴에서 이룩된 성과」라는 글에서 다음과 같은 논리로 청해토성이 남경남해부 소재지라고 주장하였다. 그는 "동해안 일대의 발해유적 발굴을 통해 처음으로 남경남해부 위치를 고고학적으로 밝혀냈다. 이전 남경남해부 소재지에 관해 함경북도 함흥(정약용의 我邦疆域考),

---

39　김종혁·김지철, 1990, 「신포시 오매리 절골1호 발해건축지 발굴보고」, 『조선고고연구』 1990-2, 12~17쪽.
40　1989년에 발굴된 건축지 명칭은 금산건축지이나 금산 2건축지가 새롭게 발굴되면서 이와 구별하기 위해 금산 1건축지로 명칭을 변경한 것으로 보인다.
41　김종혁·김지철, 1991, 「금산 2건축지 발굴보고」, 『조선고고연구』 1991-3, 37~40쪽.
42　김종혁, 1990, 「청해토성과 그 주변의 발해유적」, 『조선고고연구』 1990-4, 20~24쪽.

두만강 건너편에 있는 고성(新增東國輿地勝覽), 함경북도 경성(史林), 함경남북도 해안지대(新唐書), 북청(海東歷史) 등으로 비정되었으나 문헌 기록만 가지고는 위치를 정확히 밝힐 수 없다"라고 하였다. 이어서 그는 다음과 같은 순서로 논지를 전개한다.

첫째, 청해토성은 정방형이 아니라 둘레가 2,100여 m에 이르는 장방형이다. 규모는 서고성보다 조금 작지만 오동성보다는 크다. 둘째, 청해토성은 성벽 밑에 돌을 깔고 흙으로 쌓았다. 토성 안에는 두 고래로 된 온돌 시설을 구비한 여러 채의 집터가 있다. 또한 건축 부재, 생산 도구, 무기, 마구, 수레부속, 쇠가마, 토기, 자기, 불교유물, 장식품, 도장 등 다양한 유물들이 출토되었으며, 주춧돌 직경이 1m 이상 되는 것으로 보아 건물 규모가 비교적 컸다. 이로 볼 때 이 건물지들은 관청터였던 것으로 보인다. 셋째, 청해토성 주변에는 발해 지배계급의 무덤떼가 있다. 청해토성에서 북쪽으로 8km 떨어진 곳에 북청군 평리무덤떼가 있는데 길림성 돈화시 용정산무덤군과 공통점이 많다. 넷째, 청해토성 주변에는 용전리산성, 안곡산성, 거산성 같은 토성을 방어하는 위성방위체계를 갖춘 산성이 있다. 다섯째, 청해토성 주위에는 이 성과 밀접한 관련이 있는 봉수대가 있다. 여섯째, 발해의 국왕과 귀족 등 지배계급이 관리하던 절터가 토성에서 서남쪽으로 10km 떨어진 신포시 오매리에 있다. 일곱째, 일본과 바닷길로 외교를 했던 토호포로 청해토성 옆에 있는 신창항구로 볼 수 있다. 이와같은 정리를 바탕으로 김종혁은 청해토성의 남경남해부설을 확증하였다.[43]

이러한 일련의 연구 성과를 집대성하여 그는 「동해안 일대 발해유적의 고구려적 성격에 대하여」라는 글에서 고구려와 발해 건축의 계승성

---

43 김종혁, 1992, 「친애하는 지도자 김정일동지의 현명한 령도밑에 발해유적 발굴에서 이룩된 성과」, 『조선고고연구』 1992-1, 2~6쪽.

을 강조하였다. 서술된 내용은 첫째, 발해 평지성인 청해토성을 상경성, 국내성, 안학궁성과 구조방법, 각루, 치, 옹성의 존재 여부 등으로 고구려와 발해의 성곽을 비교하였으며 둘째, 발해산성의 고구려적 성격 셋째, 함경북도 금호지구 오매리에 있는 절골 건축지를 통해 집의 구성 방식(방+부엌+방)과 온돌 시설을 집안 동대자(東台子) 고구려 집터와 고구려 초기 집터를 상호 비교하였으며 넷째, 무덤의 계승 관계 다섯째, 자기 생산기술 등을 비교하였다. 그는 발해유적들에는 고구려적 성격이 강하게 반영되었으며, 이것은 바로 발해문화 연원이 고구려에 있다는 것을 말해주는 것이라 하였다.44

또한 류병홍은 동해안 일대에서 출토된 발해 막새기와 무늬를 대상으로 고구려와의 계승성에 관한 글을 발표하였다. 그는 4개, 5개, 6개, 7개, 8개 꽃잎으로 구성된 막새기와를 대상으로 다른 지역의 발해유적(상경성, 연해주), 고구려유적(대성산성, 청암리토성, 평양성, 정릉사터)과 비교하였다. 공통점은 다음과 같다. 첫째, 연꽃을 기본 무늬로 하고 거기에 여러 가지 무늬들을 배합하여 무늬의 장식적 효과를 냈다. 둘째, 구슬무늬와 V자형무늬, 삼각무늬, 고사리무늬, 꽃망울무늬 등으로 막새를 장식하였다. 셋째, 꽃잎 한가지로 무늬를 구성하였다. 차이점으로는 첫째, 인동연꽃잎 형태로 된 것은 발해유적에서만 보인다. 둘째, 발해의 것은 꽃잎 사이 구획선이 전혀 보이지 않는다. 셋째, 별모양 4각무늬는 발해의 고유한 무늬형식이다. 넷째, 발해의 막새기와 무늬 가운데 귀면무늬는 전혀 나타나지 않는다는 것 등을 들었다. 그는 발해의 기와는 전체적으로 볼 때 고구려와의 계승 관계도 있지만 발해의 고유한 특성도 있다고 하였다.45

---

44 김종혁, 1997b, 「동해안 일대 발해유적의 고구려적 성격에 대하여」, 『조선고고연구』
    1997-4, 22~25쪽.
45 류병홍, 1992, 「발해유적에서 드러난 기와막새무늬에 대한 고찰」, 『조선고고연구』

〈그림 12〉 금산1 건축지 출토 막새기와(『동해안 일대의 발해유적에 대한 연구』, 93~94쪽)

1970년대 많은 발해 건축 관련 글을 발표하였던 장상렬은 발해의 천도 과정에서 구국 오동성에서 서고성으로 옮긴 후 상경성으로 천도하였다고 하는 것에 부정적인 입장을 보였던 기존 주장에 대해 명확한 고고학적 근거를 제시하며 화룡 서고성이 엄연한 발해의 두 번째 도읍이었다고 주장하였다. 그의 주장에 따르면 현재의 서고성은 외곽성이 아니라 궁성(황성)으로 외곽성은 그 주위에 있다는 것이다. 서고성에서 1.6km 떨어진 곳에 해란강이 흐르는데, 이는 서고성의 외곽성에 해당하는 자연해자라는 것이다. 또한 지금의 서고성과 상경용천부의 궁성 중심구역이 규모와 평면 형태가 흡사할 뿐 아니라 배치 원칙과 내부 건축물의 구조 형식에서도 공통점을 가지고 있다는 것이다. 그리고 서고

1992-4, 24~28쪽.

성 주변에서 출토된 기와가 녹유기와라는 것을 들고 있다. 발해유적 가운데 녹유기와가 나온 숫자를 보면 상경성터가 가장 많고 그 다음이 서고성터, 팔련성터 그리고 연길북토성터 순이라고 하였다. 팔련성이 발해의 한때 수도였던 동경용원부로 비정되고 있는 것으로 보아 서고성도 도읍으로의 면모가 충분하다는 것이다. 또한 서고성 주변에는 상남산산성이 있고 동남산절터도 있고 주변에 북대무덤떼가 있으며 정효공주무덤으로 잘 알려진 화룡 용두산무덤떼도 주변에 있는 것으로 보아 도성으로 인정해도 무리가 없다고 하였다.[46]

장상렬은 1990년대 말에 2편의 논문을 또 발표하였다. 첫 번째 글은 「발해 상경룡천부터에 표현된 도시 계획 방법과 그 고구려적 성격」이다. 이 글에서 그는 크게 6가지를 들어 상경성은 도시 계획 방법상 큰 특징을 가지고 있다고 하였다. 이를 소개하면 다음과 같다. 첫째, 평지에 장방형으로 윤곽을 잡고 처음부터 쌓은 외성 내부를 4각형을 기초로 하는 방안법으로 구획하였다. 둘째, 왕족들이 살며 정사를 보는 궁성과 중앙통치기관들이 자리 잡은 황성, 주민 지대가 위치한 외성들을 겹으로 돌려 겹성제도를 형성하였다. 셋째, 외성의 남 중문과 북 중문을 통하는 남북 중심축이 대칭되게 도성 전체를 계획하였다. 넷째, 리방들이 '田'자 형태를 기본으로 하는 2등분법이 적용되었다. 다섯째, 525m$^{(1,500자, 1자:기준 / 250간, 1간:6자 기준)}$를 도시계획 기본 수치단위로 하였다. 여섯째, 교통, 군사, 자연환경이 좋은 곳에 자리했다. 이러한 특징을 고구려 평양성과 안학궁의 규모 및 형태와 비교하여 그 계승성을 밝혔다.[47] 이어 「발해의 수도 상경룡천부와 고구려의 수도 평양성의 계승 관계에 대하여」라는 글에서 외성, 황성, 궁성에서 보이는 양 도성 간의

---

46 장상렬, 1993, 「발해의 서고성터에 대하여」, 『조선고고연구』 1993-4, 34~37쪽.
47 장상렬, 1998a, 「발해 상경룡천부터에 표현된 도시 계획 방법과 그 고구려적 성격」, 『조선고고연구』 1998-2, 32~37쪽.

공통점을 분석하였다. 이 글에서 논의되었던 주제는 평지성과 산성의 조합, 3중성 혹은 4중성으로 되어 있는 점, 외성 성벽의 건축 재료, 성문의 구조 방법, 도시 계획 방법, 기본 모듈 관계, 온돌 시설의 존재 등이다. 그는 말미에 상경용천부는 그 위치 선정과 성제(城制), 각 건축물의 역할, 구조물에 이르기까지 고구려 것을 그대로 계승 발전시킨 역사적 산물이라고 평가하였다.[48]

이러한 연구 활성화에 부응했던 것인지 북한의 대표적인 고고학 관련 논문집인 『조선고고연구』 1997년 제1기에는 발해와 관련된 논문이 8편 실려 있다. 이 가운데 발해 건축과 관련된 글은 4편이다. 4편의 글들을 소개하면 다음과 같다.

류병흥은 「동해안 일대의 발해 유적 발굴에서 이룩한 성과에 대하여」라는 글에서 청해토성을 중심으로 한 남경남해부의 소재지 주장을 소개하였고, 발해의 동경용원부가 길림성 훈춘 일대가 아니라 청진시 청암 구역 부거리 일대일 수 있다고 하였다. 또한 동해안 일대 여러 발해유적을 대상으로 고구려와의 계승 관계를 논증하였다. 그는 글 말미에 "발해를 어떤 다른 나라의 위성국이나 지방정권으로 취급하고 있는 일부 사가들 견해의 부당성이 더 논박할 여지가 없게 되었다"라고 하였다.[49]

한인호는 1980년대 말부터 1990년대 초에 발굴조사가 이루어진 금호지구 오매리절터에 대해 고구려 사찰건축과의 상관성 관련 글을 발표하였다. 오매리절터는 앞문→석등→탑→금당이 차례로 놓여 있었고, 4각 목조탑을 중심에 놓고 그 둘레에 세 금당을 배치한 고구려의 전

48 장상렬, 1998b, 「발해의 수도 상경룡천부와 고구려의 수도 평양성의 계승 관계에 대하여」, 『조선고고연구』 1998-4, 29~31쪽.

49 류병흥, 1997, 「동해안 일대의 발해유적 발굴에서 이룩한 성과에 대하여」, 『조선고고연구』 1997-1, 6~7쪽.

형적인 사찰 배치 방식인 1탑 3금당식이었다는 것이다. 또한 탑 상층기단 너비를 기준으로 35cm를 단위자로 이용했다는 것을 찾아내어 고구려와 발해의 건축적 계승성을 주장하였다.[50]

한인덕은 함경북도 김책시에 있는 성상리토성이 발해 시기 동경용원부의 염주(鹽州: 크라스키노성) 관할하의 해양 현성이라는 주장을 하였다. 그는 성상리토성의 규모, 성곽의 구성물(성문, 치, 각루)에 대한 설명과 함께 성 안에서 밝혀진 건물터에 관한 내용을 서술한 후 성상리토성의 위치 선택, 축조 재료, 축조 방법, 성벽 시설물의 구성 상태, 성 안에서 나타난 두 고래 구들시설과 유물들이 발해토성의 성격과 특징이 뚜렷하게 드러남을 논증하였다.[51]

한용걸은 「발해 건축의 고구려적 성격에 대하여」라는 글에서 고구려와 발해 건축의 관련성을 주장하였다. 우선 살림집을 대상으로 첫째, 발해 살림집터에서는 고구려의 고유한 온돌식 난방 시설들이 있다. 둘째, 발해 살림집들은 '방+부엌+방'의 고구려 살림집의 기본 평면 구성 형태를 취하고 있다. 셋째, 일정 높이의 기단 위에 나무로 구성된 기둥보식 구조를 하고 있다. 또한 건축 기술적인 면에서 청해토성을 중심으로 주위에 위성을 배치한 것은 고구려와 같은 위성 방위 체계를 이루고 있으며, 발해의 팔각평면 돌우물이 고구려의 것과 일치한다고 하였다.[52] 그는 1998년 「발해 건축의 몇 가지 특징에 대하여」라는 글에서는 발해의 궁전과 살림집을 대상으로 발해 건축의 특징을 논증하였다. 발해 건축의 특징으로 그는 첫째, 배치 및 평면구성에서 안뜰의 폭과 길이가 점차적으로 줄어드는 경향과 정삼각 배치법을 사용하였다. 둘째, 고구려 단

50 한인호, 1997, 「금호지구 오매리절터에 대하여」, 『조선고고연구』 1997-1, 13~15쪽.
51 한인덕, 1997, 「성상리토성과 그 성격에 대하여」, 『조선고고연구』 1997-1, 25~27쪽.
52 한용걸, 1997, 「발해 건축의 고구려적 성격에 대하여」, 『조선고고연구』 1997-1, 28~32쪽.

위 척도를 적용하여 건물 평면계획의 기본으로 삼았다. 셋째, 부엌 중심의 평면구성과 온돌을 사용하여 열을 효과적으로 이용하였다고 하여 고구려 건축을 역사적으로 계승 발전시켰다고 하였다.[53]

승성호는 「발해 초기의 성과 무덤에 대하여」라는 글에서 발해 초기의 것으로 확정할 수 있는 성을 녕원의 고읍성, 양마성, 청해토성, 돈화 오동성, 성산자산성, 석호고성, 흑석고성, 통구령산성, 마권자고성을 들었다. 이어 그는 이를 평지성과 산성으로 구분하여 각 성에 대한 현황을 소개하였다. 그는 발해 초기에는 고구려 것을 그대로 이용하거나 성 축조 기술을 이어받아 건설하였다는 점, 지형적 조건에 맞게 여러 형태로 건설되었다는 점, 그 이후 시기 것보다 규모가 상대적으로 작으나 성의 방어 능력을 최대한 강화하는 방향으로 건설되었다는 점 등을 특징으로 꼽았다. 그는 글 말미에서 이와 같이 발해 초기의 성제(城制)와 묘제(墓制)는 고구려 것을 이어받은 것으로 미개한 말갈 것과는 아무런 연관도 없다고 주장하였다.[54]

한편 북한에서는 1992년과 1997년에 2권의 『발해사연구론문집』을 출판한다. 건축과 관련된 부분은 제1권에서는 장상렬이 발해 건축에 관해 저술하였다. 내용은 1971년에 쓴 「발해 건축의 력사적 위치」와 거의 같다.[55] 제2권에서는 1980년대 북한 지역 발해유적을 발굴한 결과를 토대로 김종혁이 「우리나라 동해안 일대에서 조사발굴된 발해의 유적과 유물」이라는 글을 실었다. 서술된 내용은 성(평지성, 산성), 건물터와 그 유물(금호지구 오매리 절골건물유적, 24개돌유적), 무덤 등이다.[56]

53　한용걸, 1998, 「발해 건축의 몇 가지 특징에 대하여」, 『조선고고연구』 1998-4, 24~28쪽.

54　승성호, 1998, 「발해 초기의 성과 무덤에 대하여」, 『조선고고연구』 1998-1, 32~35쪽.

55　장상렬, 1992, 「발해의 건축」, 『발해사연구론문집(1)』, 과학백과사전종합출판사, 231~284쪽.

56　김종혁, 1997a, 「우리나라 동해안 일대에서 조사발굴된 발해의 유적과 유물」, 『발해

〈그림 13〉 북한의 조선유적유물도감(좌)과 이를 영인한 한국 동북아역사재단의 도록집(우)

　　결과적으로 볼 때 장상렬은 중국 동북 지역 발해유적을 대상으로 처음으로 발해 건축 관련 연구에 집중하였다면, 김종혁은 이를 기초로 북한 지역에 있는 발해유적 발굴을 주도했고, 이를 기본으로 발해 고고 및 건축 연구를 이어갔으며 더한층 발전시켰다고 볼 수 있다. 이 외에 북한에서는 『발해사연구』 시리즈57를 통해 간략하게나마 발해 건축에 관해 소개했다.

　　이상과 같은 연구논문 이외에 북한에서는 발굴조사사업 이래 당시까지(1991년)의 연구 결과를 토대로 발해 관련 도감(圖鑑)을 편찬하였다.58

　　사연구론문집(2)』, 과학백과사전종합출판사, 213~235쪽.

57　장국종, 1998, 『발해사연구 2(정치)』, 사회과학출판사, 23~34쪽; 채태형, 1998, 『발해사연구 3(경제)』, 사회과학출판사, 216~222쪽; 채태형, 1998, 『발해사연구 4(문화)』, 사회과학출판사, 119~167쪽.

58　조선유적유물도감 편찬위원회, 1991, 『조선유적유물도감(8)』 발해편, 외국문종합출판사.

이는 상경용천부를 비롯한 11개의 성터, 건물터(돈화 24개돌유적·회문리 24개돌유적·오매리 절골유적발해층·아브리꼬쏘브 절터)와 무덤(육정산무덤떼·정혜공주무덤)과 다리유적(칠공교터), 각종 유물 등이 망라된 도록집이다. 또한 1996년에는 『조선기술발전사』를 통해 발해 건축 기술을 고구려와 신라 건축물과 비교한 심도 있는 저서도 출판하게 된다.[59]

6. 2000~2010년대 성과와 활용에 대한 해석

1980년대와 1990년대에 활발했던 북한의 발굴 및 그 결과 활용은 2000년대 들어 다시 주춤하게 된다. 이러한 맥락은 이전 연대를 통해 읽을 수 있는 변화 양상이다. 1960년대 중반 이후 중국 동북 지역 발해 유적에 대한 발굴 결과를 토대로 1970년대 중반까지 이를 활용해 활발하게 연구를 진행하다가 중반 이후부터 1980년대 초반까지 주춤했었고, 1980년대 중반부터 진행된 북한 지역 동해안 일대의 발해유적 발굴 성과를 토대로 1990년대에 다시 활발하게 진행되었다. 그러나 2000년 대가 되면서 더 이상 발해유적의 새로운 발굴이 진행되지 않자 전체적으로 건축을 포함한 발해문화에 대한 연구가 미진하게 전개되고 있다. 한편으론 일부 제한된 지역이나마 한국의 후원으로 중국 내 조선족 학자와 공동으로 발굴을 진행해 오고 있다. 그 발굴 성과 및 활용을 발표 매체별로 알아보도록 한다.

---

59   조선기술발전사편찬위원회, 1996, 『조선기술발전사(2)』, 과학백과사전종합출판사.

1) 학술지논문

2000년 이후부터 지금까지(2017년 말 기준) 발해유적 관련 북한의 학술지논문 게재 수는 약 36편에 이른다.[60] 게재된 논문집과 논문 개수는 『조선고고연구』(26편), 『천리마』(3편), 『조선건축』(2편), 『민족문화유산』(3편),

---

60 해당 논문을 게재된 연도순으로 나열하면 다음과 같다. 순수 논문 이외에 자료, 유적 소개, 화보 등도 일부 포함되어 있다. 반면 무덤 관련 논문은 제외되었음을 밝혀둔다. 리철남, 2001, 「발해 살림집에 대한 몇가지 고찰」, 『조선고고연구』 2001-4, 10~13 쪽 ; 윤광수, 2002, 「자료 발해의 마루밑막음기와와 마무리기와」, 『조선고고연구』 2002-4, 10쪽 ; 리종선, 2004, 「(유적 소개) 발해의 도시유적 상경룡천부」, 『천리마』 2004-5, 72~73쪽 ; 조광, 2007, 「고구려살림집의 구성과 갖춤새가 발해 살림집에 미친 영향」, 『력사과학』 2007-3, 47~50쪽 ; 한용걸, 2008, 「계승성이 강한 발해의 막새기와」, 『조선건축』 2008-4, 43쪽 ; 김창호, 2008, 「발해의 상경성 방어 체계에 대한 몇 가지 고찰」, 『조선고고연구』 2008-2, 28~31쪽 ; 윤광수, 2008, 「자료 발해의 마루수막새기와」, 『조선고고연구』 2008-3, 37쪽 ; 김창호, 2009a, 「발해의 우수한 성벽 축조방법」, 『민족문화유산』 2009-1, 29~30쪽 ; 김창호, 2009b, 「발해 건국 초 시기의 수도성에 대한 간단한 고찰」, 『조선고고연구』 2009-1, 21~23쪽 ; 김인철, 2009, 「발해 건축지들의 온돌 시설에서 주목되는 몇 가지 문제」, 『조선고고연구』 2009-2, 20~24쪽 ; 김정문, 2009, 「(사진)금호지구 발해 금산건축지 1호 온돌 시설」, 『조선고고연구』 2009-2, 뒤 표지 내지 ; 최춘혁, 2010, 「발해 궁전의 변천 과정에 대하여」, 『조선고고연구』 2010-3, 20~22, 25쪽 ; 최승택, 2010, 「연변 지역에서 알려진 장성유적」, 『조선고고연구』 2010-4, 47~48쪽 ; 최춘혁, 2011a, 「발해상경성 궁전의 축조시기에 대하여」, 『조선고고연구』 2011-1, 23~25쪽 ; 김창호, 2011, 「발해성에 설치된 옹성과 치에 대한 고찰」, 『조선고고연구』 2011-2, 22~23, 8쪽 ; 김인철, 2011, 「발해 24개돌유적의 성격에 대한 간단한 고찰」, 『조선고고연구』 2011-4, 18~27쪽 ; 리창진, 2011, 「발해국가의 성격에 대한 고고학적고찰」, 『조선고고연구』 2011-4, 22~24쪽 ; 최춘혁, 2011c, 「발해 궁전의 특징」, 『조선고고연구』 2011-4, 25~27쪽 ; 리강, 2011, 「발해의 살림집 생활 풍속」, 『민족문화유산』 2011-1, 24~26 쪽 ; 최춘혁, 2011b, 「궁전유적을 통하여 본 고구려의 계승국 발해」, 『민족문화유산』 2011-2, 23~25쪽 ; 리창영, 2012a, 「발해의 역참제도에 대하여」, 『력사과학』 2012-1, 47~48쪽 ; 윤남진, 2012, 「발해궁 전침전평면복원에 대하여」, 『조선건축』 2012-3, 52~53쪽 ; 리창영, 2012b, 「발해의 발전된 역참제도」, 『천리마』 2012-5, 98쪽 ; 리창진, 2013a, 「발해 련꽃무늬수기와막새의 특징」, 『조선고고연구』 2013-3, 15~17쪽 ; 최춘혁, 2013, 「발해 상경성궁성서구침전터의 성격」, 『조선고고연구』 2013-3, 18~20쪽 ; 리창진, 2013b, 「팔련성에서 알려진 수기와막새의 무늬류형과 그 제작 시기」, 『조선고고연구』 2013-4, 17~18쪽 ; 림호성, 2013, 「발해의 발전

『력사과학』(2편)이다. 이 가운데『조선고고연구』가 26편으로 70% 정도 차지한다. 보다 전문적인 주제와 내용은 이 학술지를 통해 발표되고 있음을 알 수 있다. 2000년대 이전까지는『력사과학』에 관련 논문이 제법 게재되었지만 최근에는 정치 이념적 글이 주를 이루고 있다. 이를 대신하여 2001년에 창간된『민족문화유산』에 발해문화 관련 논문이 게재되고 있다.『천리마』의 경우 전문 학술지라기보다 유적 소개, 자료, 화보 형태로 발해문화를 소개하고 있다. 건축 전문잡지인『조선건축』에는 2000년대 이전을 포함하여 통틀어 발해 건축 관련 글은 총 4편에 불과해[61] 북한에서도 우리와 같이 건축 분야까지 폭넓게 발해를 연구하지 못하고 있음을 알 수 있다.

2000년대 이후에 논문을 게재한 학자는 총 17명(김정문의 사진게재 건 포함)인데 이 가운데 김창호(7편), 최춘혁(7편), 리창진(5편), 김인철(3편), 리창영(2편), 윤광수(2편), 리철남(1편), 리종선(1편), 조광(1편), 한용걸(1편), 김정문(1편), 최승택(1편), 리강(1편), 윤남진(1편), 림호성(1편), 김봉훈(1편), 정봉

된 도로망」,『천리마』2013-9, 95쪽 ; 김창호, 2014,「발해 산성의 축조 형식」,『조선고고연구』2014-3, 29~31쪽 ; 김인철, 2015,「발해 중부 및 동남부 일대의 성 방어체계」,『조선고고연구』2015-1, 18~21쪽 ; 최춘혁, 2015,「발해 삼채의 제작 시기」,『조선고고연구』2015-1, 22~23쪽 ; 김창호, 2015,「발해 시기 장성의 축조 형식」,『조선고고연구』2015-2, 41~43쪽 ; 리창진, 2015,「로씨야 연해변강 일대에서 알려진 발해 절터」,『조선고고연구』2015-3, 15~18쪽 ; 리창진, 2016,「로씨야 연해변강 일대의 발해 절터에서 알려진 수기와막새에 대하여」,『조선고고연구』2016-1, 6~8쪽 ; 김창호, 2016,「발해 시기 성들의 분포상 특징」,『조선고고연구』2016-2, 22~23쪽 ; 김봉훈, 2016,「동방강국 고구려와 발해의 력사유적발굴과 연구사업을 현명하게 이끌어주신 위대한 령도」,『조선고고연구』2016-3, 2~3쪽 ; 정봉찬, 2016,「발해돌등과 그 고구려적 성격」,『민족문화유산』2016-2, 27~28쪽 ; 최춘혁, 2016,「고구려-발해 궁전유적의 호상관계」,『조선고고연구』2016-4, 38~40쪽.

61 장상렬, 1990a,「민족건축사의 갈피에서 상경룡천부를 통해서 본 발해 도시성의 고구려적성격」,『조선건축』1990-1, 92~94쪽 ; 장상렬, 1990b,「민족건축사의 갈피에서 국내에서 새로 발굴된 발해의 유적 금산건축지」,『조선건축』1990-2, 95~96쪽 ; 한용걸, 2008,「계승성이 강한 발해의 막새기와」,『조선건축』2008-4, 43쪽 ; 윤남진, 2012,「발해궁전침전평면복원에 대하여」,『조선건축』2012-3, 52~53쪽.

찬(1편)으로 2000년대 이후 현재까지 발해유적 관련 논문은 김창호, 최춘혁, 리창진, 김인철, 리창영, 윤광수 등이 주도하고 있음을 알 수 있다. 1960년대와 1970년대 발해유적 연구를 주도하였던 주영헌과 장상렬의 뒤를 이어, 1980년대와 1990년대에는 리준걸, 김종혁, 한인호, 한인덕, 김지철, 류병흥, 한용걸 등이 뒤를 이어가고 있다. 발표된 논문을 대상으로 주목되는 내용을 정리해 보면 다음과 같다.

2001년 리철남은 「발해 살림집에 대한 몇가지 고찰」이라는 글에서 기존 연구 결과를 기초로 다음과 같이 발해 살림집의 특징을 기술하였다.[62] 산에 둘러싸인 전면이 트인 곳에 자리 잡았고, 집을 세우기 전에 기초를 튼튼히 했으며, 4각형, 8각형 등 여러 형태의 다듬은 주춧돌을 사용했고, 네모기둥 둥근기둥을 사용했으며, 배흘림 수법도 이용되었다. 주로 3개의 방으로 구성된 평면 형식을 취하였으며, 벽은 심벽구조로 하여 양 벽면을 회로 마감하였고, 온돌 시설을 이용하였다. 또는 높은 기단을 구성하고 그 위에 집을 지었으며, 우진각 팔작지붕 등 다양한 지붕 형태를 취하였고, 실내에는 함, 궤, 장 등 다양한 가구들이 구성되어 있었다고 하였다. 그러면서 이러한 살림집은 고구려 것을 계승 발전시켰다고 하였는데 여러 부분에서 고구려와의 상관성에 너무 얽매여 있는 것을 발견할 수 있다. 예를 들면 해가 잘 드는 남향을 한 것, 기초를 튼튼히 한 것, 네모기둥과 둥근기둥을 사용한 것 등은 고구려만이 가지고 있었다고는 볼 수 없는 주거문화의 보편성이다. 발해에 대한 북한의 해석에서 너무나 고구려와의 계승 관계에만 몰입되어 있음을 알 수 있다.

2002년 윤광수는 논문은 아니지만 자료 형식으로 청해토성, 금호리 발해 절터, 연해주 아브리코스 절터 등 발해유적에서 출토된 마루밑막

---

62 리철남, 2001, 10~13쪽.

음기와(착고)와 마무리기와(막새)의 종류와 성상에 대해 자료 형식으로 글을 게재하였다.[63] 마루밑막음기와의 경우 한국에서는 착고라는 용어로 일반화되어 있고, 수키와를 현장에서 잘라 사용하는 것에 비해 고구려나 발해의 경우 막음기와를 따로 제작하여 사용하였음을 알 수 있는 유물들이 다량 출토되었다고 한다. 또한 발해의 마루수막새기와(곱새기와·바래기기와·망와)에 대한 소개의 글도 있다.[64] 한국에서는 망와라는 명칭이 일반적이지만 북한에서는 고고학 분야에서도 한글화시키는 일에 앞장서고 있음을 알 수 있다. 그에 따르면 발해의 마루수막새기와는 상경성터, 보리소프카 절터, 아브리코스 절터, 길림성 교하시(蛟河市) 7도하촌 발해 건축지 등 여러 곳에서 알려졌다고 한다. 기와 형태를 보면 앞은 높이 들리고, 등은 말안장처럼 생겼고, 몸체의 길이는 짧으나 폭은 넓으며, 앞부분의 양쪽에는 반원형으로 오므라든 곳이 있고, 연결부에는 못구멍이 뚫려있다고 한다. 이 마루수막새기와는 고구려 시기 유적인 정릉사터에서도 알려졌는데, 발해의 것은 등이 말안장처럼 생긴 것이 특징이라고 한다. 이것은 기와가 단순히 위로 휘어져 있는 정릉사의 것보다 형태상 더 세련된 미를 보여주고 있다는 것이다. 이는 고구려의 문화 전통을 계승한 발해문화의 높은 발전 수준의 한 측면을 잘 보여주는 것이라 하였다. 그는 2017년말 기준 지금까지도 발해뿐 아니라 고구려 기와에 대한 글도 다수 발표하여 북한의 고대 시기 기와연구 전문가임을 알 수 있다.[65]

---

63 윤광수, 2002, 10쪽.

64 윤광수, 2008, 37쪽.

65 윤광수, 2001a, 「고구려 마루기와의 변천」, 『조선고고연구』 2001-1, 23~28쪽 ; 윤광수, 2001b, 「고구려 암기와막새기와의 류형과 변천」, 『조선고고연구』 2001-4, 6~9쪽 ; 윤광수, 2003, 「안학궁터에서 나온 귀면판들에 대한 간단한 고찰」, 『조선고고연구』 2003-4, 31~33쪽 ; 윤광수, 2004, 「고구려 기와의 종류와 형태」, 『조선고고연구』 2004-4, 21~25쪽 ; 윤광수, 2005, 「고구려 기와막새의 기하무늬에 대하여」, 『조선

2007년 조광은 고구려와 발해의 살림집을 비교하여 상호 간에 계승성을 입증하는 글을 발표하였다.[66] 그는 삼국 시기 살림집의 난방 시설에 관한 글도 발표하기도 하였다.[67] 그는 글에서 토방 형식(기단 형식), 평면 구성, 난방 시설(온돌과 굴뚝), 지붕(기와)을 상호 비교하였다. 기단의 경우 주로 중국 집안 고구려 동대자유적과 영안 발해 상경성 궁성 안 제4궁전터와 서구 살림집터를 집중 비교하여 중국과는 주거문화가 달랐다는 것을 밝히고 있다. 토방 형식을 취한 이유는 고래가 낮은 바닥 난방 시설인 구들을 보호하고, 불을 잘 통하게 할뿐 아니라, 집 전체의 구조적인 안정성을 도모하며, 신발을 벗고 집 안으로 들어감으로써 실내에서의 문화성을 보장하기 위한 것이라고 하였다. 평면 구성에 있어서는 중앙에 통로 역할을 겸한 좁은 방을 중심으로 좌우에 큰 침실 공간을 구성한 것이 고구려와 동일하다고 하였다. 난방 시설에 있어서는 고래가 낮은 좁고 긴 두 고래 온돌 시설로 주변국의 높은 쪽구들과는 차별화하여 실내에서 좌식 생활이 가능하게 했다고 하였다. 마지막으로 지붕에 있어서도 여러 형태의 기와를 직접 제작하였으며, 유약과 소성 방법 등 고구려와의 상관성을 밝혔다. 학술적으로 새로운 내용은 아니지

고고연구』 2005-1, 25~30쪽 ; 윤광수, 2007, 「고구려 암기와등면무늬의 류형과 변천」, 『조선고고연구』 2007-2, 2~11쪽 ; 윤광수, 2009, 「고구려 기와무늬의 주제에 대하여」, 『조선고고연구』 2009-1, 18~20쪽 ; 윤광수, 2010, 「삼국 시기 기와의 공통점에 대하여」, 『조선고고연구』 2010-3, 42~45쪽 ; 윤광수, 2011a, 「삼국 시기 기와제작방법」, 『조선고고연구』 2011-1, 37~39쪽 ; 윤광수, 2011b, 「(강좌)삼국 시기 서까래기와에 대하여」, 『조선고고연구』 2011-4, 33~48쪽 ; 윤광수, 2015, 「고구려의 마루기와」, 『조선고고연구』 2015-4, 46~48쪽. 윤광수, 2016, 「고구려 기와의 특징」, 『조선고고연구』 2016-1, 3~5쪽 ; 윤광수, 2017a, 「고구려 처마기와에 대하여」, 『조선고고연구』 2017-1, 20~23쪽 ; 윤광수, 2017b, 「고구려 마루막새기와의 년대」, 『조선고고연구』 2017-2, 9~11쪽.

66 조광, 2007, 47~50쪽.
67 조광, 2006, 「삼국 시기 살림집의 난방 시설에 대한 고찰」, 『력사과학』 2006-1, 40~43쪽.

만 고구려와 발해가 주거문화가 일치한다는 것은 발해 건축을 우리의 건축문화로 인식하게 하는 중요한 단서가 되고 있다는 것을 북한과 함께 우리도 명심할 부분이라고 생각한다.

2008년에는 한용걸이 발해 막새기와 관련 글을 발표하였다. 건축잡지인 『조선건축』에 실린 글은 막새기와를 통해 본 고구려와 발해의 계승성 문제를 다룬다.[68] 그는 발해 시기 수막새기와의 기본 유형은 무늬의 배열 형식에 따라 크게 두 가지로 나뉘는데, 꽃잎의 형태 구성은 거의 유사한 조건에서 중심 꽃술의 무늬 구도에 따라 중심 꽃술에 볼록한 점과 꽃술 테두리선 안에 볼록한 점무늬가 있는 것(Ⅰ)과 꽃술 테두리선 안에 볼록한 점무늬가 없거나 중심 꽃술 테두리선 밖과 연꽃잎 사이에 배열된 것(Ⅱ)으로 나누었다. 그는 이를 북한의 금산 건물터에서 출토된 막새기와와의 비교를 통해 공통점이 많다고 하였다. 건축물이 박약한 상태에서 기와를 근거로 상호 비교하는 방법도 시도하고 있음을 알 수 있다.

2008년 김창호는 발해 상경성 방어 체계에 대한 검토를 통해 고구려와의 상관성을 강조하였다.[69] 발해는 건국 초기부터 수도를 비롯한 전국 도처에 성 방어 체계를 튼튼히 하였다고 한다. 상경성을 건설하는 것과 함께 그 주변에 산성, 평지성, 강변보루, 장성 등 여러 유형의 방위 성들을 구축하였다는 것이다. 산성으로는 성장립자산성, 성자후산성, 구공리산성을 들었으며, 평지성으로는 남호두고성, 남성자고성, 토성자고성, 대목단고성 등을 들었다. 그 외에도 작은 평지성으로는 우장(촌)고성, 동구고성, 동외자고성, 고정(성)촌고성, 향전둔고성, 만구고성, 서호수자고성 등을 들었으며, 승리촌보루와 같은 강변보루도 설치하였다고

---

68 한용걸, 2008, 43쪽.
69 김창호, 2008, 28~31쪽.

했다. 장성(변장)으로는 목단강변장을 들고 있으나 경박호변장과 강동변장에 대한 언급은 하지 않았다. 이처럼 발해는 수도성 주변에 산성, 평지성, 강변보루, 장성 등을 쌓아 정연한 수도성 방어 체계를 세워 놓았다고 하였다.

이러한 방어 체계는 여러 가지 면에서 고구려와 유사하다고 하였는데 그가 든 예는 첫째, 수도성 건설의 위치 선정, 규모, 도성 체계, 성의 각종 구조물을 들 수 있고, 둘째, 고구려의 체계를 도입하여 수도성 방어를 완비하였다고 하였다. 이처럼 발해는 고구려의 우수한 성 축성술과 방어 체계를 이어받아 많은 성들을 견고하게 구축하였을 뿐 아니라 그에 따른 방어 체계를 튼튼히 세워 놓음으로써 국가의 방위력을 강화하고 강력한 주권국가로서의 위용을 떨쳤다고 하였다. 그런데 이 글은 대부분의 연구 대상이 중국에 있는 관계로 현장조사가 수행되지 못한 아쉬움이 있다. 현재 상경성 주변은 도시화로 많은 변화가 있어 최근 상황과는 다소 차이가 있다.[70]

김창호는 이어 2009년에 발해 건국 초기 수도성에 대한 고찰로 상경성 관련 연구를 이어가게 된다.[71] 여기서 초기 수도성이란 발해가 건국되면서부터 중경현덕부(서고성)로 수도를 옮기기 전까지를 의미한다. 그는 여러 역사 문헌에 입각하여 발해 건국 초기 첫 수도성은 평지에 쌓은 성이 아니라 동모산에 의거하여 쌓은 산성이라는 것이며, 동모산 위치에 대해서는 여러 견해 가운데 성산자산설을 가장 타당성 있게 보았

---

70 상경성의 방위체계와 주변 평지성 유적 관련 내용은 다음의 글들이 참고가 된다. 정석배, 2013, 「발해 상경성의 도시계획」, 『高句麗渤海研究』 第45輯, 177~222쪽 ; 이병건, 2013, 「渤海 上京城의 建築 造營과 形式」, 『高句麗渤海研究』 第45輯, 223~260쪽 ; 정석배, 2014, 「목단강 유역 발해 장성의 특징과 축조 시기 문제」, 『高句麗渤海研究』 第49輯, 111~150쪽 ; 이병건, 2014, 「渤海 上京城 周邊 平地城 遺跡의 建築的 檢討」, 『高句麗渤海研究』 第49輯, 151~186쪽.
71 김창호, 2009b, 21~23쪽.

다. 역사 기록이나 성을 쌓은 재료와 시설 등 고고학적 자료로 보아도 동모산은 지금의 성산자산이며, 거기에 쌓은 첫 수도성이 성산자산성이라는 것이다. 점차 국가의 틀이 잡혀가고 국력이 강화되자 정치, 경제, 문화의 중심지이자 통치 거점으로서의 사명을 완수하기 위해 동모산 주변 가까운 곳에 평지성을 쌓아 수도를 옮겼을 것으로 보았다. 후보지로는 오동성과 영승유적으로 보았다. 오동성은 제대로 된 성벽을 갖추고 있으나 산성과 15km나 떨어져 있어 너무 멀고, 영승유지는 5km로 거리는 가까우나 성벽 흔적이 희박하여 도성으로 판정하기 어렵다 하여 두 후보지 모두를 부정적으로 보았고, 글 말미에 이러한 초기 도성 체계도 고구려와 그 맥을 같이 한다고 결론을 맺고 있다.

2009년 김창호는 위의 두 글과는 별개로 발해 성곽의 축성술에 관한 논문을 다른 학술지에 발표하였다.[72] 그는 발해는 전국 도처에 많은 성들을 조밀하게 배치하였을 뿐 아니라 성벽을 견고하게 쌓아 방위력을 높이는 데 힘을 기울였다고 주장한다. 당시 성벽을 쌓는 기본 재료는 흙과 돌이며, 축조 재료에 따라 쌓는 방법을 다음의 몇 가지로 나누어 볼 수 있다고 하였다. 첫째, 흙을 재료로 쌓은 성벽의 경우로 돌이 없거나 흙을 쉽게 구할 수 있는 지역에서 주로 활용되었는데, 방법은 판축을 하거나 흙을 다져쌓는 방법이 적용되었다는 것이다. 판축 방법을 사용한 성으로는 함경북도 김책시 성상리토성과 길림성 화룡시 서고성을 들었다. 다음은 돌로 쌓는 성벽의 경우로 평지성 성벽이거나 산성에서 성문이 있는 부분의 성벽, 지대가 낮고 평탄하거나 골짜기를 지나는 구간은 돌로 성벽을 주로 쌓았는데, 고구려의 축성 방법인 계단 모양의 굽도리가 생기도록 아래에서 위로 가며 들여쌓기를 한 것이 특징이라 하였다. 대표적인 성들로는 함경북도 청진시 청암구역 부거석성, 회령시 성북리

---

72 김창호, 2009a, 29~30쪽.

운두산성, 함경남도 북청군 용전리산성, 거산성, 안곡산성, 단천시 가응산성(동, 서, 북벽), 길림성 화룡시 토성리고성, 훈춘시 석두하자고성, 러시아 연해주 오트라드닌산성 등을 들었다. 또한 흙과 돌을 섞어서 쌓는 방법을 소개하며 그 대표적인 예로는 길림성 돈화시 성산자산성, 용정시 토성툰고성, 러시아 연해주 아나니예프카산성 등을 들었다. 그 외에 발해 시기 성들의 성벽에는 기초 부분은 흙을 다져 넣어 마련하고 그 윗부분은 돌로 쌓은 것과 기초 부분은 흙과 돌을 섞어 쌓고 그 위에 벽체는 흙을 다져쌓은 것, 기초는 돌을 쌓고 벽체는 흙으로 쌓거나 흙과 돌을 섞어 쌓는 것 등 다양하게 쌓았다고 하였다. 그도 말미에서는 이러한 축성술은 고구려와 그 맥을 같이 한다고 하여 계승성을 강조하였다.

2009년 김인철은 중국, 러시아, 북한에서 발굴된 발해 살림집 유적을 대상으로 온돌 시설의 특징을 서술하였다.[73] 발해 시기 온돌유적의 특징으로는 첫째, '‒'자형, 'ㄱ'자형, 'ㄷ'자형으로 고래 형태가 다양해졌고, 외고래, 두고래, 세고래 등 고래 수가 많아졌다는 것이다. 특히 고구려 시기 '‒'자형, 'ㄱ'자형 위주에서 발해 시기에는 온돌 형식이 다양하게 발전했다고 한다. 둘째, 일부분만 온돌이 있는 외고래에서 점차 고래수가 많아지고 난방 면적이 넓어지는 방향으로 발전하여 전면 온돌로 완성되었다는 것이다. 물론 발해 시기의 전면 온돌 유적은 아직 발견되지 않았지만 방 면적의 절반 이상을 온돌로 꾸몄다고 주장한다. 셋째, 발해의 중심지가 아닌 당시 변방인 러시아 연해주 지역에서 조차도 고구려 유민들이 적극적으로 주거문화를 선도해 나갔다는 것이다. 즉, 발해 초기 연해주 일대는 말갈인들이 주를 이루고 살았는데 당시에는 말갈의 주거문화 즉, 움집이 주를 이루다가 점차 고구려 유민들이 그곳에 정착하게 되면서 말갈인들도 융화되어 온돌을 이용하게 되는 등 주거

---

73 김인철, 2009, 20~24쪽.

문화에 변화가 생겼다는 것이다.

2010년 최춘혁은 발해의 도성유적인 상경성, 서고성, 팔련성을 비교하여 발해 궁전의 변천 과정을 논하였다.[74] 논증의 대상은 세 궁전의 건물 규모, 배치 방법, 기단 높이, 회랑 형식과 크기 등이다. 발해의 마지막 수도였던 상경성은 서고성이나 팔련성보다 각 건물 규모를 2.6~3.2배 정도 크게 하였으며, 배치 방법도 남북 중심축에 놓인 주 건물을 중심으로 상하좌우에 여러 개의 궁전들을 대칭으로 배치하던 종래의 방식과 달리 5개의 궁전 건물을 남북 중심축에 일렬로 배치하면서도 건물 상호 간의 거리와 규모를 서로 비례 관계로 정함으로써 궁전이 보다 웅장하면서도 그 종심(從心)이 깊은 느낌을 연출한 것이라고 보았다. 이와 함께 상경성의 제1호, 제2호, 제3호 궁전 둘레에는 막음형(폐쇄형) 회랑을 설치하여 궁전의 품위를 더했다는 것이다. 궁전의 종심을 깊게 느낄 수 있는 시각적 효과를 더욱 크게 하였을 뿐 아니라 제1호 궁전 동서 회랑을 세 길 회랑으로 함으로써 회랑 형식도 제1호 궁전에서 제4호 궁전으로 가면서 회랑 통로가 점차 작아지는 감을 주도록 하였다고 보았다. 이상의 최춘혁의 논증 내용은 기존 주영헌의 『발해문화』에서 언급된 내용을 다시 한번 강조한 경우라 할 수 있다.[75]

2010년 최승택은 훈춘, 화룡, 용정 등 연변 지역에서 알려진 장성유적에 대해 기존 연구 성과를 정리하여 글을 발표하였다.[76] 글 말미에서 그는 지금까지 연변 지역에서 알려진 장성유적은 고구려 시기에 쌓은 장성으로 알고 있지만 화룡, 연길 일대와 훈춘 일대로 갈라져 있는 점과 고구려와 발해의 성 축조 방법이 유사하다는 점을 미루어 보면, 이 유적

---

74 최춘혁, 2010, 20~22, 25쪽.
75 주영헌은 이러한 기법은 궁성에 있는 다른 주변 건물보다 중심 축선상에 있는 5개의 궁전 건물을 두드러지게 보이기 위한 의도로 해석하였다(주영헌, 1971, 42~44쪽).
76 최승택, 2010, 47~48쪽.

들은 발해 때 지역 방위를 위한 장성으로도 볼 수 있는 만큼 연구를 더욱 심화시켜야 한다고 주장하였다.

2011년 최춘혁은 전년도 상경성, 서고성, 팔련성을 비교하여 발해 궁전의 변천 과정을 논한데 이어 상경성 궁전의 축조 시기에 대한 글을 또 발표하였다.[77] 그는 글에서 상경성 제1궁전부터 제5궁전까지의 건물들은 한 시기에 조영된 것이 아니라 시기를 달리 한다고 주장한다. 그는 각 건물들을 두 개의 건축군으로 나누어 제1궁전터와 제2궁전터를 제1궁전군으로, 제3궁전터, 제4궁전터와 그 좌우의 건물터, 제5궁전터를 제2궁전군으로 나누었다. 그는 제2궁전군에 속하는 제3궁전터부터 제5궁전터까지가 서고성과 팔련성의 궁성 배치와 동일하다는 것이다. 각 건물의 규모, 각 건물의 정면과 측면의 길이 비율 등이 일치한다고 했다. 더구나 제1, 제2궁전터는 비율이 현격하게 차이가 난다고 했다. 결론부에서 그는 서고성에 수도를 두었던 8세기 중엽에는 상경성 제2궁전군의 건물들이, 팔련성에 수도를 두었던 8세기 말엽에는 상경성 1궁전건축군의 건물들이 세워졌다고 보았다. 이 논문은 발해 상경성에 대한 초창기 중국 학자들의 견해 즉, 상경성은 시기를 두고 단계적으로 조영되었다는 단계별 축조설 입장과 논조를 같이하고 있다.[78] 이러한 견해에 대해 한국에서는 단계별 축조설은 재론의 여지가 있다는 논지의 글이 발표되기도 하였다.[79]

같은 해 최춘혁은 「발해 궁전의 특징」이라는 제목으로 글을 또 발표

---

77 최춘혁, 2011c, 23~25쪽.

78 劉曉東·魏存成, 1986, 「渤海上京城營筑時序與形制淵源硏究」, 『中國考古學會第六次年會論文集』, 文物出版社 ; 劉曉東·魏存成, 1991, 「渤海上京城主體格局的演變」, 『北方文物』1991-1(번역본 : 이병건 역, 2013b, 「각 시기별 발해 상경성의 조영 범위와 변화 양상」, 『高句麗渤海硏究』第46輯, 213~223쪽).

79 김진광, 2012, 「발해 도성의 구조와 형성 과정에 대한 고찰」, 『文化財』제45권 2호, 국립문화재연구소, 38~53쪽.

하였다.[80] 그는 발해 궁전 가운데 대표격인 상경성을 대상으로 궁전의 배치, 평면 구조, 궁전 회랑의 구성 등 당시 주변국 즉, 당과 일본의 여러 성들을 예로 들며 "발해는 독자적인 궁전 건축 조영 기술을 보유하고 있었는데, 이는 안학궁을 기본으로 하였다"라고 하여 고구려와의 상관 관계를 입증하려 하였다. 즉, 발해 궁전은 고구려에 그 연원을 두고 있다는 것이다. 이와 거의 유사한 내용의 글이 『민족문화유산』 논문집에도 실려 있다.[81] 하지만 『조선고고연구』에 실려 있는 글이 더욱 심도 있고 자세한 편이다.

2011년 김창호는 발해 평지성과 산성에 설치된 옹성과 치에 대한 글을 발표하였다.[82] 글에 따르면 발해 때 초축하고 그 시기에만 이용한 성들 즉, 발해의 유물만 드러나는 성들에서 옹성과 치가 알려진 성이 있다는 것은 발해 시기에도 옹성과 치와 같은 시설들이 있었다는 것을 증빙하는 것이라 하여 기존 발해 시기에는 치를 설치하지 않았다는 중국 학자들의 주장을 반박하였다. 이들 가운데 대표적인 성으로 지방리산성, 청해토성, 성상리토성, 영성고성, 남성자고성, 니콜라예프카1호성, 구공리산성, 성자산성(리수현), 횡도하자고성, 대전자고성 등을 들었다. 그리고 발해 때 쌓고 그 이후에도 연용된 성의 경우도 후 시기에 쌓은 것이 아니라 고구려를 거쳐 발해 때 그대로 계승되어 연용된 것으로도 보아야 한다고 주장하였다. 또한 치의 경우 성벽이 대체로 직선으로 뻗은 구간에서는 일정 거리를 두고 배치되어 있었으며, 산성의 경우 지형 조건에 따라 성벽이 밖으로 돌출되었거나 구부러진 부위에도 이러한 시설들이 있었다는 것을 청해토성, 성상리토성, 지방리산성을 예로 들며 설

---

80 최춘혁, 2011c, 25~27쪽.
81 최춘혁, 2011b, 23~25쪽.
82 김창호, 2011, 8쪽.

명하였다. 그는 이러한 치와 옹성의 축성술은 고구려로부터 전수된 것으로 보았다. 그 증거로 평양성, 황룡산성, 수양산성, 국내성, 대성산성, 휴류산성을 예로 들었다. 결론부에서 그는 성곽에서 옹성과 치의 존재는 고구려와 발해의 계승 관계를 다시 한번 입증하는 것이라고 하였다.

2011년 김인철은 발해 24개돌유적에 대한 글을 발표하였다.[83] 그는 발해 24개돌유적의 용도에 대하여 기존의 주장 즉, 궁전이나 관청, 절로 이용되었다는 설, 발해 왕족의 시신을 상경성에서 구국으로 옮겨가 매장할 때까지 잠시 시신을 안치하던 곳이라는 설, 행인들의 편의를 보장하기 위한 역참이었다는 설, 곡식 창고였다는 설, 건물유적의 주춧돌이 아니라 사람들이 숭배한 신비한 돌이라는 설 등을 소개하고 각각의 주장에 대해 부정적인 입장을 제시하였다. 그러면서 그는 24개돌유적의 용도를 국가적으로 존중되는 신성한 우상물을 안치해 놓고 숭배하던 신전이었을 것이라는 당시까지의 연구 결과와 다른 새로운 주장을 제시하였다. 그 이유로는 첫째, 유적이 존재하는 위치가 각각 다른 곳임에도 불구하고 규모나 여러 구조적인 면에서 동일한 것은 공공의 국가적 성격이 강한 건물이라는 것이다. 둘째, 건물의 구성이 신전으로서 갖추어야 할 모든 조건을 구비하고 있다는 것이다. 그러면서 그는 24개돌유적의 건물 모습을 추정하였는데, 줄기초의 튼튼한 기단 위에 세워진 맞배지붕의 정면 3칸, 측면 2칸의 기와집으로서 바닥은 마루식으로 처리되었을 것으로 보았다. 셋째, 신전으로 보는 근거로 이 지역 주민들이 남긴 지명과 표현들에서 신전이라는 것을 암시한다고 마패 24개돌유적을 예로 들며 설명하였다.

이렇듯 24개돌유적에 대한 연구는 각 국가별로 많은 주장이 전개되어 왔다. 김인철의 주장은 한국에서 연구된 결과와 여러 부분에서 흡사

---

83 김인철, 2011, 18~27쪽.

한 결론에 도달하여 수수께끼로 남아 있는 발해 24개돌유적의 용도와 건물 형태에 대한 실마리를 가까운 시일 안에 풀 수 있을 것으로 생각된다.

2011년 리창진은 발해국에 대해 고고학적 검토를 통해 기존『구당서』,『신당서』등 옛 문헌의 잘못된 서술 내용을 절대시하면서 고고학적 발굴 자료를 간과하여 벌어졌던 문제점들을 논증하고자 한 글을 발표하였다.84 상경성의 남문, 제1궁전부터 제5궁전까지의 규모와 다양한 건축 부재들을 증거로 고구려와 당나라의 함원전을 예로 들며 발해국이 황제국이었음을 강조하였고, 정혜공주무덤, 정효공주무덤, 순목황후무덤에서 나온 묘비의 비문들은 발해가 당당한 주권국가이었다는 것을 명백히 보여준다고 하였으며,『책부원귀(册府元龜)』와『속일본기(續日本紀)』등을 통해서도 이를 입증하고자 했다.

2011년 리강은 발해의 여러 살림집 유적을 통해 밝혀진 고고학적 결과들을 근거로 발해 시기 주거문화 몇 가지를 들어 논증하였다.85 발해인들은 살림집 자리를 주로 깊지 않은 산골짜기나 산에 둘러싸인 아늑하고 해가 잘 들며 앞이 트인 남향에 집터를 정하는 것을 풍습으로 여겨왔다고 보았다. 집터를 선택한 다음에는 기초를 다지고 일정한 높이의 기단을 쌓고 그 위에 주춧돌을 놓고 집 본채를 세웠다는 것이다. 한반도 지역 이외에서는 집을 지을 때 기단을 높게 구축하는 일이 없는데 반해, 고구려나 발해는 반드시 기단을 높게 구축하고 집을 지었다는 것이다. 또한 기둥밑장식(柱圍)으로 기둥과 주춧돌 사이에서 벌어질 수 있는 부식을 방지하는 방법을 입체적으로 고안해 내었는데 이것이 발해만의 독자적인 건축술이라는 것이다. 지붕 형식에서도 주민들의 자연지리적 환경과 정서와 취미, 생활 양식과 문화 전통이 반영되었다고 하였

---

84 리창진, 2011, 22~24쪽.
85 리강, 2011, 24~26쪽.

다. 또한 살림집의 칸수를 다양화하여 이에 적합한 문 형식을 구비하였으며, 온돌 시설을 독보적인 발해 건축의 특징이자 고구려를 계승한 절대적인 증거라고 제시하였다. 발해인들은 창고, 방앗간, 짐승우리, 우물 등 여러 부속 건물들을 겸비하였으며, 집 내부에는 온돌 문화에 적합하게 침구류, 함, 궤, 장, 가구 등 깨끗하고 위생적인 생활도구들을 완비했다고 한다. 이러한 그의 일련의 연구들은 발해의 실내건축 문화를 연구하는 좋은 계기가 되었으며 당시까지 나온 살림집 관련 북한의 논문 가운데 비교적 자세하고 심도 있는 글이라고 판단된다.

2012년 윤남진은 발해 상경성 제4궁전인 침전건물 복원에 대한 글을 건축 전문지인 『조선건축』에 발표하였다.[86] 상경성 제4궁전터는 1994년 중국의 장톄닝(張鐵寧)에 의해 이미 복원도면이 작성된 바 있다.[87] 윤남진의 복원안은 2013년 평양에 개장한 평양민속공원 내 발해 궁전 건물을 재연하기 위한 일련의 작업으로 작성된 도면이다. 장톄닝 복원안보다 좌식 생활 방식의 온돌 개념을 이해하고 작성된 보다 실증적인 성과로 공원 내에 건물이 재현되었다.[88]

2012년 리창영은 발해의 역참제도에 대한 글을 발표하였다.[89] 역참제도는 지리 분야지만 역참에서 언급되는 내용 가운데 발해 24개돌유적이 포함되어 있다. 24개돌 유적이 당시 역참이었다고 주장하는 학자들도 있지만 이에 부정적인 견해도 많다. 아무튼 이러한 역참제도의 발

86 윤남진, 2012, 52~53쪽.
87 張鐵寧, 1994,「渤海上京龍泉府宮殿建築復原」,『文物』1994-6.
88 2011년에 착공하여 2013년에 개장한 평양민속공원은 평양 외곽 대성구역 내 고구려시대 유적인 안학궁터 주변 부지에 200만㎡(60만 평) 규모로 조성된 공원으로 고구려, 발해, 고려의 건물들이 재연되어 있었다. 그러나 2015년 장성택의 몰락으로 그 흔적을 지우기 위해 공원 자체가 철거된 것으로 알려지고 있다. "평양민속공원 해체, 장성택 지우기", 『상해한인신문』(2015. 12. 14일자)
89 리창영, 2012a, 47~48쪽.

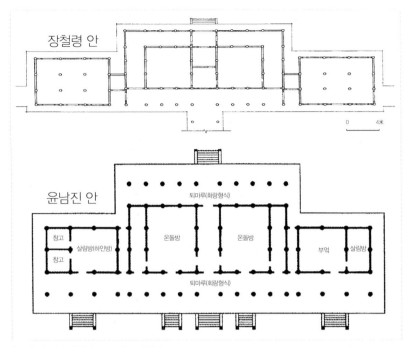

장철령 안

0   4米

윤남진 안

퇴마루(회랑형식)

창고
살림방(하인방)
창고

온돌방

온돌방

부엌   살림방

퇴마루(회랑형식)

〈그림 14〉 발해 상경성 제4궁전터 복원안

달은 발해가 고구려의 옛 땅에 세워져 비교적 발전된 고구려의 역참제
도를 계승하고 더욱 발전시켰기 때문이라고 하였다. 그러한 군사적 목
적으로 5개의 기본 간선도로상에는 평안교, 칠공교, 오공교와 같은 토
목 기술이 집약된 구조물도 있었음을 알리고 있다.[90]

2013년 이와 비슷한 주제로 림호성은 발해의 도로망에 대한 글을 발
표하였다.[91] 그는 상경성 도성 안에 격자형으로 대칭적으로 뻗어있는
성내 도로망을 예로 들었다. 도로 폭이 110m에 달함을 들어 기술과 규

90 같은 내용의 글이 다음의 글에도 게재되어 있다. 리창영, 2012b, 98쪽.
91 림호성, 2013, 95쪽.

모의 대단함을 서술하였고, 수도와 지방, 지방과 지방 사이를 연결하는 도로들은 규모도 크고 잘 건설되었을 것으로 보았다. 또한 발해의 주요 교통로인 일본도, 신라도, 압록도, 영주도, 거란도에 대하여 각각의 루트와 특징을 설명하고 발해에는 간선도로들과 함께 5경 15부 62주 백 수십 여 개의 현을 연결한 행정·군사 도로망이 있었다고 하였다.

2013년 리창진은 발해와 당의 연꽃무늬수막새기와를 비교하는 글을 발표하였다.[92] 그는 글에서 발해의 연꽃무늬수막새기와를 크게 네 유형으로 구분하였는데, 이 가운데 Ⅰ유형에 속하는 즉, 꽃잎의 끝이 뾰족하고, 반대편 둥근 밑의 가운데 부분이 오므라들어 (♥)의 하트형이 상경성, 서고성, 팔련성, 청해토성 등 거의 모든 발해유적에서 출토된다고 하였다. 이것은 거의 모두가 쌍 잎으로써 원형의 막새 안에 꽃잎이 4잎, 5잎, 6잎, 7잎, 8잎으로 다양하게 형상화되어 있다. 이에 비해 중국 장안성 대명궁 함원전 유적이나 낙양성 유적 등 당의 연꽃무늬수막새에서는 발해의 연꽃무늬수막새 Ⅰ유형과 같이 연꽃잎을 도드라지게 새긴 것은 전혀 찾아볼 수 없다고 하였다. 또한 발해의 경우 꽃잎과 꽃잎 사이에 버들잎모양, 십자모양, 버섯모양 등 사이무늬가 대부분 있는데 비해 당의 경우는 이러한 사이무늬가 없다는 것이다. 또한 발해의 경우 꽃술판 주위에 구슬무늬가 배치되어 있는 것이 기본이고 연꽃잎 바깥 둘레에 구슬무늬가 배치되어 있는 것이 부차적인 것인 반면, 당은 구슬무늬가 꽃술판 주위에 배치되어 있는 것은 하나도 없고 모두 연꽃무늬 바깥 둘레에 배치되어 있다는 것이다. 또한 발해의 경우는 테두리 부분에 띠를 돌려 장식한 것도 하나의 큰 특징이라 하였다. 그러나 당의 경우는 대부분 테두리 띠장식이 없다는 것이다. 이와 같이 그는 연꽃무늬수막새기와를 소재로 발해가 자신의 고유한 문화를 창조하고 발전시켰다고

---

92 리창진, 2013a, 15~17쪽.

주장하였다. 남아 있는 건물 유적이 없는 형편에서 기와라는 소재로 독자성을 밝히고자 한 것은 의미있는 작업으로 평가된다.

2013년 최춘혁은 발해 상경성 궁성 내 서구 살림집터의 위상에 대한 글을 발표하였다.[93] 그에 따르면 서구 침전터에 대해 기존에는 단순한 합숙소 개념의 일반적인 살림집이라고 보았지만, 발해 황실과 밀접히 연관된 높은 급의 건물이라는 것이다. 평면 구조에서 정면 10칸, 측면 5칸의 매우 큰 규모, 기단의 견고한 구축 방법, 온돌의 규모, 계단, 굴뚝 시설물, 바닥의 여러 배수 시설 및 멈추개돌 같은 독특한 구조안전장치 등 고급의 시설과 구조 방법이 동원되었다는 것이다. 이 건물은 상경성 4호궁전터와 그 서전터, 서고성 2호궁전터 본채와 3호와 4호궁전터에서 평면 구조가 거의 일치하거나 완벽하게 동일하다는 것이다. 특히나 상경성 중궁 4호궁전터와 평면 구조가 일치한다는 것은 더 말할 나위 없이 매우 중요한 용도의 건물이라는 것이다. 더욱이 유적 현장에서는 공작새꼬리무늬암키와(암막새기와), 연꽃무늬수막새기와, 문자기와, 보상화무늬벽돌을 비롯한 건축 부재들이 다량 출토되었는데 이러한 것은 상경성 중궁의 것과 일치한다는 것이다. 또한 서구 침전터는 중궁 4호궁전터에서 서쪽으로 약 200m 떨어진 곳에 나란히 하나의 동서축에 배치되어 있다는데 이것은 서구 침전터가 전체적인 궁전 배치 구상 아래 건설된 매우 중요한 건물임을 입증하는 것이라 하였다. 이렇듯 그는 서구 침전터는 배치, 평면 구조, 출토 유물 등에서 합숙소와 같은 일반 살림집이 아니라 궁성 내에서 상당한 지위를 차지한 건물 즉, 발해 황실과 직접적으로 관련되어 있는 높은 급의 건물이라는 것을 보여주는 것이라고 하였다. 서구 살림집터는 1963년 중국과 북한이 공동으로 발굴한 유적이다.(〈그림 5〉참조) 아마도 상경성에서 그 외의 여러 살림집이 발

---

[93] 최춘혁, 2013, 18~20쪽.

굴되다 보니 이와 비교하여 그 위상을 다시 한번 재조명한 글이라고 생각된다.

2013년 리창진은 연꽃무늬수막새기와의 특징을 주제로 글을 발표한 데 이어 같은 해에 팔련성에서 출토된 수막새기와의 무늬유형과 그 제작 시기에 관한 글을 또 발표하였다.[94] 당시 중국 측의 팔련성 발굴 결과가 글을 통해 알려졌기 때문일 것이다.[95] 그는 글에서 팔련성에서 출토된 수막새기와를 같은 급인 상경성과 서고성의 것과 비교하였다. 검토 결과 팔련성 궁전터에서 나온 수막새기와들은 무늬 주제와 형상을 놓고 볼 때 상경성 궁전터에서 나온 기와보다도 서고성의 것과 공통점이 더 많다는 것이다. 이는 중경현덕부는 742~755년까지, 상경용천부는 755~787년과 794~926년까지, 동경용원부는 785~794년까지 발해의 수도였다는 『신당서』 기록을 근거로 볼 때, 서고성 궁전은 742년 이전에, 상경성 궁전은 755년 이전에 건설되어 그 이후 더욱 확장되었으며, 팔련성은 이와 별개로 785년 이전부터 이미 건설되어 있었다고 하였다. 만일 팔련성이 785년 이후에 건설되었다면 팔련성 출토 수막새기와가 상경성 출토물과 공통점이 더 많아야 자연스럽지만, 이와 반대로 서고성의 것과 더 비슷하다는 것이다. 이러한 고고학적 자료들은 팔련성 궁전이 결코 상경성 궁전보다 늦게 건설되었다고 단정할 수 없어, 팔련성 축성 시기를 상경성 이후가 아닌 서고성 이후라는 것을 고고 자료를 통해 입증하고자 했다. 좀 더 세심한 검토가 필요하겠지만 괄목할 만한 연구 결과로 생각된다.

---

94 리창진, 2013b, 17~18쪽.

95 王培新·梁會麗·王昭·李今錫, 2008,「吉林省琿春八連城遺址2004年調査測繪報告」,『邊疆考古研究』2008-7 ; 王培新·梁會麗·張文立·李今錫, 2009,「吉林省琿春市八連城內城建築基址的發掘」,『考古』2009-6 ; 王培新, 2012,「20世紀前半期琿春八連城考古述評」,『邊疆考古研究』2012-11.

2014년 김창호는 발해 산성의 축조 형식에 대한 글을 발표하였다.[96] 그는 발해 산성 가운데 발해 시기에 축성되고 해당 시기에만 이용된 성들의 축조 형식을 성의 위치 및 지형, 성벽의 축조 재료와 축조 방법, 각종 시설물로 나누어 고찰하였다. 그는 연변대학 윤현철과 방학봉의 두 연구 결과를 기초로 발해 시기에 축성된 산성 26개를 선정하였다.[97] 연구 결과는 다음과 같이 정리할 수 있다. 첫째, 자연해자로 이용할 수 있는 강이나 하천과 벌을 끼고 있으며, 교통이 편리하고 산세가 험준하여 군사나 경제적뿐만 아니라 교통상 유리한 조건을 갖춘 산지 지형에 쌓았다. 둘째, 성벽 축조 재료가 흙과 돌이며 성벽을 절벽이나 비탈지 등 험준한 지형 조건을 충분히 이용하면서 흙을 파서 쌓아올리거나 다져 쌓는 방법, 판축으로 쌓은 방법, 흙과 돌을 섞어서 다져쌓는 방법, 크기가 서로 다른 돌 또는 다듬은 돌로 위로 올라가면서 안쪽으로 약간 경사지게 쌓는 방법, 성벽의 바깥쪽 면만을 쌓거나 안쪽과 바깥쪽 면을 모두 돌로 쌓아올리는 방법 등 여러 가지 축조 방법을 적용하여 쌓았다. 셋째, 산성을 쌓으면서 성문을 일정한 규칙에 따라 배치한 것이 아니라 대체로 지형 조건에 적합하게 배치하였으며 중요한 성문들에는 그 밖으로 옹성을 쌓거나 성벽을 덧쌓아 성문을 보호하고 방어력을 높였다. 넷째, 치, 각루, 망대, 해자, 우물 등 각종 성 시설물들을 설치하여 성의 방어력을 한층 강화하였다. 이를 종합하여 본다면, 발해 시기에 쌓여 이 시기에만 이용된 산성들에는 성문과 옹성, 각루, 치, 해자, 겹성벽, 망대, 못, 우물 등 여러 시설물이 설치되어 있는데, 이러한 성 시설물들은 고구려 시기에 쌓은 산성들에서 흔히 찾아 볼 수 있는 것들이라 하였다. 즉, 이러한 축성술은 고구려를 계승한 것이라며 한 번 더 성의 위치 및

---

96 김창호, 2014, 29~31쪽.
97 윤현철, 1999, 「연변지구의 발해시기의 산성유적에 대한 조사」, 『발해사연구』 제8집 ; 방학봉, 2002, 『발해성곽연구』, 연변인민출판사.

지형, 축조 재료와 방법, 각종 시설물 등을 고구려와 비교하며 예증하였다. 그러나 논문 내용 가운데 중국의 연구 결과를 인용한 것 이외에 직접 현장 조사가 이루어진 부분이 보이지 않아 한국과는 많은 차이가 벌어지고 있다. 발해 산성은 최근 중국의 도시화로 많은 파괴와 함께 변형되어 가고 있다. 최근 한국 동북아역사재단, 한국학중앙연구원, 국립문화재연구소 등에서 대대적인 발해 산성 현지 조사가 진행 중에 있으며, 조만간 집대성된 연구 결과가 나올 것으로 알려지고 있다.

그는 이어 2015년과 2016년에 발해 시기 성곽 관련 논문을 발표하였다. 2015년에는 「발해 시기 장성의 축조 형식」이란 제목으로 길림성 연변 지역의 백리장성과 훈춘장성, 흑룡강성의 목단강장성과 경박호장성의 위치, 지형, 성벽의 축조 상태, 관련 시설 등 여러 측면에서 논하였다. 여기에서는 네 장성-중국에서는 변장(邊墻)이라 함-의 특징을 설명하고 고구려 시기의 장성들과 일련의 공통성을 보인다고 하여 계승성을 한 번 더 강조하였다.[98] 2016년에는 「발해 시기 성들의 분포상 특징」이란 제목으로 각 주요 교통로인 압록도, 영주도, 거란도, 신라도, 일본도 노선상에 있는 교통망을 따라 성들이 분포되어 있음을 밝혔다. 발해 시기의 성들은 강 유역을 따라가면서 분포되어 있는 것은 또한 성의 위치와 지형을 선정함에 있어서 군사적 및 경제적 조건이 유리하며 교통 조건이 편리한 곳을 선택한 것도 관련된다고 하였다.[99]

리창진은 2015년 「로씨야 연해변강일대에서 알려진 발해 절터」, 2016년 「로씨야 연해변강 일대의 발해 절터에서 알려진 수막새에 대하여」란 제목으로 러시아 연해주 일대의 발해 절터에 대한 논문을 발표하였다. 발해 절터 관련 내용은 우수리스크 지역의 4개 절터(코프이토, 아브리

---

98 김창호, 2015, 41~43쪽.
99 김창호, 2016, 22~23쪽.

코스, 보리소프카, 코르사코프카)와 하산 지역의 크라스키노 절터의 평면 구조와 그 특징, 수막새기와에 대해 살펴본 것이다. 이를 중국, 북한의 절터들과 비교하여 리창진은 연해주 일대 발해 절들은 주로 한 개의 건물로 이루어진 방형이나 방형에 가까운 장방형의 규모가 작은 절들로서 우리나라 동해안 일대와 중국 동북 지방의 발해 절들과는 구별되는 일련의 특징을 가지고 있다고 보았다. 또한 수막새기와들의 무늬는 공통성이 있으면서도 일련의 지역적인 특징도 가지고 있다고 하였다.[100]

2016년 정봉찬은 「발해 돌등과 그 고구려적 성격」이란 제목으로 『민족문화유산』 유적유물소개란에 글을 발표하였다. 상경성 제2절터에 있는 상경성 석등 관련 글로 새로운 내용은 없지만 상경성 석등이 8각 도형을 적용한 것, 배흘림기둥을 채택한 것, 고구려 단위자를 적용한 것을 들어 고구려 문화를 계승했다고 주장했다.[101]

2016년 최춘혁은 「고구려-발해 궁전 유적의 호상 관계」란 제목으로 양국의 건축술에 대해 글을 발표하였다. 그는 고구려 수도성이었던 안학궁과 발해 수도성이었던 발해 상경성, 서고성 등에서 상호 관계를 밝히고 있다. 논점은 크게 두 가지인데 첫째는 발해가 고구려를 계승한 부분이고, 둘째는 이를 계승 발전시킨 부분이다. 계승한 부분은 궁전의 배치, 궁전의 평면 구조, 궁전 회랑의 배치와 규모, 궁전 건축술을 계승했으며, 계승·발전시킨 부분은 궁전 배치, 궁전의 평면 구조, 궁전의 온돌시설, 궁전 건축술(괴면, 기둥밑 장식, 유약바른 건축 부재)이라고 했다. 이러한 사실들은 발해가 고구려 궁전 건축술을 직접적으로 계승하였을 뿐 아니라 당시의 구체적인 조건과 환경에 맞게 창조적으로 발전시켰다는 것을 명확하게 보여주는 것이라고 주장했다.[102]

---

100 리창진, 2015, 15~18쪽 ; 리창진, 2016, 6~8쪽.
101 정봉찬, 2016, 「발해 돌등과 그 고구려적 성격」, 『민족문화유산』 2016-2, 27~28쪽.

2) 단행본

2000년대 이후 북한에서 출판된 건축을 포함한 발해문화 관련 내용이 들어간 단행본은 채태형의 『조선단대사(발해사3)』,103 조희승·손영종의 『조선수공업사(원시~고려편)』(개정판),104 조대일의 『조선공예사(원시~중세편)』(개정판),105 김정수의 『조선조각사(원시~중세편)』(개정판),106 리화선의 『조선건축사(원시~근대편)』(개정판),107 채태형의 『조선중세도시발달사』,108 김종혁·리창언의 『발해의 성곽과 건축』,109 리창진의 『발해의 유물』110 등이 있다. 『발해의 성곽과 건축』과 『발해의 유물』은 저자가 명시되어 있기는 하지만 북한의 문화재 관련 대표 기구인 사회과학원에서 기획 시리즈로 출판된 것이어서 다분히 공공성을 띤다. 이에 비해 한국에서는 본인의 글 일부와 외국 학자들의 발해 건축 관련 논문을 모아 출판한 이병건의 『발해 건축의 이해』가 있고, 김경표가 단독 저술한 『발해 건축사론』의 개인연구 저서가 있을 뿐이다. 각 저서별 발해 건축 관련 내용을 소개하면 다음과 같다.

『조선단대사』는 2000년대 이후 북한에서 각 시대별로 나누어 출판

102 최춘혁, 2016, 38~40쪽.

103 채태형, 2005, 『조선단대사(발해사3)』, 과학백과사전출판사 : 경제, 문화(사상, 과학기술, 말과 글, 교육, 역사편찬, 문학, 음악과 무용, 건축, 공예, 조각, 회화, 풍속).

104 조희승·손영종, 2012, 『조선수공업사(원시~고려편)』(개정판), 사회과학출판사.

105 조대일, 2012, 『조선공예사(원시~중세편)』(개정판), 사회과학출판사.

106 김정수, 2012, 『조선조각사(원시~중세편)』(개정판), 사회과학출판사.

107 리화선, 2012, 『조선건축사(원시~근대편)』(개정판), 사회과학출판사.

108 채태형, 2010, 『조선중세도시발달사』(개정판), 사회과학출판사.

109 김종혁·리창언, 2009, 『조선고고학총서 42 (중세편 18) 발해의 성곽과 건축』, 사회과학원 고고학연구소.

110 리창진, 2009, 『조선고고학총서 44 (중세편 20) 발해의 유물』, 사회과학원 고고학연구소.

되는 연속 간행물이다.[111] 이 가운데 발해사는 세 권으로 구성되어 있다. 1권은 발해 전기 즉, 발해의 성립에서 나라가 해동성국의 면모를 완전히 갖추고 발전의 전성기에 오른 8세기 말까지의 역사를 서술하였다.[112] 2권은 9세기 이후부터 발해 마지막 시기까지의 후반기 역사와 유민들에 의하여 펼쳐진 고국 회복 투쟁사를 다루었다.[113] 3권은 농업, 수공업, 수산업과 짐승사냥, 교통운수, 대내외의 상업과 화폐 유통을 다룬 제1장 경제 분야와 사상과 종교, 과학 기술, 말과 글, 교육, 역사 편찬, 문학, 음악과 무용, 건축, 공예·조각·회화, 풍속을 다룬 제2장 문화 분야로 구성되어 있다. 이 가운데 42~50쪽까지 서술되어 있는 「도자기수공업」, 57~69쪽까지 서술되어 있는 「육상운수」, 95~98쪽까지 서술되어 있는 「도량형」, 156~170쪽까지 서술되어 있는 「건축」, 171~183쪽까지 서술되어 있는 「공예·조각·회화」 부분이 발해문화와 관련된 부분이다.[114]

한편 『조선단대사』 발해사1~3까지가 발해의 전반적인 모든 분야를 다룬 것이라면 지금부터 다루고자 하는 단행본은 각 분야별 전문내용을 다룬 책이라고 할 수 있다.

조희승·손영종의 『조선수공업사(원시~고려편)』는 제1편 원시·고대(고조선, 부여, 구려, 진국)의 수공업, 제2편 삼국시기(고구려, 백제, 전기신라, 가야)의 수공업, 제3편 발해 및 후기신라(발해, 후기신라)의 수공업, 제4편 고려 시기의 수공업을 다루었다. 발해의 수공업 중 기와·벽돌·자기의 제조방법

---

111 지금까지 조산단대사는 고조선사, 구려사, 진국사, 부여사, 고구려사, 백제사, 신라사, 가야사, 고려사, 리조사, 년료 등 38권이 출판된 것으로 조사되었다(국립중앙박물관 내 북한자료센터 소장자료 기준).

112 림호성·김혁철, 2010, 『조선단대사(발해사1)』, 과학백과사전출판사.

113 림호성, 2011, 『조선단대사(발해사2)』, 과학백과사전출판사.

114 채태형, 2005 참조.

과 특징을 다룬 부분이 주목된다.[115] 암키와에서 앞은 넓게 뒤는 좁게 만드는 것은 기와의 경량화와 기와 잇는 작업의 능률화를 목적으로 한 것이며, 처마 끝에 놓이는 암기와에 손가락 또는 나무꼬챙이 같은 것으로 연속적으로 콕콕 눌러놓은 것이나 둥근 구멍을 연속적으로 찍어놓은 것은 건물의 미관을 고려함과 동시에 빗물이 방울방울 맺어 아래로 떨어짐으로써 기와 속으로 스며들어 빨리 부식되는 것을 극복하기 위한 방편이었다고 기술하였다. 또한 다양한 문양의 수막새기와, 문자기와, 치미(길이 97~91cm, 너비 39~36cm, 높이 91.5~87cm), 괴면(길이 33~43cm, 너비 23~27cm, 높이 31~37cm), 벽면 장식 화판, 기둥밑 장식, 넝쿨무늬 장식용 장방형 벽돌(길이 35~36cm, 너비 16~16.7cm, 높이 6~7cm), 보상화무늬 포장용 방형 벽돌, 멈추개벽돌, 자기를 통해 발해의 수공업 기술의 발전상을 기술하였다.

조대일의 『조선공예사(원시~중세편)』는 고조선 시기부터 조선 시기(리조시기)까지의 공예 전반에 대한 단행본이다. 앞의 『조선수공업사』보다 발해의 기와와 벽돌에 대해 자세하게 기술되어 있다. 그는 발해의 기와와 벽돌은 부드럽고 간결하고 웅장한 것이 특징으로 화려하고 다채로운 무늬가 있는 같은 시기 통일신라와는 구별된다고 보았다. 신라와는 대조적으로 수막새기와를 예로 들며 고구려와는 형태, 빛깔, 제작 수법, 장식 무늬에 있어 공통점이 있다고 하였다. 여러 건축 장식물 중 귀면과 기둥밑 장식(柱圍)은 고려 시기로 그대로 전승된 것으로 보면서, 귀면은 앞 시기보다 좀 더 입체적이며 흉측하게 만들어 건물을 웅장·화려하면서도 신비롭게 보이도록 하였으며, 기둥밑 장식은 기둥을 비롯하여 건물 전체를 아담하고 화려하게 꾸미는 데 이용되었다고 하였다. 이 두 가지는 발해 시기에 새로 창안 제작되어 널리 이용되었으며, 후세에도 전

해줌으로써 발해 요업 기술이 발전했음을 강조하였다. 이어서 그는 발해의 벽돌 중 장방형 벽돌, 방형 벽돌, 끝이 뾰족한 벽돌, 멈추개벽돌, 괴면벽돌 등 특히 보상화무늬와 넝쿨무늬가 표현되어 있는 (장)방형 벽돌의 아름답고 생동감을 강조하였다.

김정수의『조선조각사』는 원시 및 고대의 조각부터 조선(리조) 시기까지 조각의 역사를 다루었다. 발해의 조각 부분에서는 우선 발해의 조각은 고구려를 직접 계승 발전시킨 것으로 고구려와 많은 공통점을 가지고 있는데, 고구려의 웅장한 기백과 짜임새 있는 구성력, 엄격함이 느껴진다고 하였다. 발해가 후기신라와 병존하였으나 조각에 있어서는 신라와는 조각의 양상과 정취를 달리하였다는 것이다. 이것은 발해가 신라의 영향이 아니라 고구려의 전통을 직접 이어받았다고 하여 고구려와의 계승성이 강조되고 있다. 이어 그는 불상조각, 무덤조각, 장식조각(기물장식조각, 건물장식조각) 등에서 이를 예증하려 했다.

리화선의『조선건축사』는 새로 출판된 것이 아니라 2000년대 이후 개정판으로 나온 것이다.[116] 이 책은 북한에서 나온 유일한 조선건축역사 전문서적이다. 두 책으로 구성되어 있는데『조선건축사(1)』은 제1편 원시 및 고대 건축, 제2편 중세 건축(삼국건축, 발해·후기신라건축, 고려건축, 리조건축), 제3편 근대 건축(리조말, 1910~1920년대)으로 구성되어 있으며,[117]『조선건축사(2)』는 1920년대 후반기부터 북한의 현대까지를 다루었다.[118] 2012년에 나온『조선건축사(1)』은 1989년에 출판된 것에 차례 제목, 용어 등 극히 일부분만 수정하고 그림을 빼고 글만 편집하여 개정판을 내놓은 것이다. 그럴 수밖에 없는 것이 책의 저자인 리화선은 이미 사망

---

116   리화선, 2012 참조.
117   리화선, 1989a 참조.
118   리화선, 1989b 참조.

했기 때문이다.119 책의 내용 중 발해 건축 관련 부분을 살펴보면 다음과 같다.

발해 및 후기신라 시기의 건축이라 하여 제1절 건축 발전의 사회역사적 배경, 제2절 도시, 제3절 살림집, 제4절 궁전, 제5절 절간, 제6절 불탑, 제7절 석굴, 제8절 무덤, 제9절 비·부도·돌등, 제10절 건물 구성과 장식으로 나누어 서술하였다. 도시 부분에서는 서고성, 팔련성, 상경성의 유적 현황과 당시까지의 발굴 결과를 토대로 기술하였으며, 살림집 부분에서는 서구 살림집터를 비롯한 상경성의 궁성 안 살림집의 발굴 결과를 소개하며 이를 고구려 살림집과 비교하였다. 궁전 부분에서는 상경성의 내용을 주로 다루었다. 절간 부분에서는 상경성 내 제1절터와 제9절터가 주 분석 대상이 되었으며, 불탑 부분에서는 영광탑, 정효공주무덤탑, 마적달무덤탑을 대상으로 했으나 주로 영광탑에 대한 내용만 서술되어 있다. 석굴은 발해 부분이 없는 관계로 설명하지 않았으며, 무덤은 돈화, 화룡, 영안, 임구의 무덤을 대상으로 하였다. 비·부도·돌등 부분에서는 정혜공주무덤 출토 2개의 돌사자와 석비, 상경성 제2절터 흥륭사 발해 석등을 다루었다. 마지막 건물의 구조 구성과 장식 부분에서는 공포, 지붕의 구성과 장식(기와, 치미, 괴면), 벽돌, 기둥밑 장식, 채색, 실내 장식 등을 다루었다. 다른 책과의 차이점은 고구려와의 계승성을 강조하고는 있지만 발해와 신라의 건축 문화를 동등하게 보고자 했

---

119 사망한 내용은 건축 전문 잡지인 『조선건축』에서 확인하였다. 그는 함경북도 청진 출신으로 평양건설건재대학을 졸업하고 30년간 그 대학 교수로 재직하였다. 당시까지 200여 개의 역사유적을 실측하였으며, 안학궁, 동명왕릉, 정릉사, 대성산성 남문 등을 복원 설계하였다. 북한에서 최초로 대학에서 조선건축사를 강의했으며, 북한에서 유일한 우리나라 건축역사서인 『조선건축사』를 저술하였다. 잡지에 소개된 기사 내용에 따르면 김일성의 관심과 후원이 매우 컸던 것으로 추측된다. 2월 명절에 사망했다는 기사 내용으로 보아 잡지의 출판일인 2004년 3월 13일 이전인 2004년 2월에 사망한 것으로 추정된다(본사기자, 2004, 「이름있는 민족건축학자 리화선」, 『조선건축』 2004-1, 58~59쪽).

다는 것이다. 저자인 리화선은 중간에 어려움을 겪어 일시적으로 야인 생활을 했던 것으로 전해지고 있어 아마 이러한 건축관이 문제가 된 것이 아니었을까 조심스럽게 추정해 본다.

채태형의 『조선중세도시발달사』도 새로 출판된 것이 아니라 2000년대 이후 개정판으로 나온 것이다.[120] 여기서 중세라 함은 삼국 시기, 발해 및 후기 신라 시기, 고려 시기, 조선(리조) 시기가 해당된다. 이 가운데 발해의 도시에 관해서는 다음과 같은 내용이 언급되어 있다. 발해의 도시 개관에서는 영역, 고구려의 영토와 민족의 계승, 천도 과정, 5경 15부 62주의 지방행정 단위를 기술하였다. 각 도성에 대해서는 상경성, 오동성, 팔련성, 서경과 남경에 대한 내용이 있다. 주목되는 것은 오동성을 발해 시기의 평지성으로 기술하여 최근 중국의 연구 결과가 반영되지 못했다는 점이다. 또한 팔련성의 경우도 발해 시기의 동경이 될 수 없음을 밝히고 있다.[121] 그 근거로는 첫째, 성을 쌓은 건축 자재와 크기가 동경에 대한 관련 사료(遼史)와 맞지 않는다, 둘째, 동경은 바다에 면에 있다는 중국 사료(新唐書)와도 맞지 않는다, 셋째, 사료(古今郡國志)에서 언급된 역참의 노선과 맞지 않는다, 넷째, 항로 문제에서 『속일본기(續日本紀)』 기록에 따르면 13차례나 겨울에 일본에 왕래했다는데 이 지역은 부동항이 아니므로 왕래할 수 없었다 등을 들고 있다. 또한 서경을 중국 집안으로 보았으며, 남경은 북청토성으로 보았다. 이어서 상경성을 비롯한 도성건설의 우수함과 고구려와의 계승 관계를 강조하였다. 전체적으로 이 책은 2000년에 출판된 것이기는 하지만 전체적인 내용에 있어 최신 연구 성과가 반영되지 못했다고 평가할 수 있다.

---

120 채태형, 2010 참조.
121 그는 다음의 글에서 이미 발해의 동경은 팔련성이 될 수 없음을 주장한 바 있다. 채태형, 1990, 「발해 동경룡원부-훈춘팔련성설에 대한 재검토」, 『력사과학』 1990-3, 47~50, 64쪽.

김종혁과 리창언의 『발해의 성곽과 건축』은 북한에서 출판되고 있는 조선고고학총서 중 42권(중세편 18)이다.[122] 조선고고학총서는 북한의 사회과학원 고고학연구소에서 1949~2005년까지 한반도와 중국의 요동, 길림, 장춘, 흑룡강성, 남연해주 일대를 포함하는 지역의 고고학 조사 결과를 정리하여 발간한 자료집이다. 조선고고학전서는 원시, 고대, 중세, 인류학, 고생물, 부록 등으로 분류되어 총 61권으로 구성되어 있다. 이 가운데 발해 관련 책은 3권이다.

수록된 내용은 성곽(중국 동북 지방, 북한 동해안 일대, 러시아 연해주 일대), 건축(궁전터, 관청터, 침전터와 살림집터, 절터, 탑과 탑터, 돌등, 24개돌유적, 기타 유적-정각터, 우물터, 다리터)을 다루고 있어 발해 건축 유적 대부분을 망라하였다. 중요한 것은 북한에 있는 발해유적에 대해서는 자세하고 심도 있게 다루고 있는 반면, 중국 소재의 것은 중국의 연구 성과 특히 중국 내 조선족 학자의 연구 결과를 대부분 그대로 반영하였다. 러시아의 것은 유적 가운데 극히 일부분만을 소개하여 교류는 활발하나 아직까지 러시아의 연구 성과를 적극적으로 활용하지 못하고 있음을 알 수 있다. 더구나 한국과 공동으로 조사되는 부분은 전혀 그 내용이 소개되고 있지 않다. 내용 또한 유적의 현상을 소개할 뿐 이러한 유적들이 어떠한 의미를 갖는지에 대한 평가도 매우 미약하다.

또 하나의 조선고고학총서인 『발해의 유물』은 ① 생산 도구, 무기무장 및 마구류, ② 생활 용기류, ③ 건축 부재, ④ 치레거리, 생활용품 및 건구류, ⑤ 불상 및 기타 유물 내용을 기술하고 있다. 이 가운데 건축 관련 유물은 ③ 건축 부재 부분과 ④ 건구류 중 못, 문지도리, 고리손잡이, 이음쇠, 고리쇠, 받침쇠 등이고, ⑤ 기타 유물 중 풍경(바람방울) 정도다.[123]

---

122 김종혁·리창언, 2009 참조. 이를 한국의 진인진출판사에서 국내에 재출간하였다.
123 리창진, 2009 참조.

대부분의 단행본에서 발해 총서라면 건축 부재인 기와와 벽돌 부분이 포함되어 있는데, 이『발해의 유물』책에서 가장 자세하게 이들을 설명하고 있다. 내용은 유약을 바르지 않은 평암·수키와, 암·수막새기와, 모서리기와, 마루기와, 마루벽막음기와, 문자기와의 여러 특징들을 분석하여 자세하게 설명과 함께 분류하였다. 아울러 수량은 적지만 유약 바른 기와에 대해서도 설명하였다. 벽돌 및 건축장식물은 정방형 벽돌, 장방형 벽돌, 끝이 뾰족한 벽돌이 포함되어 있으며, 건축 장식물로는 치미, 괴면, 기둥밑 장식을 사진, 탁본, 도면 등을 활용하여 자세하게 설명하였다. 다만 이 책에서도 새로운 내용은 포함되어 있지 않아 아쉬움이 남는다.

3) 발굴조사보고서 및 묶음집

2000년대 이후 북한 단독으로 출판한 발해유적 관련 발굴조사보고서는 없다. 다만 한국 동북아역사재단이 지원하여 중국 연변대학 발해사연구소와 북한 사회과학원 고고학연구소가 합작하고, 그 결과를 동북아역사재단에서 펴낸 보고서는 두 책이 있다.[124]

첫 번째『부거리 일대의 발해유적』은 2008~2010년까지 발해의 수도 5경 중 남경 북쪽에 자리한 함경북도 청진시 청암 구역 부거리 일대 발해유적 발굴 결과를 담은 것이다. 이 보고서에는 부거리의 지리 위치와 유적 분포 현황을 시작으로 성터, 봉수대, 무덤 등의 발해유적을 살펴보았으며, 부록으로 금성리벽화묘와 동흥리 24개돌유적에 관한 자료

124 　동북아역사재단 엮음, 2011,『부거리 일대의 발해유적』, 동북아역사재단; 동북아역사재단 편, 2015,『(2012~2013년 발굴조사보고서) 회령 일대의 발해유적』, 동북아역사재단.

를 수록하였다.[125] 성터는 부거석성(평지성), 부거토성(산성), 독동산성을 소개하였으며, 봉수대로는 연대봉 봉수대, 독동 봉수대를 소개하였다. 그 다음은 대부분이 무덤 유적(다래골 고분군, 연차골 고분군, 합전 고분군, 옥생동 고분군, 토성 고분군, 독동 고분군이다. 부록은 2곳(금성리 벽화묘, 동흥리24개돌유적)을 소개하였는데, 이 가운데 동흥리 24개돌유적은 유적 상태가 국내에 소개된 바 있지만 관련 현장사진이 공개된 것은 처음이다.[126] 전하는 말에 의하면 이곳은 삼엄한 군사 지역으로 사진촬영조차도 철저하게 통제되는 곳이라고 한다. 때문에 도판에 실린 사진도 북한에서 제공해 준 것 밖에 확보할 수 없었다고 한다.

두 번째 『회령 일대의 발해유적』은 2012~2013년까지 함경북도 회령시 일대 발해유적 발굴 결과를 담은 것이다. 이 보고서에는 회령의 지리 위치와 유적 분포 현황을 시작으로 성터, 무덤 등의 발해유적을 살펴보았다. 성터는 인계리토성, 운두산성, 동건산성을 소개하였으며, 무덤은 궁심고분군(2지구, 3지구, 4지구 무덤)을 소개하였다. 맺음말 부분에 이 지역의 성격과 관련된 내용을 보면 다음과 같다. 회령 일대에는 많은 유적들이 분포되어 있는데 대표적인 것으로는 인계리토성, 운두산성, 행영리산성, 방원진성, 동건성, 포항봉수대, 하을포봉수대, 궁심고분군, 금생리고분군, 영수리고분군 등이 있다. 두만강 우안의 북한 경내뿐만 아니라 두만강 좌안의 중국 경내에도 많은 고대 시기의 유적들이 분포되어 있다. 중국 경내의 두만강 변에는 고성리토성, 삼층령산성, 조동산성, 청수산성, 지신토성, 선구산성 등이 있다. 고구려 혹은 발해 시기에 두만강 양안에 많은 성들을 쌓아 튼튼한 방어 체계를 구성하였다는 점은 이

---

125 중국에서도 같은 내용으로 출판되었다. 鄭永振, 2011, 『富居里一帶的渤海遺迹』, 香港亞洲出版社.
126 동흥리 24개돌유적 내용은 다음 글이 있다. 한인덕, 1991, 43~44쪽.

일대가 군사적으로 아주 주요한 지역이었음을 시사한다 하였다.[127] 최근 북한의 열악한 경제적 여건과 남북의 냉전 기류로 이러한 사업마저 중단된 상태이다. 하루속히 재개되어 발해문화의 실타래를 풀어나가야 할 것이다.

한편 2000년대 이후에는 『조선사회과학학술집』이라는 출판물 묶음 시리즈가 연속해서 나왔다. 이것은 중국에서 후원하여 출판되고 있는 인문사회 전 분야(력사학, 고고학, 민속학)의 묶음집으로 새로운 연구 결과를 출판한 경우도 있지만, 많은 부분에서 기존의 연구 결과를 재출판하는 형식을 빌리고 있다. 발해유적과 관련된 책들을 소개하면 다음과 같다.

단행본에서 소개한 108번 민속학 편 『조선공예사』가 있고, 172번 민속학 편 『조선풍속사』 1, 219번 고고학 편 「부거리 일대의 발해무덤에 대한 연구」, 『고고학연구론문집』 10, 225번 고고학 편 「조선 동해안 일대의 발해유적에 관한 연구」, 『고고학연구론문집』 12 등이 있다. 이 가운데 「조선 동해안 일대의 발해유적에 관한 연구」를 소개하면 다음과 같다.[128]

책은 두 부분으로 구성되었는데 제1편은 동해안 일대에서 조사 발굴된 발해의 유적과 유물을 소개하였다. 평지성(청해토성, 성상리토성)과 산성(청해토성 주변 산성, 가응산성, 운두산성)이 소개되었고, 절터인 오매리절터(탑터북쪽1 건축지, 탑터북쪽2 건축지, 탑터, 금산1 건축지, 금산2 건축지)와 개심사가 소개되었으며, 함경남북도 무덤떼가 소개되었다. 제2편에서는 이 유적들의 성격에 대한 재검토와 함께 고구려와의 계승 관계를 논증하고자 했다.[129] 내

---

127 동북아역사재단 편, 2015, 213~214쪽.

128 김종혁, 2010, 「조선 동해안 일대의 발해유적에 관한 연구」, 『고고학연구론문집』 12, 85~261쪽.

129 한국에서는 2002년 이미 북한 사회과학원에서 원고를 받아 『동해안 일대의 발해유적에 대한 연구』라는 제목으로 책이 출판되었다. 이 책의 저자인 김종혁은 1980년대 동해안 일대의 발해유적 발굴을 주도했던 인물이다. 김종혁, 2002, 『동해안 일

〈그림 15〉 북한·중국 공동 북한 내 발해유적 발굴조사보고서 2종(2011년 · 2015년)

용은 그가 발표한 발굴보고서를 기초로 하였고, 여기에 남경남해부 중심지가 북청 일대이며, 동경용원부가 함경북도 청암 구역 부거리 일대라고 주장하여 훈춘팔런성설을 부정하였다. 또한 평지성, 산성, 발해 건축, 발해 무덤, 발해유물을 통해 고구려와의 계승성을 강조하고자 했다.

4. 맺음말

이 글은 발해유적과 관련된 북한의 발굴 성과와 그 활용 결과를 1960~

대의 발해 유적에 대한 연구』, 도서출판 중심.

2010년대(2017년말)까지 다섯 단계로 나누어 학술지논문, 단행본, 발굴조사보고서 및 묶음집을 대상으로 해석해 보았다. 각 시기별 연구 결과를 정리해 보면 다음과 같다.

1. 북한에서 1960년대 초 발해에 대한 관심을 갖게 된 것은 중국과 공동으로 조중공동고고학발굴대가 결성되어 발해유적을 직접 발굴하면서부터이다. 당시 발굴조사는 1930년대 일본이 수행했던 식민지배사관적 조사 이후 주체적 입장에서 행해진 최초의 작업이었다. 하지만 당시 조사는 단순한 유적과 유물에 대한 발굴조사보고서로 유산들이 어떠한 문화적 맥락과 특징을 가지고 있으며, 주변 문화와 어떠한 상관성을 가지고 있는지에 대한 분석적인 내용은 없다. 당시까지만 해도 발해와 관련된 문화적 해석을 내리기에는 역량이 부족했던 것이 아닌가 싶다. 하지만 1960년대 말 주영헌과 장상렬이 유적의 발굴 결과를 반영한 몇 편의 글을 발표하면서 발해문화 연구의 마중물이 되었다. 또한 북한의 청해토성 답사보고도 이때 이루어졌다.

2. 1970년대에 들어서면서 발해문화 연구는 주영헌의 『발해문화』가 출판되면서부터 활성화되었다. 고구려와 발해의 유적 비교를 통해 살림집, 성문 같은 각종 건축의 평면과 입면, 내부 설비, 기와와 벽돌 같은 건축 부재, 돌 쌓는 방법 등이 고구려 건축과 동일하다고 하였다. 각종 유물의 형태와 제작 수법에서도 고구려와 서로 일치한다고 하였다. 또한 기둥밑 치레 장식이나 귀면, 장식기와와 녹유기와, 청자와 같은 것은 발해 시기에 이루어진 건축 장식 수법과 요업 기술을 고려에 전승했다고 하여 고구려→발해→고려의 계승 관계를 명확히 하였다. 장상렬은 「발해 건축의 력사적 위치」라는 글에서 발해 집터 즉 살림집, 궁전, 관청, 절, 문, 정원의 집, 석등,

24개돌유적에 대해 소개하였고, 이를 기초로 토방, 주춧돌, 집바닥, 기둥, 두공, 벽, 지붕, 온돌, 문도랑, 문확에 대해 분석하였다. 또한 기와, 귀면 및 치미, 벽돌, 기둥밑 치레 등 각종 유물을 대상으로 세심한 분류도 하였다. 괄목할만한 성과는 각 건축물에 사용된 기본 모듈이 35cm로 고구려 자(尺)를 채용했다는 결과를 제시한 것이다. 또한 발해 건축에는 온돌 및 석재 사용, 녹유 제품, 뛰어난 건축 기법이 돋보인다고 하였다. 이 가운데 온돌 사용, 석재 이용 기술, 아름다운 평면 형태와 지붕 모양, 기본 모듈 개념 도입 등은 고구려 건축을 계승한 부분이고, 이를 발해가 고려에 전승했다고 하였다. 이후 북한에서 나온 발해문화 관련 글들은 대부분 이 두 학자의 논리를 지금까지도 그대로 수용하고 있다.

3. 1980년대 들어 북한 지역에 있는 발해유적을 대대적으로 발굴 및 조사하게 된다. 대상 유적은 회문리 24개돌유적, 동흥리 24개돌유적을 비롯하여, 평지성(청해토성, 인계리토성, 성상리토성), 산성(어랑군 지방리 산성, 장연산성, 남중산성, 덕산동 평산리 평산성, 성북리 운두산성), 강안보루, 차단성, 건축터(청해토성 내 집자리, 개심사, 오매리 절골과 금산건축지), 옛무덤, 시설물 등이다. 또한 여러 장식류, 무기류, 수레부속, 그릇류, 농공구, 건축 재료 등이 발굴되었다.

4. 1990년대 들어서도 함경남북도 동해안 일대 발해유적에 대한 발굴 및 조사가 계속 진행되었다. 당시 발굴된 곳은 신포시 오매리 절골1호 건축지에 대한 보고, 청해토성 주변의 무덤군과 산성 등이다. 이때의 조사 결과를 기반으로 북한에서는 청해토성이 발해의 남경남해부 치소라고 주장하였다. 이상과 같은 연구 성과를 토대로 발해문화 관련 도감(조선유적유물도감)을 편찬하게 되어 지금도 발해유적과 유물을 파악하는 데 귀중한 자료가 되고 있다.

5. 1980년대와 1990년대의 활발했던 발해문화 관련 북한의 연구 성

과는 2000년대 들어 다시 주춤하게 되었다. 이러한 맥락은 앞선 년대를 통해서도 읽을 수 있는 변화 양상이다. 1960년대 중반 이후 중국 동북 지역 발해유적 발굴 성과를 토대로 1970년대 중반까지 이를 적극 활용해 활발하게 연구를 진행하다가 중반 이후부터 1980년대 초반까지 연구가 주춤했었다. 1980년대 중반부터 진행된 북한 지역 동해안 일대의 발해유적 발굴 성과를 토대로 1990년대에 다시 활발하게 연구가 진행되었다. 그러나 2000년대가 되면서 더 이상 발해유적의 새로운 발굴 결과가 나오지 않자 전체적으로 건축을 포함한 발해문화 연구가 미진하게 전개되었다.

6. 2000년대 이후 지금까지 북한 단독으로 발해유적 발굴 성과를 보고서로 출판한 성과물은 없다. 다만 한국 동북아역사재단의 지원으로 중국 연변대학 발해사연구소와 북한 사회과학원 고고학연구소가 합작하여 발굴한 결과를 동북아역사재단에서 펴낸 보고서가 두 책(부거리와 회령 일대) 있다. 또한 북한의 연구자들은 북한뿐 아니라 중국학자들의 연구 성과를 참조하여 발해문화 관련 논문을 『조선고고연구』와 『민족문화유산』 등에 게재해 오고 있다.

지금까지 북한의 발해유적 발굴 성과와 그 활용에 대한 해석을 시도한 결과 공통적으로 읽히는 흐름이 있다. 연구 주제와 논조가 너무 획일적이며 단순하다는 것이다. 발해유적을 설명한 다음 고구려와 대비하고 이를 발해와의 계승 관계로 귀결시키는 논법이 거의 모든 글 전개 방식이다. 또한 인용되는 참고 서적이 극히 일부 중국 학자의 글과 중국 내 조선족 학자의 글만을 대상으로 하고 있다. 이러다 보니 근래 많은 변화를 겪은 중국과 러시아 연해주의 발해유적 최신 현황을 제대로 반영하지 못하고 있다. 부족한 부분은 우리의 몫이 될 것이다. 국내 여러 공공기관과 발해 전공 연구자들이 중국, 러시아 발해유적 현지를 활발하게 조사하고 있다. 중국은 어렵지만 연해주 지역이나마 러시아와 공동으로 유적 발굴도 하고 있다. 발굴 결과가 축적된다면 지금보다는 좀 더 많은 연구 성과가 도출될 수 있으리라 확신한다. 그리고 신 냉전기에 접어든 작금의 남북한이 인도주의적 부분과 함께 한민족 역사 부분에 대한 공동 작업을 계속할 수 있도록 노력해야겠다.

| 참고문헌 |

김봉훈, 2016, 「동방강국 고구려와 발해의 력사유적발굴과 연구사업을 현명하게 이끌어주신 위대한 령도」, 『조선고고연구』 3.

김인철, 2009, 「발해 건축지들의 온돌 시설에서 주목되는 몇 가지 문제」, 『조선고고연구』 2.

_____, 2011, 「발해 24개돌유적의 성격에 대한 간단한 고찰」, 『조선고고연구』 4.

_____, 2015, 「발해 중부 및 동남부 일대의 성 방어 체계」, 『조선고고연구』 1.

김정문, 2009, 「(사진)금호지구 발해 금산건축지 1호 온돌 시설」, 『조선고고연구』 2.

김정수, 2012, 『조선조각사(원시~중세편)』(개정판), 사회과학출판사.

김종혁, 1990, 「청해토성과 그 주변의 발해유적」, 『조선고고연구』 4.

_____, 1992, 「친애하는 지도자 김정일동지의 현명한 령도 밑에 발해유적 발굴에서 이룩된 성과」, 『조선고고연구』 1.

_____, 1997a, 「우리나라 동해안 일대에서 조사발굴된 발해의 유적과 유물」, 『발해사연구론문집(2)』.

_____, 1997b, 「동해안 일대 발해유적의 고구려적 성격에 대하여」, 『조선고고연구』 4.

_____, 2002, 『동해안 일대의 발해 유적에 대한 연구』, 도서출판 중심.

_____, 2010, 「조선 동해안 일대의 발해유적에 관한 연구」, 『고고학연구론문집』 12.

김종혁·김지철, 1989, 「신포시 오매리 금산발해 건축지 발굴중간보고」, 『조선고고연구』 2.

_____, 1991, 「금산 2건축지 발굴보고」, 『조선고고연구』 3.

김종혁·리창언, 2009, 『발해의 성곽과 건축』 조선고고학총서 42 (중세편 18).

김진광, 2012, 「발해 도성의 구조와 형성과정에 대한 고찰」, 『文化財』 제45권 2호.

김창호, 2008, 「발해의 상경성 방어 체계에 대한 몇 가지 고찰」, 『조선고고연구』 2.

_____, 2009a, 「발해의 우수한 성벽 축조방법」, 『민족문화유산』 1.

_____, 2009b, 「발해 건국 초 시기의 수도성에 대한 간단한 고찰」, 『조선고고연구』 1.

_____, 2011, 「발해성에 설치된 옹성과 치에 대한 고찰」, 『조선고고연구』 2.

_____, 2014, 「발해 산성의 축조 형식」, 『조선고고연구』 3.

_____, 2015, 「발해 시기 장성의 축조 형식」, 『조선고고연구』 2.

_____, 2016, 「발해 시기 성들의 분포상 특징」, 『조선고고연구』 2.

동북아역사재단 엮음, 2011, 『부거리 일대의 발해유적』, 동북아역사재단.

_____ 펴, 2015, 『회령 일대의 발해유적』 2012~2013년 발굴조사보고서, 동북아역사재단.

東亞考古學會, 1939, 『東京城-渤海國上京龍泉府址の發掘調査』, 東方考古學叢干甲種 第5冊.

류병흥, 1992, 「발해유적에서 드러난 기와막새무늬에 대한 고찰」, 『조선고고연구』. 4

_____, 1997, 「동해안 일대의 발해유적 발굴에서 이룩한 성과에 대하여」, 『조선고고연구』 1.

리 강, 2011, 「발해의 살림집 생활 풍속」, 『민족문화유산』 1.

리정기, 1967, 「청해토성 및 교성리토성 답사보고」, 『고고민속』 4.

리종선, 2004, 「(유적소개)발해의 도시유적 상경룡천부」, 『천리마』 5.

리준걸, 1984, 「새로 발굴된 24개돌」, 『력사과학』 2.

_____, 1986, 「함경남북도 일대의 발해유적유물에 대한 조사보고」, 『조선고고연구』 1.

리창영, 2012a, 「발해의 역참제도에 대하여」, 『력사과학』 1.

_____, 2012b, 「발해의 발전된 역참제도」, 『천리마』 5.

리창진, 2009, 『발해의 유물』 조선고고학총서 44 (중세편 20).

_____, 2011, 「발해국가의 성격에 대한 고고학적고찰」, 『조선고고연구』 4.

_____, 2013a, 「발해 련꽃무늬수기와막새의 특징」, 『조선고고연구』 3.

_____, 2013b, 「팔련성에서 알려진 수기와막새의 무늬류형과 그 제작 시기」, 『조선고고연구』 4.

_____, 2015, 「로씨야 연해변강 일대에서 알려진 발해 절터」, 『조선고고연구』 3.

_____, 2016, 「로씨야 연해변강 일대의 발해 절터에서 알려진 수기와막새에 대하여」, 『조선고고연구』 1.

리철남, 2001, 「발해 살림집에 대한 몇가지 고찰」, 『조선고고연구』 4.

리화선, 1989a, 『조선건축사(1)』, 과학백과사전종합출판사.

_____, 1989b, 『조선건축사(2)』, 과학백과사전종합출판사.

_____, 2012, 『조선건축사(원시~근대편)』(개정판), 사회과학출판사.

림호성, 2011, 『조선단대사(발해사2)』, 과학백과사전출판사.

_____, 2013, 「발해의 발전된 도로망」, 『천리마』 9.

림호성·김혁철, 2010, 『조선단대사(발해사1)』, 과학백과사전출판사.

박시형, 1962, 「발해사 연구를 위하여」, 『력사과학』 1.

_____, 1979, 『발해사』, 김일성종합대학출판사.

박시형 지음·송기호 해제, 1989, 『발해사』, 이론과실천.

박진욱, 1989, 「최근 년간 우리 나라 동해안 일대에서 발굴된 발해유적들과 그 성격에 대하여」, 『연변대학 조선학국제학술토론회 론문집』.

방학봉, 2002, 『발해성곽연구』, 연변인민출판사.

본사기자, 2004, 「이름있는 민족건축학자 리화선」, 『조선건축』 1.

사회과학원 고고학연구소, 1977, 『조선고고학개요』, 과학백과사전출판사.

승성호, 1998, 「발해 초기의 성과 무덤에 대하여」, 『조선고고연구』 1.

王培新·梁會麗·王昭·李今錫, 2008, 「吉林省琿春八連城遺址2004年調査測繪報告」, 『邊疆考古研究』 7.

王培新, 2012, 「20世紀前半期琿春八連城考古述評」, 『邊疆考古研究』 11.

劉曉東·魏存成, 1986, 「渤海上京城營筑時序與形制淵源研究」, 『中國考古學會第六次年會論文集』.

_____, 1991, 「渤海上京城主體格局的演變」, 『北方文物』 1.

윤광수, 2001a, 「고구려 마루기와의 변천」, 『조선고고연구』 1.

_____, 2001b, 「고구려 암기와 막새기와의 류형과 변천」, 『조선고고연구』 4.

_____, 2002, 「(자료)발해의 마루밑 막음기와와 마무리기와」, 『조선고고연구』 4.

_____, 2003, 「안학궁터에서 나온 귀면판들에 대한 간단한 고찰」, 『조선고고연구』 4.

_____, 2004, 「고구려 기와의 종류와 형태」, 『조선고고연구』 4.

_____, 2005, 「고구려 기와막새의 기하무늬에 대하여」, 『조선고고연구』 1.

_____, 2007, 「고구려 암기와등면무늬의 류형과 변천」, 『조선고고연구』 2.

_____, 2008, 자료 「발해의 마루수막새기와」, 『조선고고연구』 3.

_____, 2009, 「고구려 기와무늬의 주제에 대하여」, 『조선고고연구』 1.

_____, 2010, 「삼국 시기 기와의 공통점에 대하여」, 『조선고고연구』 3.

_____, 2011, 「삼국 시기 기와제작방법」, 『조선고고연구』 1.

_____, 2011, (강좌) 「삼국 시기 서까래기와에 대하여」, 『조선고고연구』 4.

_____, 2015, 「고구려의 마루기와」, 『조선고고연구』 4.

_____, 2016, 「고구려 기와의 특징」, 『조선고고연구』 1.

_____, 2017a, 「고구려 처마기와에 대하여」, 『조선고고연구』 1.

_____, 2017b, 「고구려마루막새기와의 년대」, 『조선고고연구』 2.

윤남진, 2012, 「발해궁전 침전 평면 복원에 대하여」, 『조선건축』 3.

윤현철, 1999, 「연변지구의 발해 시기의 산성유적에 대한 조사」, 『발해사연구』 제8집.

이병건, 2006, 「考古學을 通해서 본 中國의 渤海文化 研究」, 『高句麗研究』 第24輯.

_____, 2007, 「渤海建築에 關한 北韓의 研究成果」, 『高句麗渤海研究』 第41輯.

_____, 2013a, 「渤海 上京城의 建築 造營과 形式」, 『高句麗渤海研究』 第45輯.

이병건 역, 2013b, 「각 시기별 발해 상경성의 조영 범위와 변화 양상」, 『高句麗渤海研究』 第46輯.

_____, 2014, 「渤海 上京城 周邊 平地城 遺跡의 建築的 檢討」, 『高句麗渤海研究』 第49輯.

_____, 2015, 「건축적 관점에서 본 발해유적에 대한 북한의 연구성과」, 『白山學報』 第101輯.

장국종, 1998, 『발해사연구 2(정치)』, 사회과학출판사.

장상렬, 1967, 「발해상경 돌등의 짜임새」, 『고고민속』 3.

_____, 1971, 「발해 건축의 력사적 위치」, 『고고민속론문집(3)』, 사회과학출판사.

_____, 1976, 「(력사이야기) 발해의 8각돌우물」, 『천리마』 3.

_____, 1987, 「발해의 도시성에 대하여」, 『조선고고연구』 3.

_____, 1989, 「만월대 회경전건축군에 쓴 자에 대하여」, 『조선고고연구』 3.

_____, 1990, 「민족건축사의 갈피에서 상경룡천부를 통해서 본 발해 도시성의 고구려적 성격」, 『조선건축』 1.

_____, 1992, 「발해의 건축」, 『발해사연구론문집(1)』.

_____, 1993, 「발해의 서고성터에 대하여」, 『조선고고연구』 4.

_____, 1998a, 「발해 상경룡천부터에 표현된 도시 계획 방법과 그 고구려적 성격」, 『조선고고연구』 2.

_____, 1998b, 「발해의 수도 상경룡천부와 고구려의 수도 평양성의 계승 관계에 대하여」, 『조선고고연구』 4.

張鐵寧, 1994, 「渤海上京龍泉府宮殿建築復原」, 『文物』 6.

정봉찬, 2016, 「발해돌등과 그 고구려적 성격」, 『민족문화유산』 2.

정석배, 2013, 「발해 상경성의 도시 계획」, 『高句麗渤海研究』 第45輯.

_____, 2014, 「목단강 유역 발해 장성의 특징과 축조 시기 문제」, 『高句麗渤海研究』 第49輯.

鄭永振, 2011, 『富居里一帶的渤海遺迹』, 香港亞洲出版社.

조선기술발전사편찬위원회, 1996, 『조선기술발전사(2)』, 과학백과사전종합출판사.

조선유적유물도감 편찬위원회, 1991, 『조선유적유물도감(8)』 발해편, 외국문종합출판사.

中國社會科學院考古研究所 編著, 1997, 『六頂山与渤海鎭』唐代渤海國的貴族墓地与都城遺址, 中國大百科全書出版社.

조 광, 2006, 「삼국 시기 살림집의 난방 시설에 대한 고찰」, 『력사과학』 1.

_____, 2007, 「고구려 살림집의 구성과 갖춤새가 발해 살림집에 미친 영향」, 『력사과학』 3.

조대일, 2012, 『조선공예사(원시~중세편)』(개정판), 사회과학출판사.

조중공동고고학발굴대, 1966, 『중국 동북 지방의 유적발굴보고』, 사회과학원출판사.

조희승·손영종, 2012, 『조선수공업사(원시~고려편)』(개정판), 사회과학출판사.

주영헌, 1966, 「발해 중경현덕부에 대하여」, 『고고민속』 2.

_____, 1967a, 「발해의 공예」, 『고고민속』 2.

_____, 1967b, 「발해는 고구려의 계승자」, 『고고민속』 2.

_____, 1971,『발해문화』, 사회과학출판사.

_____ 著, 1979. 在日本朝鮮人科學者協會歷史部會 譯,『渤海文化』, 雄山閣出版株式會社.

채태형, 1990,「발해 동경룡원부-훈춘팔련성설에 대한 재검토」,『력사과학』 3.

_____, 1998,『발해사연구 3(경제)』, 사회과학출판사.

_____, 1998,『발해사연구 4(문화)』, 사회과학출판사.

_____, 2005,『조선단대사(발해사3)』, 과학백과사전출판사.

_____, 2010,『조선중세도시발달사』(개정판), 사회과학출판사.

최승택, 2010,「연변 지역에서 알려진 장성유적」,『조선고고연구』 4.

최춘혁, 2010,「발해 궁전의 변천 과정에 대하여」,『조선고고연구』 3.

_____, 2011a,「발해상경성궁전의 축조 시기에 대하여」,『조선고고연구』 1.

_____, 2011b,「궁전유적을 통하여 본 고구려의 계승국 발해」,『민족문화유산』 2.

_____, 2011c,「발해궁전의 특징」,『조선고고연구』 4.

_____, 2013,「발해 상경성궁성서구침전터의 성격」,『조선고고연구』 3.

_____, 2015,「발해 삼채의 제작 시기」,『조선고고연구』 1.

_____, 2016,「고구려-발해 궁전유적의 호상관계」,『조선고고연구』 4.

한용걸, 1997,「발해 건축의 고구려적 성격에 대하여」,『조선고고연구』 1.

_____, 1998,「발해 건축의 몇 가지 특징에 대하여」,『조선고고연구』 4.

_____, 2008,「계승성이 강한 발해의 막새기와」,『조선건축』 4.

한인덕, 1991,「김책시 동흥리 24개돌유적」,『조선고고연구』 4.

_____, 1997,「성상리토성과 그 성격에 대하여」,『조선고고연구』 1.

한인호, 1988,「발해의 령광탑」,『조선고고연구』 3.

_____, 1997,「금호지구 오매리절터에 대하여」,『조선고고연구』 1.

중국의 발해유적 발굴 성과와 재해석

김진광 한국학중앙연구원 문화콘텐츠편찬실장

1. 머리말

발해유적에 대한 발굴은 이미 1920년대로 거슬러 올라간다. 일본 연구자들에 의해 발해국의 주요 도성 유적과 고분이 발굴되고 이 성과들이 속속 지면을 통해 소개된 것이다. 그 대표적인 것이 동아고고학회에 의해 진행된 발해 상경성 발굴[1]이다. 이것은 미지의 왕국이었던 발해국이 역사의 전면으로 모습을 드러낸 일대 사건이었다. 이를 계기로 이후의 연구는 발해 주요 유적으로 확대되었고, 발해사에 대한 각종 실마리도 속속 소개되었다.

1960년대 벌어진 문화대혁명으로 학술 연구의 단절기가 있었지만, 1979년 개혁개방 이후 발해 고고학에 대한 관심과 성과는 더욱 확대되었다. 발해 고고학연구를 중국에서 주도한 것은 발해국의 영토가 동북아시아 여러 나라에 걸쳐 있다는 점과 발해국의 수도 5경 가운데 3경이 현재의 중국 영토 범위에 있는 것이 주요한 원인이라고 하겠다. 1990년대 한중 국교 수립 이후, 발해사에 대한 관심은 더욱 심화되었다. 이 때문에 양국 간의 역사 갈등도 고조되어 마침내 동북공정으로 표면화되기에 이르렀다.

동북공정은 일명 역사왜곡 프로젝트로 명명된 사업이다. 중국 측의 주도로 이 사업이 진행되면서 수많은 주요 유적들이 조사발굴되고, 그 결과가 보고되었다. 하지만, 그와는 반대로 조사 자료가 적시에 공개되지 않아, 그 검증이나 현장답사를 제약받는 한계점도 노출되었다. 그래서 발해사 연구는 호황인 듯 불황인 상황에 직면하였고, 현장 답사를 통

---

1 東亞考古學會, 1939, 『東京城-渤海國上京龍泉府の發掘調査』.

한 실증과 발굴보고서 및 국내외 학계에서 이루어진 연구 결과물에 대한 명확하고 적시적인 검토나 점검이 이루어지지 못했다.[2] 이러한 상황은 현재도 그대로 유효하다. 그러함에도 불구하고, 발해 고고학을 주도하고 있는 중국에서는 끊임없이 중요 유적에 대한 보고서가 간행되었다. 그 대표적인 것이 상경성,[3] 서고성,[4] 팔련성[5] 등의 주요 도성 유적과 육정산고분군,[6] 홍준어장고분군[7] 등의 발해 왕실 또는 귀족 고분군 보고서다. 발해 중경 시기 왕실 귀족 무덤이었던 용해고분군 등에 대한 간

2 발해사 연구 동향에 대한 각국의 성과를 적기하면 아래와 같다. 이용범, 1964, 「발해사 연구의 회고와 국사」, 『한국사상』 7; 宋基豪, 1987, 「渤海史 연구의 몇 가지 問題點」, 『季刊京鄕 여름』, 경향신문사; 宋基豪, 1988, 「渤海史 硏究 動向」, 『韓國上古史學報』 1; 박시형 지음·송기호 해제, 1989, 「해제: 북한의 발해사 연구와 『발해사』」, 『발해사』, 이론과 실천; 韓圭哲, 1989, 「"발해사 연구의 문제점"에 대한 토론」, 『韓國上古史-연구현황과 과제-』, 民音社; 이종훈, 1992, 「중국에서의 발해사 연구」, 『역사와 사회』 7; 方學鳳, 1993, 「最近年間 中國에 있어서의 渤海史 硏究現況」, 『韓民族共榮體』 創刊號, 海外韓民族硏究所; Щавкунов Э.В, 1993, 「(발해사국제학술회의요지)러시아에서의 발해사 연구」, 고려대 민족문화연구소; Болдин Э.И., 1997, 「Problems of Bohai Studies in the Light of New Archaeological Research of Bohai Sites in Primorski Territory」, 『동아시아에 있어서 渤海의 國際的 位相』, 한국사학회·한국고대학회. (1997 추계국제학술대회); 韓圭哲, 1999, 「渤海史 硏究의 現況과 課題」, 『高句麗硏究-발해건국 1300주년(698~1998)-』 6, 高句麗硏究會; 고구려연구재단, 2004, 『중국의 발해사 연구-동향분석-』, 고구려연구재단; 한규철, 2006, 「발해사 연구의 회고와 전망·남·북한 그리고 중·일·러의 연구비교」, 『白山學報』 76; 김진광, 2009, 「중국의 발해사 연구 동향과 검토」, 『동아시아의 발해사 쟁점 비교 연구』, 동북아역사재단.
3 黑龍江省文物考古硏究所, 2009a, 『渤海上京城 1998~2007年度考古發掘調査報告』, 文物出版社.
4 吉林省文物考古硏究所 외, 2007, 『西古城-2000~2005年度渤海國中京顯德府故址田野考古報告』, 文物出版社.
5 吉林省文物考古硏究所 외, 2014, 『八連城-2004~2009年度渤海國東京故址田野考古報告』, 文物出版社.
6 吉林省文物考古硏究所·敦化市文物管理所, 2012, 『六頂山渤海墓葬-2004~2009年淸理發掘報告』, 文物出版社.
7 黑龍江省文物考古硏究所, 2009b, 『寧安虹鱒魚場-1992~1995年度渤海墓地孝古發掘報告』, 文物出版社.

보[8] 등도 주목할 만한 것이다.

이 유적들이 발해사에서 차지하는 위상이나 의미는 누구도 부정하지 못한다. 하지만 지금까지 우리 학계에서 이를 종합적이고, 체계적으로 분석한 시도는 없었다. 비록 늦은 감이 없지 않지만, 지금까지의 연구 성과에 대한 현황 및 쟁점을 소개하는 것은 발해사 연구를 위해 매우 의미가 있고, 연구 심화에 긍정적인 효과를 줄 것으로 기대한다.

이 글은 2000년 이후 중국 학계에 의해 이루어진 발해 시기 주요 유적의 발굴 현황을 일별하고 그 성과 및 주요 쟁점이 무엇인지를 파악하는 것을 목적으로 한다. 유적 발굴 현황 및 주요 쟁점을 파악하기 위하여, 2000년 이후 중국 학계에서 발간된 발굴보고서와 중국지식정보포털(CNKI)에서 제공하고 있는 학위논문과 학술논문을 주요한 대상으로 삼아 분석을 시도하였다. 이 글에서 설정한 연구 범위는 2000년 이후다. 왜냐하면 중국 학계에서 1919년 처음으로 발해사 관련 연구 성과물이 발표된 이후, 현재까지 수천 편에 달하는 성과가 보고되었고,[9] 이를 고고학적인 분야로 한정하더라도 전체 연구 성과의 절반 이상에 해당하는 방대한 양일 뿐만 아니라, 일시에 분석하기에는 물리적 어려움이 있기 때문이다. 이에 이 글에서는 동북공정 이후 그 성과물이 집중적으로 출간·발표되었던 2000년 이후의 고고학 성과물로 분석의 범위를 한정하였다.

---

8 李强, 2009, 「吉林和龍市龍海渤海王室墓葬發掘簡報」, 『考古』 6.

9 「중국의 발해사 연구 동향 검토」에 따르면, 발해사가 시작된 이후 중국 학계의 발해사 연구 논문은 번역·평론을 포함하여 1,240편에 이른다고 한다(김진광, 2009 참조).

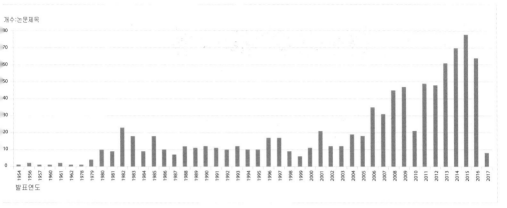

〈그림 1〉 연도별 발해사 연구 현황

2. 발해사 연구 현황[10]

이해를 돕기 위해 자료가 공개되어 있는 1954~2017년도까지의 연구 현황을 나타내면 〈그림 1〉과 같다. 이를 근거로 판단하면, 중화인민공화국 성립 이후의 발해사 연구는 1980년대에 빠른 속도로 성장하고, 다시 2000년 들어서면서 비약적으로 확대되었음을 볼 수 있다. 이러한 결과는 중국의 정치적 상황과 무관하지 않다. 우선 1954년 이후의 발해사 연구는 중국 국내 정세, 즉 인민공사체제의 실패, 문화대혁명 등의 영향으로 거의 발전을 이루지 못하였다. 하지만 1979년 개혁개방에 발맞추어 이루어진 제2차 전국문물조사를 바탕으로 비로소 발해사 연구도 본궤도로 들어서게 되었다. 이러한 경향을 반영한 것이 1980~1985년의 상황이다. 그 이후에는 문물 조사의 결과로 확인된 고고학 성과-당시는 지표 조사가 주를 이루었지만-에 근거하여 연구가 진행되었다.

---

10 이 연구자료는 CNKI에서 제공하고 있는 목록을 내려 받아 발해사와 직접 관련된 자료만 재분류한 것이다. 1954년 이후 고고 분야와 문헌 분야의 총수는 899편, 2000년 이후의 논문은 647편이다.

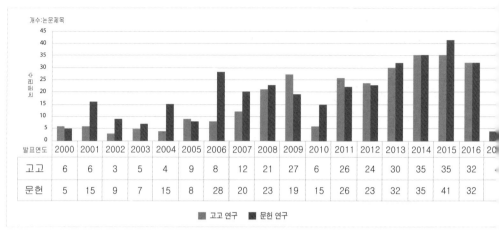

발표연도	2000	2001	2002	2003	2004	2005	2006	2007	2008	2009	2010	2011	2012	2013	2014	2015	2016
고고	6	6	3	5	4	9	8	12	21	27	6	26	24	30	35	35	32
문헌	5	15	9	7	15	8	28	20	23	19	15	26	23	32	35	41	32

■ 고고 연구 　■ 문헌 연구

〈그림 2〉 발해사 연구의 고고학 / 문헌사학 비교

이후 발해사가 학계의 주요한 쟁점으로 인식되게 된 것은 〈그림 1〉에서 확인할 수 있듯이 2000년에 들어서면서부터이다. 당시는 동북공정의 여파로 발해 지역에 분포하는 주요 유적, 즉 상경성, 서고성, 팔련성, 홍준어장고분군, 육정산고분군, 용해고분군 등에 대한 발굴이 이루어졌고, 이와 더불어 제3차 전국문물조사가 진행되었다. 이와 같은 국가 주도의 대형 사업은 곧 발해사에 대한 관심을 집중시켰다.

중국 학계의 발해사 연구가 고고학 발굴과 밀접한 관련이 있는 것인지를 확인하기 위해 문헌 연구와 고고 연구로 분류해 보면 〈그림 2〉와 같다. 이를 보면, 문헌 연구와 고고 연구는 약간의 차이를 보이지만 거의 대등한 수준에서 연구가 병행되었다고 하겠다.

발해사 연구는 이후 고고학 연구 성과의 발표와 이를 근거로 문헌에 대한 접근이 이루어졌다고 하겠다. 이렇듯 중국 학계의 연구가 한국을 비롯한 다른 국가보다 더욱 활성화되고, 또한 고고학 성과와 문헌에 대한 성과가 상대적으로 균형을 이룬 첫 번째 요인은 발해국의 주요 활동 무대가 이 지역에 위치하고 있었다는 점이다. 발해 5경 가운데 3경과 발해 시기 대부분의 행정 구역이 집중되어 있고, 도성·고분·취락·사찰 등등의 유적이 산재해 있었기 때문에 그 연구가 더욱 활발했다고 하겠다. 그렇지만 발굴 성과는 학술적으로 거의 공유가 되지 않는 상황이 오랫동안 지속되었다. 게다가 유적 조사 및 현지 조사에 대한 중국 측의 제약도 심하였다. 이 때문에 발해국의 역사 현장이 없는 우리 학계는 문헌 연구 성과를 더욱 심화시켰으나 연구 주제의 다양화에는 많은 제약을 받았다고 하겠다.

이렇게 축적된 고고학 분야의 연구 성과를 다시 유형별로 구분해 보면 〈표 1〉과 같다. 이 글에서 검토 대상으로 삼은 899편 중 고고학 논문은 293편이다. 이 연구 논문은 석·박사 학위논문과 일반 학술논문으로 대별할 수 있다. 일반 학술논문이 학위논문보다 월등히 많은 점은 크게 이상하지 않다. 다만 2000년 이후의 연구 흐름에서 주목할 만한 점은 석사 학위논문이 고고학 연구 성과의 약 10%에 달하는 28편이 발표되었다는 점이다. 이러한 학문적 관심의 흐름이 박사학위 단계로까지는 직접 연결되지는 못했지만, 앞으로의 연구 환경의 변화에 따라 확장성을 지닌다는 점에서 주목할만하다.

다시 연구 주제에 따라 분류해 보면, 〈표 2〉와 같이 '교통'부터 '지리'까지 다양하다. 그중에서도 주목을 끄는 분야는 단연 '유적'과 '유물'에 관한 연구로, 거의 96%에 달할 정도로 절대적이라고 하겠다.

발해사의 한계가 기록의 부재, 엄밀하게 말해서 발해인 스스로 남긴 기록이 남아 있지 않아 초래된 결과라는 점을 상기하면, 고고 발굴 및 그 성과에 관심을 기울이는 것은 결코 이상하지 않다. 또한 유적만큼이나 유물에 대한 관심도 높은데, 그중에는 토기는 물론, 금·은·철제 장식품 등이 주로 확인된다. 발해 지역에서 확인되는 이러한 유물의 조형 및 제작 수준은 중원 문화의 대외 확장성 및 대외 교류의 상징으로 비춰졌기에, 이 유물들에 대해서 많은 중국 학계 연구자들의 시선을 끌었던 것이다.

〈표 1〉 발해 고고학 분야 발표 유형별 연구 현황

구분	박사학위	석사학위	학술논문	합계
2000			6	6
2001			6	6
2002			3	3
2003			5	5
2004			4	4
2005		1	8	9
2006		1	7	8
2007		1	11	12
2008		2	19	21
2009		1	26	27
2010			6	6
2011		1	25	26
2012	1	2	21	24
2013		3	27	30
2014		5	30	35
2015		4	31	35
2016		4	28	32
2017	1	3		4
총합계	2	28	263	293

고고 연구에서의 특징적인 현상은 문헌 연구 경향과 크게 다르지 않다. 그것은 종국적으로는 '유적의 조영 집단, 그 유물의 향유 집단이 과연 누구인가'에 대한 각국 학계의 견해 차이처럼 '고구려 유민인가' 말갈인인가'에 대한 인식의 차이가 반영되었기 때문이다. 이것도 곧 '발해사의 성격을 어떻게 규정할 것인가'에 대한 것이라고 하겠다.

발해의 강역 범위 중 중국에 분포하는 유적을 정치·군사, 사회·경제, 문화·예술, 종교·사상, 계승·성격, 역사·지리 등으로 대별해 보면 〈표 3〉에서 제시한 것과 같이, 정치·군사 분야가 약 49%를 점하고, 종교·사상, 문화·예술 분야가 그 뒤를 따르고 있다. 정치·군사 분야는 주로 통치의 중심인 도성, 그리고 군사 관련 시설인 성터가 포함되어 있다.

<表 2> 발해사 고고학 분야 세부 주제별 연구 현황

구분	교통	문화	복식	예술	유물	유적	정치	지리	합계
2000						6			6
2001					2	4			6
2002					1	2			3
2003					1	4			5
2004					2	2			4
2005					4	5			9
2006					4	3		1	8
2007					4	7	1		12
2008	1	1			7	12			21
2009					5	22			27
2010				2	2	2			6
2011		1	1		6	17		1	26
2012					7	17			24
2013					8	22			30
2014		1			7	27			35
2015	2				8	25			35
2016					9	23			32
2017						4			4
총합계	3	3	1	2	77	204	1	2	293

사회·경제 분야는 다시 생산 방식, 주거, 마을 등으로 분류할 수 있다. 종교·사상 분야는 사찰 관련 연구 성과 및 사후 세계를 반영하는 고분 등이 그 대상이다. 제시한 표를 개별적 주제로 본다면, 주로 인위적인 축조 흔적이 남아 있는 도성을 비롯한 성터가 47.3%를 차지하며, 그 뒤를 이어서 고분이 14.4%를 차지하고 있다. 이 때문에 성터와 고분에 대한 발굴 성과는 늘 발해사 연구 과정에서 주요 관심의 대상이 되었다.

고고학적인 관점에서 유적에 대한 관심만큼 주목을 끄는 분야는 바로 유물이다. 당연히 이 유물들은 성터, 고분, 취락 등지를 발굴하면서 함께 출토된 것들이다. 출토 유물 대부분, 특히 공예품은 발굴 과정에서 확인된 것들이고, 토기류는 고분과 성터, 취락 등지에서 확인된 것들이

〈표 3〉 발해유적의 학문 분야별 · 유형별 현황

구분	정치 · 군사					사회 · 경제			문화 · 예술		
	도성	고성	산성	군사	건축	경제	주거	촌락	문화	미술	관광
2000	3					1					1
2001							1				
2002											
2003	2										
2004											
2005	1										
2006	2										
2007	2	1									
2008	5										
2009	10	2							2		
2010				1							
2011	4	1	1		1				1		4
2012	7				1					1	3
2013	5					1		1	1	1	2
2014	10	3	1						1	1	
2015	11					1	1				
2016	3	4				2				2	2
2017	1										
합계	66	11	2	1	2	5	1	1	6	5	12
	82					7			23		

다. 공예품들의 경우는 함께 출토된 유적 매장자의 사회적 지위나 신분 등을 확인할 수 있을 뿐만 아니라, 생활을 비롯한 사회 전반의 수준을 엿볼 수 있는 중요한 실마리를 제공한다. 토기도 그 무늬, 기형, 그리고 제작 방법 등의 차이를 통해, 당시 처한 사회의 다양한 부분을 엿볼 수 있고, 나아가 주민 구성의 흔적도 살필 수 있어 주목된다. 다만 유물을 통해 주민 구성 및 세력권을 구명하려고 할 경우에는 평면적 비교 연구 가 아닌 유기적이고 복합적으로 비교 연구해야 한다는 점을 지적해 두 고 싶다. 유물은 유적에 비해 당시의 다양한 모습을 더욱 더 심도 있게

종교·사상						계승·성격			역사·지리				합계
사찰	석등	석탑	종교	고분	금석	종족	계승	인식	강역	교통	역참	지리	
													5
													1
			1						1				2
													2
			1							1			2
				1									2
													2
				1		1							5
				3									8
				5		1			2				22
												1	2
			1	1						2			16
			1	3									16
	1		1	3						1			17
2			2	1			1	1					23
1		1		1	1						1	1	19
				4			1			1		2	21
				1									2
3	1	1	7	24	1	2	2	1	3	5	1	4	167
37						5			13				

살펴볼 수 있는 실마리를 제공하지만, 반드시 그 유물이 출토된 유적의 상황과 그 유적이 위치한 입지에 대한 검토가 선행되어야 한다는 점은 주의를 요한다.

지금까지 2000년도 이후 중국 학계에서 이루어진 발해 관련 연구 성과의 흐름을 살펴보았다. 1954~2017년까지의 발해사 관련 논문은 899편이다. 위에서 살펴본 것처럼 2000년 이후의 발해 고고학 연구 성과는 293편이고, 그 중에서 다 학문적 성격으로 분류가 쉽지 않은 37편을 제외한 유적 관련 논문은 167편이며, 유물 관련 논문은 75편이다.

〈표 4〉 발해유물의 학문 분야별·유형별 현황

구분	사회·경제				문화·예술							
	경제	문자와	토기	화폐	문화	금석	금식	공예	석용	미술	복식	부장품
2001						2						
2002				1								
2003				1								
2004			1			1						
2005				1					1			
2006			2			1						
2007		1				1						
2008			2			3						1
2009	1		1								1	1
2010			1			1						
2011			1		1	1		1		1	1	
2012	1	2		3		1						
2013		1				1				1	1	
2014						2						
2015	1	1	3			1				1		
2016	1		2			1	1			2		
합계	4	5	13	6	1	16	1	1	1	5	4	1

이것은 2000년 이전 고고학 분야에서 96개의 연구 논문이 발표된 것과 현저한 차이를 보인다. 특히 이 시기에는 유적 관련 논문이 66개, 유물 관련 논문이 28개에 불과한 점이 주목된다. 이러한 결과, 즉 유적 관련 연구가 66편 → 167편, 유물 관련 연구가 28편 → 75편으로 비약적으로 확장된 주요 원인은 발해 관련 주요 핵심 유적에 대한 발굴이 왕성하게 이루어지고, 그 성과들이 학계에 지속적으로 보고된 결과라고 하겠다.

결과적으로 이 시기의 연구 활성화는 '동북공정'이라는 전대 미문의 사업으로 인해 이루어진 것이다. 이는 한중 간에 역사 쟁점이 되었지만, 발해사 연구라는 측면에서만 이해한다면, 발해사의 실체에 좀 더 접근

| 종교·사상 | | | | | 군사·과학 | | | | | 성격 | | 합계 |
불상	사리	사리함	석등	종교	과학	병장기	철기	화살	체육	종족	계승	
												2
												1
												1
												2
					1		1					4
												3
1			1									4
												6
										1		5
												2
												6
												7
								1	1	1	1	8
			1			1		1	1	1		7
		1										8
	1			1								9
1	1	1	2	1	1	1	1	2	2	3	1	75

할 수 있는 실마리들이 증가되었음을 의미하는 것이라 하겠다. 다만, 이
것에 대한 연구, 분석 및 이해의 심화를 위해서는 반드시 발굴보고서에
대한 검토 및 현장에 대한 조사가 전제되어야 한다. 보고서의 내용과 유
적 현장 또는 유물에 대한 유기적 종합적 검토가 불가피한 상황이지만,
현실적으로는 발굴자료의 공개 지연, 현장 답사 제약 등이 여전히 상존
해 있어 앞으로도 지속적인 관심이 필요하다고 하겠다.

3. 유적 발굴 성과와 주요 논점

1) 도성

(1) 상경성

상경성은 '동경성'·'고대성'·'화용성'·'사란성'·'눌눌혁성'과 '불납화성' 등 다양한 이름으로 불렸다.[11] 상경성은 송대에 처음으로 기록된 뒤,[12] 청 순치연간 이후 영고탑으로 유배왔던 유학자들에 의해 다시 그 존재가 알려졌다.[13] 발해 도성유적으로 인식된 것은 1857년 바실리예프의 『만주기』를 통해서였다. 1871년 영국의 제임스 안디존스의 『장백산』, 1883년 조정걸의 『동삼성여지도설』에도 관련된 내용이 담겨 있다. 1921년 발간된 『영안현지』에는 상경성에 관한 최초의 실측도 〈당대발해국상경용천부도〉가 실려 있다.

상경성에 대한 최초의 고고학적 연구가 1931년 9월 12일간 "궁성"과 "어화원" 등을 발굴하고, 평면도를 작성한 러시아 학자인 B. B. 포노소프에 의한 것임은 주지의 사실이다.[14] 이후 '동아고고학회'가 1933년 5월과 1934년 5~6월 두 차례 조사·발굴하여 궁성 안 각 궁전지의 배치·규모와 형태를 파악하였다. 그 결과는 1939년 『동경성』[15]에 담았다. 이것이 상경성 최초의 종합발굴보고서이며, 그 배치·형식 제도·건축

---

11 趙哲夫, 1991, 「"東京城"名稱小考」, 『北方文物』 3.

12 洪皓, 1984, 『松漠紀聞』 卷上, 遼沈書社.

13 발해 상경성을 처음 발견한 사람은 청대 아규로, 그는 『만주원류고』에서 "당 가탐이 언급한 발해 왕성 근처 홀한해는 경박호이며, 영고탑성 근처의 성은 상경 옛 터로 생각된다"고 하였다.

14 東亞考古學會, 1939의 부록 가운데 B·B 포노소프(Posonov)의, 「동경성유지발굴초보보고」 참조.

15 東亞考古學會, 1939 참조.

〈표 5〉 1933년 상경성 조사 일정, 조사 유구 및 규모

조사 일시		조사 지역		규모		축조법
1차	2차			척수	칸수	
1933. 6.6.~6.25.		외성유지	남문		동 29정 26칸 서 30정 33칸 남 40정 50칸 북 41정 16칸	토축
6.11.~6.13.		내성유지			동서 9정 43칸 남북10정 50칸	토석 혼축
6.14.~6.25.	1934. 5.20.~6.19	궁성유지	제1궁전지 오봉루지	높이 10여 척	정면 9칸 측면 6칸	토단
			제2궁전지 금난전지	동서 185척 남북 80척 높이 9척	정면 11칸 측면 4칸	토단
			제3궁전지 이층전지	동서 400척 남북 100척		
			제4궁전지 3층전지		정면 7칸 측면 4칸	
			제5궁전지	동서 72척 남북 50척	정면 9칸 측면 5칸	
			제5궁전지 서전지	동서 90.5척 남북 50.7척	정면 9칸 측면 5칸	온돌 유적
			제6궁전지	동서 123척 남북 60여 척	정면 11칸 측면 5칸	
			금원지		동서 2정 남북 2정	
6.7.		사찰지	제1사찰지			
6.17.~6.18.			제2사찰지	내 측면 3면 외 측면 4칸	내 정면 5칸 외 정면 7칸	
			제3사찰지		정면 5칸 측면 4칸	
6.23.~6.24			제4사찰지	내 측면 2칸 외 측면 4칸	내 정면 3칸 외 정면 5칸	

특징을 파악할 수 있는 중요한 자료적 가치를 지니고 있다. 당시의 주요
한 발굴 지역과 규모는 〈표 5〉와 같다.[16]

　1960년대로 접어들면서 발굴 조사의 주체는 일본 학자에서 중국 학
자로 바뀌었다. 이 시기의 가장 중요한 사건은 조중연합고고대의 발굴
이다. 1964년 10월 조선사회과학원과 중국과학원 고고연구소로 구성
된 발굴팀이 외성, 궁성의 구조·범위, 도로·이방 및 궁전·관청·사찰 등
을 대규모로 조사·시굴·발굴하였다. 이 조사에서 상경성 외성, 황성·
궁성 성벽의 길이와 너비가 측정되었고, 문지가 확인되었으며, 수많은
건축 재료·토기와 기타의 발해 유물이 확인되었다. 또한 상경성의 전체
평면도도 그려졌다. 이 조사는 발해 도성 연구 및 고대 도성 제도 연구
에 중요한 근거를 제공하였다는 평가를 받는다.[17] 당시 조사 장소와 규
모 등은 〈표 6〉과 같다.

　1981~1985년 흑룡강성(黑龍江省) 문물고고공작대의 조사 이후, 상경
성 궁성 정남문지(오봉루)·3호 문지·제1호 궁전지 및 그 동서 장랑·성벽
등이 조사·발굴되었고,[18] 다시 1985~1991년에는 발해 상경유지박물
관 신축 공사에 맞춰 황성 관청터가 발굴되었다. 이 시기의 주요 성과는
제1호 궁전 동·서 회랑이 장안성 함원전의 상난각·서봉각과 유사점이
확인된 것,[19] 궁성 정남문이 전각과 문이 결합한 구조물로 확인된 것이

16　中國社會科學院考古研究所, 1997,『六頂山與渤海鎭』, 中國大百科全書出版社;
　　中國社會科學院 考古研究所 편·김진광 역, 2010,『육정산과 발해진』, 동북아역사재단.

17　조선사회과학원, 1996,『중국동북지방유적발굴보고』, 조선사회과학출판사; 주영헌,
　　1971,『발해문화』, 조선사회과학원출판사; 中國社會科學院 考古研究所 편·김진광
　　역, 2010 참조.

18　黑龍江省文物考古工作隊, 1985,「渤海上京宮城第2·3·4號門址發掘簡報」,『文物』11;
　　黑龍江省文物考古工作隊, 1985,「渤海上京宮城第1宮殿東·西廊廡發掘淸理發掘簡
　　報」,『文物』11; 黑龍江省文物考古研究所, 1987,「渤海上京宮城內房址發掘簡報」,『北方
　　文物』1; 朱國忱·金太順·李硯鐵, 1996,『渤海故都』, 黑龍江人民出版社.

19　2004년 일부 보충발굴을 통해서, 원래 당 대명궁 함원전의 상난각·서봉각식 건축에

다. 1997~2007년에는 흑룡강성문물고고연구소가 다시 상경 궁성 및 각 유적을 조사·발굴하였다. 이에 앞서『발해상경성지발굴규획』을 마련하였으며, 이 조사 결과는『발해상경성』에 담겨 있다.

(2) 서고성

서고성은 1908년 청 방판길림변무육군협통아군정참령 오록정(吳祿貞)이 지은『연길변무보고』에서 "… 연길성 서남 110리에 고성이 두 개가 있는데 하나는 동고성, 하나는 서고성이라고 한다. … 이 두 성은 금 해란로 총관부 옛터이다"라고 한 내용을 통해서 확인할 수 있다.[20] 당시에는 동고성·서고성을 금 고성으로 인식한 점이 주목된다. 이후 서고성 조사는 일본학자에 의해 이루어졌다. 1923년 도리야마 기이치(鳥山喜一)가 발굴 조사한 뒤, 만주국 문교부 위탁을 명목으로 1937·1942·1943·1945년에도 발굴되었다. 1942년에 출판된『간도성고적조사보고』에는 가장 일찍 작성된 〈서고성터 평면도〉가 실려 있다.[21] 이후 조사 내용은 1944년「발해중경고」,『발해사의 제문제』에 1943, 1945년 서고성터 내성 제2호, 제3호 궁전지 발굴 상황이 발표되었다.

1960년 연변(延邊)문물보사대와 1964년에는 조중연합고고대의 조사 이후, 1984년『화룡현문물지』편찬을 위해 서고성이 또 다시 조사되었다. 1997년에는 길림성(吉林省)문물고고연구소를 주축으로 서고성터에 대한 실측이 이루어졌으며, 2000~2002년에는 길림성 "10차 5개년계

해당한다고 하였으나, 실제는 제1호 궁전의 동·서액문이다.

20 吳祿貞,『延吉邊務報告』, 延邊朝鮮族自治州博物館館藏本; 吉林省文物考古研究所等 編著, 2007,『西古城-2000~2005年度渤海國中京顯德府故地田野考古報告』, 文物出版社, 5쪽.

21 김진광, 2017,『일제강점기 발해유적 조사』, 한국학중앙연구원 출판부, 130쪽.

〈표 6〉 상경성 발굴 시기별 발굴지 · 규모 · 층위 · 축조법

발굴 일시	발굴 장소		방향 (°)	면적 (㎡)	탐색 갱수 (5×5m)	규모 길이
1964.6.26~7.15	외성	남동문	185°	625	25	〈문도〉 동 6.4 서 6.1
1964.6.11~7.15	궁성	침전	182° 18	890.12	24	28.95
1964.9.5~9.6	궁성	침전 연통				
1964.8.28~9.10 1964.10.9~10.14	궁성	퇴방	2°	275	11	66
1964.9.23~10.14	황성	관청 1차 건축	182°	573.90	21	5×6.5 / 6.5×7 / 5×7 → 31
		관청 2차 건축				4×7 / 4×5 / 5×5
1964.9.11~10.14	궁성	1호 사찰 기단	2°	1204.2	47	5×4 / 5×3.5 / 5×6 → 50.66
		1호 사찰 불전				5×5.7 / 6×5.7 → 23.68
		1호 사찰 동서 2실				5×5 → 9.23
1964.5.22~7.15	성북	9호 사찰 기단		416.25	4	11.5×9.5 / 11.5×9 → 16.6
		9호 사찰 불전				11×9 / 11×9.5 → 정면 5 측면 3
1964.9.1~9.5	성북	불단 중심				
1964.9.21~9.26	서반성	1열2방 담장 북면	272°	75	3	
		1열2방 담장 서면	2°			
1963.10.21~10.26	대주둔	M1				3.0

규모			지층			축조법
너비	높이	지름	층위	두께(m)	색깔	
남 5.5 북 5.4			표토층	0.1~0.2	회흑색	판축
			퇴적층	0.1~0.2	붉은색 소성토	
			생토층			
17.31		1	표토층	0.1~0.2	홍갈색 소성토	기와지붕, 백회, 회랑 3칸 구조, 온돌
			문화층	0.3~0.5		
			생토층			
		0.75~1.1				
20			표토층	0.15~0.2	회흑색	석벽, 아궁이 3개, 저장혈
			퇴적층	0.3~0.5	황갈색	
			퇴방지면	0.3	회갈색	
11.5	0.24		1층표토층	0.1~0.25	흑색	판축
			2층소성토층	0.05~0.2		
			3층	0.05~0.1	회갈색/ 황갈색	
			4층	0.05~0.1	황갈색	
23.68	1.2		표토층	0.1~0.3	회흑색	판축
20			소성토층	0.05~0.2		
9.23						
13.2	1.0		표토	0.75		자갈·흙 교차판축
			1층	0.1~0.35	회흑색	
						1호 사찰지와 동일. 판축
						구조파악을 위해
2.1	0.45~0.6		표토층	0.12~0.35	흑회색	
1.7	0.2		문화층	0.3~0.65	황갈색	
1.55~1.65	0.8~1.1					석실 봉토

발굴 장소	발굴 연도	발굴 일시	발굴 기관	발굴자
외성 남문지	2000	9/13~11/2	길림성문물고고 연구소 연변자치주 문화국 문물처 연변자치주 박물관 화룡시박물관	宋玉彬, 李强, 朴潤武, 劉載學, 朴鍾鎬, 李明宏, 崔永日, 尹仁九
1호 궁전지 / 서쪽 회랑	2001	5/11~11/18		宋玉彬, 王志剛, 李强, 朴潤武, 全仁學, 劉載學, 朴鍾鎬, 趙昕, 王麗, 張雪, 潘晶琳, 谷德平, 崔永日, 李明宏, 張玉春
1호 궁전지 동쪽 회랑 / 2호 궁전지 / 3호 궁전지 / 내성 동벽	2002	5/23~11/20		宋玉彬, 王志剛, 全仁學, 朴潤武, 劉載學, 朴鍾鎬, 趙昕, 李明宏, 谷德平, 張玉春, 張小輝, 趙明星
외성 남문지 서벽 구멍		8월		朴潤武, 王志剛, 朴鍾鎬
4호 궁전지	2004	7/25~10/25		宋玉彬, 王志剛, 全仁學, 朴鍾鎬, 朴潤武, 張玉春, 谷德平, 張立新, 賈瑩, 劉洋
5호 궁전지 / 4호 궁전지 서쪽 우물 / 내성 북부 동·서향 격벽	2005	5/19~10/10		宋玉彬, 王志剛, 全仁學, 朴鍾鎬, 朴潤武, 谷德平, 任蕾, 張玉春, 王新勝, 李丹, 張立新, 劉洋, 李明宏
발굴자료정리		10/11~12/10		

획"의 "길림성 경내 발해 도성지 연구"사업에 맞춰 길림성문물고고연구소 등이 3년간,[22] 2004~2005년에는 다시 2년간 발굴하였다. 그 결과는 2007년『서고성─2000~2005년도 발해국중경현덕부고지전야고고보고』에 담겨 있다.

고고학 연구 성과의 심화로 중경 소재지에 대해 다양한 견해가 제기되었다. 그 하나는 '구국(舊國)'·'현주'·'중경현덕부'가 동일지역이라는 견해[23]이고, 다른 하나는 '구국'은 현주로서 '중경현덕부'와 다른 곳이라

---

22 吉林省文物考古研究所, 2001,「和龍市西古城城址」,『中國考古學年鑑·2001』, 文物出版社; 吉林省文物考古研究所, 2002,「吉林和龍西古城城址」; 國家文物局 主編, 2002,「2001中國重要考古發現」, 文物出版社; 宋玉彬·全仁學·王志剛, 2003,「延邊和龍西古城城址發掘廓淸歷史懸案」,『中國文物報』, 2003. 1.

23 松井浪八, 1899,「渤海五京考」,『史學界』第1卷 7號.

는 주장[24]이다. 초기 중경 치소는 해란강 남쪽의 하남둔고성, 후기 중경 치소는 그 북쪽의 서고성이라는 주장도 있다. 또한 발해 전기 중경현덕부와 현주는 마권자고성에 있었으며, 서고성은 후기 중경현덕부와 노주의 치소라는 견해도 제기되었다.[25]

사료에 의하면, 중경현덕부 관할 6부 가운데 노주가 수부로 기록되어 있고, 중경 소재지라 할 수 있는 현주는 그 뒤에 있다. 일반적인 경우라면 중경현덕부는 순서상 당연히 노주에 설치되어야 한다. 도리야마 기이치는 서고성터를 발해 중경현덕부터로 비정한 동시에 중경현덕부 치소는 관할하는 6주 가운데 수주인 노주여야 한다고 지적하였다. 즉 서고성터는 "천보 연간에 왕이 도읍을 했던" 현주가 아니며 본래의 현주는 길림성 안도현(安圖縣) 대전자성(大甸子城: 즉 萬寶古城)터였을 것이라고 주장하였다.

다무라 고이치(田村晃一)도 이 논의에 가세하였다.[26] 그는 발해 와당에 대한 유형학적 연구를 통해 현주와 중경현덕부가 동일 지역이라는 학설에 새로운 의문을 제기하였다. 그는 먼저 발해 상경성에서 출토된 와당을 유형별로 분류한 뒤, 서고성·팔련성에서 출토된 와당을 대조·비교하고 서고성·팔련성 출토 와당이 발해 상경 와당의 초기 유형보다 늦기 때문에 서고성터와 현주는 관계가 없으며, 중경현덕부터일 뿐이라고 주장한 것이 그것이다.

이에 비해 리졘차이(李健才)·천샹웨이(陳相偉) 등은 비교적 일찍부터 현주와 중경현덕부를 같은 곳으로 비정하였다. 그들은 서고성터 주변에

24 『吉林通志』卷10.

25 孫進己·馮永謙 主編, 1989, 『北方歷史地理』(第2卷), 黑龍江人民出版社, 371~372쪽.

26 田村晃一, 2001, 「渤海の瓦當文樣に關する若干の考察」, 『靑山史學』 第19號; 2003, 『歷史與考古信息·東北亞』 1期(中譯文); 田村晃一, 2002, 「渤海瓦當論再考」, 『早稻田大學大學院文學硏究科紀要』 第47輯 第4分冊; 2003, 『歷史與考古信息·東北亞』 2期(中譯文)

<표 8> 서고성 조사 유구 및 규모

발굴 장소		발굴 규모 (동서×남북×높이m)	면적 (㎡)	탐색 갱수 (10×10m)
외성 남문지		동서 42.3	543	4개
1호	궁전지	41×22.5~25.5×0.7~1.05	3600	30개
	서쪽 회랑	12.6~12.9×61×12~45cm		
	동쪽 회랑	12.5×63×10~40cm	1200	5개
2호	궁전지	27~27.5×15~15.5×0.15~0.3		
	동쪽 배전	22.5×13.5×0.21		
	서쪽 배전	22×14×0.2		
12호 궁전지 낭도		서쪽 폭 6.2, 최고높이 0.4 북쪽 길이 12		
3호	궁전지	27.8×18×0.15~02		

층위 (cm)			조사 방법	축조 기법	특징
1층 표토층		20			
2층 교란층	판축벽	10	절개	판축	
	강자갈층				
	지하기초홈				
3층 발해시기 지면					
1층 퇴적층					탐색갱 확장(3개) 포함
2층 퇴적층				판축	판축층 6층과 강자갈층 5층 교차축조
					홍갈색, 흑갈색, 황갈색토로 판축
3층 발해시기 지면					산수(散水) 및 토친석(土襯石) 잔존
1층 강자갈층					가로 14열, 세로 3열의 건축구조
2층 판축층				판축	강자갈층로 이루어진 원형기초 존재
					배수구 유적 존재
					가로 14열, 세로 3열의 건축구조
				판축	기단 가장자리에 강자갈층 잔존
					배수구 유적 존재
2층의 교란층					흑갈색 사양토층과 강자갈층 교차축조
				판축	횡장방형 구조
발해시기 지면					기단부분에 기단홈 존재
홍갈색 판축층					횡장방형 구조
				판축	판축층과 강자갈층 교차축조하였으나
강자갈층					현재 두 층만 잔존
					9개의 암주초석 흔적잔존
1층 홍갈색 판축층					
2층 강자갈층				판축	횡장방형의 측면 2칸 건축물
3층 흑갈색 사양토 판축층					토친석(土襯石) 잔존
4층 강자갈층					
				판축	토친석(土襯石) 잔존
2층의 퇴적층					외랑>주실>내랑의 건축구조
발해시기 지면					

발굴 장소		발굴 규모 (동서×남북×높이m)	면적 (㎡)	탐색 갱수 (10×10m)
내성 동벽		기단 너비 2.65 잔고 0.52~0.58	24	8×3 1개
외성 남문지 / 서벽 홈		동서 22		4개
4호	궁전지	26.7×18.2×0.1~0.4		
	서쪽 우물		49m^2	11×4 1개
5호	궁전지	46.7×24.5×0.35~0.45		
내성 격벽			128	2개

층위 (cm)			조사 방법	축조 기법	특징
1층 갈색 점토층	3~8				
2층 짙은 갈색 점토층	15~17				
3층 흑갈색 토층	2~4				
4층 갈색 토층	3~10				
5층 흑갈색 토층	2~5		절개	판축	기초홈은 강자갈층과 판축층 교차축조
6층 갈색 토층	5~10				
7층 흑갈색 토층	2~5				
8층 회갈색 토층	3~8				
9층 흑갈색 모래층	3~17				
					판축성벽/성문흔적 미발견
1층 기와 벽돌퇴적층					
2층 기단층				판축	외랑〉주실의 측면 2칸 구조
3층 발해시기 지면					두 줄의 연도딸린 난방시설 발견
1층 흑갈색농토층					서쪽으로 1m 확대
2층 잡흙층					방형+타원형 구조(지름 4.2m)
3층 정자붕괴퇴적층					우물층위는 내성 건물터와 동일
4층 발해시기 지면					섬서성 인유현의 인수궁 우물유적 참조
기와 벽돌퇴적층					
기단층	기단판축층				
	자갈층				장방형의 건축구조
	황갈색판축층			판축	판축층과 강자갈층 교차축조
	자갈층				전면 11칸, 측면 5칸 구조
	갈색판축층				
발해시기 지면					
1층 흑갈색경토층	15~20				
2층 교란층	0~25				
3층 퇴적층	황갈색토	0~50	절개	판축	탐색갱 확장(1개) 포함
	퇴적층	0~0.35			판축→문지→격벽
	회갈색토	0~0.45			
	회갈색토	3~20			
4층 발해시기 지면					

서 발견된 정효공주묘 등 발해 고고학적 성과를 근거로, 서고성이 발해 중경현덕부라는 주장을 하였다. 그러면서 도리야마 기이치가 주장한 대전자성은 발해 시기가 아닌 요금 시기의 것이므로 그의 주장은 맞지 않다고 주장하였다.[27] 또한 상술한 다무라 고이치의 견해에 대해서도 건축 재료인 와당은 교환이나 보수가 가능하고, 폐기된 퇴적층에 쌓인 와당의 선후를 구별하기가 쉽지 않기 때문에 그가 내린 결론을 신뢰할 수 없다는 주장도 거세다. 그렇지만 발해 중경 치소에 대한 의문에 또 다른 가능성을 제기했다는 점에서는 일정한 의의를 지닌다고 하겠다. 이밖에도 중경 소재지에 대해서는 소밀성, 오동성, 마권자고성 및 발해 전기 중경현덕부와 현주가 마권자고성에 있었고, 서고성은 후기 중경현덕부와 노주의 치소라는 견해도 제기되었다.[28]

또 한가지 주목할만한 견해는 바로 중경 소재지가 하남둔고성에 위치했다는 주장이다. 사료에 기록된 오경 가운데 현주는 중경 관할에 속한다. 발해는 일찍이 현주에 도읍했었기 때문에, 일반적인 경우라면 중경 수주는 현주여야 한다. 그러나 사료에 기록된 중경의 수주는 노주이고, 그 뒤에 현주가 기록되어 있다. 이 때문에, 중경의 치소는 처음부터 서고성이 아니라 기타의 다른 곳에서 옮겨온 것이며, 그 유력한 후보지는 해란강 남쪽의 하남둔고성이라는 주장이 제기되기에 이른 것이다.

(3) 팔련성

팔련성 발굴조사도 1900년대 전반부터 시작되었다. 1937년 도리야마 기이치가 처음 팔련성을 발굴하고 발해국과의 관련성을 언급한 이후[29] 사이토 진베이(齋藤甚兵衛)[30]·고마이 가즈치카(駒井和愛) 등이 여러

---

27 李健才·陳相偉, 1982, 「渤海的中京和朝貢道」, 『北方論叢』 1期.
28 孫進己·馮永謙 主編, 1989, 371~372쪽.

차례 조사·발굴하였다.

1950년대에도 팔련성 유적이 조사되었다. 그 결과, 팔련성은 내성과 외성으로 나뉘고, 성벽은 토축이며, 그 둘레는 2,894m에 달한다는 사실이 확인되었다. 또한 외성 중앙 북부에 내성이 존재하고, 건물과 건물 사이는 복도로 이어져 있었으며, 외성 밖에서는 해자가 확인되었다. 이에 팔련성은 발해국 동경용원부 옛터로서, 발해 일본도의 중심지라고 인식되기에 이르렀다.[31]

본격적인 조사는 2004년에 시작되었다. 2004~2009년까지 '길림성 경내 발해 도성지 연구' 프로젝트의 추진과 '팔련성 대유지 보호계획'에 맞춰 진행된 발굴이 그것이다. 2004년부터 순차적으로 내성 제1·제2호 건물지 사이 복도, 제2호 건축지 중심 건물 및 그 북쪽 부속 시설,[32] 제1호 건물지와 제1호 건축지 동서 회랑 남쪽, 제2호 건물지 동서 배전, 동서 회랑, 제1호 건물지 동서 회랑 북부, 내성 남문지, 외성 남문지, 외성 성벽 등이 조사되었다. 2004~2009년의 발굴목적은 중축선의 건물 배치와 그 형태를 확인하는 작업이었으므로, 팔련성의 시축 연대의 고고학적 실마리를 찾는데 집중되었다.

『신당서』지리지와 발해전에는 "정원 연간에 동남쪽 동경으로 옮겼으며, 흠무가 사망하고 화여가 왕이 되자, 다시 상경으로 돌아갔다."라고 기록되어 있다. 이에 근거하면 중경·상경·동경 축조는 모두 대흠무에 의해 이루어진 것으로 생각된다. 팔련성 궁전지는 내성 북부에 중축

---

29 鳥山喜一·藤田亮策, 1942, 『間島省の古蹟』, 滿洲國文教部編; 鳥山喜一, 1938, 「渤海東京考」, 『史學論叢』 7.

30 齋藤甚兵衛, 1942, 「滿洲國間島省琿春縣半拉城について」, 『考古學雜誌』 32-5; 齋藤優, 1978, 『半拉城と他の事蹟』, 半拉城址刊行會.

31 吉林省文物志編委會 主編, 1984, 『琿春縣文物志』.

32 吉林大學邊疆考古研究中心·吉林省文物考古研究所, 2008, 「吉林省琿春八連城遺址 2004年調查測繪報告」, 『邊疆考古研究』 7.

선상에 있다. 제1호 건물지는 내성 중심에 있고, 제2호 건물지는 그 북쪽에 있다. 두 건물지 중간에는 회랑이 있어 공(工)자 형태를 이룬다.

제1호 건물지는 정전과 동서 만도 및 행랑으로 이루어져 있다. 건물 형태, 규모 및 입지가 서고성 제1호 궁전지, 상경성 제3호 궁전지와 같아 전조의 대전으로 인식되었다. 제2호 건물지는 주전과 좌우 배전으로 구성된 복합 건물로, 그 건축 형태, 규모 및 입지 등은 서고성 제2호 궁전지, 상경성 제4호 궁전지와 유사하여 궁전 뒤쪽에 위치한 침전으로 보고자들은 판단하였다.[33] 또한 팔련성 내성과 외성의 규모가 서고성보다 크게 확대된 점, 평면 형태가 내·외성 동·서향으로 두드러지게 넓어져 방형으로 변화한 점, 내성 위치, 궁전 건축 배치는 서고성 내성 북부와 같은 독립된 공간이 없어지고, 팔련성 내성 궁전지가 두드러지게 북쪽으로 치우친 점, 서고성에서 볼 수 없는 독립된 공간 세 곳이 나타난 점 등을 그 차이점으로 들었다.

팔련성이 발해국 동경고지라는 학계의 인식은 일반적인 견해다.[34] 『신당서』 발해전·지리지 기록에 근거하면, 발해 왕성은 일찍이 현주-상경-동경-상경으로의 변화 과정을 거쳤고, 발해가 동경을 왕성으로 삼은 기간은 785~794년이다. 팔련성터에서 시축 연대를 알 수 있는 고고학적 증거가 발견되지 않았기 때문에 일반적으로는 785년 처음으로 왕성 규모를 갖췄을 것이라고 추측하고 있다.

또 다른 쟁점의 하나는 1941년 사이토 진베이와 고마이 가즈치카가 주장한 팔련성 외곽성 존재 문제다. 이 주장은 팔련성, 내성 북부의 건물지와 내성 서문, 남문지와 성터 남쪽 사찰 유적 3곳을 발굴하고, 팔련성의 외성은 도성 내성에 해당하고, 내성은 궁성에 해당하며, 성 안 유

33 吉林省文物考古研究所 외, 2007; 黑龍江省文物考古研究所, 2009a, 보고서 참조.
34 李健才, 1986, 『東北史地考略』, 吉林文史出版社.

적 분포 및 성터 남쪽 편에 위치한 절터의 위치 등에 근거하여 팔련성에 더 큰 규모의 외성이 존재한다고 한 것에서 시작되었다.[35] 이에 팔련성에 더 큰 규모의 외성 또는 책성 유적이 존재하는지를 확인하기 위하여, 다시 팔련성을 조사·측량하고, 내성 남문지와 제2호 궁전지를 발굴하였다. 하지만, 그 흔적을 확인하지는 못하였다. 이에 고마이 가즈치카는 팔련성에 사이토 진베이가 추정한 더욱 큰 규모의 외성 유적은 없지만, "동경은 책성부라고도 한다."라는 기록을 바탕으로, 목책으로 된 외곽 성벽이 남아 있을 가능성은 있다고 하였다.

이상과 같이 발해 5경중 3경에 대한 발굴 현황과 각각의 도성에 대해 논의된 주요한 쟁점을 살펴보았다. 발해 도성에 대한 고고발굴은 발해국의 발전 과정, 즉 영토 확장 및 정국 운영에 관한 실마리를 제공한다. 이러한 인식의 가장 핵심 쟁점이 바로 다음의 발해 도성의 단계적 발전설이다. 이 문제는 주지하듯이 문왕대에 이루어진 구국 → 중경 → 상경 → 동경 → 상경으로의 천도에 관한 합리적 이해와 관련된 것이다. 중경 → 상경 → 동경의 천도는 아주 짧은 기간에 이루어졌을 뿐만 아니라 그 규모나 플랜의 치밀성이 서고성이나 팔련성에 비해 상경성에서 더욱 두드러졌던 것에서 기인한다.

서고성은 "천보 중에 왕이 도읍한" 현주고지로, 사료에 가장 먼저 등장하는 발해 왕성이고,[36] 상경성은 "천보 말 상경으로 옮겼다", "화여가 왕이 되어 다시 상경으로 돌아갔다"는 발해 도성고지이며, 팔련성은 "정원 연간 동남쪽 동경으로 옮겼다"라고 한 발해 동경고지이다. 하지만, 중국 학계에서는 여전히 755년경에 옮긴 상경성은 궁성 규모였고,

35 駒井和愛, 1977, 「渤海東京龍原府宮城址考」, 『中國都城·渤海研究』, 雄山閣出版.

36 吉林省文物考古研究所 외, 2007; 2009, 「渤海都城故址研究」, 『考古』 6.

현존하는 각 성터는 재건을 거친 것이라는 입장이다.[37]

그 대표적인 학자가 바로 웨이춘청(魏春成)·류사오둥(劉曉東)이다. 이들은 일련의 논문을 통해 발해 도성의 축조 이념, 궁전 배치 발전이라는 관점에서 현주와 중경현덕부를 모두 서고성터로 비정하였다. 뿐만 아니라, 발해의 도성은 국력이 팽창되는 문왕시기, 성왕~강왕시기, 대인수~대이진 시기를 거치면서 완비되었다고 주장하였다.[38] 즉, 상경 천도 시기가 중경과 동경 도읍기 중간에 위치하고, 상경성 궁성 규모가 서고성과 팔련성의 그것과 비슷하기 때문이다. 국력의 확장에 따라 도성이 계기적으로 확장되었다고 한다면, 상경성은 서고성 규모의 궁성에서 내성으로, 그리고 외성으로 확대되었다는 논리이다.

상경성 평면도를 보면, 좌우사방이 매우 반듯한 계획 도시임을 알 수 있다. 반듯반듯하게 구획되어 있는 상경성 구조는 외성 남문에서 궁성에 이르는 주작대로를 중심으로 동쪽과 서쪽으로 반듯한 조방제가 적용되었던 것이 이를 증명한다. 상경성이 계획 도시라면, 중경에서 상경으로 다시 팔련성으로 시기에 따라 그 규모가 확장되어 간다는 점은 성립될 수 없다. 앞으로의 치밀한 검토와 보완이 필요하다. [39]

중국 학계의 주장과 같이 단계적 조영설로 이해한다면, 상경성의 현재 모습은 9세기에 접어들어야 형성될 수 있는 구조다. 하지만, 이에 대한 인식은 서로 다르다. 『발해 상경성』 고고 발굴 조사보고서에서는 보응 원년(762), 당이 조서를 내려 발해를 '국'으로 삼고 대흠무를 발해국왕으로 책봉하였다. 이때 발해는 상경에 도읍하던 시기였으므로 왕실

37 黑龍江省文物考古研究所 편저, 2009a 참조.
38 魏存成, 1983, 「關于渤海都城的幾個問題」, 『史學集刊』 3; 劉曉東·魏存成, 1987, 「渤海上京城營築時序與刑制淵源研究」, 『中國考古學會第六次年會論文集』, 文物出版社; 劉曉東·魏存成, 1991, 「渤海上京城主體格局的演變」, 『北方文物』 1; 魏存成, 2004, 「渤海都城的布局發展及其與隋唐長安城的關係」, 『邊疆考古研究』 第2輯, 科學出版社.
39 吉林省文物考古研究所 외, 2007 참조.

제도에 맞춰 상경을 중건하였을 것이라고 하였다.[40] 이와는 달리 발해 상경성의 현재 구조는 대흠무 이후의 것이며, 발해가 오랫동안 상경에 도읍하는 동안 점진적으로 이루어진 것이라는 주장도 있다.[41] 그래서 상경성이 전후기로 나뉘어 조영된 것으로 인식하고, 전기에는 현존하는 성터의 궁성 궁전 구역만, 후기에는 상경성 궁성은 중부의 궁전 구역, 동액성, 서액성, 북부의 원벽성 등 4개의 공간으로 확장되었다는 인식이 그것이다.[42] 이러한 근거로, 팔련성과 후기 상경성 궁성의 평면 형태가 모두 방형인 점, 팔련성 외성 북부에 상경성 궁성 북부와 같은 공간이 있는 점, 팔련성 내성 남문과 외성 남문 사이의 두 공간이 상경 궁성 제1·2호 궁전지 및 그 동서 회랑으로 이루어진 정원 시설로 생각되는 점 등을 근거로 들었다. 두 성이 계획적인 면에서 어느 정도의 선후 관계가 있다고 인식한 것이다. 비록 팔련성과 서고성은 내·외 이중성으로 상경성의 3중성 체제와는 다르지만, 현재까지는 발해 왕성 중에서 상경성만 당 장안성의 구조를 본받았고, 오랫동안 발해국 도성으로서 역할을 하였다고 인식한다. 그러함에도 이와 같은 세 도성 사이의 구조상의 차이점은 발해 5경제 등 발해국 정치 제도 측면에서 그 원인을 모색해야 함을 시사한다.

2) 고분

(1) 육정산 발해고분군
육정산고분군은 1949년 정혜공주묘 발굴 과정에서 돌사자·묘비·유

---

40 黑龍江省文物考古硏究所, 2009 참조.

41 劉曉東, 2006, 『渤海文化硏究-以考古發現爲始覺』, 黑龍江人民出版社.

42 黑龍江省文物考古硏究所, 2009 참조.

금행엽(鎏金杏葉)·목걸이(項鏈) 등이 출토되면서 발해 건국기 왕실 귀족 고분군으로서 주목을 받았다.[43] 1953~1957년 길림성문물관리위원회, 길림성박물관 주도로 발굴이 이루어졌다. 이때 출토된 와당·옥기·도금 장식 등에 근거하여, 돈화 일대는 발해의 구국이고, 오동성은 초기 도성이라는 인식이 형성되었다. 또한 각 출토 유물은 발해의 장례 제도·장례 풍습 및 8세기 발해 사회 모습·생산 수준 등을 엿볼 수 있는 근거가 되었다.[44] 이후 1964년 북한과 공동발굴을 거쳤다. 고분 형식·구조 및 꺼묻거리에 근거하여, 석실묘 바닥에 돌이 깔려 있는 고분은 그 조영 시기가 다른 것보다 약간 빠르고, 진릉은 2고분 구역에 없으며, 고분군은 발해 전기에 조영된 것으로 인식하였다.[45] 이러한 주장은 2002년 리창·허우리민이 발표한 「발해진릉신탐」이라는 논문으로 이어졌다. 그는 진릉이 육정산고분군에 있다는 주장에는 동의하였지만, 고분의 형식과 유물 전반에 대한 연구에 근거하여, "진릉은 1무덤 구역의 M106호 무덤이 아니라 2고분 구역에 있는 1964년에 발굴된 M206호 무덤이다" 라고 하였다.[46]

육정산고분군의 발굴은 2004년에 본격적으로 이루어졌다. 이번 발굴은 '육정산고분군 종합 보호 계획'에 근거한 것으로, 약 2년간에 걸쳐 1997년 작성된 도면에 표기된 고분 하나하나를 확인하는 작업을 거쳤다. 1960년대 이루어진 발굴이 1고분구역의 석실묘에 집중되었던 것과는 달리 이번 발굴에서는 이전에 조사되지 않은 토광묘와 석곽묘를 중심으로 이루어졌다. 발굴된 36기에서, 금·은·동·철·옥기 및 도기·기와 등 600여 점의 유물이 출토되었다.

---

43 王承禮, 1979, 「敦化六頂山渤海墓淸理發掘記」, 『社會科學戰線』 3.

44 王承禮, 1979 참조.

45 中國社會科學院考古硏究所, 1997, 『六頂山與渤海鎭』, 中國大百科全書出版社.

46 侯莉閩·李强, 2002, 「渤海珍陵新探」, 『北方文物』 3.

발굴자는 대형 고분 10기를 발굴하는 과정에서 IM1과 IM7 사이에서 원래 조사되지도 않았고 번호도 부여되지 않은 대형 석실묘 IM17호가 발견된 점, IM10과 IM3은 석실묘가 아닌 토광묘이며, IM3에서 총상작옥의 흔적이 확인된 점, 봉토를 만들지 않은 대형 무덤인 IM1·IM5의 묘실 바깥벽이 발견된 점 등을 성과로 들었다. 이것은 기왕의 연구와는 다른 결과였기 때문에 육정산고분군의 유형과 묘제 계승 관계 등을 연구하기 위해 주목해야 할 부분이다.

소형 토·석묘의 발굴로 발해 초기 무덤 형식·장법에 대한 이해·인식이 확대되었다. 1고분 구역에서 표토를 정리하는 과정에서 석대와 주거지 유적이 발견된 것이 그것이다. 석대는 고구려의 태왕릉에서도 확인되었고, 홍준어장고분군에서도 7곳이 확인되었다. 이 석대는 1고분 구역 중남부에 집중되어 있어 제사와 관련된 시설로 인식되고 있으나 그 구체적인 용도와 쓰임은 분명하지 않다. 또한 1고분 구역 서쪽에 담장이 있었는지, 진릉과 다른 왕릉이 존재하는지[47]도 조사하였지만, 그 흔적은 확인되지 않았다.

육정산고분군은 현재까지 알려진 고분 분포수가 많은 곳 가운데 하나다. 이 고분군에 관해서는 두 편의 발굴보고서와 수많은 논문이 발표되었다. 고분 형식에 관해서 이전 연구에서는 발굴보고서에 근거하여 토광묘와 석실묘로 분류하였다. 하지만 새로 발간된 보고서에 근거하면 앞의 분류법과는 다른 유형의 고분들이 다수 확인되었다.

토광묘를 예로 들면, 고분군에서 차지하는 수가 적지 않으며 2고분 구역에서만도 절반 이상을 차지한다. 그러나 육정산고분군에서 확인된 토광묘는 장구없이 매장한 '토광'이 아니라 거의 대부분 얕은 구덩이를

---

[47] 王承禮, 「敦化六頂山渤海墓淸理發掘記」에서는 IM6을 진릉이라 주장하였고, 侯莉閩·李强, 「渤海珍陵新探」에서는 IIM6을 진릉이라 하였다. 劉曉東, 『渤海文化硏究』에서는 앞의 두 주장에 대해 모두 의문을 품고 있다(劉曉東, 2006, 162쪽 참조).

만들고 태운 화장묘이다. 이러한 고분들은 봉토 아래 돌을 두른 것도 있고 그렇지 않은 것도 있어, 양자 간에 어느 정도의 편년 차이가 있을 것으로 생각된다. 석실묘도 육정산에 분포하는 모든 석구묘(石構墓)를 통칭하였지만, 이번 발굴 성과에 따라 새로운 유형의 분류법이 제안되기도 하였다.[48]

고분의 편년과 관련해서는 정혜공주묘의 명확한 편년에 근거하여, 발해 초기에 고분군이 조영되었다는 주장이 일반적이다. 하지만, 이번 발굴로 육정산에 조영된 고분은 초기와 후기로 나눌 수 있고, 정혜공주묘는 그 중에서 연대가 가장 늦은 고분으로 인식되었다. 보고자는 04DL I M5가 가장 비탈진 고분 구역의 가장자리에 있고, 정혜공주묘와 04DL I M1은 고분 구역 중심에 나란히 있다는 점에 주목하였다. 이어 고분을 조영할 때 먼저 묻힌 자가 좋은 위치를 차지하고 뒤에 묻힌 사람이 점차 가장자리로 밀려나는 것이 일반적인 상황이라고 한다면, 04DL I M5의 조성 연대는 정혜공주묘보다 당연히 늦을 것이며, 정혜공주묘가 보력 7년인 780년에 조성되었으므로 발해 초기의 후반부에 해당한다고 하였다. 두 고분 구역에 토광묘는 많지만 석실묘는 거의 확인되지 않는 현상은 두 고분 구역의 등급 차이를 의미하는 것이라는 의견도 개진하였다. 또한 그 규모와 내용으로, 1고분 구역이 2고분 구역보다 등급이 높아서 후자의 거의 대부분은 평민무덤이라는 주장도 함께 제기되었다.

(2) 화룡 용해고분군

용해 발해 왕실 고분군은 길림성 연변조선족자치주 화룡시(和龍市) 두도진(頭道鎭) 용해촌(龍海村) 서쪽 용두산 중부에 있다. 용해고분 구역

---

48 劉曉東, 1997, 『渤海文化研究-從考古發現的視覺』, 中國大百科全書出版社.

은 용두산고분군 중간에 있는 전체 고분군에서 가장 중요한 구역이다. 남쪽으로 석국고분군과 2.3km, 북쪽으로 용호고분군과는 1.2km 떨어져 있다. 용해고분군은 동쪽에서 서쪽으로 점차 높아지는 Ⅰ호에서 Ⅴ호 대지와 Ⅴ호 대지 남쪽에 있는 Ⅵ호에서 Ⅷ호 대지로 이루어져 있다. 1980년대 발굴 과정에서 벽화 및 묘비가 발견되어 용두산고분군을 발해 왕실 귀족묘로 성격지운 정효공주묘는 Ⅴ호 대지 서쪽에 있다. 용해고분군의 고분 및 건축 기단은 Ⅱ호에서 Ⅷ호 대지에 위치한다. 대부분 고분 2기를 한 쌍으로 하거나 고분 두 기를 중심으로 주변에 중형 고분이 늘어서 있는 규칙성이 있다.

　용두산고분군은 1970년대에 발견되었으나 주목을 받은 것은 1980년 용해 고분 구역에서 발해 제3대 문왕 대흠무의 넷째 딸인 정효공주묘가 발견·발굴되면서부터이다.[49] 용해고분군은 8세기 후반부터 9세기 전반에 조영된 중요한 발해 왕실 고분이다. 그 후 20여 년간 길림성문물고고연구소 및 연변조선족자치주에서 여러 차례 조사했다. 2004년 고분군의 성격과 분포 상황을 좀 더 파악하기 위해 실시한 발굴에서 제3대 문왕 효의황후묘(M12)·제9대 간왕 순목황후묘(M3)가 확인되었고, M13·M14에서 금관식·금판을 덧댄 옥대, 그리고 삼채용 등이 출토되어 발해의 여러 왕실 무덤이 존재한 곳임이 확인되었다.

　이로써 발해 왕실묘의 형태와 규모 등에 대한 인식이 확대되었다. 그것은 발해 왕릉 형태와 규모가 처음으로 확인되었기 때문이다. 즉 두 개의 묘를 한 쌍으로 하여 서로 이웃하거나 같은 봉분 아래 두 개의 묘혈을 갖추었기 때문에 보고서에서는 이 시기 발해의 능침 제도가 마련되었다고 기술하였다. 효의황후와 순목황후의 묘지명은 모두 한자 해서체로 쓰여 있다고 소개되었지만, 이와 관련된 여타의 정보는 공개하지 않

49　延邊朝鮮族自治州博物館, 1982, 「渤海貞孝公主墓發掘淸理簡報」, 『社會科學戰線』 1.

아 그 실상을 확인하고 점검하는 데 어려움이 있다. 조속한 시기에 두 왕비의 묘지명이 공개된다면, 공주 묘비와의 비교 연구는 물론, 당시 발해의 상황, 통혼 관계, 왕실에서의 지위, 그들의 사망 원인 등 발해 왕실 내부에 대한 이해는 물론 사회 전반 상황을 파악하는 데 많은 도움을 받을 것으로 생각된다.

또 하나의 특징적인 것은 M13과 M14 고분 위에서 상경성 북쪽 9호 사찰지와 유사한 형태의 건물 구조가 확인된 점이다.[50] 이에 대해 보고자는 두 유적의 축조 시기가 그다지 차이나지 않고, 사찰 형태의 구조물이 확인된 것은 구조의 유사성에서 M13과 M14 피장자들이 생전에 불교를 숭상했음을 보여주는 것이라고 설명하였다. 보고자는 M10에 적용된 탑장[51]·M13과 M14에 채용된 묘상 건축 형식[52]을 당의 영향이라고 하였지만, 아직까지 발해 왕릉에서 확인된 적이 없어 발굴보고서가 출간되면 다양한 측면에서 검토가 가능할 것으로 생각된다. 또한 이 고분에서는 왕관이 출토되어 피장자의 지위가 매우 높았음을 알 수 있다. 역시 묘우와 같은 구조물이 확인되었다는 점은 앞으로 주목할 필요가 있다.

또 다른 의의는 삼채용 생산지 연구를 위한 새로운 실증 자료를 제공하였다는 점이다. 발해 유적에서 다수의 삼채기가 확인되었다. 하지만, 중국 학계에서는 여전히 발해에서 이 유물을 소조하였을 가능성에 회의적이다. 발해에서 유약을 바른 기와편을 제작하였다는 점은 인정하지만, 이보다 더욱 정교하고 아름다운 삼채용 제작까지는 여전히 기술

---

50 中國社會科學院考古研究所, 1997 참조.

51 당나라 시인 왕유의 어머니 고분 위에서는 봉토가 확인되지 않았다. 원래 높이 1m의 사문탑이 있었기 때문이다(桑紹華·張蘊, 1988, 「西安出土文安公主等墓志及郭彦塔銘」, 『考古與文物』 4기).

52 수나라 李靜訓묘지에는 "卽于墳上構造重閣"이라고 기술되어 있는 데 발굴 당시 그 무덤 위에서 길이 50m, 너비 20m의 판축 기단이 발견되어 묘지의 기록이 증명되었다(中國社會科學院考古研究所, 1980, 『唐長安城郊隋唐墓』, 文物出版社).

적 한계가 있었다고 보기 때문이다.[53] 게다가 출토된 남녀 삼채용의 머리 형태 장식, 신발, 복장 등이 황실 시녀의 그것과 다르지 않다고 하므로,[54] 이에 대해서는 심도 깊은 연구가 필요하다. 하지만 용해고분군에서 출토된 삼채용은 전체적으로는 당삼채와 유사하지만 차이점도 보인다. 유약으로 보면, 발해에서 출토된 삼채용은 주로 녹색을 사용한다. 유약 색깔도 비교적 연하여 여러 가지 색을 동시에 섞어서 사용하는 점은 비교적 진한 색을 사용하는 당삼채와 차이를 보인다. 그 모습에서도 발해 삼채용은 당삼채보다 길고, 그 신체적 비례도 당삼채에 비해 더 맞다. 또한 발해 삼채용의 대좌는 비교적 크고, 원형이나 타원형을 띠고 있으며, 치마가 대좌 중간까지 드리워져 있다. 그러나 당삼채의 받침은 비교적 작고, 원형이나 타원형이 전혀 나타나지 않으며, 치마도 일반적으로 받침 가장자리까지만 드리워져 있다.[55] 따라서 이에 대한 연구도 심화되기를 기대한다.

(3) 영안 홍준어장고분군

영안 홍준어장고분군은 흑룡강성 영안시(寧安市)에서 서남쪽으로 약 45km 떨어진 발해진(渤海鎭) 홍준어장에 위치한다. 동남쪽으로 발해국 상경성과는 6km, 동쪽으로 삼령 2호분과는 4km 떨어져 있다. 이 고분은 1960년대 헤이룽장 문물 조사 때 발견된 이후 1981년 흑룡강성문물고고연구소에 의해 수백 기가 확인되었고, 1992~1995년 3년간 총

53 李紅軍, 1995, 「渤海遺址和墓葬出土的三彩器研究」, 『文物研究』 10, 黃山書社; 馮浩璋, 1999, 「唐代渤海國釉陶三彩器初探」, 『考古』 8; 彭善國, 2006, 「試析渤海遺址出土的釉陶和瓷器」, 『邊疆考古研究』 5, 科學出版社.

54 沈從文, 1997, 『中國古代服飾硏究』, 上海書店出版社; 張鴻修, 1995, 『中國唐墓壁畵集』, 嶺南美術出版社.

55 洛陽博物館, 1985, 『洛陽唐三彩』, 河南美術出版社; 中國社會科學院考古研究所, 1980 참조.

323기·방단 7곳·주거지 1곳이 발굴·조사되었다.

홍준어장고분군은 지금까지 알려진 가장 중요한 발해 시기의 고분 유적이다. 현재까지 이루어진 조사 중 발굴 고분 수가 가장 많고, 조성 시기가 가장 길며, 고분 형태가 가장 복잡하고, 출토 유물이 가장 다채로운 유적이다. 또한 고분과 관련된 7기의 방단, 즉 석대는 매우 새로운 자료다.

발굴 및 연구 과정에서 홍준어장고분군에 관한 핵심 쟁점은 고분의 성격과 그와 관한 문제다. 주지하듯이 발해국을 세운 주체 세력이 고구려인인가 말갈인인가에 대해서 서로 다른 사료 해석으로 인해 논쟁이 되어 왔다. 그래서 육정산고분군, 용두산고분군과 함께 홍준어장고분군 발굴은 이 문제 해결을 위한 실마리를 제공할 수 있다는 점에서 주목을 받았다.

홍준어장고분군의 매장 방식은 일차장과 이차장, 일·이차 혼합장과 화장이 있다. 단인장과 다인장이 있는데, 이차장이 주된 매장 방식이며, 전체의 60%인 194곳이 이에 해당한다. 그래서 장속을 발해인들의 매장 풍속으로 인식하기도 한다. 이 고분군의 일차장 고분은 23기로 그 대부분은 석관묘이다. 이차장이 주된 매장 방식인데, 다인이차장 (3인 이상) 56기(이차·이차장 포함), 2인 이차장 42기(일차·이차장 포함), 단인 이차장 59기이다. 주목할 만한 점은 묘실에 인골이 없는 빈 묘가 81기에 달하여, 약간의 뼈, 뼈부스러기가 발견된 고분이 62기라는 점이다. 상술한 수는 두 고분군에서 이차장이 비교적 유행하고 있었음을 설명하는 것이다. 홍준어장고분군 이차장에는 두 가지 형식이 있다. 하나는 일차장과 거듭 옮겨서 합장한 것, 다른 하나는 일차장은 없고 완전히 천장한 뼈를 합장한 것이다. 학계에서는 이미 이차장을 발해 고분의 주요한 매장 특징으로 인식하는데, 홍준어장고분군도 예외는 아니다. 고분 가운데 일차장된 묘의 주인공은 가족 중의 핵심 인물로 생각된다.

홍준어장고분군에서 확인된 이인 또는 다인 이차장은 가족단위 합장묘이다. 이차합장묘의 출현은 먼저 그 목적이 서로 다른 개체를 위한 합장이고, 서로 다른 개체 간에 이루어지는 합장의 주된 목적은 동일한 가족 구성원을 합장하기 위함이다. 이차장에 대해서는 서로 다른 견해가 있다. 하나는 "원시 사회부터 일찍이 존재했던 오랜 장속"으로 발해 "원시 사회의 씨족 혈연 관계를 더욱 공고히 반영하고 있다는 견해"이고,[56] 다른 견해는 "성이 없고 왕족 우성에 노예가 된 부곡과 노비들에게 시행된 것"이라는 견해[57]이다. "가정이 발해 사회의 기본 단위이며, 원시 사회에서 남은 혈연적 유대 및 관념이 발해인들의 의식에 완고하게 남아있음을 표명하는 것"이라는 견해도 있고, 이차 매장자 중에 노비 신분의 개체가 있을 수도 있다는 주장도 있다.[58] 발해의 일차·이차 혼합장은 가족장으로도 순장으로도 볼 수 없으며 배장이라는 견해도 있다.[59] 다인이차장은 발해의 상층 집단도 혈연적인 관계를 견고하게 유지하고 있었음을 설명한다.

7기의 화장묘도 발견되었다. 현재까지 발표된 자료에 의하면, 화장은 제2송화강 유역 발해 초기 고분군에서 많이 확인되었다. 그러나 같은 시기의 다른 고분에서는 거의 보이지 않으며, 발해 후기의 고분에서는 발견되지 않았다. 그래서 홍준어장고분군의 화장묘에 대한 검토는 발해 장속의 변화를 추적하는 데 어느 정도 참고가 된다.

고분 편년도 주목할 만하다. 제1구역의 고분은 형태와 출토 유물로

---

56 鄭永振, 1984, 「渤海墓葬研究」, 『黑龍江文物叢刊』 2.

57 1979, 『文物考古三十年』, 文物出版社, 108쪽.

58 孫秀仁, 1979, 「略論海林山嘴子渤海墓葬的形制傳統和文物特徵」, 『中國考古學會第一次年會論文集』, 文物出版社.

59 嚴長祿·朴龍淵, 1991, 「北大渤海墓葬研究」, 『渤海史研究』 第2集, 延邊大學出版社, 한글판.

보면, 제2기 고분보다 빠른 것으로 생각된다. 제1구역에서 장방형 석실묘는 41%를 차지하며 도형묘와 삽형묘는 발견되지 않았다. 공교롭게도 모두 묘도가 없는 고분이다. 장방형묘의 묘실은 작고 단순하여 초기의 특징을 비교적 잘 보여주고 있다. 고분에서 출토된 도기도 일반적으로 초기의 특징을 지니고 있다. 분명히 2기로 편년되는 도기보다 빨라 장방형 석실묘가 도형묘와 삽형묘보다 앞서 조영되었음을 설명한다. 제2구역의 고분에서 출토된 것은 모두 제2기와 제3기에 속한다.

고분군에서 출토된 도기의 재질, 제작 방법을 같은 유형의 유물과 서로 비슷하다. 고분의 연대는 서로 간에 그다지 차이가 나지 않으며, 상호간에 계승관계가 있다. 고분의 형태와 부장품의 분기를 서로 비교하면, 도형묘와 삽형묘의 축조 연대는 장방형의 석실묘보다 늦다. 장방형·도형·삽형묘도 마찬가지로 모두 석실묘이다. 발해 말기의 고분인 화룡 북대·해림 산취자 등 고분에서는 삽형묘 비례가 크게 증가하는데, 이것은 삽형묘가 장방형 석실묘와 도형묘에서 발전한 것이라는 설명을 하기에 충분하다.

고분 형태로 보면, 홍준어장고분군을 돈화(敦化) 육정산고분군[60]·안투(安圖) 동청[61]·화룡(和龍) 북대고분군[62]·해림(海林) 산취자[63]·해림 삼도중학 등 발해 고분의 형태와 서로 같다. 출토된 도기도 대체로 돈화 육정산·안투 동청 등 고분에서 출토된 동일 유형의 유물과 유사하다. 따라서 홍준어장고분군은 육정산과 안투 동청고분의 연대와 비슷하며 화룡 북대와 해림 산취자 발해 고분보다 빠른 발해 초기부터 발해중기까지의 고분이 분포하는 것을 알 수 있다.

---

60 中國社會科學院考古研究所編, 1997 참조.

61 延邊博物館, 1992,「東淸渤海墓葬發掘報告」,『渤海史研究』3, 延邊大學出版社.

62 鄭永振, 1994,「和龍北大渤海墓葬」,『延邊博物館文物』1.

63 孫秀仁, 1979 참조.

다음은 고분 성격과 관련한 쟁점이다. 홍준어장고분군의 형태와 구조는 이전에 발견된 길림 돈화 육정산·안투 동청·연해주 슬라브얀카 고분의 M46·M70·M71 석묘64·북한 함경북도 회령군 궁심65·화대군 정문리66·청진시 청암구 부거리 간지동 제2고분구 제1호 묘67 등과 비슷하다. 부장품 종류도 서로 일치하여 동 시기 남겨진 유적으로 생각된다. 이밖에 홍준어장고분군의 봉토석실묘 형태와 축조 방법은 현재 발견된 일부 고구려 시기 봉토석실묘와도 비슷한 점이 있다. 예를 들어, 요녕성(遼寧省) 환인현(桓仁縣) 고력묘자촌(高力墓子村) 고구려 고분68·길림 통화시(通化市) 동강촌(東江村) 고구려 고분69·요녕 무순(撫順) 전둔·와훈목 고구려묘70·길림 집안(集安) 통구(通沟) 고구려묘71·선양시(瀋陽市) 석대자산성 고구려 고분72 등이 그것이다. 1976년 발굴된 통구(通構) 고구려묘73에서 발견된 삽형·도형·장방형·쌍실 석실묘도 대체로 같다. 이밖에 육정산 M103·M104와 M203 등 고분의 구조는 석대자산성에

64 大韓民國文化財韓國傳統文化學校, 俄羅斯聯邦遠東國立科技大學, 2005·2006,「沿海州契爾良基諾5渤海古墓群」.

65 黑龍江省文物考古研究所, 2009, 1991,「弓心墓群發掘報告」,『朝鮮考古研究』1, 社會科學出版社.

66 黑龍江省文物考古研究所, 2009, 1990,「昌德墓群發掘報告」,『朝鮮考古研究』3, 社會科學出版社.

67 黑龍江省文物考古研究所, 2009, 2002,「關于澗芝洞第二地區第一號墓」,『東北亞考古資料譯文集』4.

68 黑龍江省文物考古研究所, 2009, 1960,「遼寧桓仁縣高力墓子村高句麗墓葬」,『考古』1.

69 黑龍江省文物考古研究所, 2009, 1964,「吉林通化市東江村高句麗墓葬」,『考古』7.

70 『寧安虹鱒魚場-1992~1995年度渤海墓地考古發掘.報告』, 文物出版社, 550~563쪽; 王增新, 1964,「遼寧撫順市前屯洼渾木高句麗墓」,『考古』4.

71 『寧安虹鱒魚場-1992~1995年度渤海墓地考古發掘.報告』, 文物出版社, 550~563쪽; 1984,「吉林集安洞溝高句麗墓」,『考古』1.

72 『寧安虹鱒魚場-1992~1995年度渤海墓地考古發掘.報告』, 文物出版社, 550~563쪽; 李龍彬·蘇鵬力·朱寒氷, 2008,「瀋陽市石臺子山城高句麗墓葬2002-2003年發掘簡報」,『考古』10.

서 발견된 장방형 고분 형태와 같다.

홍준어장고분군의 구조와 형태는 동 시기 발해 고분과 서로 같고, 고구려 시기의 일부 무덤과도 같다. 고구려와 발해는 역사가 오래된 국가로, 고구려 멸망 후 그 유민들이 발해로 융합되었다. 이로 인해 발해 석묘에 대한 학자들의 다양한 견해가 제기되었다. 일부 학자들은 발해의 봉토석실묘는 수혈식 토갱묘에서 수혈식 토광묘로 발전한 것이라고 하고, 또 다른 학자는 전통적인 석묘와 토광묘가 고구려계와 말갈계의 주요한 표준이라고 한다. 돈화 육정산과 안투 동청 등지에서 소수의 토광묘가 발견되었고, 흑룡강성 동녕(東寧) 대성자에서 1기 토광묘가 발견된 것을 제외하면 그 나머지는 모두 석묘 계통이다. 이것은 고구려 당시 유행했던 전통적인 석묘가 발해로 계승된 것이므로, 홍준어장고분군에서 발견된 석묘의 기원을 고구려에서 찾는 것은 매우 자연스럽다.

고구려가 멸망한 이후, 많은 고구려인들이 발해 지역으로 들어왔고, 이들의 합류로 그들의 생활 방식과 의식이 발해 지역에 영향을 미쳤을 것이기 때문이다.

현재 발견된 발해 고분 가운데 토광묘는 발해 초기에 많이 보일 뿐, 말기로 가면 거의 보이지 않는다. 발해 지역에서 토광묘는 말갈인들의 매장 방식으로 발해 건국 전후 말갈인들이 거주했던 거의 대부분 지역에 분포한다. 이것은 발해 시기의 토광묘와 석묘는 일정한 지역차와 민족의 차이, 문화 전통의 차이 등을 반영하고 있을 뿐만 아니라, 양자 간에 직접적인 시기상의 선후 관계가 없음을 보여주는 것이라 하겠다. 그러므로 발해 봉토석실묘는 수혈 토광묘에서 발전하였다는 주장은 논리가 부족함을 알 수 있다.

---

73 『寧安虹鱒魚場-1992~1995年度渤海墓地考古發掘.報告』, 文物出版社, 550~563쪽; 柳嵐·張雪岩, 1984, 「1976年洞溝高句麗墓清理」, 『考古』 1.

(4) 향수하묘지 발굴

2004년 흑룡강성문물고고연구소와 길림대학 고고학과 등이 공동으로 발굴하였다. 이 과정에서 무덤 48기, 재구덩이 5곳을 조사하였으며, 토기, 철기, 청동기, 은기, 석기 등 200여 점의 유물이 출토되었다. 이 무덤은 송화강 납림하 유역의 발해국 서쪽 경계에 위치한다. 무덤의 형태, 출토 유물 및 장례 풍속 등으로 판단하면, 이 무덤의 조영 시기는 발해 중기로 판단된다.

3) 사찰

고성촌(古城村) 1호 사찰지는 길림성 연변조선족자치주 훈춘시(琿春市) 삼가자향(三家子鄉) 고성촌에 있다. 동북쪽으로 훈춘시와 10km, 동남쪽으로는 훈춘하와 3.3km, 서쪽으로는 두만강 본류와 1.3km 떨어져 있다. 사찰지는 온특혁부성에서 동남쪽으로 200m 떨어진 농지에 있으며, 발견되었을 때 온특혁부성 남동사찰지로 불렸다.[74] 또한 온특혁부성 남서사찰지로 불리는 발해 사찰지도 있다. 앞에서 언급한 두 사찰지와의 관계 및 온특혁부성과의 관련성은 명확하지 않다. 보고서에서는 온특혁부성 남동사찰지는 고성촌 1호사찰지, 온특혁부성 남서사찰지는 고성촌 2호사찰지로 명명하였다.

이 사찰은 1995년 6월 훈춘시 삼가자향 고성촌의 주민이 평지 작업을 하던 중에 기와편 및 불상 잔편을 발견하면서 알려졌다. 이후, 훈춘시문물관리소에서 조사하여, 기와편, 도기편, 불상 잔편 등을 수습하였다. 유적은 길이와 너비 30m, 높이 0.5m의 방형 기단이 있음을 확인하여 사찰로 확정하였다. 1996년 사찰지 출토 불상 10여 점을 회수

---

74 李正鳳, 1995, 『琿春文物拾零』(內部資料).

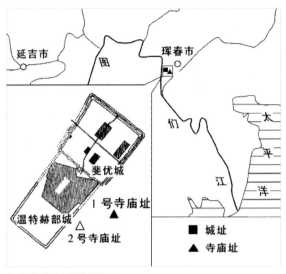

〈그림 3〉 사묘지 위치 시의도

하였고, 1995~1996년도 관련 유물을 수습하고 96HSG온남동사로 분류하였다. 1997년 훈춘시문물관리소에서 다시 사찰지를 조사하여 일부 불상 잔편과 기와류를 수집하였으며, 이는 97HSG남으로 분류하였다. 2009년 '전국제3차문물조사' 기간 훈춘시문물관리소가 사찰지를 재조사할 때 일부 기와, 도기편, 불상 잔편 등이 수집되었고, 이것은 2009HSG온남동사 ***으로 번호를 붙였다.

이번 발굴 조사를 통해, 두만강 유역에서는 방격문, 석문, 승문 수키와가 출토된 유적이 확인되었다. 학계에서는 기와 제품이 두만강 유역에서 사용된 시기의 상한이 발해보다 늦지 않으며, 발해 문왕대 사용된 수키와와 암키와는 이미 무늬가 없는 회도가 주류라는 인식이 강하였다. 이와 동시에 홍갈색 방격문, 석문, 승문 암키와는 고구려 문화의 대표적 특징 가운데 하나이므로, 두만강 유역에서 이 유물이 출토된 유적은 그 연대가 상대적으로 빠르거나 고구려 시기까지 소급시킬 수 있다는 견해도 있다.

남아 있는 문제는 두 와당 무늬에 차이가 있다는 점이다. 또한 와당 무늬의 형태적 특징에 근거하면, 구청 1호 사찰지에서 출토된 A형 화초 무늬 와당은 고구려 와당 유형에 포함시킬 수 있어 고구려의 영향을 받은 발해 와당으로 볼 수 있다. 망격문과 대추씨 무늬로 이루어진 와당은 요녕성 북표(北標) 금령사, 조양(朝陽) 노성(老城) 등 삼연유적에서 출토된 와당의 문양과 유사하다. 그래서 이 유적은 삼연 시기부터 발해 시기까지 사용된 것이며, 그 하한은 발견된 발해 시기의 동일 유형의 유물보다 늦지 않다는 견해가 제시되었다.

유형적인 연구를 통해 고성촌 1호 사찰지에서 출토된 불상은 크라스키노, 중평(仲平), 마적달(馬滴達), 신생(新生), 양종장(良種場) 등 발해 시기 사찰지에서 출토된 같은 유형의 유물과 서로 유사하지만, 상경성에서 출토된 불상과는 차이를 보인다. 이전의 연구에 의하면, 신생, 양종장사 찰지에서 출토된 유물은 고구려 시기에 제작되어 발해 시기까지 사용되었거나 발해 시기에 제작된 것으로 이해되었지만, 고성촌 1호 사찰지에서 출토된 불상은 고구려 시기의 불상과 관련은 지을 수 있고, 그 얼굴의 특징은 고구려 계미명 금동삼존불입상과 유사하다. 두 유물의 크기는 동위~북제 시기의 불상의 특징을 지니고 있다. 고성촌 1호 사찰지, 발해 상경 불상 간의 차이는 후자가 당 불상의 특징을 더 많이 보여주고 있어 발해 초기 불교 유적보다 늦지 않은 것임을 알 수 있다. 건축 재료, 불상에 대한 종합적인 연구를 통해 고성촌 1호 사찰지는 그 인접한 온특혁부성지, 고성촌 2호 사찰지와 관련이 있음을 알 수 있다.

온특혁부성에서 출토된 석문, 방격문, 능형회문, 사방격문 및 승문암 키와는 이 성터의 시축 연대를 고구려 시기까지 소급시킬 수 있다. 또한 고성촌 2호 사찰지에서 출토된 악형간식육판 도심형 연꽃무늬와당, 음자가 찍혀 있는 문자와 및 반대 방향으로 빗금이 그어진 둥글게 말려 있는 암막새기와 등 발해 문화의 대표적 유물로 판단하면, 이 사찰지의 편년 상한은 대흠무 시기보다 빠르지는 않을 것이다. 따라서 2호 사찰지는 1호 사찰지보다 늦을 것이다. 또한 고성촌 1호 사찰지의 편년은 발해 건국 초기보다 늦지 않을 것인데, 이것은 두만강 유역에서 이미 확인된 연대가 가장 빠른 사찰로 판단된다.

4) 취락

신안유지[75]는 길림성 무송현(撫松縣) 무송진(撫松鎮) 신안촌(新安村) 서쪽, 무송현성에서 8km 떨어져 있다. 신안유지는 두도 송화강 북쪽편 산등성이 있다. 북쪽은 산, 남쪽은 정우현(靖宇縣) 유수천산성과 강을 사이에 두고 마주하고 있으며, 동쪽은 동대자산성과 이웃해 있다. 두도 송화강이 동서 방향으로 흘러 유지 남쪽과 서쪽을 지나간다. 유적은 댐 수몰지에 위치하며 남쪽과 서쪽은 오랜동안 깎여 나가 남북향의 골짜기가 만들어졌다. 유적 남쪽에는 높이 1.5~3m의 남북 방향으로 뻗은 둔덕이 있으며, 현재 남아있는 길이는 30m 정도다.

1983년 11월 신안촌에서 토기와 청동기가 발견되어 발해 시기 유적으로 확인된 뒤,[76] 1986년 무송현문물보사대에 의해 조사 발굴되었다. 이를 통해 이 곳을 발해 성터로 확정하였다. 이곳을 발해 풍주 소재지로 비정하는 연구도 있다.[77] 이후 1994년에는 길림성문물고고연구소에서 두 차례 조사 및 발굴을 진행하였다.[78] 뒤이어 2009년 5월 영성자(營城子)-송강하(松江河) 고속도로 건설에 맞춰 길림성문물고고연구소에서

---

75 동경 127° 11′ 04″, 북위 42° 19′ 54″이다.

76 王志敏, 1985, 「吉林撫松新安渤海遺址」, 『博物館研究』 2.

77 張殿甲, 1988, 「渾江地區渤海遺迹与遺物」, 『博物館研究』 1.

78 吉林省文物考古研究所, 2000, 「撫松新安渤海古城的調査与發掘」, 『博物館研究』 1.

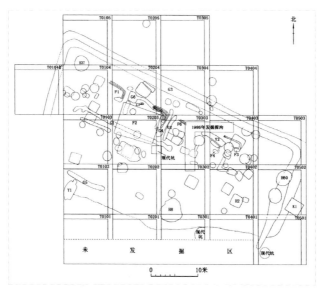

〈그림 4〉 신안유지 발굴구획 및 유적 분포 평면도

6개월간 구제 발굴하였다. 동쪽 1.5km, 북쪽으로 100m 떨어진 곳에서 높이 3m에 달하는 고분으로 생각되는 유적이 확인되었다.[79]

신안유지의 층위 관계와 출토 유물은 크게 3기로 나눌 수 있다. 제1기는 유적에서 재구덩이 등이 발견되었으나 규칙성은 확인되지 않았다. 일부 손으로 빚은 협사토기 잔편이 다수 포함되어 있었다. 기형은 치구관, 관, 증, 반 등이며, 동류의 유형은 오녀산성 제3기 문화[80] 및 집안 고구려고분[81]에서 확인된다. 일부 토기는 길림시 동단산유지, 용담산록장유

79 吉林省文物志編委會, 1987, 『撫松縣文物志(內部刊物)』.

80 遼寧省文物考古研究所, 2004, 『五女山城—1996~1999·2003年桓仁五女山城調查發掘報告』, 文物出版社.

81 集安縣文物保管所, 1979, 「集安縣兩座高句麗積石墓的淸理」, 『考古』 1; 1983, 「集安高句麗墓葬發掘簡報」, 『考古』 4; 1984, 「集安縣上·下活龍村高句麗古墓淸理簡報」, 『考古』 1; 吉林省文物考古研究所·集安市文物保管所, 1993, 「集安洞溝古墓群禹山墓医集錫公路墓葬發掘」, 『高句麗研究文集』, 延邊大學出版社.

지에서 출토된 유물과 유사하다. 또한 철기, 석기 및 약간의 청동기 및 오수전, 대천오십전 등이 출토되었다. 시대를 확인할 수 있는 대표 유물은 발견되지 않았으나, 집 밖으로 뻗어 나온 난방 유적과 일부 재구덩이에서 확인된 불사용 흔적으로 보면 주거지로 생각된다.

제2기 유적으로는 비교적 많은 재구덩이, 주거지 등의 유적이 있으며, 물레로 빚은 니질회도가 비교적 많이 확인된다. 이 도기의 태토는 일반적으로 얇으며 주로 관, 분, 반, 발, 기개 등이다. 이 시기도 일부 협사토기가 포함되어 있는데 대부분 수제이다. 철기, 석기 및 토기 형태는 1기 유적에서 출토된 것과 별 차이가 없다. 이밖에 많은 양의 암키와, 수키와, 와당, 치미 잔편이 발견되었다. 이것은 일찍이 대형 건축물이 있었음을 의미하는 것이다.

발굴 과정에서 인위적으로 다듬은 기단면 및 그 위에 배열되어 있는 주거지와 건물지 북쪽의 곡척형 구덩이 2기가 확인된 매우 큰 건축물이다. 그러나 보존 상태가 그다지 좋지 않아 건물의 구체적인 구조와 기능 및 그 성격은 판단할 수 없다. 하지만, 기와나 치미 등에 근거하면 일반 주거지는 아닌 것으로 생각된다. 또한 출토된 기와 유형에 의해 시기적 차이를 보인다. 이를 통해 이 시기의 대형 건축물은 사용 기간에 개와 등 구조 변화를 확인할 수 있다. 출토된 암막새기와 무늬는 화룡 서고성, 훈춘 팔련성 및 영안 상경성에서 출토된 것과 서로 유사한 발해시기 와당이다. 출토된 연화문 와당은 다른 유적에서는 확인된 적이 없지만 문양으로 보면 역시 발해 시기 유물임에는 의문이 없다. 대략적은 편년은 발해 중기 전후로 생각된다.

제3기 유적으로는 주거지와 재구덩이, 저장 구덩이와 가마터 등이 있다. 유적은 대부분 돌을 사용하였으며, 불규칙한 강돌을 사용한 곳도 있다. 유물은 소성도가 높은 물레로 빚은 니질회도가 대부분이다. 형태가 크며 두껍고 무겁다. 표면에는 광택이 있으며, 가로 방향의 마광 흔

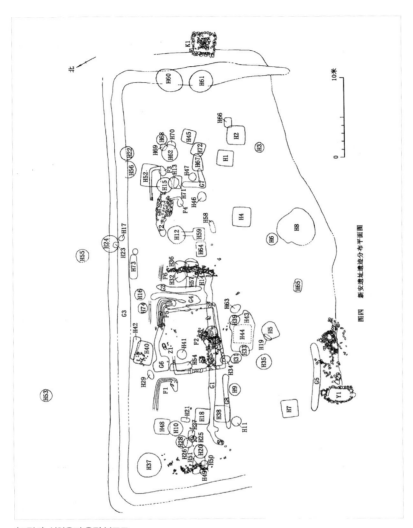

〈그림 5〉 신안유지 유적 분포도

적이 있다. 주로 항아리, 옹, 관 등이며, 주둥이는 말려 있고, 무늬는 없다. 이밖에 철촉, 도, 못, 석기와 청동기 등이 출토되었는데, 이 시기의 토기의 특징은 형태적인 면에서 발해 시기의 토기와 계승 관계가 있다. 따라서 그 시대는 발해 말기로 생각된다.

<표 9> 2000년대 유물 연구의 분야별 현황

구분	2001	2002	2003	2004	2005	2006	2007	2008
금석	2			1		1	1	3
경제		1	1		1			
토기				1		2		2
공예					1			
미술								
복식								1
풍속								
종교							2	
군사					2			
종족								
합계	2	1	1	2	4	3	3	6

또한 주목되는 점은 발해 시기 유적 외곽에서 성벽 흔적이 확인된 것과 유적 안에서는 와당과 치미 등의 발해 시기 건축 재료가 확인되어 이곳을 발해 풍주로 비정한 것이다. 또한 대형 유적이 확인되었으나 보존상태가 나빠 그 기능을 확인하지 못한 점, 그리고 유적 범위 내 다른 부분에서 관련 유적이 확인되지 않은 점도 확인이 필요하다. 와당이나 치미가 성터, 사찰지나 귀족 무덤 등 고급 건축물에 사용되었던 점에 근거하면, 이 유적도 그와 상응하는 건축물이거나 특수한 성격을 지닌 것인지도 알 수 없다. 그런 점에서 이 유적은 발해국의 건축 형태, 구조 및 등급 제도 등을 연구하는 중요한 의미를 지닌다고 하겠다.

4. 유물 관련 연구 성과와 주요 논점

2000년 이후 발해 고고학, 특히 유물 관련 연구는 위의 〈표 9〉와 같다. 총 74편의 논문을 확인할 수 있고, 이는 다시 금석으로부터 종족에

2009	2010	2011	2012	2013	2014	2015	2016	합계
	1	1	3	2	2	2	1	20
1			4			1	1	10
1	1	1				3	1	12
1		1		1			1	5
		1		1		2	2	6
1		1		1				4
		1						1
					1	1	2	6
			2	3				7
1				1	1			3
5	2	6	7	8	7	9	8	74

이르기까지 10개의 분야로 나눌 수 있다. 그중에서 비문, 금석에 관한 논문이 20편으로 가장 많으며, 토기, 경제 관련 분야, 그리고 공예, 미술, 복식 등의 예술 분야의 논문들이 그 뒤를 잇는다. 첫번째 분야인 금석 자료의 주요 연구 대상은 여순 황금산에서 발견되었던 최흔의 홍려정 석각과 정혜·정효공주묘비에 관한 연구이다. 그중에서도 전자에 대한 연구가 좀 더 많다. 이는 발해 건국주인 대조영의 출자, 국호 등과 관련하여 그 근거를 제시한다고 인식하기 때문이다. 두 번째 분야의 경제 관련 분야의 연구는 당연히 각 유적에서 출토된 토기에 주목하여 이루어진 연구이다. 토기는 주로 형식 분류와 유형 분류를 통한 동질성에 대한 연구에 집중되었다. 특히 발해국을 세웠다는 말갈의 최초 거주지인 길림 일대의 무덤에서 출토된 다양한 유형의 수제 토기, 일명 말갈관과의 비교 연구가 주를 이루었다. 이것은 토기를 통한 말갈의 세력권에 대한 이해를 바탕으로, 해당 토기 및 같은 유형의 토기를 향유한 집단은 곧 말갈이며, 이들은 중원의 문화적 영향에 의해 이후 고급의 문화를 영위하였다는 것이 그 논증의 주된 결론이기도 하다. 세 번째 분야는 문화

예술에 관한 것이다. 주로 금·은 장식품 등의 공예품, 벽화를 통한 미술, 그리고 복식에 관한 연구가 주를 이룬다.

1) 금석문

발해 고고학 유물 관련 연구 중에 가장 많은 다수를 차지하는 분야는 바로 금석문에 관한 것이다. 큰 범주로 금석문으로 분류하였지만 실제로는 홍려정 석각·묘비·문자와·관인에 관한 내용이다. 그 중 7편이 홍려정 석각에 관한 논문이며, 정혜·정효공주 묘비에 관한 것은 4편, 문자에 관한 것이 3편, 관인에 관한 것이 2편 등이다.

홍려정 석각은 당의 홍려경 최흔이 713년 발해 대조영을 책봉하러 왔던 사실을 기록한 석각이다. 이 석각의 발견으로 발해 건국 초, 발해 초기 국호, 발해와 당의 관계 및 국제관계의 변화 양상, 발해에 대한 당의 인식 동향 등 연구 과정에서 실마리를 찾을 수 있다. 이 석각에는 홍려정 최흔의 관함을 "칙지절선로말갈사"로 기록하고 있다. 여기에 언급된 '말갈'에 대해서는 다양한 견해가 제기되었다. 중국 학계의 일반적인 주장은 발해가 책봉을 받기 전, 다시 말해 건국한 뒤 책봉을 받을 때까지의 국호는 사료에 보이는 '진국'이 아닌 '말갈'이고, 그 주체 민족은 당연히 국호의 주체인 '말갈'이라는 것이었다.

하지만 다른 한편으로는 최흔의 관함 가운데 '말갈'은 곧 실제적인 관청이 아니며, 발해의 책봉 임무와 함께 동북방의 말갈 세력을 연계하기 위한 목적이었다는 견해도 있다. 또 다른 주장으로는 발해가 건국 시 '진국'을 국호로 내세웠던 점, 『구당서』「발해말갈전」에서 "고구려의 별종"으로 기술되어 있는 점, 건국 이후 급속도로 영토가 확장된 점 등을 근거로, 당은 진국이라 일컫던 발해를 인정하지 않고 여전히 비칭의 '말갈'을 사용하였지만, 이 사행을 계기로 외교적으로는 '말갈'이라는 인식

구분	저자	논문 제목	게재지	발표연도	발행호
금석	张晓舟	从贞孝公主墓志看渤海文王晚期政局(J)	北方文物	2016	4
금석	刘晓东	渤海文字瓦模印文字内容、性质含义的再思考(J)	北方文物	2015	1
금석	王禹浪·王俊铮	中日关于旅顺唐鸿胪井刻石研究综述(J)	黑龙江民族丛刊	2015	3
금석	徐文勇	牡丹江出土古代官印研究(J)	书法赏评	2014	3
금석	郭小龙	从"贞惠""贞孝"公主墓志看渤海国的女子教育(J)	黑龙江史志	2014	12
금석	江雪·方强	渤海国文字瓦"以"、"其"释读及瓦文书体考察(J)	北方文物	2013	4
금석	周志明	渤海石刻文献研究(D)	东北师范大学	2013	
금석	叶丽萍	唐代渤海的文字瓦与文字(J)	黑龙江史志	2012	9
금석	徐文勇	渤海国文字瓦研究情况述略(J)	书法赏评	2012	3
금석	李志鹏	渤海国与唐王朝的民族关系—以唐鸿胪井碑为见证(J)	黑龙江史志	2012	3
금석	王德恒	渤海国两公主的墓碑双璧(J)	知识就是力量	2011	11
금석	拜根兴	唐李他仁墓志研究中的几个问题(J)	陕西师范大学学报(哲学社会科学版)	2010	1
금석	张锴	略考同渤海历史与考古有关的两方官印(J)	北方文物	2008	3
금석	吕书宝	贞惠、贞孝公主墓志文化底蕴解析(J)	作家	2008	16
금석	田芳洲	地方史料拓珍热—渤海国的历史辉煌光照千秋(J)	边疆经济与文化	2008	5
금석	王禹浪	唐鸿胪井刻石题铭及渤海国初期国号考(J)	黑龙江民族丛刊	2007	1
금석	魏存成	唐鸿胪井刻石与渤海政权的定名、定位及发展(J)	吉林大学社会科学学报	2006	1
금석	赵德祥	鸿胪井石刻考略(J)	古籍整理研究学刊	2004	3
금석	张福有	唐鸿胪井刻石研究的两点质疑(J)	学问	2001	12
금석	王仁富	现藏日本皇宫的唐鸿胪井刻石探讨(J)	学问	2001	12

을 버렸다는 주장도 있다. 이 모든 것은 바로 '말갈'의 실체에 대한 이해
의 접근이 결여되었기 때문에 거론된 주장들이었다. 당시의 국제적인
상황에서 당은 발해의 건국을 승인하는 한편, 여전히 발해 배후지로의

영향력 확대를 꾀했을 가능성이 매우 농후하다. 그 일례가 최흔의 사행 이후 13년이 지난 뒤 이루어진 '흑수주'의 설치다.

두 공주의 묘비에 관한 연구도 지속되었다. 여기서는 그동안 주목되지 않았던 왕실 여성 교육과 문왕 말기의 정국에 대한 내용이 다루어졌다. 왕실 여성 교육에 관해서는 "일찍이 여사의 가르침을 받았다"라는 묘비의 기록에 주목한 연구들이 있다. 논자는 이 기록을 근거로 발해 왕실에서는 황실 교육에 대한 규범과 제도가 갖추어져 있었고, 구체적으로 『논어(論語)』 · 『여계(女誡)』 · 『열녀전(列女傳)』 · 『시문(詩文)』 등의 교육이 이루어졌을 것이라고 주장하였다.[82]

발해 문왕 말기의 정국 운영과 관련하여, 문왕 말기 연호를 '대흥'에서 '보력'으로 다시 '대흥'으로 바꾼 사건에 주목한 연구도 있다. 논자는 이를 개혁으로부터 보수로의 회귀로 인식하고, '보력'에서 '대흥'으로의 회귀 원인은 폐왕 대원의 세력에 의한 동경 천도의 가능성이 있다고 논증했다. 즉, 개원 문제를 문왕의 전체적인 정국 운영의 산물로 인식하지 않고, 동경을 중심으로 하는 대원의를 중심으로 하는 보수 집단에 의해 문왕의 세력이 위축되는 과정으로 이해하였으며, 정효공주 묘비의 내용을 이를 위한 근거 자료로 활용한 것이다.[83]

다음의 연구는 문자와에 관한 것이다. 문자와에 대해서는 숫자 · 간지 · 성씨 · 인명 · 복명 등으로 분류한 김육불의 연구로부터, 문자와에 보이는 대부분의 글자는 기와를 만든 장인의 성씨, 이름 또는 지명이라거나 인명, 또는 특정 기관의 이름 이라는 다양한 주장이 있었다. 류샤오둥(劉曉東)을 기와를 제작한 장인의 성씨, 기와를 만든 시기, 기와 제작을 책임지는 관청의 이름 등의 측면에서 검토하였다. 이 논문은 발해 문자

---

82 郭小龍, 2014, 「從"貞惠""貞孝"公主墓志看渤海國的女子教育」, 『黑龍江史志』 12.

83 張曉舟, 2016, 「從貞孝公主墓志看渤海文王晚期政局」, 『北方文物』 4, 88~89쪽.

와의 의미를 확인하는 데 실마리를 준다고 판단된다.[84] 문자와는 발해 국자설에 이르기까지 다양한 논의가 이루어질 정도 연구가 이루어지지 않은 분야이다. 기와의 유형으로부터 문자와의 형태, 그리고 그 글자의 의미 등 다양한 연구를 진행하는 데 있어 또 하나의 가능성을 제공했다고 하겠다.

2) 사회 경제

사회 경제 분야에 대한 연구는 주로 화폐·농경·어렵 등에 관한 연구가 주를 이룬다. 그 대표적인 것은 바로 화폐에 관한 연구다. 이 분야에 대한 연구는 자오정(趙承)·왕관런(王冠仁)·댜오리웨이(刁麗偉)·차오샤오진(喬曉金)·장제(張洁)의 연구가 있고, 농업 경제에 관한 연구는 장융춘(張永春)과 루웨이(盧偉)의 연구가 있다.

지금까지는 발해국의 화폐 주조 가능성에 대해 부정적이었다. 왕관런은 『역대고전도설(歷代古錢圖說)』이라는 책에서 요령성 개원 지역에서 출토되었다는 뒷면에 '동국(東國)'이라 적혀 있는 '건원중보(乾元重寶)'와 '해동원보(海東元寶)'라는 두 점에 화폐를 확인하였다. 이에 그는 문헌 기록, 동전의 시대적 특징, 그리고 동전의 성격, 주조 시기, 동전의 기원과 출처 등을 고찰하여, 상기 두 점의 동전은 고려의 화폐도 중원의 화폐도 아니라는 점을 확인한 뒤, 발해에서 주조되어 사용되었을 가능성을 제시하였다.[85] 같은 주제에 대해 관심을 가졌던 자오청도 같은 화폐에 대해 쓴 글에서 왕관런의 발해국 화폐 주조설에 동의하고, 상기의 두 화폐를 발해 시기의 동전으로 인식하였다.[86] 지금까지 발해 유적에서는 화

---

84 劉曉東, 2015, 「渤海文字瓦模印文字內容,性質含義的再思考」, 『北方文物』 1.

85 王冠仁, 2012, 「渤海國鑄幣歷史研究」, 『江蘇錢幣』 2.

〈표 11〉 경제 관련 주요 연구 논문

구분	저자	논문 제목	게재지	발표연도	발행호
경제	张永春	渤海国农作物发展初探(J)	哈尔滨学院学报	2016	10
경제	李宗勋	渤海国对图们江地域开发与东北亚经济文化发展之路(J)	延边大学学报(社会科学版)	2015	1
경제	赵承	"乾元重宝·东国"钱是高丽钱吗?(J)	收藏	2012	5
경제	王冠仁	渤海国铸币历史研究(J)	江苏钱币	2012	2
경제	田玉娥·刘舜强	从"和同开珎"钱谈渤海国与日本的经济往来(J)	中原文物	2012	1
경제	国出墙	浅述渤海国物产与生业中的科学技术(J)	黑龙江史志	2012	11
경제	卢伟	渤海国农牧渔猎业发展研究(J)	安徽农业科学	2009	2
경제	刁丽伟·王林晏	关于渤海国货币的三个问题(J)	牡丹江师范学院学报(哲学社会科学版)	2005	3
경제	乔晓金	关于"助国元宝"和"牡国元宝"的假想—渤海国货币再探(J)	内蒙古金融研究	2003	
경제	张洁	渤海国货币探讨(J)	辽宁师范大学学报	2002	6

동개진·개원통보·오행대포만 출토되었다. 이에 근거하여[87] 발해국에서의 화폐 유통 가능성은 인정되었을 뿐,[88] 발해국의 화폐 주조에 대해서는 회의적이거나 논의 자체가 이루어지지 않았다.[89] 그 원인은 실물 자료가 확인되지 않았기 때문만이 아니라, 각종 문헌 기록에 보이는 '피

---

[86] 趙承, 2012, 「"乾元重宝·東國"錢是高麗錢嗎?」, 『收藏』 5, 116쪽.

[87] 刁麗偉·王林晏, 2005, 「關于渤海國貨幣的三個問題」, 『牡丹江師范學院學報(哲學社會科學版)』 3, 40~41쪽.

[88] 張洁, 2002, 「渤海國貨幣探討」, 『遼宁師范大學學報』 6, 93쪽.

[89] 발해 화폐에 대해서는 ① 문헌기록이 없고 출토된 것도 없어서 그 존재를 언급하는 데 근거가 없다는 설 ② 발해국의 주요 화폐는 포, 백, 미, 모피 등 실물화폐였다는 설, ③ 발해 유적에서 출토되는 약간의 당전이 개원통보에 근거하여, 제한적인 범위 또는 국외로의 무역에서 유통되었을 것이며, 다만 수량이 제한적이었기 때문에 실물화폐로 보충하였을 것이라는 설, ④ 금은 등 귀금속으로 일부 지역에서는 유통되었을 가능성이 있다는 설 등이 있다(劉曉東·都忍德·楊志軍, 1991, 「渤海國貨幣經濟初探」, 『歷史研究』 2; 孫秀仁, 1993, 「關于渤海國通貨實態的認定與推量」, 『*黑龍江金融』 總第172期).

폐(皮幣)·'기폐(器幣)·'원치신폐(遠馳信幣)' 등의 '폐(幣)'라는 의미에 대한 해석의 상이함에서 기인된 것이다. 발해국의 화폐 주조에 대한 가능성에도 불구하고, 새롭게 주장된 상기의 연구 성과에서는 탁본의 실물을 확인할 수 없다는 점은 커다란 한계이다. 그러므로, 발해의 산업 구조에서 화폐가 어떠한 역할을 담당했는지에 대한 논의는 여전히 제한적이라고 하겠다.

경제 분야의 또 다른 주제는 바로 생산과 관련된 것이다. 발해국 주요 농업 산지는 송눈 평원과 송화강 유역의 부여부·막힐부·장령부·속주, 압록강, 동쪽 지역에서는 목단강·훈춘하·목릉하의 발해 중심 지역인 상경·중경·동경, 솔빈부, 남해부 등지이다. 이 지역에서는 일찍부터 오곡, 즉 마·서·직·맥·두 등의 작물이 재배되었다. 발해국 시기에 이르러서는 농작물의 종류와 품종이 더욱 증가되는데,[90] 철제 농기구의 사용과 가축을 이용한 경작이 사회에 보편적으로 활용되었기 때문이다.[91]

발해 농업의 발전은 고고학적으로도 확인된다. 1963년 상경성 유적에서 발해인들이 사용했던 철제 쟁기가 발견되었고, 각지의 발해유적에서 낫·호미·삽, 그리고 가래 등 철제 농기구가 발견된 것이 그 예이다. 그러나 발해 농업에 대한 중국 학계의 이해는 다른 여타의 분야와 마찬가지로 단정적이다. 그것은 축목과 어렵 분야는 물론 농업 분야에서도 「말갈전」의 관련 기록을 인용하고 해석하는 부분에서 확인할 수 있다. 그들은 농업을 발해의 중요 산업 가운데 하나로 기술하고, 이와 같은 발전이 가능했던 원인은 선진 문물에 수용에 따른 농기구의 광범위한 활용, 선진 역법인 장경선명력의 도입 등을 강조하는 한편, 농업 생산 기술력도 중원 문명의 영향으로 확보된 것이라는 점만을 부각한다.

---

90 張永春, 2016,「渤海國農作物發展初探」,『哈爾濱學院學報』10.
91 盧偉, 2009,「渤海國農牧漁獵業發展研究」,『安徽農業科學』, 865쪽.

<표 12> 토기 관련 주요 연구 논문

구분	저자	논문 제목	게재지	발표연도	발행호
토기	孟艳琴	渤海国时期陶器风格试析(J)	艺术教育	2016	1
토기	宋雨晗	东北地区契丹—辽陶器初探(D)	吉林大学	2015	
토기	孙颢	第二松花江中游地区靺鞨、渤海陶器与高句丽陶器比较研究(J)	东北师大学报(哲学社会科学版)	2015	2
토기	王乐乐	中国境内绥芬河流域渤海陶器的类型与分期(J)	东北史地	2015	3
토기	CB阿尔金·AB格列兵希科夫·李明华	阿穆尔河沿岸地区发现的一件罕见的靺鞨族陶器(J)	北方文物	2011	2
토기	乔梁	三江平原北部女真陶器的编年研究(J)	北方文物	2010	1
토기	王乐	中国境内渤海陶器研究(D)	吉林大学	2009	
토기	林栋	靺鞨文化陶器的区系探索(D)	吉林大学	2008	
토기	郑永振	渤海文化考古学新探—以陶器为中心(J)	东疆学刊	2008	4
토기	王乐乐	唐代渤海国釉陶器的类型及相关问题探讨(J)	华夏考古	2006	2
토기	冯恩学	特罗伊茨基靺鞨墓地的陶器来源(J)	北方文物	2006	4
토기	张玉霞	牡丹江流域渤海遗迹出土陶器的类型学研究(D)	吉林大学	2004	

결국 후진 문명의 말갈이 국가 성립 이후 산업의 비약적 성장을 가능케 한 원인으로 중원 문명의 영향을 든 것이다. 이것은 중국적 사고 관념의 일방적 적용이라 하지 않을 수 없고, 이러한 인식 틀에서의 연구는 곧 논리적 모순을 넘어 당시 사회 상황에 대한 합리적 이해를 방해한다. 또 다른 문제는 바로 각 유적에서 출토된 철제 생산 도구에 대한 금상학적 분석이나, 유물이 출토된 지역의 산업 기반 및 재배 작물, 산업 구조, 그리고 관개망과 당시의 농업 지식 등등 다양한 문제에 대한 이해가 이루어지지 않아, 산업 구조를 이해하는 데 있어 개략적이며 우활한 느낌이 있다는 것이다.

발해 고고학 유물에 대한 연구 가운데 제법 주목을 끈 분야는 바로 토기에 대한 연구다. 토기는 발해 지역에서 발견된 유적에서 거의 대부분 확인이 가능한 유물이다. 상기의 목록에서도 확인할 수 있지만, 그 지역도 제2송화강 유역으로부터 목단강·수분하·아무르강 유역에 이르기까지 매우 넓고 유형도 다양하다.

최근 들어서는 제2송화강 유역에서 출토된 토기를 대상으로 편년 작업과 그 영향 관계를 파악하려는 연구가 다수 진행되었다. 연구 대상 지역은 길림·영길(永吉)·구태(九台)·서란(舒蘭)·덕혜(德惠) 등지이고, 그곳에 분포하는 양둔 대해맹유지·유수(楡樹) 노하심고분군·영길 사리파고분군·서란 황어권 등등의 유적이 주로 검토 대상이 되었다. 이것은 발해의 건국 주체가 속말말갈이라는 점에 근거하여, 그들의 주거지였던 길림 일대를 주목한 것이다. 하지만 이곳은 또한 말갈에 앞서 부여의 왕성이 있었던 곳으로 비정되는 곳이기도 하다. 왕청리(王承禮)는 발해의 공예는 발해국 건국 초기와 문왕의 상경 천도 이후의 중후기로 구별하였다. 그는 초기에는 토기의 재질의 밀도가 높지 않고, 색깔도 붉은색, 회색, 황갈색을 띠며 대부분 손으로 빚었던 것에 비해, 중후기에는 제작 기술도 높아지고 기형과 종류도 다양해졌으며 소성도가 높은 회도와 일부 홍갈도 및 황갈도도 출현하였다고 하였다.[92] 또한 형태적으로는 말갈풍의 중순관, 고구려풍의 전연고복관, 당풍의 반구세경고복병 등의 세 계통이 있는데, 돈화 육정산·오동성 등지에서 출토된 토기, 즉 발해 초기의 전형적인 기물인 중순장복관은 대부분 말갈풍이며, 상경성·서고성·팔련성·북대묘지 등에서 출토된 토기는 중원 지역의 문화를 수용한 결과라고 하였다.[93]

하지만 이러한 연구는 여러 가지의 문제점들을 지니고 있다. 그 하나는 송화강 유역으로부터 동쪽으로는 수분하, 그리고 러시아 연해주

---

92 王承禮, 1984, 『渤海簡史』, 黑龍江人民出版社.
93 孟艶琴, 2016, 「渤海國時期陶器風格試析」, 『藝術敎育』1, 271쪽.

의 흥개호 동쪽까지, 북쪽으로는 아무르강 유역까지로 그 범위가 광대한 점을 염두에 두지 않고, 이를 기계적·획일적·도식적으로 영향관계를 분석하려 한 것이다. 이러한 분석법은 두 가지 점에서 주의를 요한다. 하나는 발해사의 역사 전개 과정을 염두에 두고 제2송화강 유역의 문화, 즉 속말말갈 문화가 발해 중심 지역을 거쳐 동쪽으로는 흥개호 동쪽까지, 북쪽으로는 아무르강 유역까지 영향을 미쳤다는 인식의 오류이다. 또 다른 하나는 특정한 성격의 문화 유형을 말갈의 것으로 단순하게 치환시켜, 각 지역의 내적인 문화 요소를 전혀 고려하지 않았다는 점이다.

또한 편년의 문제도 지적할 수 있다. 논자들은 저마다 토기의 편년을 전기·중후기 또는 전기·중기·후기 등으로 구분한다. 이러한 편년법은 그 유형의 존속 기간, 엄밀하게 말하면 지속 기간의 간격이 지나치게 넓어 당시의 사회적 상황 이해를 오히려 방해한다. 다시 말하면, 토기는 초기의 유형이 큰 변화없이 지속되고 있는 반면, 사회의 다른 상황들은 급속하게 변화하고 있어서 상호간의 발전의 속도 및 그 결과가 큰 괴리를 보이게 된다는 것이다. 토기는 여전히 전통을 고수하고 있는데 반해 사회의 각 요소들은 첨단을 달리고 있는 양상이랄까?

발해 건국을 말갈, 특히 속말말갈에 의한 것으로 규정해 놓은 상태로 연구를 진행하다 보니, 그들의 주거지라고 하는 제2송화강 유역의 위슈 노하심,[94] 양툰 대해맹 등의 토기 문화적 현상을 기준으로, 목단강 하류 유적이나 흑룡강 중류, 간류 송화강 상류 지역에서 출토된 동일 유형의 토기와 동일성에만 주목하고, 이를 시간적 발전이라는 순서로 기계적으

---

94 위슈 노하심의 경우는 최근의 연구 성과를 근거하면, 부여의 후기 도성으로 비정되고 있으므로, 위슈 노하심 유적을 일괄적으로 말갈의 주거지로 인식하는 것은 문제가 있다(이종수, 2017, 「부여 강역 연구와 쟁점」, 『한국 역사상의 강역과 국경연구에 대한 회고와 전망』, 56쪽).

로 나열하는 작업에 치중한 것이 그 예라고 하겠다.[95] 이러한 분기법 또는 편년법은 발해 사회의 다양성을 배제하고, 그 중심 문화와 주변 문화의 차이를 전혀 인식하지 못한 결과를 초래하였다. 중심 문화와 주변 문화에 대한 이해가 선행되었을 때, 바로 각 유물의 구성 요소들의 차이, 유사성, 발전 변화의 흐름을 확인할 수 있지만, 기계적이고 평면적인 대입만으로 분석을 시도하다 보니, 오히려 발해 문화의 본질에서 더욱 멀어지게 된 것이다. 또한 발해의 230여 년간 토기 문화 변혁의 큰 획이 문왕 상경 천도 시점인 755년이 기점이 되는 이유가 분명하지 않다.

또 다른 문제점은 바로 중원의 문화적 영향 관계의 강조이다. 문화가 상호 영향과 보완적 작용에서 발전하는 것임을 인정한다고 하더라도, 발해의 토기 문화가 단순히 말갈과 당의 영향으로서만 이루어졌다는 설명은 동의하기 어렵다. 주지하듯이 발해국 중심 지역이 고구려의 고토이고, 말갈 등의 민족들이 융합되었으며, 당과 일본과의 교류 또는 신라·돌궐과의 교류 과정에서 그 문화의 수용 및 융합 과정이 있었을 것이기 때문이다. 그 시기를 더 거슬러 올라간다면 부여·고구려 등 제 부족과의 문화적 영향 관계가 성립될 것이지만 지금까지 연구된 논문에서는 오직 말갈과 중원의 영향 관계만을 강조하고 있다. 이렇듯 토기에서도 일원적 계통론에 의한 방법론이 적용을 받고 있는 점은 앞으로의 연구에서 주의를 요한다.

3) 문화 예술

문화 예술 분야 중 공예 분야는 고고학적 발굴 성과 가운데 금장식·조두형 장식·은 제작 기법·도용 등에 관한 연구가 이루어지고 있다. 미

---

95 喬梁, 2014,「關于靺鞨族源的考古學觀察與思考」,『吉林大學社會科學學報』2, 132쪽.

술 분야에서는 예술 형식·회화·벽화에 관한 연구가, 복식 분야에서는 여진 복식, 고구려 유적에 보이는 복식, 발해국의 암모화, 샤머니즘 복식에 관한 연구가 이루어졌다.

먼저 공예 중 금·은 장식품에 대한 천보린(陳伯霖)연구를 살펴보자. 그의 논문의 주요한 논지는 혈거 생활을 하던 말갈,[96] 즉 속말말갈의 수령이었던 대조영이 나라를 세웠고, 중원 지역과의 교류를 통해 주조·도자기술 등 선진 기술과 문화를 습득하였는데, 이 구체적인 증거가 바로 고도로 발달된 금·은 세공업이라는 것이다. 이 주장을 논증하기 위해 논자는 1979년 길림성 화룡현(和龍縣) 팔가자촌(八家子村) 하남둔(河南屯)에서 출토된 금제 허리띠·금제 네모반지·금제 꽃무늬 장식·금제 넝쿨무늬 대접을 근거로 삼았다.

이 유물들은 형식적으로 서안 당묘(韓森寨唐墓), 서안 남교 하가촌당대요장(何家村唐代窯藏), 영태공주묘(永泰公主墓) 등에서 출토된 같은 유형의 유물의 형태와 유사하고, 금제 대접은 통화현(通化縣)의 사붕향 사붕촌(四棚鄉 四棚村)에서 출토된 것과 유사하다는 점에 근거하여 이것들을 발해 시기의 유물, 그리고 이 지역을 발해 관할 지구로 인식하는 주장이 있었다.[97] 하지만 논자는 상기의 주장과는 달리 이 장식품들이 당의 사여품일 수도 말갈인 스스로의 제작품일 수도 있음을 제시하였지만, 피장자는 당으로부터 사여를 받은 발해 귀족일 것이라고 판단하였다. 또한 공예 기법에서도 상감법이나 문양 조각 기법 등은 모두 성당 시기의

---

96 천보린은 물길과 말갈은 중국 위진남북조 시기로부터 수당 시기 아시아 동북부의 원시 삼림 지대에 살면서 어렵 생활을 하던 부족이며, 그들은 퉁구스어를 사용하였다. 또한, 서로 같거나 유사한 문화 풍속을 지니고 있었는데, 명칭상에 차이를 보인 것은 중국 사서에서 동일한 족체를 서로 다른 시기에 부르면서 생겨난 것이라고 하였다(陳伯霖, 2011, 「勿吉—靺鞨人以溺洗手面之俗的歷史人類學解析」, 『學習与探索』 6, 232쪽).

97 郭文魁, 1973, 「和龍渤海古墓出土的几件金飾」, 『文物』 1973-8.

〈표 13〉 문화 예술 관련 주요 연구 논문

구분	저자	논문 제목	게재지	발표 연도	발행호
공예	贾冬梅	唐渤海金饰品研究(J)	文物鉴定与鉴赏	2016	8
공예	彭善国	鞢鞓—渤海的鸟头形饰(J)	东北史地	2013	4
공예	张晓冲·罗曼	唐代银平脱梅花形漆奁赏析(J)	武汉文博	2011	1
공예	李澜·程丽臻	吉林省渤海国王室墓地出土银平脱 梅花瓣形漆奁修复(J)	江汉考古	2009	3
공예	姜念思	辽宁朝阳市黄河路唐墓出土鞢鞓石俑考(J)	考古	2005	10

수준을 보여주고, 매우 다채롭고 다변적인 무늬들도 중원적인 특징을 보여주므로 이 제품들은 말갈 제작품은 중원에서의 사여품이라고 한 것이다. 다만 검토한 유물 가운데 방형 금제 반지는 발해국 스스로 제작한 것이라고 주장하였다.[98]

발해의 금제 장식품 중 조두형 장식품에 대한 연구도 진행되었다. 조두형 장식은 허리띠 장식의 일종으로 판단되는 유물로, 중국·러시아 등 총 19곳에서 출토되었다. 한 논자의 분석에 의하면, 대부분은 무덤의 부장품이며, 주로 길림성 영길, 흑룡강성 영안 지역에서 출토되었다고 한다. 그러면서 논자는 말갈 발해 무덤을 세밀하게 편년할 수 없기 때문에 해당 유물의 세부적인 차이에 시대적 추이가 반영되었는지는 확인하기 어렵다고 하였다. 또한 현재까지 확보한 고고학 자료에 근거하면, 이와 같은 조두형 장식품은 말갈-발해를 제외한 당·돌궐 및 고구려에서도 확인되지 않아 민족적 특징을 반영한 유물로 인식할 수 있다고 하였다. 하지만 그 용도에 대해서는 샤머니즘적 성격을 지닌 것인지 발해의 매 숭배와 관련있는 것인지는 명확한 결론을 내리지 않았다.[99]

---

98 賈冬梅, 2016, 「唐渤海金飾品研究」, 『文物鑒定與鑒賞』 8, 35~37쪽.

99 彭善國, 2013, 「鞢鞓—渤海的鳥頭形飾」, 『東北史地』 4, 44~45쪽.

발해 시기의 공예품 및 그 기술에 대한 또 다른 연구는 발해 강역 범위의 고분에서 발견된 은평탈 기법으로 명명된 상감 유물에 대한 것이다. 이 기법은 목재에 은 상감을 하고, 옻칠을 하고 건조시키는 과정을 반복한 후 마름질을 통해 미리 상감하였던 은이 표면으로 드러나게 만드는 기법이다. 이와 관련된 유물은 용해고분군에서 출토된 칠합이다. 이 칠합에는 화초, 날고 있는 새, 달리는 짐승, 인물 등의 도형이 금이나 은박되어 아주 정교하고 아름답게 수놓아져 있다. 공예 연구의 목적은 각 공예품의 제작 기법·문양·미의식 및 당시 사회상의 반영 등에 대한 문제 해결을 통해 당시의 문화적·기술적 수준을 가늠하기 위한 것이다. 다만 이 연구 논지는 대부분 당의 예술적 수준을 재단하고, 이와 같은 기법이 어떤 과정을 거쳐 어떤 경로로 발해 지역으로 흘러들었는지, 다시 말해, 이것이 중국 제작품인지 발해국의 제작품인지에만 논증의 관심을 집중하여, 그 본질적 물음에 대한 논의는 전혀 이루어지지 못하였다고 하겠다.

발해 관련 사료가 턱없이 부족한 상황에서 고고학 유물의 발견은 매우 중요한 의미를 지닌다. 석용도 그 일례다. 정효공주묘 벽화의 발견으로 발해인들의 모습·복식·장식·음악 등 다양한 측면에 대한 검토가 가능하게 되었다. 이를 보완하는 또 하나의 근거는 삼채용 또는 석용이다. 용두산고분군의 석국 지구와 용해 지구에서도 관련 유물이 출토되었지만, 장녠스(姜念思)는 요녕 조양(朝陽) 당 무덤에서 출토된 말갈 석용만을 대상으로 검토하였다. 이 석용은 1993년에 발견된 80점 가운데 변발한 도용 2점이다.[100] 논자는 도용의 두발 장식과 얼굴 모양에 근거하여 이 도용의 모습을 동북 지역의 소수 민족으로 인식하였고, 그 민

---

100 遼寧省文物考古研究所·朝陽市博物館, 2001, 「遼寧朝陽市黃河路唐墓的淸理」, 『考古』 8.

구분	저자	논문 제목	게재지	발표 연도	발행호
미술	周潇	唐代渤海国艺术形式刍议(J)	明日风尚	2016	16
미술	宋琦	唐代渤海国绘画艺术研究(J)	艺术品鉴	2016	5
미술	谭红毅	唐代渤海国绘画艺术研究(J)	作家	2015	22
미술	郑冠宇	唐代渤海国绘画艺术刍议(J)	美术教育研究	2015	19
미술	黄树声	试析唐代渤海国的绘画艺术(J)	美术教育研究	2013	19
미술	董智 · 赵军	渤海国墓室壁画 "与唐同风" 的探析(J)	南京艺术学院学报 (美术与设计版)	2011	6

족은 속말말갈로 정의하였다.[101] 또한 도용의 배장 원인에 대해서도 의견을 개진하였는데, 바로 속말말갈이 영주에 살고 있었던 것이 당 무덤에 묻힌 까닭이라고 하였다. 그는 더 나아가 도용의 모습, 즉 변발 양식과 그 신체적 특징으로 속말말갈의 모습을 확인하게 되었으며, 말갈인들이 당을 본받게 된 근본적인 이유는 영주 거주와 밀접한 관련이 있을 것으로 추정하였다.[102]

미술 분야는 발표 논문 모두 발해국 회화에 관한 것이다. 주로 정효공주 무덤·삼릉분 벽화를 근거로, 도상·구도·주제 분야에서의 특징과 표현법을 바탕으로 발해인 일상의 생활에 대한 소재·종교 신앙에 관련된 소재, 그리고 회화의 사회적 기능을 분석하였다. 그런 다음 발해인은 당 회화의 특징을 받아들이고, 자신들만의 특징을 결합시켜 회화의 수준을 높였다는 결론을 이끌어 내었다.[103] 또한 발해 회화의 예술적 형식은 벽화의 회화 기법은 물론 인물 조형, 그리고 삼릉분의 선묘법, 채색법, 농담법에 이르기까지 모두 당의 그것과 일맥상통한다는 주장도 제

---

101 姜念思, 2005, 「遼宁朝陽市黃河路唐墓出土鞣鞨石俑考」, 『考古』 10, 69~71쪽.

102 姜念思, 2005, 72쪽.

103 譚紅毅, 2015, 「唐代渤海國繪畫藝術研究」, 『作家』 22, 197~198쪽.

〈표 15〉 복식 관련 주요 연구 논문

구분	저자	논문 제목	게재지	발표 연도	발행호
복식	孫希武	满族女真时代服饰文化考(J)	科教导刊(中旬刊)	2013	9
복식	郑春颖	高句丽遗存所见服饰研究(D)	吉林大学	2011	
복식	赵哲夫·韩亚男	渤海国 "暗摸靴" 研究(J)	北方文物	2009	2
복식	朱剑波	东北萨满服饰文化价值研究(J)	时代文学(下半月)	2008	9

기하였다.104

　마지막으로 복식 분야에서는 발해국의 암모화105에 대한 연구를 중심으로106 그 전 시대인 고구려 유적에서 확인된 복식과 그 후대 여진 시대의 복식 문화에 대한 연구가 이루어졌다. 또한 샤만의 복식에 대해서도 함께 검토가 이루어졌다. 발해 암모화의 존재는 묘실과 용도 벽에 그려져 있는 벽화의 인물들이 신은 색깔은 검고, 코는 뾰족하며, 앞부분이 약간 들려 있는 목이 짧은 신발(鞋)에서 확인된 것이다. 이들은 복장만은 물론 그 인물들이 신고 있는 신발까지도 검토하여, 정효공주묘 벽화 속 인물이 신고 있는 신발은 당 영향의 결과107로 주장하였다. 뿐만 아니라, 앞서 살펴본 조양 일대에서 출토된 석용이 입고 있는 옷은 역시 말갈 또는 발해인의 모습이라고 추정하였다.108

---

104 董智·趙軍, 2011,「渤海國墓室壁畵 "與唐同風"的探析」,『南京藝術學院學報(美術与設計版)』, 6, 108쪽; 宋琦, 2016,「唐代渤海國繪畵藝術研究」,『藝術品鑒』5, 178쪽.

105 암모화의 명칭에 대해서, 김육불은 "아마도 밤에 다닐 때 필요한 것이었기 때문에 '암모'로 명명된 것"이라 추측한 적이 있으나 그 구체적인 의미에 대해서는 체계적인 연구가 이루어지지 않았다.

106 발해의 암모화에 대해서는 都良香,『都氏文集』권4,「謝楊大使贈貂裘麝香暗摸靴狀」; 趙哲夫·韓亞男, 2009,「渤海國 "暗摸靴"研究」,『北方文物』2, 47쪽.

107 周天游 主編, 2008,『章怀太子墓壁畵』, 文物出版社, 41쪽; 趙哲夫·韓亞男, 2009, 47쪽.

108 趙哲夫·韓亞男, 2009, 48쪽.

4) 사상 종교

고고학적 출토 유물에 근거한 연구의 또 한 방향은 바로 사상·종교 분야이다. 그 대표적 연구는 사리함·석등, 그리고 기마인물상 등에 관한 것이다. 물론 이것은 고고학적인 성과에 한하여, 그리고 시기적으로는 2000년대 이후 제출된 연구 성과만을 근거로 삼은 것이므로, 그 연구 주제 및 대상에 제한이 있음은 부인하기 어렵다. 그러함에도 사상·종교 분야는 발해의 불교와 직적접인 관련을 지닌 유물들이 주로 다루어졌다고 하겠다.

가장 최근에 발표된 가장 학문적인 성격을 지닌 논문은 장보(張博)의 "발해 사리함의 형식과 그에 반영된 문화 교류"의 의미를 밝힌 논문이다. 이 분야의 논문들이 주요 다루는 고고학적 검토 대상은 흑룡강성 영안시 토대자촌(土台子村)에서 출토된 사리함,[109] 백요촌(白窯村)에서 출토된 사리함,[110] 그리고 동녕 대성자고성 강택 남쪽에서 출토된 청동 사리함과 강택 동남쪽에서 출토된 사리함[111] 총 4점이다. 사리함에 대한 연구는 이것이 매납된 곳의 지하 구조 형태, 유물의 구성, 그리고 사리함 매장 풍속, 유물과 문양 등 요소에 대한 비교 연구 등으로 진행되었다. 그리고 중원과의 문화적 동질성이 무엇인지, 중원의 문화적 요소들이 어떻게 다시 발해를 거쳐 일본으로 전래되었는지도 논증되었다.[112]

물론 중원과 발해는 140여 회 이상 빈번하게 교류했기 때문에 중원과의 문화적 영향 관계를 전혀 부정할 수는 없다. 하지만 발해 지역에

109 寧安縣文物管理所·渤海鎭公社土臺子大隊, 1978,「黑龍江省寧安縣出土的舍利函」,『文物資料叢刊』2.

110 徐秀云, 2008,「渤海故地再次發現舍利函」,『北方文物』2.

111 張太湘, 1981,「大城子古城調査記」,『文物資料叢刊』4.

112 張博, 2016,「渤海舍利瘞埋形制及其所反映的文化交流信息蒭議」,『中原文物』1.

구분	저자	논문 제목	게재지	발표연도	발행호
종교	张博	渤海舍利瘞埋形制及其所反映的文化交流信息刍议(J)	中原文物	2016	1
종교	于卓	浅析大钦茂时期渤海国佛教信仰的发展(J)	齐齐哈尔大学学报(哲学社会科学版)	2016	5
종교	尤洪才·赵湘萍·朱春雨·赵哲夫·李陈奇	黑龙江宁安渤海上京城出土渤海国舍利函(J)	文物	2015	6
종교	邱柏涵·王永奇	解读石灯幢(J)	黑龙江史志	2014	11
종교		石灯幢(J)	牡丹江大学学报	2007	12
종교	刘欣鑫	渤海上京城发现的童子骑鸟铜像(J)	北方文物	2007	1

서 나오는 문화적 현상이 중원의 어떤 것과 같고, 이것은 중원의 어떤 것과 유사하다는 식의 논증은 그 합리적인 이해를 담보하기 어렵다. 왜냐하면 시대와 지역, 그리고 그 문화를 향유하였던 주체의 차이를 전혀 고려하지 않았기 때문이다. 어떤 것이 어떤 것에 영향을 주었다는 종속적 관점에서의 검증에만 매달리지 말고, 어떤 까닭으로 상호간의 지리적 격차에도 불구하고 동일한 또는 유사한 문화적 요소들이 확인되는 것인지, 문화 교류의 산물이 아닌 동일 사상의 산물은 아닌지 등 근본적인 질문도 함께 고민해 봐야하지 않을까 한다.

예를 들어, 발해 지역에서 출토된 사리함 용기는 대부분 비단으로 감싼 현상들이 발견되는데, 이 현상은 비단 발해에서만 보이는 것은 아니다. 논자도 언급하였듯이 감숙성(甘肅省) 대운사 탑 지궁이나 섬서성(陝西省) 법문사 탑 지궁 사리함에서도 유사한 모습이 확인되었다. 그렇다면 이 두 지역이 서로 직접적인 교류가 있었다는 것인가? 이에 대해서는 긍정도 부정도 할 수 없다. 어떻게 지리적 격차를 보이고 있는 두 지역에서 동일한 현상이 빚어진 것인지? 상호 간에 교류를 통한 문화적 전파의 영향인지? 당시 사상적 흐름이 동일한 것인지? 이것도 아니라면

공교롭게 같은 것인지? 등에 대한 검토가 선행되지 않은 채 직관적으로 문화적 공통성이 있다 하여 바로 중원 문화의 전파로 이해하는 것은 주의를 요한다.

또 다른 연구는 바로 발해 석등탑에 대한 것이다. 미적 접근에 치중했던 기존의 연구에서 벗어나 석등탑의 구조를 불교적 이론과 결합시켜 해석을 시도한 연구들이 있다. 우선 석등탑의 명칭에 대해 살핀 뒤 그 구조에 대해 검토한 연구가 그것이다. 여기에서는 흥륭사 석등을 구성하는 4부분을, 기단은 불교의 사체(四諦) 중 고체(苦諦), 배흘림 기법의 기둥은 집체(集諦), 석등의 화사창은 멸체(滅諦), 머리는 도체(道諦)를 상징한 것으로 이해하였다. 또한 석등탑은 불교의 12인연을 상징하는 의미의 12개 돌로 구성되었고, 불교의 팔정도(八正道)를 상징하는 팔각의 화사창 덮개가 있는 것이라고 하였다. 논자는 이러한 고증을 통해 이 탑을 세운 장인은 불교 교리에 밝은 사람이었을 것이라고 주장하였다.[113]

여기에서 주목할 만한 것은 이 우수한 기술력으로 석등탑의 건립을 가능하게 한 동력이 불교의 전래라는 것이다. 불교는 인도에서 중원 지역을 거쳐 한반도로 전래되었고 다시 일본으로 전래되었다는 점은 주지의 사실이다. 하지만 이 논문에서 논자는 발해 불교의 수용을 당으로부터라고 인식하고 있다. 한반도로의 불교 전래는 이미 고구려 소수림왕대에 이루어졌다. 그 후 수백 년간 불교는 각 지역에서 성행했고, 발해로도 전래되었다. 그러함에도 발해 불교의 시원을 고구려가 아닌 중원으로 인식하고 있는 것은 앞서 지적한 대로 문화적 영향성 또는 종속성을 강조하기 위한 인식으로 밖에 생각되지 않는다.

중원과의 사상적 교류를 전혀 부정할 수는 없지만, 발해 지역에서 발견된 여러 불교에 관한 고고학적 성과나 정혜공주·정효공주묘비에서

---

113   邱柏涵·王永奇, 2014, 「解讀石灯幢」, 『黑龍江史志』 11, 91쪽.

보이는 문왕의 연호 중 '금륜'이 있었다는 사실을 이미 발해 지역이 오랫동안 불교를 숭상한 터전이었음을 보여주기 때문이다. 그러함에도 불교 관련 고고학적 성과인 석등을 미술사적인 또는 건축사적인 검토가 아닌 불교 이념적인 관점에서 검토한 이 논문의 논지는 제법 주목을 끈다고 하겠다. 앞으로의 세밀한 검토가 필요하다.

또 하나의 쟁점은 상경성에서 출토된 새를 타고 있는 동자상에 관한 것이다. 이 연구는 1960년대 발해 상경성에서 발견되어 현재 영안시 문물관리소에 보관되어 있는 유물에 대한 해석을 시도했다. 이 유물은 출토지가 상경성이므로 발해 시기의 유물로 추정된 한편 그 모습과 분위기에서 금대 유물의 가능성도 제기되었다. 하지만 그 출토 사례가 유일하고 그동안 출토되었던 다른 불상들과의 재질이나 분위기가 서로 다른 점으로 미루어 이 연구에서는 금대의 것으로 비정했다. 이 유물은 시대적 편년이 발해의 시기는 아니지만, 아직 그 발견 예가 충분하지 않으므로 앞으로의 고고학적 발굴을 통해 검토가 이루어지길 기대한다.

5) 군사 군비

군사 관련의 주요 연구 주제는 마구와 같은 군사 훈련, 활 등의 군사 장비, 철기, 그리고 이와 같은 군사적 무장을 가능하게 했던 국방 과학 기술에 관한 것들이다. 우선 군사 훈련의 일환으로 인식된 마구에 대한 연구는 리린페이(黎林飛)와 웬청청(貟程程)의 논문을 대표적으로 들 수 있다.

리린페이는 상기 제시한 논문에서 발해국 마구 운동의 기원, 발해국의 마구 외교 두 부분으로 논의를 전개하였다. 그는 마구가 페르시아에서 당·고구려·일본 등지로 전래되었고, 발해국의 마구가 처음에 고구려에서 전래된 것으로 인식하면서도 그 기술 습득과 실력은 당과 교류 과정을 통해 얻은 것이며, 그렇기 때문에 마구의 형태, 크기 등에서 중

〈표 17〉 군사 관련 주요 연구 논문

구분	저자	논문 제목	게재지	발표 연도	발행호
군사	黎林飞·李帅	唐代渤海国马球活动探析(J)	兰台世界	2014	21
군사	孙炜冉	渤海国军事装备初探(J)	北方文物	2014	3
군사	王秀杰	肃慎之箭(J)	满族文学	2014	3
군사	书元	古肃慎国与"楛矢石砮"(J)	黑龙江档案	2013	5
군사	负程程	渤海国体育文化现状与思考(J)	才智	2013	24
군사	杨雨舒	渤海国时期吉林的铁器述论(J)	北方文物	2005	3
군사	梁玉多	渤海国的科学技术述略(J)	中国科技信息	2005	12

국과 차이를 보이지 않는다고 인식하였다.114

발해국의 군사와 관련하여 연구한 또 다른 학자인 웬청청은 발해국의 주요 체육 종목이 무엇인지, 그 소멸 원인은 무엇인지, 어떻게 전승시키고 보존할 것인가라는 세 부분에서 논의를 전개하였다. 그중에서 발해국의 주요 군사 활동, 즉 체육 활동 가운데 하나인 마구는 역시 당 장안에서 기원한 것이며, 발해 지역에서 마구가 성행했다는 증거로서 상경성에서 발견된 골제 마구 공을 제시하였다.115 하지만 발해의 군사 활동에 관한 두 연구는 문헌적으로나 고고학적인 논증이 전혀 이루어지지 않은 채 기존 학계의 연구 성과를 되풀이하는 수준으로써 그다지 주목할 만하지는 않다.

이어서 논의된 또 하나의 주제는 바로 호시석노, 화살 등 군사 장비 및 그 과학 기술에 관한 연구이다. 숙신의 호시석노를 다른 왕슈제(王秀杰)는 이 무기를 숙신으로부터 청대까지를 관통하는 매개로 인식하면서 발해국의 대조영을 숙신족계의 인물로 비정하였으며, 중원 왕조로의 중요한 조공품인 '호시석노'는 발해의 중요한 외교 전략이 되었다는 견해

---

114 黎林飛·李帥, 2014, 「唐代渤海國馬球活動探析」, 『蘭台世界』 7월 하순, 105쪽.

115 員程程, 2013, 「渤海國体育文化現狀与思考」, 『才智』, 222쪽.

이다.116 그의 주장은 곧 화살에 대한 본질적인 연구보다는 이를 중원과의 관계를 유지시키는 중요한 매개로 인식하면서 발해를 중원의 종속국, 즉 '일지양제(一地兩制)'라는 "당의 지방 소수 민족 정권"보다 더 구속력이 강한 정치체로 귀속시키는 역사관을 피력하였다.

발해국의 군사를 다룬 논문 가운데 주목할 만한 것은 바로 순웨이란(孫煒冉)의 「발해국군사장비초탐」과 양위쉬(楊雨絞)의 「발해국시기 길림의 철기술론」이다. 이전에 학계에서는 발해국의 금속 제련 및 가공 기술 수준을 철·동·은·금 등을 제련하고 합금하여 생활에 필요한 물건들을 만들 수 있을 정도이며, 그 주요 분포지는 상경과 솔빈부 일대라고 주장했었다.117 이와 마찬가지로 양위쉬도 발해 상경과 마찬가지로 중경이나 동경·서경에서도 제철업이 제법 크게 발전하였고, 이를 기반으로 철기의 사용량도 확대되었다는 견해를 제시하였다. 또한 그 구체적인 지점으로서는 문헌상의 철주와 광주를 들었고, 고고학적으로는 길림성의 혜장촌(惠章村) 발해 건축지, 무송현(撫松縣), 신안촌, 발해 제철유지, 왕청현(汪淸縣), 고성촌(古城村), 발해 고성제철지, 화룡시(和龍市), 성교고성 등에서 규모가 큰 제철 유적 또는 제철 찌꺼기인 슬래그가 확인된 점을 근거로 들었다.

이 유적들의 위치는 곧 중경·서경·동경의 경내이고, 고고학적으로 제철 찌꺼기 층위가 상당히 두꺼운 것은 발해국 제철업의 범위가 상당히 광범위하고 규모도 크며 상당한 수준까지 발전했음을 의미하는 것이라고 하였다.118 발해 지역에서는 농기구 등 생활용 철기도 다수 발견

---

116 王秀杰, 2013, 「肅愼之箭」, 『滿族文學』 3, 48쪽; 書元, 2013, 「古肅愼國與与 "楛矢石砮"」, 『黑龍江檔案』 5, 111쪽. 그도 왕슈제와 마찬가지로 숙신족의 '호시석노'는 중원으로의 조공품이며, 신물이라는 관점에서 논의를 전개시켰다.

117 E.V. Щавкунов З.В · 宋玉彬 譯, 1997, 134쪽; 梁玉多, 2005, 「渤海國的科學技術述略」, 『中國科技信息』 12, 196쪽.

118 楊雨舒, 2005, 「渤海國時期吉林的鐵器述論」, 『北方文物』 3, 21~22쪽.

되었지만 특히 많은 것은 철제 칼·철제 화살촉·철제 창·갑편·등자·재갈 등과 같은 유물이다. 이러한 것은 발해국의 군비의 발전과 작전 능력의 수준을 가늠할 수 있는 실마리이다. 이 무기들의 쓰임은 잘 알려져 있으나, 출토된 철제품의 제련법, 제철 기술의 확보 등 기술 진보에 대한 다양한 분야에 대한 연구가 진행되어야 할 필요가 있다.

6) 종족 계승

종족 문제는 주로 말갈의 족원, 읍루와 말갈과의 관계에 대한 고고학적 검토[119]로 집약된다. 그동안 종족 문제는 주로 문헌적 관점에서 접근이 이루어졌으나 고고학 성과의 축적이 비약적으로 증대됨에 따라 그 연구방법도 문헌과 고고학 성과를 결합하는 방식으로 전환되는 추세이다. 그 검토 범위도 송화강 유역으로부터 연해주 동부 연안까지 광범위하게 확대되었다.

발해의 건국 주체로 주장되는 말갈의 기록은 『북제서』 무성제기 하청2년에 처음으로 보이지만, 말갈의 선세인 읍루가 말갈로 대체된 것인지, 읍루와 말갈이 병존하였지만 당시 중원의 사학자들의 인식이 제한된 것인지 명확하지 않다.[120] 차오량(喬梁)은 사료로는 물길의 명칭이 북위 초에 출현한 이후 북조 말기까지 지속적으로 사용되다가 북제·북주의 활동 시기에 말갈의 명칭이 나타나기는 하였지만 이에 대한 인식의 폭이 넓지 않아서 여전히 물길로 표기를 한 것이며, 수대에 이르러서야 말갈에 대한 상황이 구체화되었고, 그 결과 물길이 말갈로 대체되기에

---

119 劉曉東, 2013, 「挹婁,靺鞨關系的考古學討論」, 『北方文物』 1, 32~38쪽.
120 劉曉東, 2013, 33쪽. 그는 고고학의 문화적 측면에서는 읍루와 말갈을 명확하게 구분할 수 없지만, 동일민족으로 서로 다른 발전시기를 거쳤으며, 또한 물길-말갈로 불렸다고 학계에서는 인식하고 있다고 하였다.

〈표 18〉 종족 관련 주요 연구 논문

구분	저자	논문 제목	게재지	발표연도	발행호
종족	乔梁	关于靺鞨族源的考古学观察与思考(J)	吉林大学社会科学学报	2014	2
종족	刘晓东	挹娄、靺鞨关系的考古学讨论(J)	北方文物	2013	1

이르렀다고 하였다.121

아울러 논자는 말갈의 한 부족이 중심이 되어 건립한 발해국의 물질 문화 특징은 기본적으로 분명해졌고, 말갈 관련 고고학 문화도 대체로 제2송화강 유역에서부터 흑룡강 유역까지 확인되었다는 점을 강조하였다. 또한 발견된 유적의 성격 또는 종류에서의 편차가 커서 말갈 고고학 문화의 기본적인 모습을 명확히 파악하기 어렵다는 점을 지적하였다.122

류사오둥은 이보다 더 나아가 크게 읍루와 말갈의 관계에 대해 ① 말 갈은 읍루의 직계 후예, ② 동일 족계의 서로 다른 부락으로 직접적 친 연 관계가 없는 부류, ③ 읍루를 말갈 민족 형성의 중심 세력, ④ 서로 다른 시기 동일 지역에서 활동한 서로 다른 민족 등 4가지 가능성을 제 시하고, 일반적으로는 숙신-읍루-물길-말갈은 직접적 친연 관계가 있 다고 인식하였다.123 그래서 읍루·말갈 관계는 주로 혈연적 친연 관계 가 있는지와 문화적인 계승 관계가 있는지 등 인류학적 관점과 고고학 자료를 근간으로 하는 문화적 관계에서 연구가 진행되고 있다고 인식 하였다. 그리고 그는 고고학적 검토를 통해 읍루-말갈의 발전 과정에서 대체로 목단강·송화강 하류구간·흑룡강 중류·우수리강을 경계로 두

---

121 喬梁, 2014, 129~130쪽.

122 喬梁, 2014, 131쪽.

123 劉曉東, 2013, 33쪽.

개의 서로 다른 계통의 고고학 문화가 병존하는데, 목단강 서쪽, 송화강·흑룡강 북안, 우수리강 동쪽 지역은 폴체~동인 1기로 이어지는 고고학 문화, 목단강 동쪽, 송화강·삼강 평원 지대는 곤토령-봉림문화의 모습을 보여서, 읍루와 말갈의 관계는 동일한 부족의 서로 다른 부락에 대한 명칭이 서로 다른 시기에 나타났거나 서로 다른 시기에 동일 지역에서 활동한 두 민족일 가능성이 높다는 결론을 내렸다.[124]

차오량이나 류사오둥의 연구에서 지적한 근본적인 문제는 바로 서로 다른 각 지역에서 확인된 다양한 고고학적 성과물을 획일적 또는 보편적인 현상으로 적용하려 한다는 지적이라고 하겠다. 다시 말하면, 지역과 시대와 유형의 차이를 인정하지 않고, "읍루"·"물길"·"말갈" 또는 "발해" 등으로 계승된 문화적 습속으로 획일적으로 적용하여 지역적인 차이, 시대적인 차이, 유형적인 차이 등을 부정해 버리는 모순을 낳았다. 그러다 보니 길림 지역의 문화가 구국의 소재지인 돈화 지역으로, 다시 중경이나 상경 지역으로, 동경 지역으로, 연해주 등지로 발해의 강역 곳곳으로 확대되었다는 결론이 전제되었고, 그 과정에서 문화적 차이를 합리적으로 설명할 수 없게 되는 논리적 모순이 발생하였다고 하겠다.

5. 맺음말

지금까지 중국 학계에서 이루어진 2000~2017년에 걸친 발해 관련 고고학 연구 성과에 대한 현황과 유적·유물 연구의 쟁점을 살펴보았다. 발해사 연구에서 중요한 연구 대상인 고고학은 중국 학계가 선도한

---

124 劉曉東, 2013, 38쪽.

다고 평가할 수 있다. 그것은 주지하듯이 5경 중 3경이 소재한 지역이기 때문이다. 분석 대상이었던 전체 899편의 연구 논문 가운데 300여 편의 고고학 연구는 상경성, 서고성, 팔련성 등 도성, 육정산고분군, 용해고분군, 홍준어장고분군 등 고분, 그리고 사찰 등에 대한 유적 연구와 각 유적에서 출토된 유물에 대한 것이었다. 현재까지 알려진 중국 내의 발해 유적이 600여 곳에 이를 정도로 많지만, 유적의 존재가 곧 연구의 활성화를 의미하는 것은 아니다. 이와 같은 연구 활성화가 이루어진 것은 최근 2000년 이후의 상황만을 놓고 본다면, 바로 역사 왜곡으로 그 성격이 규정된 동북공정의 여파라고 하겠다.

이에 이 글에서는 가능한 한 2000년 이후에 이루어진 연구 성과의 주요 논지를 전하는 데 중점을 두었다. 이에 본문은 발해사의 연구 현황, 유적 발굴 성과와 주요 논점, 유물 관련 연구 성과와 주요 논점 등으로 구성하였다. 발해사 연구 현황에서는 분석 범위의 연도별 연구 현황, 고고학과 문헌학의 연구 현황, 연구 유형별 현황, 유적·유물의 주제별 연구 현황으로 대별하여 분석하였다. 유적 관련 연구 성과와 주요 논점에서는 도성, 고분, 사찰, 취락 등으로 분류하여, 상경성, 서고성, 팔련성의 발굴 경과와 핵심 쟁점인 도성의 변천에 관한 논의를 정리하였다. 고분에서는 육정산고분군, 용해고분군, 홍준어장고분군에 대해 그 경과와 주요 논점을 소개하였다. 사찰에서는 새롭게 발견된 훈춘 고성촌 1호 사찰지에 대해 소개하였고, 취락에서는 신안유지에 대한 발굴 결과와 논점을 소개하였다. 유물 관련 연구 성과에서는 금석문, 사회 경제, 문화 예술, 사상 종교, 군사 군비, 종족 계승 등으로 대별하여 각 유적에서 출토된 유물 연구의 논지를 소개하였다.

도성의 경우 핵심 쟁점은 상경성의 일시 축조설과 단계적 축조설을 들 수 있다. 고분은 고분의 성격을 비롯하여 고분의 유형, 총상작옥·묘탑 등 시설물에 대한 인식과 해석, 부장품의 수준에 따른 피장자의 추정 및 사회적 지위, 부장품 제작 수준과 기술력 확보, 중원과의 문화적 교류 관계 등을 추출해 볼 수 있다. 유물은 금석문, 사회 경제, 문화 예술, 군사 군비, 사상 종교, 종족 계승과 같은 다양한 주제가 연구되고 있다. 이러한 다양한 주제와 쟁점들은 분명 발해사 연구의 핵심 연구 주제로서, 곧 발해사의 한 부분에 대한 인식 확대에 중요한 실마리를 제공할 것이다. 하지만, 이 글에서는 각 분야에 대한 중국 학계의 연구 인식을 살피는 것이 선행되어야 한다는 문제 의식에서 현재까지 이루어진 학계의 흐름과 각각의 논지를 소개하는 데 집중하였다. 앞으로 소개된 많은 유적·유물에 대한 논지가 발해사 연구에 있어 도움이 되기를 기대한다.

| 참고문헌 |

賈多梅, 2016,「唐渤海金飾品研究」,『文物鑑定與鑑賞』8.

姜念思, 2005,「遼宁朝陽市黃河路唐墓出土靺鞨石俑考」,『考古』10.

고구려연구재단, 2004,『중국의 발해사 연구-동향분석-』, 고구려연구재단.

郭文魁, 1973,「和龍渤海古墓出土的几件金飾」,『文物』1973-8.

郭小龍, 2014,「從“貞惠”“貞孝”公主墓志看渤海國的女子教育」,『黑龍江史志』12.

喬梁, 2014,「關于靺鞨族源的考古學觀察與思考」,『吉林大學社會科學學報』2.

邱柏涵·王永奇, 2014,「解讀石灯幢」,『黑龍江史志』11.

駒井和愛, 1977,「渤海東京龍原府宮城址考」,『中國都城·渤海研究』, 雄山閣出版.

吉林大學邊疆考古研究中心·吉林省文物考古研究所, 2008,「吉林省琿春八連城遺址2004年調查測繪報告」,『邊疆考古研究』7, 科學出版社, 2008.

吉林省文物考古研究所·集安市文物保管所, 1993,「集安洞溝古墓群禹山墓区集錫公路墓葬發掘」,『高句麗研究文集』, 延邊大學出版社.

吉林省文物考古研究所, 2000,「撫松新安渤海古城的調查與發掘」,『博物館研究』1.

吉林省文物考古研究所 外, 2007,『西古城-2000~2005年度渤海國中京顯德府故址田野考古報告』, 文物出版社.

吉林省文物考古研究所·敦化市文物管理所, 2012,『六頂山渤海墓葬-2004~2009年 清理發掘報告』, 文物出版社.

吉林省文物考古研究所 外, 2014,『八連城-2004~2009年度渤海國東京故址田野考古報告』.

吉林省文物志編委會主編, 1984,『琿春縣文物志』.

吉林省文物志編委會, 1987,『撫松縣文物志(內部刊物)』.

中國社會科學院 考古研究所 편·김진광 역,『육정산과 발해진』, 동북아역사재단.

김진광 역, 2017,『일제강점기 발해유적 조사』, 한국학중앙연구원 출판부.

洛陽博物館, 1985,『洛陽唐三彩』, 河南美術出版社.

盧偉, 2009,「渤海國農牧漁獵業發展研究」,『安徽農業科學』.

譚紅毅, 2015,「唐代渤海國繪畫藝術研究」,『作家』 22.

都良香,『都氏文集』권4,「謝楊大使贈貂裘麝香暗摸靴狀」.

東亞考古學會, 1939,『東京城-渤海國上京龍泉府の發掘調査』.

董智·趙軍, 2011,「渤海國墓室壁畫"與唐同風"的探析」,『南京藝術學院學報(美術與設計版)』 6.

黎林飛·李帥, 2014,「唐代渤海國馬球活動探析」,『蘭台世界』 7월 하순.

孟艷琴, 2016,「渤海國時期陶器風格試析」,『藝術教育』 1.

박시형 지음·송기호 해제, 1989,「해제: 북한의 발해사 연구와『발해사』」,『발해사』, 이론과 실천.

方學鳳, 1993,「最近年間 中國에 있어서의 渤海史 研究現況」,『韓民族共榮體』創刊號, 海外韓民族研究所.

桑紹華·張蘊, 1988,「西安出土文安公主等墓志及郭彥塔銘」,『考古與文物』 4.

徐秀云, 2008,「渤海故地再次發現舍利函」,『北方文物』 2.

書元, 2013,「古肅愼國與"楛矢石砮"」,『黑龍江檔案』 5.

孫秀仁, 1979,「略論海林山嘴子渤海墓葬的形制傳統和文物特徵」,『中國考古學會第一次年會論文集』, 文物出版社.

______, 1993,「關于淞海國通貨實態的認定與推量」,『*黑龍江金触』, 總第172期.

孫進己·馮永謙 主編, 1989,『北方歷史地理』(제2권), 黑龍江人民出版社.

宋琦, 2016,「唐代渤海國繪畫藝術研究」,『藝術品鑒』 5.

松井浪八, 1899,「渤海五京考」,『史學界』 第1卷 7號.

宋基豪, 1987,「渤海史 연구의 몇 가지 問題點」,『季刊京鄕 여름』, 경향신문사.

______, 1988,「渤海史 研究 動向」,『韓國上古史學報』 1.

宋玉彬·全仁學·王志剛, 2003,「延邊和龍西古城城址發掘廓淸歷史懸案」,『中國文物報』, 2003. 1. 10.

刁麗偉·王林晏, 2005,「關于渤海國貨幣的三个問題」,『牡丹江師范學院學報(哲學社會科學版)』 3.

沈從文, 1997,『中國古代服飾研究』, 上海書店出版社.

梁玉多, 2005, 「渤海國的科學技術述略」, 『中國科技信息』12.

楊雨舒, 2005, 「渤海國時期吉林的鐵器述論」, 『北方文物』3.

嚴長祿·朴龍淵, 1991, 「北大渤海墓葬研究」, 『渤海史研究』第2集, 延邊大學出版社, 한글판.

延邊朝鮮族自治州博物館, 1982, 「渤海貞孝公主墓發掘淸理簡報」, 『社會科學戰線』1.

寧安縣文物管理所·渤海鎭公社土臺子大隊, 1978, 「黑龍江省寧安縣出土的舍利函」, 『文物資料叢刊』2.

遼寧省文物考古研究所·朝陽市博物館, 2001, 「遼寧朝陽市黃河路唐墓的淸理」, 『考古』8.

遼寧省文物考古研究所, 2004, 『五女山城－1996~1999·2003年桓仁五女山城調査發掘報告』, 文物出版社.

吳祿貞, 『延吉邊務報告』, 延邊朝鮮族自治州博物館館藏本.

王冠仁, 2012, 「渤海國鑄幣歷史研究」, 『江蘇錢幣』2.

王秀杰, 2013, 「肅愼之箭」, 『滿族文學』3.

王承禮, 1979, 「敦化六頂山渤海墓淸理發掘記」, 『社會科學戰線』3.

_____, 1984, 『渤海簡史』, 黑龍江人民出版社.

王志敏, 1985, 「吉林撫松新安渤海遺址」, 『博物館研究』2.

員程程, 2013, 「渤海國体育文化現狀與思考」, 『才智』.

劉曉東·魏存成, 1987, 「渤海上京城營築時序與刑制淵源研究」, 『中國考古學會第六次年會論文集』, 文物出版社

_____, 1991, 「渤海上京城主體格局的演變」, 『北方文物』1.

劉曉東·都忍德·楊志軍, 1991, 「渤海國貨幣經濟初探」, 『歷史研究』2.

劉曉東, 2006, 『渤海文化研究-以考古發現爲始覺』, 黑龍江人民出版社.

_____, 2013, 「挹婁, 靺鞨關系的考古學討論」, 『北方文物』1.

劉曉東, 2015, 「渤海文字瓦模印文字內容,性質含義的再思考」, 『北方文物』1.

魏存成, 1983, 「關于渤海都城的幾個問題」, 『史學集刊』3.

_____, 2004, 「渤海都城的布局發展及其與隋唐長安城的關係」, 『邊疆考古研

究』2.

李强, 2009,「吉林和龍市龍海渤海王室墓葬發掘簡報」,『考古』6

李健才·陳相偉, 1982,「渤海的中京和朝貢道」,『北方論叢』1.

李健才, 1986,『東北史地考略』, 吉林文史出版社.

이용범, 1964,「발해사 연구의 회고와 국사」,『한국사상』7.

이종훈, 1992,「중국에서의 발해사 연구」,『역사와 사회』7.

李紅軍, 1995,「渤海遺址和墓葬出土的三彩器研究」,『文物研究』10.

張洁, 2002,「渤海國貨幣探討」,『遼宁師范大學學報』6.

張博, 2016,「渤海舍利瘞埋形制及其所反映的文化交流信息芻議」,『中原文物』1.

張永春, 2016,「渤海國農作物發展初探」,『哈爾濱學院學報』10.

張殿甲, 1988,「渾江地區渤海遺迹與遺物」,『博物館研究』1.

張太湘, 1981,「大城子古城調查記」,『文物資料叢刊』4.

張鴻修, 1995,『中國唐墓壁畫集』, 嶺南美術出版社.

張曉舟, 2016,「從貞孝公主墓志看渤海文王晚期政局」,『北方文物』4.

齋藤甚兵衛, 1942,「滿洲國間島省琿春縣半拉城について」,『考古學雜誌』32-5.

齋藤優, 1978,『半拉城と他の事蹟』, 半拉城址刊行會.

田村晃一, 2001,「渤海の瓦當文樣に關する若干の考察」,『青山史學』19.

_____, 2002,「渤海瓦當論再考」,『早稻田大學大學院文學研究科紀要』.

鄭永振, 1984,「渤海墓葬研究」,『黑龍江文物叢刊』2.

_____, 1994,「和龍北大渤海墓葬」,『延邊博物館文物』1.

鳥山喜一·藤田亮策, 1942,『間島省 の古蹟』, 滿洲國文敎部編.

鳥山喜一, 1938,「渤海東京考」,『史學論叢』7.

조선사회과학원, 1966,『중국동북지방유적발굴보고』, 조선사회과학출판사.

趙承, 2012,「"乾元重宝·東國"錢是高麗錢嗎?」,『收藏』5.

趙哲夫, 1991,「"東京城"名稱小考」,『北方文物』3.

趙哲夫·韓亞男, 2009,「渤海國"暗摸靴"研究」,『北方文物』2.

朱國忱·金太順·李演喆, 1996,『渤海古都』, 黑龍江人民出版社.

주영헌, 1971,『발해문화』, 조선사회과학원출판사.

周天游 主編, 2008,『章怀太子墓壁畵』, 文物出版社.

中國社會科學院考古硏究所, 1980,『唐長安城郊隋唐墓』, 文物出版社.

───────────, 1997,『六頂山與渤海鎭』, 中國大百科全書出版社.

陳伯霖, 2011,「勿吉—靺鞨人以溺洗手面之俗的歷史人類學解析」,『學習與探索』6.

集安縣文物保管所, 1979,「集安縣兩座高句麗積石墓的淸理」,『考古』1.

彭善國, 2006,「試析渤海遺址出土的釉陶和瓷器」,『邊疆考古硏究』5.

────, 2013,「靺鞨—渤海的鳥頭形飾」,『東北史地』4.

馮浩璋, 1999,「唐代渤海國釉陶三彩器初探」,『考古』8.

韓圭哲, 1989,「"발해사 연구의 문제점"에 대한 토론」,『韓國上古史-연구현황과 과제-』, 民音社.

────, 1999,「渤海史 硏究의 現況과 課題」,『高句麗硏究-발해건국 1300주년 (698~1998)-』6.

────, 2006,「발해사 연구의 회고와 전망—남·북한 그리고 중·일·러의 연구비교」,『白山學報』76.

洪皓, 1984,『松漠紀聞』卷上, 遼沈書社.

侯莉閩 · 李强, 2002,「渤海珍陵新探」,『北方文物』3.

黑龍江省文物考古工作隊, 1985a,「渤海上京宮城第2·3·4號門址發掘簡報」,『文物』11.

───────────, 1985b,「渤海上京宮城第1宮殿東·西廊廡發掘淸理發掘簡報」,『文物』11.

黑龍江省文物考古硏究所, 1987,「渤海上京宮城內房址發掘簡報」,『北方文物』.

───────────, 2009a,『渤海上京城 1998~2007年度考古發掘調査報告 上册』, 文物出版社.

───────────, 2009b,『寧安虹鱒魚場』, 文物出版社.

Болдин В.И., 1997,「Problems of Bohai Studies in the Light of New Archaeological Research of Bohai Sites in Primorski Territory」,『동아시아에 있어서 渤海의 國際的 位相』, 한국사학회·한국고대학회 (1997 추계국제학술대회).

Щавкунов Э.В., 1993, 「(발해사국제학술회의요지)러시아에서의 발해사 연구」, 고
　　려대 민족문화연구소.

Щавкунов Э.В., · 宋玉彬 譯, 1997, 『渤海國及俄羅斯遠東部落』.

동북아역사재단 연구총서 108

발해유적의 국가별 발굴 성과와 재해석

초판 1쇄 인쇄   2020년 6월 30일
초판 1쇄 발행   2020년 7월 10일

엮은이   김은국
펴낸이   김도형
펴낸곳   동북아역사재단

등 록   312-2004-050호(2004년 10월 18일)
주 소   서울시 서대문구 통일로 81 NH농협생명빌딩
전 화   02-2012-6065
팩 스   02-2012-6189
홈페이지 www.nahf.or.kr
제작·인쇄 경인문화사

ⓒ 동북아역사재단, 2020

ISBN   978-89-6187-548-6 93910